ISABELLA VON KASTILIEN

„Yo la reyna"
„Ich, die Königin"
(Unterschrift Isabellas von Kastilien)

Hans Leicht

ISABELLA VON KASTILIEN

(1451–1504)

Königin am Vorabend der spanischen Weltmacht

Verlag Friedrich Pustet
Regensburg

Umschlagmotiv: Isabella d. Katholische,
Gemälde von Madrazzo, 19. Jh., Museo del Prado, Madrid
(Foto: Archiv f. Kunst u. Geschichte, Berlin)

Die Deutsche Bibliothek – CIP-Einheitsaufnahme

Leicht, Hans:
Isabella von Kastilien : (1451 – 1504) ; Königin am Vorabend der spanischen Weltmacht / Hans Leicht. – Regensburg : Pustet, 1994
ISBN 3-7917-1436-8

ISBN 3-7917-1436-8

Umschlaggestaltung: Richard Stölzl, München
Gesamtherstellung: Friedrich Pustet, Regensburg
Printed in Germany 1994

Que ni un solo sabor
Se nos anula en giros de planeta.
¡Hermosas precisiones!
Gracia natal: España

¿Destino? No hay destino
Cifrado en claves sabias.
¡Problema! Polvoriento

Problema del inerte,
Profecía del antevisionario,
Cobarde apocalipsis ...

Problema, no problemas
Limpios de lagrimada vaguedad.
Que los muertos entierren a sus muertos,
Jamás a la esperanza.

Jorge Guillén

Daß nicht ein einziger Hauch
Uns im Kreisen des Planeten verwehe.
Herrliche Genauigkeit!
Heimatliche Gnade: Spanien.

Schicksal? Es gibt kein Schicksal.
Mit gelehrten Schlüsseln chiffriert.
Problem! Verstaubtes

Problem des Schwachen,
Weissagung des Traumlosen,
Feige Apokalypse ...

Problem, nein, Probleme
Von weinerlicher Ungewißheit rein.
Sollen die Toten ihre Toten begraben,
Doch niemals die Hoffnung.

Inhalt

Vorwort

Dem Titel dieses Buches entsprechend stehen Person, historische Entwicklung und politische Tätigkeit einer Königin im Mittelpunkt der Darstellung, die vor einem halben Jahrtausend am Rande der europäischen Geschichte ihr Land aus dem mittelalterlichen Feudalismus in die Neuzeit geführt hat: Isabella von Kastilien und León. Schließlich Großmutter eines Kaisers aus dem Geschlecht der Habsburger, ist sie einer biographischen Betrachtung wert. Fällt hier bereits der Name Habsburg, so ist man, nicht zu Unrecht, geneigt, über zwei Jahrhunderte weiter nach Wien zu blicken, wo am 12. Mai 1717 ein Mädchen geboren wurde, dem man dann als erwachsene Frau ohne Einschränkung zugestehen darf, aus dem Erbe Kastiliens und Isabellas, ihrer Zeit entsprechend, ähnliche politische Probleme angehen zu müssen: Kaiserin Maria Theresia. Schon ihre ersten Schritte lassen Parallelen zu Isabella erkennen: „Vom Augenblick ihrer Thronbesteigung an", schreibt der französische Diplomat Henry Vallotton, „handelt Maria Theresia mit einer Schnelligkeit und Entschlossenheit, wie man sie am Wiener Hof nicht gewohnt war. Schon am Todestage ihres Vaters besteigt sie die Stufen des Thrones, den erzherzoglichen Hut auf dem Haupt. Plötzlich bleibt sie stehen, wendet sich um, als ob eine Stimme gerufen hätte und bricht in Tränen aus. Aber es ist nur ein kurzer Schwächeanfall – sie faßt sich und nimmt auf dem Thron Rudolfs von Habsburg Platz ... Die Stimme der jungen Herrscherin ist klar und fest und schwankt nur wenige Augenblicke unter dem Ansturm der Gefühle. Hingerissen von der Schönheit, der Jugend, dem Mut Maria Theresias leisten die Würdenträger den Eid auf die Frau ..."

Auch Isabella hatte kurzentschlossen und innerhalb eines Tages das Ruder ihres Reiches in die Hand genommen, um sich über Jahrzehnte hinweg gegen innere und äußere Gegner um die Konsolidierung ihres Reiches zu bemühen. Isabella, von Historikern gerne als erste Königin Spaniens gepriesen, was sie jedoch nicht war, denn auch ihr galt Spanien nur als geographischer Begriff, wurde doch zur überragenden und einzigartigen Monarchin am südwestlichen Glacis Europas, indem sie aus zerrütteten Verhältnissen ihres Reiches einen autoritären Staat formte, in dem bald ein Nationalgefühl die Menschen zusammenfügte.

Mit diesen ihren Verdiensten verniedlichen seit geraumer Zeit Historiker und Biographen ihre zweifellos großen politischen Erfolge, während andere übertrieben zu schwärmen verstehen. Nicht alles kann unwidersprochen hingenommen werden. Wir werden uns erlauben, dort Kritik zu üben, wo die Königin Moral und Gewissen hintanstellte oder hintanstellen mußte, um zu ihrem Ziel zu gelangen. Wir sind uns bewußt, daß wir dies aus einer Distanz von einem halben Jahrtausend tun und dabei einen Maßstab anlegen, der heute nicht, damals aber wohl Gültigkeit besaß. Aber wir können nicht uneingeschränkt den fast nur positiven Schilderungen ihrer Chronisten und der Geschichtswissenschaftler folgen. Wir müssen eine nicht geringe Zahl von moralischen Vergehen – und nicht nur in moderner Wertung – ihr zur Last legen; denn sonst hieße es, die historischen Tatsachen kommentarlos und getreu des immer sorgfältig gepflegten Kultes dieser Regentin weiterzureichen.

Um es gleich vorweg zu nehmen: Wir haben nicht die Absicht, ein Denkmal zum Einsturz zu bringen. Wir müssen nur an geeigneter Stelle auf einige unschöne Rostflecken hinweisen und ihr Entstehen zu deuten versuchen.

Weil sich eine Biographie, auch nach einer Spanne von fünfhundert Jahren, nicht nur an den zeitgenössischen Quellen zu orientieren hat, sondern auch eine subjektive Betrachtung nicht entbehren kann, müssen wir uns erlauben, den wohlklingenden Tönen eines vielfach gesungenen Hymnus ein paar störende Dissonanzen anzufügen, die zwar kaum zu entschuldigen, aber aus politischen Notwendigkeiten und bedingt durch die geistige Umwälzung einer Epoche verstanden sein wollen. Halten wir dazu fest, daß Isabella in einer Zeit steht, in der Europa das Mittelalter abschüttelt und die Gedankenwelt der Neuzeit aufnimmt.

Dieses Buch erhebt nicht den Anspruch, die umfassende, gar endgültige Biographie Isabellas zu sein. Dem Kenner werden Lücken sichtbar werden. Sie wären durch eine Fülle von sozialen, wirtschaftlichen, auch religiösen Fakten zu schließen, die Joseph Pérez in wissenschaftlicher Mosaikarbeit zusammengetragen hat. Da es jedoch nicht beabsichtigt war, eine Arbeit in solchem Sinne zu schreiben und den Leser durch labyrinthische Gänge nach Für und Wider, wie auch durch Interpretationen von oft zu Zweifeln berechtigenden Quellenangaben zu ermüden, beschränken wir uns bei dieser Arbeit auf die für jene Königin und Frauengestalt maßgeblichen Momente. Unter solcher Voraussetzung soll dieses Buch einem breiten Leserkreis ermöglichen, sich an einer zweifellos überragenden Herrscherin zusätzlich ein Bild von Zeit, Geist und Entwicklung eines Jahrhunderts zu machen, das letztlich in den Nachkommen Isabellas bis zu Franz II. (1792–1806) die deutsche und habsburgisch geprägte europäische Politik zu bestimmen suchte. Wenn das Leben und Wirken Isabellas Anlaß würden, in einem Abriß historische Fakten und menschliche Größen, aber auch Unzulänglichkeiten, anzudeuten und dem Nachdenken zu übergeben, so wäre die damit verbundene Absicht erreicht.

Aus dieser Niederschrift möge den Leser das Bild dieser Königin ebenso berühren, wie es in allen Farben den Verfasser in Bann gehalten hat, sei es nicht nur in Höhen, sondern auch in Tiefen gewesen.

Danken darf und muß der Autor an dieser Stelle für Anregung des Themas dem Verlag und der Lektorin, Heidi Krinner-Jancsik, die außerdem ohne Murren bei der Beschaffung des Bildmaterials den Vorschlägen des Autors folgte, was für ihr Verständnis und ihre sorgfältige Betreuung des an seinem Schreibtisch mit Quellen und Literatur ringenden Verfassers spricht.

Dem an europäischer Geschichte Interessierten mag hier ein Kapitel der Vergangenheit verständlich werden, das auf der Iberischen Halbinsel gewachsen, von dort auf vier Jahrhunderte hinaus von einer ungewöhnlichen Frau vorgezeichnet wurde: Isabella von Kastilien.

H. L.

Gracia Natal: España

Panorama des Geistes

Sie hatten keinen mit Farben einladenden, bilder- und textreichen Prospekt eines Reisebüros oder einer Fremdenverkehrszentrale zur Hand, jene germanischen Stämme der Vandalen, Sweben und Westgoten, als sie im Strom der Völkerwanderung vor eineinhalb Jahrtausenden über die Pyrenäen südwärts zogen, wo sich schon lange Zeit vor ihnen die Kelten mit den Ureinwohnern, den Iberern, zu einer Volksgruppe vermischt hatten. Jene Germanen fuhren nicht mit Wohnmobilen, sondern transportierten ihre Habe, ihre Frauen und Kinder in von Ochsen gezogenen, schwerfälligen Planwagen. Sie besaßen keine prallgefüllten Brieftaschen oder Eurocheques, sie trugen Lanzen und in Gefechten bewährte Schwerter, mit denen sie sich Landbesitz und Lebensunterhalt erkämpften. Obwohl sie an den begehrten Costas der Neuzeit noch keine Appartements in Hotelpalästen buchen konnten, hatte sie die Hoffnung auf eine endgültige Niederlassung in dieses durch Besatzungsmächte jahrhundertelang unterjochte Volk und ausgebeutete Land getrieben. Aber auch sie sollten nur eine auf ihre Waffen gestützte Herrenschicht bleiben. Denn nach einem swebischen Intermezzo eroberten schließlich die Westgoten unter Theoderich II. (456) und Eurich (466) den größten Teil der Halbinsel und behielten das Land fest in ihrer Hand. Doch ebensowenig wie ihre Nachfahren des mobilen zwanzigsten Jahrhunderts der Prosperität lasen und verstanden sie in Ampurias, der antiken griechischen Siedlung Emporiai, im Norden der heutigen Provinz Katalonien, der Costa Brava zwischen den Mündungen der Flüsse Fluria und Ter, die Inschrift im dort erhalten gebliebenen Mosaikboden. Da stand und steht es noch heute: „Chaire Agathos Daimon – Sei gegrüßt, guter Geist!“

Was mochte jenen unbekannten griechischen Hausherren vor zweieinhalb Jahrtausenden bewogen haben, den guten Geist anzurufen oder ihn für sich und seine Familie willkommen zu heißen? War es sein Blick, seine Sehnsucht nach Osten über das Meer hinweg, dessen Wellen ihn mit seiner fernen hellenischen Heimat verbanden? Begrüßte er mit ihnen den guten Geist in der „Theogonie" seines Landsmannes Hesiod, als die ungeheuren und furchtbaren Mächte der Vorzeit durch menschliche überwunden wurden? Sah auch er sich von drohenden Mächten umgeben und wußte er, daß dieser gute Geist als philosophische Problemstellung, solange man in und mit ihm wandelte, den gerade an dieser Küste benachbarten Phöniziern gelten sollte, die den Griechen stets rätselhaft und unheimlich waren, die neben der Erfindung des Alphabets vornehmlich den merkantilen Geist pflegten? Wie konnte jenes winzige Völkchen, zwischen Tyros und Byblos zu Hause, das Meer von der Levante bis zu den „Säulen des Herkules", dem bewußt propagierten Ende der Welt, beherrschen, hinter dem die Fluten das paradiesische Reich von Atlantis verschlungen hatten?

Sie waren überall, diese Phönizier, auch in Gades, dem modernen Cadiz westlich der Meerenge, die ins Nichts hinausführen sollte. Und gerade weil sie überall waren, konnte man sie nicht fassen. Sie hatten an versteckten Plätzen der iberischen Küste ihre Faktoreien eingerichtet, die fremde Schiffe nicht anlaufen durften, wollten sie nicht in Sichtweite des Hafens versenkt werden. Der Mosaikboden von Ampurias bewahrte über Jahrtausende hinweg, als habe er gewußt, daß der gute Geist auch Böses überwinden kann: „Sei gegrüßt, guter Geist!"

Ein halbes Jahrtausend nach Emporiai war es der waffenklirrende Ungeist des Kriegshandwerks, mit dem hier ein Hannibal, Feldherr der phönizischen Karthager oder Punier, wie sie die Römer nannten, seinen berühmten Feldzug über die Alpen antrat, aber versäumte, Rom endgültig niederzuringen. Auch die Legionen Caesars kannten nur den Waffeneinsatz, als sie 49 v. Chr. bei Ilerda die Truppen des Pompeius schlugen. Waren die griechischen wie auch die phönizischen Niederlassungen nur ein historisches Zwischenspiel gewesen, so ergriff mit den römischen Herren ein neuer, vier Jahrhunderte währender Geist von den keltisch-iberischen Bewohnern der Halbinsel Besitz: Die lateinische Sprache wurde zur Mutter des Spanischen, wie es, aus dem kastilischen Dialekt hervorgegangen, nach kontinuierlicher Entwicklung heute von der Biskaya bis zum Golf von Cadiz gesprochen wird. Der gute Daimon war in der römischen Militär- und Wirtschaftspolitik nicht gefragt; denn für das Weltreich der Caesaren diente diese Halbinsel nur als Ausbeutungsobjekt, deren Gold und landwirtschaftlichen Produkte in die Hauptstadt am Tiber zu fließen hatten.

War schon vor den Römern der Stamm der germanischen Cimbern in einer Wanderschleife durch Nordspanien gezogen, so setzten sich schließlich die schon genannten Westgoten nach dem Zusammenbruch des

Imperiums fest und errichteten, vom Arianismus zum Katholizismus übergetreten, als dünne Oberschicht mit der Hauptstadt Toledo ein Königreich. Sie stützten ihre Herrschaft nur auf die Waffen ihrer Krieger, konnten sich aber der Romanisierung nicht völlig verschließen. Das Ende ihres Staates im Jahre 711 leitete eine Ära ein, die von da an der Halbinsel zum Geschick wurde: Zu bereits zweifach vorhandenem orientalischen Geist, dem Judentum und Christentum, kam ein dritter aus dem mediterranen Osten, der Islam, hinzu. Nachhaltiger als im übrigen Europa prägten nun diese drei Religionen die mittelalterliche Geschichte des Landes.

Bis ans westliche Ende der bekannten Welt, nach Spanien, waren die Juden in ihrer „Zerstreuung" gezogen, nachdem Titus, der nachmalige Kaiser, den Aufständen in Jerusalem mit der Verbannung ein radikales Ende bereitet hatte, und dann noch einmal die Revolte Barkochbas im Blut erstickt worden war. Die Juden, viele schon vor der römischen Zeit, wie Salzia Landmann wissen will, brachten nicht nur ihren Kult, sondern auch ein geistiges Potential mit, das nicht unerheblich dazu beitrug, daß ihre exponierten Vertreter in hohe Ämter christlicher und muslimischer Regenten berufen wurden. Mit Samuel stieg ein Jude zum hochgeschätzten und einflußreichen Wesir des islamischen Herrschers von Granada auf, wie sich auch christliche Könige jüdische Bürger an ihren Hof verpflichteten. Nicht nur als Gelehrte, besonders im Wirtschafts- und Finanzwesen setzten sie wichtige Akzente und wurden den christlichen Monarchen wertvolle Helfer. Als fleißige Handwerker, Landarbeiter und Händler kam die Mehrzahl der Juden zu immerhin bescheidenem Wohlstand, was ihnen aber nicht nur in Spanien, sondern in nahezu allen christlichen Reichen Neid und schließlich Verfolgung einbrachte – Schicksal eines jahrtausendlang von Gott geprüften und heimgesuchten Volkes.

Der zweite Geist aus der altjüdischen Heimat hatte mit den Kanones der Synode von Elvira im vierten Jahrhundert als Christentum den Sieg über das römische Götterpantheon davongetragen. Sein prominentester Vertreter, Isidor von Sevilla (geb. um 560, gest. 636), war als Bischof nicht nur ein großer Kirchenmann, sondern auch ein Gelehrter von überragendem Format, der in den zwanzig Büchern seiner „Etymologiae" eine Enzyklopädie des Wissens seiner Zeit festgehalten hat, deren sich Historiker auch noch in der Gegenwart zur Erforschung jener Jahrhunderte bedienen. Wenn auch auf Jahrhunderte hinaus verhalten, in der Reconquista aber militanter, der christliche Glauben sollte spätestens im Hochmittelalter zu einer staatstragenden Säule im kastilischen Reich werden. Ganz im Sinne des Herrschers wurde die Kirche ein wesentliches Organ im Werden des Nationalstaates, der, wenn ein Superlativ dieser Art erlaubt ist, als katholischster in der europäischen Geschichte bis in die Neuzeit galt.

Schließlich kam der Geist einer weiteren, schon genannten Weltreligion hinzu: des Islams, der Lehre jenes mekkanischen Propheten Mohammed. Nach der militärischen Eroberung durch die Streiter Allahs im Jahre 711 durch die Schlacht an der Laguna de la Janda, mit der das Westgotenreich ausgelöscht wurde, erlebte Spanien über sieben Jahrhunderte hinweg eine Zeit ungewöhnlichen Geistes- und Kulturschaffens, was im fernen Sachsenland die Nonne Roswitha von Gandersheim bewog, Cordoba, die Hauptstadt des Kalifats, als „das strahlende Juwel der Welt" zu preisen. Und jener griechische Daimon von Ampurias erlebte eine glorreiche, unschätzbare Wiederauferstehung, indem er in den Übersetzungen islamischer und jüdischer Gelehrter den Menschen des Abendlandes wieder zugänglich gemacht wurde. Über den orientalischen Brückenkopf Spanien wirkte er weiter, nachdem mit der Einnahme Konstantinopels durch die Osmanen der letzte Schutzwall des Christentums an der Meerenge zu Asien gefallen war.

Die Begegnungen, Verflechtungen und Auseinandersetzungen dieser drei Weltreligionen waren so vielfältig, daß sie noch immer die Wissenschaftler beschäftigen. Und darin stimmen die Ergebnisse der Forschungen überein: Spaniens Geschichte, Kunst, Kultur und Geist resultieren aus dieser fruchtbaren, aber auch kämpferischen Epoche – einzigartig in jener Zeit, mehr orientalisch als abendländisch.

Ein Heiliger als Schlachtenlenker

Die nahezu vollständige Eroberung der Halbinsel durch die aus Arabern und Berbern bestehenden Heere konnte jedoch nicht verhindern, daß sich christlich-gotische Flüchtlinge unter dem aus einer Seitenlinie des westgotischen Königshauses stammenden Grafen Pelayo (718–737), der bereits, etwa 722, in der Schlacht von Covadonga einen ersten Sieg über die Araber erzielt hatte und zum Nationalhelden wurde, in der nahezu unzugänglichen Gebirgslandschaft um Oviedo zu einer zunächst kleinen staatlichen Gemeinschaft zusammenschlossen, die den Willen zum Kampf gegen die fremdartigen Eindringlinge mitgenommen hatten, und der sie fortan von Generation zu Generation beseelte. Aus der anfänglichen Abwehr maurisch-islamischer Kontingente stießen diese Christen aus ihrem Reduit in den Bergen hervor und leiteten, wenn auch nicht immer erfolgreich, bereits im neunten Jahrhundert jene erst nach siebenhundert Jahren abgeschlossene Rückeroberung ein, die als Reconquista das politisch bedeutendste Kapitel iberischer Geschichte des Spätmittelalters schrieb und bisweilen nicht zu verkennende Merkmale der Kreuzzugsidee trug.

Das ideologische Fundament dieser christlich-militanten Bewegung wurde um das Jahr 830 bewußt konstruiert: An der Küste Galiziens im Nordwesten war ein Ertrunkener in dem kleinen ehemaligen Römerhafen Iria Flavia, dem heutigen Padrón, angeschwemmt worden. Ihn entdeckte der dortige Bischof Theudemir und erklärte ihn als den durch göttlichen Ratschluß vom Meer makellos konservierten Leichnam des unter Herodes Agrippa I. im Jahre 44 n. Chr. hingerichteten Apostels Jakobus d. Ä., des Sohnes des Zebedäus und Bruders des Evangelisten Johannes. Christus selbst, so die dem Volk einleuchtende Interpretation, habe mit diesem seinem Jünger ein Zeichen gesetzt und sich mit dem Kampf der kleinen Christenschar identifiziert. Alfons II. (791–842), der Keusche, reiste daraufhin als erster Jakobuspilger zu diesem Ort und begründete den Kult. „Die Mauren sagen Mohamet, die Christen Santiago", heißt es im Heldenepos vom Cid. Über diesem Jakobusgrab wurde 896 durch König Alfons III. (866–909), dem Großen, eine erste Kirche eingerichtet, der im zwölften Jahrhundert eine prächtige Kathedrale folgte.

Eine andere Legende erzählt vom Verlust des reliquiaren Leichnams des Heiligen, der dort missioniert hatte und in Santiago gestorben sei. Seine letzte Ruhestätte sei über lange Zeit hinweg nicht auffindbar gewesen, bis eines Tages über einem Feld ein Stern aufgeleuchtet habe. An jener Stelle habe man das Grab mit den Gebeinen des Heiligen entdeckt. Und dies sei erst im neunzehnten Jahrhundert geschehen! Welcher frommen Darlegung der gläubige Mensch auch folgen mag, der melodiöse Name Santiago de Compostela (Sternenfeld) ist seit Jahrhunderten zum meistbesuchten Wallfahrtsort der Christenheit neben Rom und Jerusalem geworden, hatte doch schon Papst Leo III. (795–816) die Nachricht vom Santiago-Wunder in den christlichen Ländern verbreiten lassen.

Santiago, enthusiastisch aufgenommen und als Mythos noch im zwanzigsten Jahrhundert ungebrochen, entfaltete sich als eine Bewegung, deren Tiefe und innere Struktur in ihrer Entstehung und Entwicklungsrichtung zu einem volkstümlichen Glauben mit sinnlicher Wahrheit den Christen zur feurigen Offenbarung wurde. Auf dem „Camino Francés" oder kurz nur „Camino", dem „Sternenweg", pilgern seitdem Abertausende zum Grab des Apostels, der einer Legende gemäß sogar Karl dem Großen erschienen sei und ihn zum Kampf gegen die Muslimen aufgefordert habe, was der Frankenkönig dann auch mit seinem Feldzug des Jahres 778 versucht haben soll. Französische Heldenlieder schreiben „ihrem" Charlemagne gar die Entdeckung des Apostelgrabes zu. Sankt Jakob von Santiago motivierte noch die Konquistadoren, Siedlungen und sogar einem Fluß in der Neuen Welt den Namen des Apostels zu geben. Zwischen Panama und Feuerland erinnert die Vier-Millionen-Hauptstadt Chiles an jene Apostel-Legende, die das junge Gemeinwesen Asturien benötigte, um mit christlich-kämpferischem Geist den „falschen Söhnen Sarahs", wie abendländische Quellen jener Zeit die Muslimen nennen, zu trotzen und sie kontinuierlich, wenn auch in langen Abständen, zurückzudrängen.

Haben die Motive einer Wallfahrt seitdem auch zum Teil den Charakter von Urlaubsfahrten angenommen und hat eine Reise über den „Sternenweg", bedingt durch die bequemen modernen Verkehrsmittel, noch an Attraktivität gewonnen und von der Pilgerzahl selbst Rom und Jerusalem überrundet, wenn der Namenstag des Heiligen, der 25. Juli, zu begehen ist, so kamen noch im Jakobusjahr 1993 nicht weniger als neun Millionen Menschen aus ganz Europa und Übersee nach Santiago de Compostela. Sie besuchten nicht mehr einen geistigen „Schlachtenlenker" der ersten Reconquista-Zeit, sondern das symbolkräftige Wirken eines Jüngers Jesu, der am westlichen Rande jener alten Welt das Christentum verbreitet haben soll.

Melancholie und Grazie

Ist das Königreich Spanien Ende des zwanzigsten Jahrhunderts als Mitglied der Europa-Union ein fester Begriff, so wird man bis zu Beginn der Neuzeit vergebens nach einer staatlichen Einheit Ausschau halten, obwohl man versucht wäre, im Geist der Reconquista ein nationales und staatsformendes Anliegen zu erwarten. Es gab kein Königreich Spanien. Die bis an die Ränder der Flußtäler dringenden Gebirge boten zwar gelegentlich Schutz vor Invasoren, verhinderten aber jahrhundertelang jede Vereinigung, isolierten die einzelnen Regentschaften, erschwerten den Binnenhandel und blockierten den Anschluß an die europäische Wirtschaft, da das Land auch politisch an den Rand des Kontinents gedrängt war. Schon zur Römerzeit, als die Halbinsel Iberia und Hispania hieß, war das Land in Regionen aufgeteilt: Numantia, Gallaecia, Lusitania, Terraconensis und Baetica. Nach dem westgotischen Zwischenspiel sprachen und schrieben die Araber und Mauren von al-Andalus. Wie

Dozy vermutet, sind wir der Überzeugung, daß der kurze Aufenthalt jenes germanischen Volkes mit dem schlechten Leumund, der Vandalen, nicht ausgereicht habe, zunächst fast die ganze Halbinsel und dann bis in die Gegenwart eine Provinz, Andalusien, nach ihnen zu benennen. Dazu stützen wir uns auf den arabischen Historiographen Ibn al-Idari, der bereits vor der Eroberung Spaniens die Bucht von Tarifa als Andalus bezeichnet und, in der Ethnologie gut bewandert, keinen Hinweis auf die Vandalen gibt. Im Namen Andalusien lebt somit die Erinnerung an die Araber fort, die hier, neben der Moschee von Cordoba und einer maurisch geprägten Innenstadt von Sevilla, mit der Alhambra über Granada ihr prachtvollstes Bauwerk der Menschheit geschenkt haben.

Das späte Hochmittelalter und die Anfänge der Neuzeit, mit denen wir es hier zu tun haben werden, kennen keine spanische Geschichte, auch wenn ein solcher Begriff immer wieder auftauchen möchte. Warum?

Wo Einheit der christlichen Herrschaften notwendig gewesen wäre, verzettelte man sich in Einzelstaaten, die sich nicht nur argwöhnisch beobachteten, sondern in Kriegen gegenseitig aufrieben und den islamischen Dynastien dadurch Verschnaufpausen und sogar Rückeroberungen ermöglichten. Um 1100 verzeichnet die Geschichte allein vier Königreiche: León, Kastilien, Aragon und Navarra, dazu die Markgrafschaft Barcelona, das spätere Katalonien und im Westen die Grafschaft Portugal. Unter wechselnder Oberhoheit führten außerdem in den Pyrenäen die Basken, die bereits einem Frankenkönig Karl die Schlappe von Roncesvalles beigebracht hatten, in drei Provinzen ihr Eigenleben, dessen Verwaltung sie nicht aus den Händen gaben. Mit der militanten Untergrundorganisation ETA sind sie auch noch in der jüngsten Zeit eine permanente Bedrohung der Zentralregierung in Madrid und des gesellschaftlichen Lebens.

Den Weg durch die Geschichte markieren fast ausschließlich Regierungsdaten und politische wie militärische Erfolge und Mißerfolge der Herrscher. Man täte aber dem Volk, den etwas diskriminierend bezeichneten „Untertanen" Unrecht, würde man diese Menschen, die doch das wirtschaftliche Potential des Staates bildeten, nur als schweigende Statistenschar in den Hintergrund fürstlicher Bühnenauftritte abschieben. Während Schwelgen im Überfluß, Leidenschaften, Raub und Mord das tägliche Vergnügen der Herrschenden bildeten, legte das Volk geduldig und duldend in seinem Schattendasein wichtige Grundsteine für die Kultur.

Verständlicherweise fördern heutzutage Institutionen und Reisebüros das Klischee des modernen Spaniens. Folklore und Komfort der Strandpaläste, Stierkämpfe, Spanierinnen und Spanier beim Flamenco-Tanz, dem der Ausruf „Olé!" nicht fehlen darf, haben sich als festes Merkmal des iberischen Menschen in die Vorstellungswelt des Mittel- und Nordeuropäers eingeprägt, war er als Sonnenurlauber an den Costas oder schöpfte er sein Urteil aus Features der Medien oder gar Bizets Oper „Carmen". Dies aber ist ebenso wenig typisch spanisch, wie ein für Urlauber zubereiteter Unterhaltungsabend in Ruhpolding typisch bayerisch sein kann. Eine Fahrt in die Mancha, in das Innere Kastiliens, würde dem Spanienreisenden sicher andere Eindrücke vermitteln, träte er von der Bequemlichkeit des Küstenangebots überhaupt eine solche Fahrt an. Was bei dort sichtbarer Armut im Vergleich zum Aufwand in den Großstädten dennoch haften bleibt, ist die Bestätigung des alten und immer noch gängigen Wortes vom Stolz des Spaniers.

Weil er diesen Stolz nicht erst in der Neuzeit als optisches Merkmal für die Fremden entwickelte, muß die Frage berechtigt sein, wie es in der Vergangenheit dem Volke, der sogenannten breiten Masse, ergangen ist. Vor fünf Jahrhunderten, in der Epoche, um die es hier geht, zählte die Halbinsel rund zehn Millionen Menschen, fast drei Viertel davon im Königreich Kastilien und León. Sie, wie in der Gegenwart gewohnt, „echte" oder reinblütige Spanier zu nennen, wäre so wenig zutreffend, wie etwa das Völkergemisch der USA zu Beginn dieses Jahrhunderts als die Amerikaner zu bezeichnen. Die Bevölkerung Kastiliens, aber auch der anderen Herrschaften, setzte sich aus iberischen Ureinwohnern, Kelten, ein paar Griechen und Phöniziern, Römern, westgotischen Germanen, islamischen, arabischen und jüdischen Orientalen, Berbern und Mauren aus Nordafrika zusammen. Gerade die über sieben Jahrhunderte hinweg naturgemäß erfolgende Verbindung von semitischen und nicht semitischen, dazu noch europäiden und negroiden Abkömmlingen ließ ein Volkstum entstehen, das aus Blut und Abstammung einen in Europa ungewöhnlichen Volksstamm zur Folge hatte. Ehen zwischen Arabern, Mauren, Berbern und westgotischen Nachfahren, die sich aber wiederum mit zu ihrer Zeit vorhandenen Volksgruppen vermischt hatten, aber auch zwischen Juden, Muslimen und Christen und wieder zwischen Nachfahren dieser Familien schufen ein Volk besonderen Charakters, der noch heute von Wissenden beobachtet werden kann. Das Erbe dieser Ahnen revoltierte damals, als Isabella auf die Welt kam, noch deutlicher als heute zwischen dem heißen Blut der Orientalen und Nordafrikaner, peitschte die Gefühle bis zu Gewalttätigkeiten auf, wozu die christlichen Reconquista-Krieger noch ein entschlossenes und religiös inspiriertes Kämpfertum beitrugen.

Voll Wissensdurst, die überzeugenden Errungenschaften der Kultur und Zivilisation in den muslimischen Emiraten und Kalifaten von Cordoba und Granada aufzunehmen, aber wiederum abweisend gegenüber den fremden, jüdischen und islamischen Religionen mit ihren Kulten, dennoch oder vielleicht gerade deshalb voller Aberglauben wie bei anderen Völkern im Mittelalter, bewahrte dieses Volk in der Unterdrückung durch die Lehensherren eine individuelle Würde. In der Armut sah man keine Heimsuchung Gottes und für den Reichtum keinen Grund zur Liebedienerei durch die Untertanen. Die Mühsalen manueller Arbeit waren nicht sonderlich beliebt, auch wenn die eigene Existenz und die Forderung der Gutsbesitzer nur die Wahl zwischen Selbstbehauptung und Untergang ließen. Von einigen enthusiastischen Beifallskundgebungen abgesehen, betrachtete das Volk dann die Eroberung der halben Welt nur von der Peripherie aus und anerkannte sie als eine besondere Gunst des Schicksals und des verbrieften Rechts der Monarchie, daraus ihren Gewinn zu erzielen und für kaum zu ergründende Bedürfnisse einzustreichen.

Den Mühsalen des Alltags zu entfliehen, eilte die Bevölkerung zu den aus Griechenland und Rom importierten Schauspielen des Stierkampfes, um in den „Gladiatoren" der Arena ihren eigenen erwünschten Mut verkörpert zu sehen. Dennoch ist der Kastilianer im Gegensatz zu seiner Freude an farbenreichen Festlichkeiten nicht von überschäumender Lebensbegier, wie sie sich in Andalusien erhalten hat. Der wenig ertragreiche Boden und die Isolation durch die immer wieder das Land durchschneidenden Gebirgszüge spiegelten sich in einer gewissen Melancholie des Menschen wider. Nicht nur dem Ritter, sondern auch dem einfachen Manne galt die Ehre wie ein Glaubensgrundsatz, die Frau hingegen als verehrenswürdige Göttin, die man aber im Alltag zu strenger Abgeschirmtheit verurteilte, was zweifellos von den orientalischen Haremsgepflogenheiten übernommen war. Trotzdem verstand es das weibliche Geschlecht, an Feier- und Festtagen mit farbenfroher Aufmachung in vollendeter Grazie und koketten Schleiern, die kaum etwas verbargen, aber vieles andeuteten und verhießen, seine Reize auszuspielen. Und wenn noch so strenge kirchliche Gesetze der Unmoral und den sexuellen Ausschweifungen Einhalt gebieten wollten, waren die einfachen Menschen des Volkes nicht zu überzeugen, daß sie mehr Sittlichkeit beweisen sollten als Adel und Klerus, aus deren Kreisen glaubhafte Schilderungen bacchanalischer Orgien die Runde zu machen pflegten.

Zu den Fürsten, die ja gleichzeitig und nur selten rücksichtsvolle Lehensherren waren, bestand ein gespanntes Verhältnis. Schon gar nicht beim Adel oder in der Kirche, noch weniger in ihren irdischen Repräsentanten, glaubte man die Hilfe zu erhalten, um im Glauben an die Zeit nach dem Tode eine Erfüllung für das diesseitige Elend zu finden. In Prozessionen mit den Bildern der Gottesmutter und der Heiligen, wie auch noch in der Gegenwart, beschwor man das Jenseits als ein Leben des Glücks nach einem unseligen Aufenthalt auf dieser Erde. Bei der, im Gegensatz zu den im Lande noch wohnenden Mauren, geringen Bildung der breiten Masse war es nicht verwunderlich, daß die Menschen der unteren Volksschichten für das Diesseits in der Monarchie eine Erfüllung sahen, auch wenn sie durch ihre gekrönten Häupter nur allzu oft enttäuscht wurden. Der König war, durch gelegentliche Vergünstigungen nach Art eines Zuckerbrots beliebt als die weltliche, dem Wohl des Volkes verpflichtete Macht. Diese Ergebenheit verstanden die Herrscher vor Isabella jedoch nicht zu nutzen. Statt dessen verstrickten sie sich immer wieder in aufwendige und ergebnislose Händel mit den Feudalherren.

Typisch für kastilische Verhältnisse war dies jedoch keineswegs. Ein Blick in die spätmittelalterliche Geschichte der übrigen europäischen Staaten beweist, daß der Geist jener Jahrhunderte fast überall und zur gleichen Zeit ähnliche Erscheinungen zeitigte. Wie dort erhofften sich auch die einfachen Menschen Kastiliens, von einer starken Herrscherpersönlichkeit aus ihrem Sklavendasein befreit zu werden. Es konnte nicht über Nacht geschehen. Aber was Herrscher in Jahrhunderten nicht zuwege gebracht hatten, sollte letztlich eine Frau, eine noch junge Frau schaffen: Isabella.

Der Weise, der Grausame und der Impotente

Weil bislang in einem groben Wurf nur einige Kristallisationspunkte frühmittelalterlicher Geschichte und völkischer Situation möglich sein konnten, soll diese Beschränkung auch für das Jahrhundert vor Isabella gelten, das in seiner politischen und geistigen Zerrissenheit letztlich eine starke Reinigungskraft herausfordern mußte. Der Sprung über Jahrhunderte hinweg mag für den am Gesamtablauf der spanischen Geschichte Interessierten ein schier unverzeihlicher Fehler sein, mußte hier aber getan werden, um der Konzentration auf das Thema den notwendigen Raum frei zu halten.

Was für Isabella gilt, hat auch für ihre Vorgänger Gültigkeit: Von Herrschern über Spanien kann nicht die Rede sein. Sie waren Könige von Kastilien und den anderen, schon aufgezählten Reichen der Halbinsel. Sie betrieben ihre eigene, zu den Nachbarn nicht immer freundliche Politik, obwohl für sie der Kampf gegen die noch immer vorhandene maurisch-islamische Herrschaft gemeinsame Aktionen hätte bedeuten müssen. Von Kastilien in Anspruch genommen und dann überall gefeiert, war hingegen ein in der Reconquista abenteuerlicher Mann, der aus dem Kampf mit den orientalischen Feinden auf der Halbinsel zu einem Heros hochstilisiert wurde.

El Cid

Es war dies Rodrigo Diaz de Vivar (um 1043 bis 10. 6. 1099), dem unter dem Namen Cid – von arabisch sidi, Herr – die Rolle des Befreiungskämpfers geschrieben, gedichtet und gesungen wird. Das „Cantar de mio Cid" oder „Poema del Cid" ist das erste größere Denkmal der spanischen Literatur. Gegen Ende des elften oder Anfang des zwölften Jahrhunderts – als nicht belegtes Datum wird 1307 angeführt – verfaßte ein Anonymus das Gedicht, in dem der Cid durch einen aufsehenerregenden militärischen Erfolg über die Araber, wenn auch nur von kurzlebiger Dauer, den Ehrennamen Compeador, Sieger, erhielt. Nach der von ihm geleiteten Eroberung Toledos traf den Cid die Ausweisung durch König Alfons VI. (1065–1109), der einer Denunziation sein Ohr geliehen hatte. Geflissentlich und wohl auch verständlich wird in den Hintergrund gedrängt, daß der Cid als echter Condottiere-Typ seine Sympathie für offene Kassen verkaufte und folglich in die Dienste des gut honorierenden maurischen Fürsten von Saragossa trat. Das Finale mußte aber diesen Fehltritt vergessen machen. Der König söhnte sich mit dem Cid aus, und der literarische Lorbeerkranz konnte geflochten werden, dem bis in die Gegenwart eine Vielzahl von Dramen und Publikationen gewidmet wurde, in denen aus dem Kastilianer längst ein gesamtspanischer Held wurde.

Das Königreich Kastilien

Seit jenem berühmten und folgenreichen Aufruf Papst Urbans II. (1088–1099) auf der Synode von Clermont bewegte die Befreiung Palästinas von den „Ungläubigen" die Christenheit des Abendlandes. Den Anstrengungen und Gefahren eines Kreuzzuges in den Orient durfte und konnte man südlich der Pyrenäen mit einem überzeugenden Argument aus dem Wege gehen, indem es auf spanischem Boden immer noch genügend Feinde des Christentums gab. Dieses Argument auf höchster kirchlicher Ebene anerkannt, gelang es erstmals, eine Koalition christlicher Regenten der Halbinsel zustandezubringen, die zudem noch Verstärkung durch Hilfstruppen aus Frankreich, Portugal und sogar aus Österreich erhielten. Wenn diese Gemeinsamkeit auch nur recht kurzlebig war, und die alten Rivalitäten sofort wieder ausbrachen, so kam es doch am 16. Juli 1212 bei dem Dorf Las Navas de Tolosa in der Sierra Morena zur Entscheidungsschlacht, in der das maurische Aufgebot eine vernichtende Niederlage erlitt, und die Reconquista mit diesem Triumph die letzte Phase in der Auseinandersetzung mit dem Islam vorbereiten konnte. „Da gab es so viele Tote", überliefert der arabische Chronist Ibn al-Hatib, „daß man vor lauter Leichen nicht vorwärts kam." Versuchen Historiographen im allgemeinen und arabische im besonderen, eine Niederlage zu beschönigen oder gar in einen Erfolg umzumünzen, so kommt al-Hatib an der ehrlichen Schlußfolgerung nicht vorbei, daß es von da an mit den Muslimen in al-Andalus bergab ging.

Der ein halbes Jahrtausend zuvor in Asturien gelegte Funke des Befreiungswillens entfachte besonders in Kastilien eine lodernde Flamme. Es war die Zeit, da Europas Völker im Taumel der Kreuzzugsidee den blutgetränkten Weg zu den Heiligen Stätten im Jordanland schritten. Im Jahre der Schlacht von Las Navas wurden Tausende von Jungen und Mädchen im Irrsinn des sogenannten Kinderkreuzzuges von verbrecherischen Reedern nach Ägypten verschifft und in Alexandria als Sklaven für die Harim verkauft. Während der Hohenstaufe Friedrich II. (1210–1250) in seinem Kreuzzug zum Entsetzen des Papstes nicht das Schwert zog, sondern mit dem „ungläubigen" Sultan El Kamil einen Friedensvertrag aushandelte, bald aber Frankreichs König Ludwig IX., der Heilige (1226–1270), von Ägypten aus das Heilige Land erobern wollte, jedoch kläglich scheiterte, führte in Spanien ein König seinen persönlichen Kreuzzug, gleichsam um sein eigenes Haus von Fremdlingen zu reinigen und in Ordnung zu bringen. Und dies war jener König: Im Jahre 1200 wurde Ferdinand III. von Kastilien (1217–1252) geboren. Zunächst vereinigte er 1230 León mit seinem Reich. Wenig später errang er am Guadalete einen entscheidenden Sieg über die Mauren. Bis zwei Jahre vor seinem Tod hatte er ab 1236 den Südwesten seines Landes von Cordoba bis Sevilla – Cadiz fiel erst 1262 – erobert und sich über noch selbständige kleine maurische Herrschaften die tributpflichtige Oberhoheit gesichert. Dazu gehörte auch die Nasriden-Dynastie, die noch zweieinhalb Jahrhunderte lang in Granada regieren sollte, sich ihre Eigenständigkeit jedoch ebenfalls durch Tribute von den kastilischen Herren erkaufen mußte, was schließlich als Folge heftiger innerer Auseinandersetzungen zur Kapitulation der letzten islamischen Bastion führte (siehe unten).

Lange Zeit hatte sich im Norden das kleine Königreich Navarra behauptet, um endlich 1515 von Ferdinand, dem Gemahl der ein Jahrzehnt zuvor verstorbenen Isabella, für Kastilien vereinnahmt zu werden, während das zu Navarra gehörende Territorium nördlich der Pyrenäen als Kronapanage an Frankreich fiel. Als größte und volkreichste Monarchie, die sich seit Ferdinand III. von Oviedo bis Gibraltar erstreckte und die Hauptstadt Toledo sowie die wichtigen Städte Burgos, Segovia, León, Valladolid, Salamanca, Cordoba und Sevilla einschloß, gaben die kastilischen Herrscher auf der Halbinsel den Ton an, auch wenn er nicht immer wohlklingend war.

An der Ostküste folgte das Königreich Aragón der Einladung des Mittelmeeres und orientierte sich in Richtung Italien und der Inselwelt. Von der letzten neapolitanischen Anjou-Königin Johanna II. (1414–1435) war Alfonso von Aragonien adoptiert worden. Waren zuvor, 1326, bereits Sardinien und 1354 die Balearen in aragonesischen Besitz gelangt, so brachte Alfonso 1435/42 das „Königreich Sizilien" und 1458 Neapel mit Süditalien an sein Haus – territoriale und politische Gewinne, die noch zu heftigen Auseinandersetzungen mit Frankreich führen sollten. Diese Besitzungen berechtigten Juan II., seinem Sohn Ferdinand bereits als Prinzen den Titel „König von Sizilien" zu verleihen. Das Recht auf entsprechende Titulatur nahm dann auch Isabella als „Königin von Sizilien" für sich in Anspruch, um sich jedoch ausschließlich ihrem eigenen Lande zu widmen. Im übrigen, dies sei schon kurz angedeutet, waren sich Aragón und Kastilien nur selten wohlgesonnen.

Bis in die Mitte des fünfzehnten Jahrhunderts blieb die spanische Halbinsel von der weitreichenden geistigen Unruhe, durch die Europa im Großen Schisma in zwei Lager gespalten war, nicht verschont, auch wenn sich hier die Begleiterscheinungen, von Zwiespalt, Unsicherheit im Glauben bis zu Irrglauben und Hexenwahn, noch sehr in Grenzen hielten, dafür aber dann in der Inquisition und den Verfolgungen kein Ruhmesblatt erntete. Das Verhältnis Kirche – Monarchie war auch durch das Schisma nicht zu erschüttern, so daß nicht selten päpstliche Anordnungen ohne Reaktion zu den Akten gelegt wurden und der Klerus unbeirrt seine Richtung beibehielt und mit dem Monarchen nationale Politik betrieb.

In Kastilien forderte eine Fülle von Problemen mehr als nur religiöse

Disputationen. Die als Daseinszweck praktizierte Willkürherrschaft der Feudalherren, die je nach Lust und Laune Händel vom Zaune brachen und sich einen Deut um Anliegen der Allgemeinheit und des Reiches kümmerten, es sei denn sie vermochten daraus Kapital für sich zu schlagen, zerrüttete das Staatsgefüge. Räuberbanden, bisweilen sogar vom Adel animiert und angeführt, kontrollierten die Straßen, und zu Todeskandidaten oder zumindest bis aufs Hemd Ausgeplünderte wurden Händler und harmlose Reisende, die mit falschen Vorstellungen über die Sicherheit im Lande zu einem Ziel aufgebrochen waren. Die Rechtsprechung lag im argen, und auch die meisten Kirchenfürsten waren nur selten in der Lage, dem Unwesen, das auf ihren Sprengel übergriff, Einhalt zu gebieten. Ihre Privilegien sicherten der Kirche nicht nur einen immensen Landbesitz und Reichtum, sondern auch eine eigene Gerichtsbarkeit. Diese Vorteile machten den Klerus zum treuesten Diener, aber auch politischen Infiltranten des Herrschers. Dennoch wird noch zu erfahren sein, daß diese Treue eine Frage der Opportunität sein und sich nach Bedarf oder politischem Ermessen einem anderen Kandidaten für den Thron zuwenden konnte. Auch für die Geistlichkeit galt fast immer in erster Linie der eigene Vorteil.

Alfons XI.

Berechtigte Hoffnung auf Sicherheit und verbesserte Lebensverhältnisse knüpfte das kastilische Volk an die Thronbesteigung von König Alfons XI. (1312–1350), der mit Nachdruck eine neue Gesetzgebung erließ und das Gerichtswesen reorganisierte. Dem „Säbelrasseln" des Adels wies er eine militärische Orientierung zu: Den gemeinsamen Kampf gegen die Mauren, der in der Schlacht von Salado (1340) Kastilien die ganze Südspitze der Halbinsel einbrachte. Enttäuschend jedoch war für Alfons der Glaube an einen Zusammenhalt der einzelnen, von Adelsherren gestellten und kommandierten Kontingente des Heeres. Schon die Beute eines sarazenischen Kettenpanzers entfachte die nur kurz überspielten Rivalitäten der Truppenkommandeure.

Während der König mit seinen Bestrebungen, den Adel mit einem nationalen Ziel abzulenken und zu beruhigen, keine glückliche Hand besaß, gelangte er als Kunstförderer zum Ruf des „Weisen". Er patronisierte Dichter und bildende Künstler, ohne jedoch selbst auf diesen kulturellen Gebieten schöpferisch zu wirken. Vielmehr erwies er sich als typischer Repräsentant des Zeitgeistes, indem er sich in den Armen einer Mätresse, Leonora de Guzman, vergnügte, die ihm allein neun Söhne schenkte. Aus seiner „offiziellen" Ehe war ihm indes nur ein Sohn, Peter-Pedro, geboren worden, den er jedoch ins Abseits schob, wo der Junge völlig vernachlässigt und Rache brütend aufwuchs.

Pedro I. und Heinrich II.

Diese Behandlung konnte nicht ohne Folgen bleiben. Der Tod seines Vaters Alfons rief den erst fünfzehnjährigen Pedro (1350–1369) auf den kastilischen Thron. Er sollte als „Peter der Grausame" in die spanische Geschichte eingehen. Als erstes verbannte er seine neun gegen seine Thronbesteigung rebellierenden Halbbrüder. Um ihnen einen vom Vater und dessen Geliebter abzuleitenden Anspruch zu nehmen, ließ er als zweite Amtshandlung ihre Mutter Leonora hinrichten. Er vermählte sich mit Blanche de Bourbon aus königlichem Geblüt, verbrachte zwei Nächte mit ihr, um sie sogleich anschließend einer Verschwörung gegen sich zu bezichtigen und sie vergiften zu lassen (1361). Pedro hatte nun freie Bahn, seine Geliebte, Maria de Padilla, zu heiraten. Sie soll von derart zauberhafter Schönheit gewesen sein, daß die Kavaliere des königlichen Hofes voller Hingabe und Leidenschaft ihr Badewasser tranken.

Die breite Masse des Volkes liebte und verehrte König Pedro und hielt zu ihm, obwohl das Land seinetwegen in blutige Kriege mit seinen immer hartnäckiger um ihre Rechte kämpfenden Halbbrüdern verwickelt wurde, die nichts unversucht ließen, ihn zu beseitigen. Alles, was allenthalben über solche Bruderkriege den Annalen der Geschichte entnommen werden kann, erlebte Kastilien: Intrigen, Verwüstungen, Schändung, Metzeleien und unsagbare Not der heimgesuchten Bevölkerung. Dennoch darf man nicht dem Trugschluß verfallen, daß es sich nur um eine dynastische oder familiäre Angelegenheit gehandelt hätte. Im Konflikt schwelten zusätzlich soziale Spannungen zwischen Bauern und ihren adligen Lehensherren, zwischen Bürgertum und Aristokratie, die teilweise versuchte, die bereits von Alfons erlassenen Gesetze der Reduzierung auf ihre eigenen Belange zu umgehen und sich aktiv in die Politik einzumischen. Ausländische, besonders französische Interessensgruppen, vor allem unter einem Bertrand Duguesclin, provozierten laufend neue Phasen des Bürgerkrieges, in dem sich schließlich Pedro und sein Halbbruder Heinrich von Trastamara in Montiel zum Kampf gegenüberstanden. Nach den Überlieferungen soll 1369 der zu Boden geschleuderte Pedro von Heinrich mit einem Dolchstoß in den Leib umgebracht worden sein. Auf jeden Fall bestieg der Sieger als Heinrich (Enrique) II. den Thron und sicherte dem Geschlecht der Trastamara die Erbfolge in Kastilien, die bis Isabella reichen sollte.

Der Gedanke läge nahe, daß es sich ausschließlich um das Aufbäumen einer Schar Verbannter gehandelt hätte. Denn das äußere Ereignis, der Bürgerkrieg mit dem Ende Pedros, könnte dafür sprechen. In Wirklichkeit ging es, wie schon angedeutet, um jene unvereinbaren sozialen Gegensätze, wie sie auch andernorts im Abendland zu Spannungen und verlustreichen Lösungsversuchen führten. Peter der Grausame hatte sich durch Förderung des aufstrebenden Bürgertums, der Händler, der Kaufleute, der jüdischen Finanziers und selbst der im kastilischen Reich verbliebenen Mauren gestützt und dieser progressiven Schicht eine Reihe großzügiger Privilegien gewährt. In der Aristokratie, im Adel, im hohen Klerus und in den reichen Grundbesitzern wuchs sehr schnell die Opposition, zumal Pedro neben schon vorhandenen Gesetzen beabsichtigte, diese finanzstarke Gruppe mit kräftigen Steuern zu belasten. Somit war Heinrichs Sieg auch der politische und wirtschaftliche Erfolg der konservativen Kräfte, die sich ihre Unterstützung und Sympathie für den König durch weitere Zuwendungen lohnen ließen. Noch Heinrich IV., Isabellas Halbbruder, konnte auf opulente Geschenke nicht verzichten, indem seine Schwäche vom Adel, von den Hidalgos, den vom König abhängigen Baronen, den Günstlingen, Ratgebern und Höflingen schamlos ausgenutzt wurde. Zu ihren eigenen Einkünften aus Landbesitz oder lukrativem Handel ließen sich die Adelsherren von Heinrich II. bis Heinrich IV. neben Zugeständnissen besonderer Vorrechte zusätzlich recht üppig aus der Staatskasse honorieren.

Das Bürgertum hatte durch Heinrich II. eine Niederlage erlitten. Sein Streben nach Freiheit oder zumindest Anerkennung seiner Mitarbeit in der Gesellschaft war jedoch nicht erstickt worden. Während der Adel einen materiellen und beherrschenden Aufstieg erlebte, auch das Händlertum davon profitierte, das Chaos in der Politik jedoch zunahm, waren die Bauern und das einfache Volk die Leidtragenden dieser Entwicklung. Nur ganz gelegentlich taucht in den Chroniken ein knapp gehaltener Hinweis auf einen Aufstand auf, Beleg für die Unruhe und Unzufriedenheit der breiten Masse. In diese fast ein Jahrzehnt währende Wirrnis wurde ein Trastamara-König gestellt, den die Häme zeitgenössischer Schreiber, dann von fast allen Historikern übernommen und ausgewalzt, durch die Geschichtsbücher bis in die Gegenwart begleitet.

Es muß von Heinrich IV. von Kastilien (1454–1474), dem Bruder, genauer gesagt Halbbruder Isabellas, gesprochen werden.

Heinrich IV. „el Impotente"

Heinrich, Sohn Juans (Johanns) II. (1415–1454) und Marias von Aragón, erhielt bereits zu Lebzeiten den nicht gerade ehrenvollen Beinamen „el Impotente". Kaum ein anderer Monarch der Geschichte mußte gleiche Schmähungen hinnehmen. Es waren besonders die Chronisten Isabellas, die, um das integre Bild ihrer Königin bemüht, diesen Herrscher und ihren Vorgänger im Stile sensationshungriger Boulevard-Journalisten in einen publizistischen Sumpf tauchten. Ein stümperhafter politischer Führungsstil und eine Antipathie gegen militärische Aktionen, beides dem Adel durchaus genehm, gipfelten jedoch in dem Makel, den sich ein Herrscher nicht leisten durfte, nämlich keinen Nachkommen, gleich welchen Geschlechts, zur Sicherung der Dynastie zu zeugen. Indem man Heinrich nach seinem Ableben – ohne entsprechende Beweise vorlegen zu können – auch noch der Homosexualität bezichtigte, nahm die Geschichtsschreibung jenen Jargon bereitwillig auf, dessen sich ein halbes Jahrtausend später auch die Regenbogenpresse mit Skandalpublikationen über die High Society bedient. Dieser Rufmord, den man, vergleichbar den modernen Spray-Schmierereien, an die Hauswände Kastiliens kritzelte, begünstigte im Volk, jedoch nicht in weiten Kreisen des Adels, die Zustimmung zur „Übernahme der Regierungsgewalt" durch die bis dahin von der Öffentlichkeit fast abgeschirmte Infantin Isabella.

Im Alter von 29 Jahren war Heinrich seinem Vater auf dem Thron gefolgt. Sicherlich ließ bereits seine äußere Erscheinung manche Verwunderung zu, paßte sie doch nicht in das Schema eines kastilischen Königs. Er besaß rote Haupt- und dazu noch ungepflegte, ebenfalls rote Barthaare. Eine durch eine Fraktur nicht mehr ebenmäßige Nase und wohl etwas zu lange Gliedmaßen beeinträchtigten seine Figur, so daß die schon erwähnten Chronisten zusätzlichen Anlaß hatten, ihn zu verspotten. Ungewöhnlich waren zweifellos sein Verzicht auf Begleitung bei ausgedehnten und einsamen Spaziergängen im Wald, seine Vorliebe für Musik und melancholische Lieder, seine vernachlässigte Kleidung und sein Gehabe, das mehr einem muslimischen Emir als einem christlichen Regenten zu entsprechen schien, lehnte er doch den Thron ab und bevorzugte den für Mauren typischen „Schneidersitz". So liest man bei Palencias spitzer Feder: „Er gefiel sich darin, in Kleidern von ärmlichsten Aussehen, ohne jegliches Ansehen seiner königlichen und militärischen Würden herumzulaufen und dazu grobe Strümpfe und ausgetretene Stiefel zu tragen …"

Bei aller Antipathie mußten ihm die Geschichtsschreiber zubilligen, daß die erste Hälfte seiner Regierungszeit eine Epoche des Friedens und der Gerechtigkeit war. Er entwickelte Vorstellungen, den Kronrat umzugestalten, bemühte sich, aus einer traditionellen Einrichtung die „Hermandad" zu einer Art Polizeitruppe zu machen, zu welcher Funktion sie aber erst durch Isabella gelangte, und befürwortete die Inquisition, ohne ihr jedoch jene unumschränkte Machtfülle späterer Zeiten zuzugestehen. Dieses und vieles andere, das er in die Wege leiten wollte, kam über Vorsatz und Planung nicht hinaus, wurde aber von Isabella, wie wir noch sehen werden, aufgegriffen und realisiert.

Schon bald nach seinem Regierungsantritt nannte ihn das Volk „den Freisinnigen". „Es ist mein Wunsch und mein Wille", verkündete er in einer Art Regierungserklärung, „meinem Volke ein guter König zu sein, menschlich gegen diejenigen, die sich schuldig gemacht haben, liebevoll gegen den Ehrlichen, Freund der Edlen und Guten. Dieser Wille leite mein Handeln." Sein Beichtvater Carrillo, der dann als Erzbischof unter Isabella noch eine wichtige Rolle spielen sollte, ergänzt dies mit seinen positiven Eindrücken: „Er war ein König ohne jeglichen Eigendünkel, jeglichem Tand abhold, Freund der kleinen Leute, während er die Hochmütigen geringschätzig behandelte. Überaus gütig, wohlwollend, verständnisvoll, ja von einer beachtenswerten Toleranz, selbst in religiösen Fragen, obwohl er zahlreiche Kirchen und Klöster gründete ... Sanft und keinesfalls grausam, war ihm die Liebe der Seinen mehr wert als zu kämpfen oder gar das Blut seiner Untertanen zu vergießen. Deshalb pflegte er zu sagen, daß das Leben eines Menschen, da es einmalig sei, keineswegs unnütz aufs Spiel gesetzt werden dürfe." Erstaunlich und geradezu einzigartig ist das hier gezeichnete Bild eines Herrschers, der sich mit solchen Charakterzügen meilenweit über seine Zeitgenossen in den Residenzen anderer Länder erhebt.

Geist und Praktiken der Zeit waren weniger human. Mit solchem Wohlwollen Heinrichs und seiner Umgebung konnte es auf Dauer nicht gutgehen. Etwa um das Jahr 1460 trat jene Periode ein, die den Chronisten Anlaß gab, den König nun ins schlechte, diffamierende Licht zu setzen. War man schon empört, daß er auf höfischen Pomp keinen Wert legte, Schmeicheleien verabscheute, seine Untertanen nicht duzte, sich die Hand nicht küssen ließ, so häuften sich die Ereignisse, die das Image des „Freisinnigen" trübten und den Verleumdern Stoff für verächtlichen Spott und diskriminierende Anschuldigungen lieferten. Eine wirtschaftliche Krise bekam Heinrich ebensowenig in den Griff wie eine Aufbesserung der Währung und ein Engagement mit dem Adel. Unruhen konnte er nicht aus der Welt schaffen. Er haßte es, das Schwert zu ziehen. Statt seine Gegner die Waffe spüren zu lassen, machte er ihnen noch reiche Geschenke in der leichtfertigen Erwartung, sie mit solchem Entgegenkommen für sich zu gewinnen.

Wie die politischen und wirtschaftlichen Krisensituationen eskalierten, so begann es in der Öffentlichkeit über den Privatbereich des Königs zu rumoren, von der Opposition bedächtig, aber systematisch gesteuert und mit Material versorgt. Aus der Ehe eines Herrschers erwartete man Nachwuchs, der den Fortbestand des Staates zu sichern hatte. Die Kopulation fürstlicher Brautleute hatte nur in seltensten Fällen mit Zuneigung oder gar Liebe zu tun. Vielmehr spielte Machtzuwachs oder Friedenssicherung zwischen sich nicht gewogenen Häusern eine Rolle. Auch Heinrich war solchen Gepflogenheiten unterworfen gewesen. Gerade elf Jahre alt, wurde er 1434 mit Blanca, der Tochter seines Vetters, des alle Register des politischen und militärischen Kulissenspiels beherrschenden Juan II. von Aragón und Navarra, verheiratet. Weil man später nun einmal das Wort von der Impotenz proklamierte, war es eine Selbstverständlichkeit, Heinrich einen solchen physischen Makel bereits bei dieser Kinder-Eheschließung anzukreiden. Weil nicht passend, wischte man die Tatsache vom Tisch, daß ein Elfjähriger wohl kaum die sexuelle Potenz besitzen konnte, die bereits in der Hochzeitsnacht zu einem Ehevollzug nötig gewesen wäre. Sie jedoch möglichst bald herbeizuführen, verlangten die öffentliche Meinung und vor allem Schwiegervater König Juan. Gerade fünfzehn Jahre waren die beiden Vermählten alt, als die postnuptiale Bestätigung vom jubelnden Volk von Valladolid mit einem rauschenden Fest gefeiert werden konnte. Die Widersprüche erschweren es, sich ein klares Bild dieser ehelichen Verbindung Heinrichs, wie auch seiner zweiten Heirat, zu verschaffen. Pérez sagt im Gegensatz zur jubilierenden Reaktion der Bevölkerung: „Die Ehe wurde trotz zwölfjährigem Bestehen nie vollzogen (die Königin war jungfräulich wie am Tag ihrer Geburt) ..." Man mag dieser Feststellung vertrauen oder sie mit nicht unberechtigter Skepsis abtun.

War es dieses oder ein anderes Argument, Heinrich beantragte schließlich beim Erzbischof von Segovia, Don Luis de Acuna, die Scheidung, da „es ihm nie möglich gewesen sei, noch künftig möglich sein werde, sie ehelich zu erkennen, obwohl er über drei Jahre mit ihr zusammengelebt und unter Aufbietung aller erdenklichen Liebe und Treue sich bemüht habe, den fleischlichen Akt der Ehe zu vollziehen." Blanca bestätigte seine Einlassung und ergänzte sie mit dem Hinweis, eine „Ligature" zu haben, die bei anderen Frauen als Phänomen der Natur nicht oder höchst selten vorkomme. Keine Gebete und kein medizinisches Mittel hätten ihr helfen können, dieses Hemmnis zu beseitigen. (In der Medizin wird mit

„Ligatur" die Unterbindung von Blutgefäßen bezeichnet; bei der „Ligature" Blancas handelte es sich wohl um eine derartige Verengung der Vagina, daß kein Geschlechtsverkehr möglich war.)

Wie nicht anders zu erwarten, wurden die Kunde des Scheidungsbegehrens und dessen Hintergründe quer durch das Land begierlich ausgeschlachtet. Doch wie man einerseits Blanca verächtlich machte, tauchte gleichermaßen und noch intensiver die Flüsterpropaganda von der Impotenz des Königs auf, um von Mund zu Mund sehr rasch als Tatsache verbreitet zu werden, von Heinrichs Gegnern besonders gefördert. Daran änderte sich auch nichts, nachdem Erzbischof Don Luis einen Priester beauftragt hatte, bei Mätressen Heinrichs zu recherchieren, wie es um den König bestellt sei. Unter Eid schilderten diese Damen die Männlichkeit ihres königlichen Liebhabers und sparten dabei nicht mit Details. Auch bei Blancas Beichtvater und den ihr zugeordneten Offizieren holte der Kirchenrichter eidliche Aussagen über die „Ligature" der Prinzessin ein. Als das Ergebnis dieser Nachforschungen feststand, ermächtigte schließlich Papst Nikolaus V. (1447–1455) Erzbischof Carrillo von Toledo, nach anderen Überlieferungen Erzbischof Don Luis von Segovia, 1453 die Ehe Heinrichs zu annullieren. Ohne Gram begab sich Blanca wieder nach Aragonien und ließ Heinrich später wissen, daß sie ihm und seinen Nachkommen alle ihre Rechte übertrug, womit sie von sich aus doch wohl bekräftigte, daß sie von seiner Impotenz nicht überzeugt war, sondern ihre eigene organische Unzulänglichkeit zugab. Aber auch dieses Eingeständnis konnte dem Gerede kein Ende bereiten.

Die beabsichtigte Vermählung mit der Nachfolgerin Blancas, der fünfzehnjährigen Juana (Johanna) von Portugal, Schwester des Königs Alfons V., mußte durch den Tod Juans II. von Kastilien (1454) und die damit zu erfolgende Thronbesteigung Heinrichs zunächst hintangestellt werden. Sie fand dann im folgenden Jahr, 1455, statt und wurde vom Gesandten des französischen Königs Karl VII. (1422–1461), dem Erzbischof von Tours, eingesegnet. Nach recht aufwendigen, jedoch durch antiportugiesische Einwendungen adliger Kreise Kastiliens nicht störungsfreien Feierlichkeiten beging Heinrich einen gravierenden Fehler: Dem erwartungsvollen Volk versäumte er, am Morgen nach der Hochzeitsnacht das obligatorische postnuptiale Laken als Beleg vollzogener Ehe zu zeigen, schon wieder ein Grund, dem Klatsch über die Impotenz des Königs neue Nahrung zu geben. Papst Calixt III. (1455–1458), als Alfons de Borgia in Valencia geboren, dort auch zunächst Erzbischof und dann Kardinal, schickte aber dem Neuvermählten Geschenke, seinen apostolischen Segen und nannte Heinrich den besten König der Christenheit. Aber auch dieses oberhirtliche Lob konnte das schon sehr angekratzte Bild des Königs nicht in besseren Farben erstrahlen lassen.

Vorerst aber rühmte man das beispielhafte Verhältnis beider Ehegatten. Bei Festen, Empfängen und sogar einem kleinen Kriegszug wurde die sichtbare und wohl nicht geheuchelte Zuneigung des Paares mit Genugtuung registriert. Für Augenblicke schien vieles, was man zuvor dem König angelastet hatte, wieder ins rechte Lot geraten zu sein.

Heinrich wäre indes, selbst ohne seine schon genannten ungewöhnlichen Charaktereigenschaften, als Monarch ein sittsamer Außenseiter seiner Zeit geblieben, hätten sein Herz und seine Blicke nur seiner Frau gegolten. Schon bald war für ihn die eheliche Treue keine moralische Verpflichtung mehr. Mätressen, eine selbst in harmonischen Ehen geradezu verpflichtende internationale Gepflogenheit, hatten den Alltag eines Fürsten abzurunden. Solchem entzog sich auch Heinrich nicht, hatte er sich doch bereits zu Blancas Zeiten anderweitig vergnügt. Catalina de Santoval, eine Dame der höchsten Gesellschaft, hieß nun die Angebetete, zu der er in leidenschaftlicher Liebe entflammte. In rasender Eifersucht beging er ihretwegen sogar das einzige Verbrechen seines Lebens: Er ließ einen Mitbewerber um die Gunst Catalinas, Alonso de Cordoba, um einen Kopf kürzer machen und damit als Konkurrenten ausschalten. Nachdem sich aber seine Leidenschaft merklich abgekühlt hatte, und bereits eine neue Favoritin in Sicht war, ernannte er die nicht mehr benötigte Catalina zur Äbtissin des Klosters Dueñas, wo ihr ein weiterer Umgang mit dem männlichen Geschlecht verwehrt war. Ihre Installation als Klostervorsteherin stieß Erzbischof Carrillo so sauer auf, daß er zum gegebenen Zeitpunkt dem König den Rücken kehrte und sich für die junge Infantin Isabella engagierte, um ihr den Weg zum Thron ebnen zu helfen.

Seine nächste Liebesgespielin pflückte sich Heinrich ausgerechnet aus dem Hofdamenkreis seiner Gemahlin Juana. Es war die bildhübsche Portugiesin Guiomar de Castro, Tochter des Grafen von Monsanto. Diesmal aber hatte er die Rechnung ohne die Wirtin, nämlich sein eigenes königliches Eheweib, gemacht. Juana ließ sich die neuerliche Eskapade ihres Gemahls nicht gefallen. Aber statt ihm die Zähne zu zeigen, provozierte sie in rasender Eifersucht und vor allem in publico einen handfesten Skandal. Handfest; denn wie eine Tigerin fiel sie über die Rivalin her und zerschlug ihren Fächer in deren Gesicht, so daß die Überfallene blutend und schreiend vom Kampfplatz davonstob. Die Affäre, von genügend Zuschauern miterlebt, drohte ein Politikum zu werden, indem sich die Hofgesellschaft, verstärkt durch portugiesische Anhänger, anschickte, sich in zwei Lager zu spalten und damit die Monarchie in schwersten

Mißkredit zu bringen. Heinrich blieb nur die Alternative, Guiomar vom Hofe zu entfernen und sie mit ansehnlicher Entschädigung dem Herzog de Najera zu vermählen – eine der nicht ungewöhnlichen Praktiken, erhebliche Schwierigkeiten auszuräumen, andererseits aber auch die Betroffene reichlich abzufinden und sich selber den Ruf eines Ehrenmannes zu bewahren.

„La Beltraneja"

Für einige Zeit trat Ruhe ein, aber nur an der Oberfläche. In der Gerüchteküche waren die Herde nicht kalt geworden. Das Gerede um Heinrich allein, schon vielfach durchgekocht, konnte nicht mehr genügen. Man brauchte einen neuen Gesprächsstoff. Also mehrte sich bald das Flüstern, daß auch Königin Juana Amouren nicht abgeneigt sei und den Kavalieren am Hofe mehr als nur die gebotene, zeremonielle Aufmerksamkeit schenkte. Aus diesem Kreis sollte der besondere Günstling Heinrichs, Don Beltrán de la Cueva, Graf von Ledesma, Schlafzimmerfavorit der Königin geworden sein. Die Klatschmühle rotierte. Sie überschlug sich geradezu, als 1462 die Königin nach siebenjähriger Ehe im Alcazar von Madrid, der damaligen Sitte entsprechend öffentlich und im Beisein des Adels, ein Mädchen zur Welt brachte. Mit großem Aufwand wurde die Taufe gefeiert. Das Kind erhielt den Namen Juana (Johanna). Carrillo, der Erzbischof von Toledo, spendete das Taufsakrament, der Marquis de Villena und der Sonderbeauftragte Ludwigs XI. von Frankreich wirkten als Paten, während die elfjährige Infantin Isabella, Halbschwester Heinrichs und spätere Königin, als Taufpatin fungierte. Die im Taufritus vom Erzbischof verkündete Version, daß es sich bei diesem Mädchen um die Tochter Heinrichs und Juanas handele, veranlaßte die dabei versammelten Granden und Cortes, eine Urkunde auszufertigen, in der die Neugeborene als Thronerbin Kastiliens anerkannt wurde.

Das war alles ganz schön und gut, paßte sich auch genau den Regularien an. Oder schien es nur so? Denn längst war das nicht zu bremsende und von Mund zu Mund mehr und mehr angereicherte Gerücht geeilt, daß der doch impotente König niemals der Vater des Kindes sein konnte. Den wirklichen Erzeuger ausfindig zu machen, bedurfte es keiner Detektivarbeit. Es konnte kein anderer als Beltrán de la Cueva sein. Ja, als besonderer Vertrauter Heinrichs sei er zweifellos zu einem Zeugungsakt befohlen worden, um den Anspielungen vom sexuellen Makel des Königs ein Ende zu bereiten. Als nun auch noch einige Vertreter des Adels verlauten ließen, zu ihrer Unterschrift unter die Anerkennungsurkunde bei der

Tauffeier gezwungen worden zu sein, brauchte man nicht mehr zu flüstern. Man konnte es laut aussprechen, daß wohl mit offizieller Anordnung Heinrichs das Kind ein Produkt der Liebschaft der Königin mit Beltrán und damit unehelich sei. Der Taufname Juana verschwand einige Zeit später aus dem Sprachgebrauch und man nannte sie, von den Isabella-Anhängern kreiert, gemäß dem Majestäten-Favoriten nur noch „la Beltraneja".

Nehmen wir es vorweg, daß Isabella die illegitime Geburt ihrer Nichte und ihres Patenkindes als Handhabe für ihre eigene Anwartschaft auf den Thron nicht ungelegen kam. Auch wenn sie es geflissentlich vermied, das Thema überhaupt anzusprechen, so darf es nicht verwundern, daß ihre Chronisten die Affäre ausarbeiteten und damit Isabella eine Legitimität bescheinigten. Ein paar Sätze des schon angeführten Palencia mögen dies belegen: „Es gab niemanden von Intelligenz, der nicht begriffen hätte, daß man kein Mittel scheute, um der Kinderlosigkeit der Königin ein Ende zu bereiten. Was den wirklichen Vater des Kindes anbetrifft, so hieß er in der öffentlichen Meinung Don Beltrán, ein Standpunkt, für den folgende Umstände sprachen: Er war der Favorit des Königs und hatte sich als solcher dessen Zielen zu unterwerfen. Es ist demnach verständlich, daß sich der Verdacht in der Hauptsache auf ihn richtete ... Von allen, die in der Angelegenheit mit Nachdruck diese Ansicht vertreten haben, ist in erster Linie der Erzbischof von Toledo anzuführen, obwohl er sich zunächst den Anordnungen des Königs unterworfen hatte."

Nicht die im nachhinein unter Isabellas Regentschaft gewiß nicht mißbilligte, sondern benötigte, zumindest aber willkommene Kampagne ist bemerkenswert, sondern die kritiklose Übernahme jener delikat zubereiteten Menus aus der Gerüchteküche durch die modernen Historiker, die sich fast ausnahmslos an diesem Thema ergötzten. Selbst der berühmte und stets kritische Voltaire verfiel, wenn auch mit deutlichem Konjunktiv in seinem Kommentar, solcher Überlieferung: „Der Erzbischof (er meinte Carrillo, d. A.) und seine Umgebung erklärten den König zu einer Zeit, da er sich mit Mätressen umgab, für impotent, und durch ein beispielloses Verfahren erklärten sie, daß seine Tochter Johanna unehelich geboren sei und deshalb nicht regieren könne."

Es ist festzuhalten, daß letztlich gerade diese Skandalstory Isabella zustatten kam, wenn auch von ihr selbst nicht genutzt, um die Legalität ihres Thronanspruchs zu untermauern. Denn in einem Manifest vom 28. September 1464, in Burgos ausgefertigt, beschuldigte der Adel den König, das Reich seinem Günstling Beltrán de la Cueva auszuliefern, und forderte, die unehelich gezeugte Johanna zu enterben und damit von der

Thronfolge auszuschließen. „Was es im Augenblick", so heißt es in der Niederschrift, „am wichtigsten zu beheben gilt, ist die Unterdrückung, die die Person Eurer königlichen Hoheit durch die Allmacht des Grafen von Ledesma (Beltrán de la Cueva, d. V.) erleidet, der mit der Gottesverachtung und Undankbarkeit, die ihn auszeichnet, Eure erlauchte Familie entehrte ... Vor allem indem es ihm zusammen mit Eurer Hoheit glückte, von den Granden und Staatsräten im Reich den Treueid für Madame Juana zu erzwingen, als sei sie eine Prinzessin, Rangälteste und Thronanwärterin von Kastilien, was sie jedoch nicht ist. Denn sowohl Eure Hoheit als auch Graf Ledesma sind sich der Tatsache bewußt, daß sie nicht die Tochter Eurer Majestät sein kann."

Schließlich wurde Don Beltrán in diesem Zusammenhang noch bezichtigt, die Infanten Alfonso und Isabella aus dem Wege räumen zu wollen, um Juana den Thron zu sichern, sich selbst aber das Amt des Großmeisters von Santiago, die Spitzenposition im Reich, anzueignen, zu dem nur Alfonso, Isabellas Bruder, prädestiniert war. Dies waren harte, aber unmißverständliche Worte, die einen Herrscher von autoritärem Format in Harnisch gebracht hätten, und denen er die entsprechende Antwort nicht schuldig geblieben wäre. Nicht aber Heinrich. Man wußte um seine Labilität, so konnte man sich eine solche Sprache erlauben.

Mag auch manche Passage später hinzugefügt worden sein, wie in vielen anderen Fällen kapitulierte Heinrich schließlich und enterbte seine Tochter am 30. November 1464, wobei er jedoch vermied, sie für unehelich zu erklären. Als Nachfolger bestimmte er seinen Halbbruder Alfonso. Dessen früher Tod (1468) raubte dem erst Neunzehnjährigen die Möglichkeit, sich eines Tages die Krone Kastiliens aufs Haupt zu setzen. Sein Ableben aber machte den Weg frei für Isabella. Und wir werden noch erfahren, wie konsequent sie diesen Weg beschritt.

Doch Heinrich IV. war nicht nur der „Impotente", sondern als Herrscher von Kastilien bis zu seinem Tode der Dreh- und Angelpunkt der politischen und personellen Entwicklungen seines Reiches, wenn auch nicht in der Lage, allen widersprüchlichen Bewegungen einen Riegel vorzuschieben.

In der immer wieder zu Entscheidungen anstehenden Frage der ehelichen oder nichtehelichen Geburt der Infantin Juana müssen wir uns – in dubio pro reo – der Einlassung Heinrichs anschließen, der immer mit Nachdruck behauptete, daß dieses Mädchen seine eheliche Tochter sei. Nur dem Druck des Adels habe er sich gebeugt, sie zu enterben. Warum dies? Die Antwort mag einfach klingen. Heinrichs schon bekannte Mentalität erklärt sie einleuchtend und verständlich. Er war ein Monarch, der allen Schwierigkeiten aus dem Wege ging. Seine Waffe, so glaubte und praktizierte er es, sei die Friedensliebe, die Freundschaft, die Versöhnung mit politischen und militärischen Gegnern. Diese Friedensliebe, die er sich mit Geschenken und Privilegien erkaufte, und der kaum verständliche Glaube an das Gute im Menschen, auch wenn ihn so oft das Gegenteil hätte erschüttern müssen, legte er nicht als eigene Schwäche, sondern als menschliche Unzulänglichkeit der anderen aus. Auch seine Nachgiebigkeit dem adligen Manifest gegenüber kann nur aus dieser Sicht verstanden werden: Er wollte keine Konfrontation, ja er wollte, wie vielfach in seiner Regierungszeit, oppositionelle Kräfte durch Zugeständnisse und Freundschaft für sich gewinnen. Aber er bedachte nicht oder wollte es nicht wahrhaben, daß gerade auf den Adel seines Landes kein Verlaß war, daß man, vornehmlich in diesen Kreisen, ihn nicht nur als Hahnrei verschrie, sondern in ihm genau jene geringe Autorität besaß, die man nach Bedarf steuern, ausnutzen oder gar der allgemeinen Lächerlichkeit ausliefern konnte.

Heinrichs zweite Gemahlin, Juana von Portugal, mag dem Spektakel und Debakel zumindest im nachhinein einige handfeste Argumente geliefert haben. Längst pfiffen es die Spatzen von den Dächern Kastiliens, daß die Königin mit dem, was man unter Moral verstehen möchte, recht großzügig und ausgiebig umzugehen verstand. Man kreidete ihr eine hübsche Menge von Abenteuern an, aus denen, ohne die „Beltraneja", noch mindestens zwei uneheliche Kinder hervorgegangen waren. Auch diese Liebschaften und deren Folgen, die ja nicht geheim blieben, mußten rückwirkend als Beweise für Heinrichs Impotenz herhalten.

Endlich fuhr der Adel in der Frage Tochter Juana ein ganz schweres Geschütz auf: Heinrichs zweite Ehe sei ungültig, da Johanna von Portugal seine Cousine war. Er aber hatte nicht den erforderlichen Dispens wegen Blutsverwandtschaft eingeholt, so daß die „Beltraneja", selbst als seine Tochter, unehelich sei und keinen Anspruch auf den Thron habe. Günstiger konnte diese Feststellung für Isabellas Befürworter gar nicht sein; denn mit einer solchen Auslegung ersparte sich die dann offizielle Thronerbin eine Stellungnahme zum unangenehmen Thema der Impotenz ihres Halbbruders. Die Vertreter des Adels, die sich mit ihrem Manifest in deutliche Opposition zum König begeben hatten, beeilten sich, Isabella ihrer Unterstützung zu versichern, nachdem eine von ihnen inszenierte Komödie mit dem Knaben Alfonso, die noch zu behandeln sein wird, nicht nur kläglich gescheitert war, sondern auch durch den Tode jenes Thronanwärters aus dem Spielplan gestrichen werden mußte. Mit Isabella, so mutmaßten diese Herren, schien sich ihnen ein noch leichteres Spiel abzuzeichnen. War der Umgang mit Heinrich schon nahezu problemlos, so dürfte eine Siebzehnjährige noch einfacher zu dirigieren sein. Doch schon bald sollte sich das Lager der Granden uneins sein. Fürwahr keine Überraschung, denn Einigkeit war nur dann ihre Stärke gewesen, wenn sie den Rahm der Staatskasse abschöpfen konnten. Vorerst aber hatte man nur im Sinn, Heinrich zum Rücktritt zu zwingen, auch wenn man sich mit der dazu angewandten Methode der Lächerlichkeit preisgab.

Es war nicht mehr die Ouvertüre, sondern bereits der Höhepunkt eines Gauklerstückes, das man nun im nächsten Akt fortzusetzen gedachte. Es sollte eine ganz Kastilien mobilisierende Schau werden. Zu ihrem fassungslosen Erstaunen mußten die sich als Akteure wähnenden Großen bald in Komparsenrollen versetzt sehen. Mit einer Jahrmarktsposse für den Infanten Alfonso glaubten sie, das Staatsruder in die Hände nehmen zu können. Nach dem Fehlschlag dieser, noch zu schildernden Aktion mußten sie im zweiten Auftritt zur Kenntnis nehmen, daß das Spiel für sie nur noch den Rahmen schweigender Statisten vorgesehen hatte. Die von ihnen für eine Neuinszenierung gewünschte Regisseurin, Prinzessin Isabella, hatte nämlich ein Drehbuch eigener Handschrift mitgebracht. Und darin fehlte der kleinste Hinweis auf fest eingeplante Gagen.

Verschwörer und Schmierenkomödianten

Mittelpunkt eines Dreiecks

„Elendes Kastilien, Du einstige Gebieterin, mit Lumpen umwunden, verachtest, was dir fremd. Hoffest du etwa? Bist du schlafend – oder in Träume versunken?“

Vor acht Jahrzehnten, 1913, schrieb Antonio Machado diese Worte über seine Heimat nördlich der sich inmitten der Halbinsel bis zu zweieinhalbtausend Metern aufwölbenden Gebirgszüge der Sierra de Guadarrama und der Sierra de Credos. Altkastilien, verkarstet und archaisch, zerfurcht seit Jahrhunderten, einst in königliche Gewänder gehüllt und nun von Lumpen umwunden – alt wie die schwarzgekleideten Großmütter, die in den Dörfern vor den leeren Häusern hocken, immer wieder die Gassen entlangblickend und doch wissend, daß das junge Leben, das vordem die Stuben füllte, aus den Großstädten nicht mehr zurückkehren wird. Hier ist alles Vergangenheit. Doch vergebens fragt man diese alten Frauen mit den Narben des harten Lebens in ihren Gesichtern nach den Sternstunden der Geschichte, da hier das Herz einer imperialen Macht zu schlagen begann. Die Geschichte ist rings um sie, um die verhärmten, wartenden Mütterchen, aber sie kennen sie nicht – einzig ihre eigene, die Tag für Tag gleich und eintönig war und auch bleiben wird.

Nur noch in Stein spricht die Geschichte, in Burgen und Denkmälern, in Kathedralen und Schlössern, auch in Büchern niedergeschrieben und bei Umzügen symbolisiert. Doch wer in die Vergangenheit, fünf Jahrhunderte, zurückblättert, spürt in diesem dürftigen Hochland den heißen Atem einstiger Größe und verharrt vor unerwarteten Kontrasten an und in romanischen Kirchen, vor der Ornamentik des isabellinischen und plateresken Stils, den krabbenbesetzten Fialen feingliedriger Spätgotik, die Meister Simon aus Köln, Simón de Colonia, auf die Capilla de Constable in Burgos zauberte, nachdem sein Vater Hans die Glockentürme der Kathedrale errichtet hatte. Wohin der Wanderer durch Land, Volk und Vergangenheit auch seine Schritte lenkt, er erschaut ein Szenarium vom Subtilsten in Kreuzgangreliefs bis zur majestätischen, prunkenden Leidenschaft der maurischen und mudejaren Baumeister, die etwa dem Erzbischof Alonso de Fonseca ein gigantisches Festungsschloß errichteten und damit seinem steten Grundsatz huldigten, „daß die Dinge meines Bedarfs alles Vergleichbare an Vollkommenheit übertreffen."

Unverzeihlich ist es, für zwei Bauwerke in Segovia am Fuße der Sierra de Guadarrama nur prosaische Worte zu sprechen. Sie könnten in gedrängter Form gerade noch für das besterhaltene Erbstück der Römer auf spanischem Boden zu verantworten sein. Mit dreißig Meter hohen Bögen in Doppelreihen überspannt der Acueducto Romano, aus gewaltigen Quadern und ohne Mörtel zusammengefügt, die Talsenke der Stadt. Dann aber, wenn man von Norden herabblickt, schweigen die Lippen. Nur Augen und Sinne erfassen ein Bild, stumm und wie betäubt, erschauern in einem Schock vor einem in Stein sprechenden Gleichnis, das Eberhard Horst die „Kathedrale zwischen den Feldern" und einem „gestrandeten Schiff" ähnlich nennt. Was hier Kaiser Karl V., Enkel Isabellas, erbauen und vor die Berge der Sierra setzen ließ, gehört zu den großartigsten Kompositionen von Landschaft und Natur. Leben ist immer Abschied, aber man geht von hier mit einem steten Begleiter, dem Blick, der sich tief in die Erinnerung gesenkt hat.

Begleiter bleibt aber auch der Mensch, den, wie er ist, dieses Kastilien geformt hat. Was gäbe es an Mutterwitz, an Ironie und Illusionen Reicheres als die beiden unsterblichen, dieses herbe und weite Land durchstreifenden Erzcastellanos, den spindeldürren, ziegenbärtigen Windmühlenkämpfer und Ritter von der traurigen Gestalt, Don Quijote, und seinen kugeligen, eselreitenden Knappen Sancho Pansa, die Miguel de Cervantes in die Weltliteratur hineinporträtiert hat? „El ingenioso hidalgo Don Quijote de la Mancha", der erste moderne Roman, 1605 in Madrid erschienen, ist nicht nur eine Herausforderung, eine Groteske ritterlicher Halbgötter, sondern auch ein Spiegel der kastilischen Landschaft und der Seele ihrer Menschen. Aber schon lange vor Cervantes schrieb ein Unbekannter die 3730 Verse vom Compeador Cid, einem Sohn der Stadt Burgos. Und als in Deutschland der Westfälische Frieden den Dreißigjährigen Krieg beendete, starb in Soria, der Provinzstadt Ostkastiliens, Tirso de Molina, Prior des Mercedarier-Klosters, der über dreihundert Comedias der literarischen Nachwelt hinterlassen hat.

So groß wie die beiden deutschen Bundesländer Hessen und Baden-Württemberg zusammen ist Altkastilien. Aber es genügt bereits, aus diesem Land ein Dreieck herauszuschneiden, das von den Städten Valladolid, Salamanca – schon außerhalb Kastiliens – und Avila markiert wird, um hier den Pulsschlag kastilischer und in der Fortsetzung spanischer Geschichte zu spüren. Die heutige Großstadt Valladolid war die Stadt der Könige. Hier heirateten, wenn auch in bescheidenem Rahmen und fast heimlich, Isabella und Ferdinand. Steht ein Fest im Kalender, so werden diese beiden „Katholischen Könige" in gigantischen, bis zu sechs Meter hohen Figuren – gigantos – durch die Straßen geführt. Und noch ein weltberühmter Mann, Christoph Columbus, gehört zu Valladolid: Krank und enttäuscht verbrachte er hier seine letzten Tage, bis ihm der Tod am 25. Mai 1506 auch die Erinnerung an seine Entdeckungsreisen nahm.

Nur wenige Kilometer, dreißig sind es, südwestlich und schon am Duero begegnet uns in Tordesillas ein weiteres Kapitel der Geschichte: Im dortigen Kloster Santa Clara lebte oder mußte Juana la Loca, Johanna die Wahnsinnige, Tochter Isabellas, 45 Jahre leben, während ihr Sohn Karl V. als Kaiser ein Weltreich beherrschte. Geradewegs, nicht gerade, aber vom kastilischen Land durch die Meseta führt die Straße zum nächsten Dreieckspunkt, Salamanca. Außerhalb, doch mit Kastilien und dessen berühmten Männern verbunden, schenkt diese Stadt den alten ehrwürdigen Geist ihrer Universität und deren des Schauens und Erdenkens werten Fassade. Der letzte Dreieckspunkt, Avila, die höchstgelegene Provinzstadt Spaniens, erinnert sofort jeden katholischen Christen an die heilige Theresa. Hier geboren, wirkte sie im Kloster Escarnación als Nonne und Priorin. In San Vicente fanden der Märtyrer Vinzenz und seine beiden Schwestern ihre letzten Ruhestätten. Santo Tomás endlich birgt das Grab des Infanten Juan, des einzigen Sohnes Isabellas und Ferdinands, der als Hoffnungsträger des kastilischen Reiches in Avila aufgewachsen, aber bereits als Neunzehnjähriger verstorben war.

Die Mitte des Städtedreiecks markiert jedoch ein unscheinbarer, für diese Betrachtung indes bedeutender Ort: Madrigal de las Altas Torres. Nur wenige Spanier und erst recht kein Fremder würde den Marktflecken kennen, wäre hier nicht Isabella geboren worden. Wie zweitausend Jahre zuvor sich eine – allerdings übergroße – Zahl griechischer Städte den Geburtsort Homers streitig machte, so möchten auch andere Städte Spaniens Ehre und Ruhm besitzen, daß in ihren Mauern Isabella das Licht der Welt erblickte. Solche Streitfragen sind, wenn die Überlieferungen Lücken aufweisen, nicht ungewöhnlich. Man wird jedoch dem Chronisten der Königin, Hernando del Pulgar, zu folgen haben, der für Madrigal plädiert.

Bei Arévalo an der heutigen Fernstraße Madrid-Tordesillas-Valladolid biegt man nach Westen ab, um nach einer knappen halben Stunde den bescheidenen Ort zu erreichen. Bescheiden und alles andere als eine Residenz präsentiert sich ein bauernhausartiges Gebäude, das für sich in Anspruch nimmt, Geburtsstätte eines Mädchens zu sein, das im Alter von achtzehn Jahren als Königin den Thron besteigen und Kastilien in die

Neuzeit führen sollte. Ob nun hier oder vielleicht gar andernorts, auf jeden Fall wurde Isabella, dritte Tochter Juans II. und seiner zweiten Gemahlin Isabella von Portugal, am 22. April 1451 geboren, ein halbes Jahr bevor Columbus den unterschiedlichen Überlieferungen nach zwischen dem 25. August und dem 31. Oktober in Genua zur Welt kam. An ihren Wiegen wurde beiden Neugeborenen gewiß nicht gesungen, daß sie drei Jahrzehnte später einen die Weltgeschichte revolutionierenden Pakt zur Erkundung des Seeweges nach Indien über den Atlantik schließen würden. Zwei Jahre nach Isabella wurde ihr Bruder Alfons (Alfonso) geboren, dem, zwar als Thronerbe vorgesehen, nur ein kurzes Erdendasein beschieden war.

Jugendjahre einer Königstochter

Eine Königstochter, so müßte man voraussetzen, sei ein behüteter, mit den geistigen und materiellen Voraussetzungen und Möglichkeiten eines Herrscherhauses ausgestatteter Schatz, den man bereits in jüngsten Jahren auf seine künftigen Repräsentationspflichten vorzubereiten habe. Nicht so und nicht einmal ausreichend bei Isabella. Ihr fehlte der Stern umsorgter Kindheit, Fürsorge und Erziehung. Mit vier Jahren verlor sie ihren Vater, den feinsinnigen König Juan. Während ihr Halbbruder Heinrich nun den Thron Kastiliens bestieg, wurde sie von ihrer Mutter, der Königswitwe, in das unfreundliche, düstere Schloß von Arévalo, östlich von Madrigal, mitgenommen. Zu dieser deprimierenden Umgebung trugen die Symptome des geistigen Verfalls der Mutter noch bei: In Isabella von Portugal machte sich mehr und mehr das grausame Erbe ihrer Vorfahren, die Geisteskrankheit, bemerkbar. Die Königin litt zunehmend unter Störungen und Verwirrungen, unter sich steigernden Depressionen und psychischer Umnachtung, was zwar der Tochter Isabella erspart blieb, dann aber bei deren Tochter Juana (Johanna) zum Ausbruch kommen sollte.

Sehr wenig, weil wohl zunächst unbeachtet, ist über die Erziehung des kleinen Mädchens, der Infantin Isabella, bekannt. Wenn sie auch dann lesen und schreiben konnte, so erfuhr sie doch, der Tradition entsprechend, zunächst nur in den christlichen Prinzipien, im Glauben, in Gebeten und in den Evangelien ihre Unterweisung. Erst später entdeckte sie das wertvollste Gut, das ihr der belesene Vater hinterlassen hatte: die reichhaltige Schloßbibliothek. Um diese Zeit war sie jedoch längst schon von ihrem Bruder Heinrich an den königlichen Hof geholt worden, wo sie sich das Instrumentarium eines höfischen Lebens anzueignen hatte.

Konnte sie auf ihrem Araberhengst nicht ausreiten, so vertiefte sie sich in die Schriften der antiken Klassiker und holte nach, was man versäumt oder als nicht notwendig unterlassen hatte, sie zu lehren. Neben den Übersetzungen klassischer Schriftsteller und Dichter erfuhr sie erstmals auch Überlieferungen und legendäre Erzählungen des Volkes, in dem sie lebte. Latein selbst, die Diplomatensprache ihrer Zeit, lernte sie erst viel später, 1482, bei ihren Lehrern, den Dominikanermönchen Diego de Deza, Pascual de Ampudia und Andrés de Miranda, so daß sie dann mit ausländischen Repräsentanten mühelos Konversation führen konnte.

Den Kontakt zu den Menschen ihrer Heimat stellte sie bereits als Kind her. Mit Beatrice de Bobadilla, der Tochter des Schloßverwalters von Arévalo, hatte sie schnell Freundschaft geschlossen, die, mit einer Unterbrechung, beide Frauen bis zum Tode Isabellas verbinden sollte. Auf den Volksfesten und Jahrmärkten, besonders in Medina del Campo, bewegte sie sich mit Beatrice mitten in der schillernden Volksmenge. In ihren Kastilianern, in baskischen Hirten, Viehzüchtern und Bauern, in jüdischen Händlern und maurischen Handwerkern, in der Vielfalt der Gewänder, von der einfachen Kleidung der Landarbeiter bis zu den Kaftanen der Juden und den Turbanen der Mauren, im Sprachengewirr und in lebhaften Gesten der Menge erlebte sie die ganze Fülle des menschlichen Erscheinungsbildes ihrer Zeit und ihres Landes. Die Freundin Beatrice begleitete sie durch die Gassen, Buden und Basare einer Welt aus Abend- und Morgenland. Die Optik und das zweifellos noch flüchtige Erfassen des Charakters ihres Volkes, was sich ihr in diesen Jugenderlebnissen einprägte, sollten ihr letztlich zugute kommen. Ihr ungezwungenes Auftreten unter den einfachen Menschen, das sie auch als Königin beibehielt, förderte ihre Popularität und sicherte ihr die Zuneigung des Volkes. In entscheidenden Stunden ihres Schicksals würde ihr dies sehr zum Nutzen sein.

Ein Vulkan verderbter Moral: der Hof Heinrichs IV.

Wie anders und gewiß nicht fördernd hätte für sie das Gehabe am Hofe Heinrichs in Segovia sein können. Isabellas Halbbruder war trotz schon geschilderter Charakterzüge nicht der Mann, der den Abstand zu den ausgelassenen Freuden und Vergnügungen einer ihn umgebenden, unbekümmerten Gesellschaft gewahrt hätte. Da wurde in den Tag hineingelebt, gefeiert, querbeet geliebt, betrogen, intrigiert und mit Pfründen geschachert. Weder die schon erwähnten Amouren Heinrichs noch die Affäre um die Beltraneja blieben Isabella verborgen. Trotz allen Überredungskünsten, sich den von der Hofgesellschaft als selbstverständlich praktizierten Ausschweifungen anzuschließen, hielt sich die Infantin – und dies muß ihr hoch angerechnet werden – auf Distanz. Sie wahrte ihre charakterliche und weibliche Sauberkeit, zweifellos eine belächelte, aber doch wohl rühmliche Ausnahme inmitten eines freizügigen Lebensstils, dem, wie die Überlieferung zu berichten weiß, selbst die Königin, ihre Schwägerin, schon zu dieser Zeit verfallen war. So sei es ein offenes Geheimnis gewesen, daß diese einer Anordnung Heinrichs, am Hofe zu erscheinen, nicht Folge leistete, war sie doch im siebten Monat schwanger und hatte sie ihren Mann ein ganzes Jahr lang nicht gesehen. Sie entwich ihrer Bewachung aus der Burg Alaejos, ließ sich an einem Seil über die Mauern hinunter und brachte ihr Kind an einem geheimen Ort zur Welt, um anschließend wie eine unbescholtene Hofdame aufzukreuzen. Dabei wußte jedermann, wie es um sie bestellt war. Ihr nachzuahmen – nichts leichter als dies – wetteiferte ihre Umgebung mit bekanntem Erfolg.

Ein Bericht Palencias, vielleicht nur ein Mosaikstein in der Sittengeschichte des kastilischen Hofes, der jedoch ohne Korrektur in andere europäische Residenzen eingepaßt werden könnte, mag hier nicht unterschlagen werden, auch wenn man diesem Chronisten eine deutliche Voreingenommenheit nicht absprechen kann. Er schreibt: „Die Königin war von einem Schwarm junger Mädchen edelster Abstammung und erlesenster Schönheit umgeben, die sich jedoch in der Verführungskunst besser auskannten, als es ihrem Alter und ihrer Herkunft zuträglich war. Sie suchten jedmögliche Gelegenheit, ihre Anbeter anzulocken. Ihre schamlose Kleidung reizte die jungen Leute, und ihre provozierende Redeweise machte sie immer dreister. Die Säle hallten von schallendem Gelächter wider, und in den Gängen begegneten sich unaufhörlich die ordinärsten Kupplerinnen mit schlüpfrigen Botschaften und Anträgen, die selbst den törichten Jungfrauen die Schamröte ins Angesicht getrieben hätten."

Die Königin selbst, so hieß es, hätte sich laufend bemüht, Isabella in das orgiastische Treiben einzubeziehen, so daß der junge Prinz Alfonso, zu jener Zeit gerade neun Jahre alt, seine Schwester mit dem blanken Schwert hätte verteidigen müssen.

Wie sehr man auch bemüht zu sein schien, der mädchenhaften Infantin Isabella die voreheliche Erfahrung praktisch mitzuteilen, in diesem Vulkan verderbter Moral und schrankenloser Orgien ist es fast ein Wunder, daß sie allen Versuchungen widerstand. In einer Zelle des Hofes hatte sie sich abriegeln müssen, um nicht zu hören und nicht zu sehen, was sich um sie herum abspielte. Sie vermied jedoch jeden Kommentar, ja sie sah später als Königin sogar darüber hinweg, daß ihr Kardinal Mendoza stolz seine Fehltritte, nämlich seine Kinder, vorstellte. Auch die Seitensprünge ihres Gemahls berührten sie zumindest nicht sichtbar. Dennoch ließ sie als Königin jene Ausschweifungen am Hofe ihres Bruders Heinrich für ihre Umgebung nicht zu. Um kein Gerücht aufkommen zu lassen, soll sie noch als Mittvierzigerin in Abwesenheit Ferdinands ihre Töchter und Hofdamen in ihr Schlafgemach befohlen haben, zweifellos die Konsequenz aus den Erinnerungen an das freizügige Leben ihrer Stiefmutter. Doch ist solches bereits ein Vorgriff auf spätere Jahre und Jahrzehnte. Noch war Isabella ein gerade heranreifendes Mädchen inmitten einer sich zügellos austobenden Hofgesellschaft.

Viel nachhaltiger als alle Anstrengungen, ihr den dortigen Sumpf schmackhaft zu machen, wirkten auf sie die Eindrücke einer desolaten Monarchie und Regierung, verkörpert durch ihren Halbbruder Heinrich und das ihn umgebende Schmarotzertum, seiner Unfähigkeit, Verschwörer, Schmeichler und Gegner in den Griff zu bekommen und sie die unbeugsame Autorität eines Herrschers spüren zu lassen. Diese Erfahrung konnte nicht ohne Auswirkung bleiben. Hierin lagen zweifellos die Gründe für Isabellas spätere, bisweilen gnadenlose Intoleranz gegen versteckte Umtriebe, ihre oft notwendig gewordene Überheblichkeit und das nicht anzutastende Königin-Staats-Verhältnis, wie es zwei Jahrhunderte danach der „Sonnenkönig" Ludwig XIV. mit dem Wort „l'état c'est moi" als Parole des Absolutismus in die Geschichte einfließen ließ. Halsstarrig in allen Fragen der Innenpolitik, der Festigung der Monarchie, in der Beseitigung überkommener Vorstellungen des Adels und ihrer Berater ließ sie ihre Umgebung wissen, daß geleistete Dienste für sie weiter nichts als eine selbstverständliche Pflicht bedeuteten und daher keinen Anspruch auf besondere Belohnung besäßen.

Betrachtet man Isabellas Auftreten in der Stunde der Entscheidung und dann als Königin von Kastilien, als sie sich von ihrem Mann nicht beeinflussen ließ, so kann man nur auf jene „Schulungsjahre" am Hofe ihres Halbbruders verweisen. Schon als Mädchen, wenn auch vorerst von Erzbischof Carrillo gesteuert, formte sie ihre Persönlichkeit, die sich bald aus den dubiosen Schlingen dieses und anderer Berater zu lösen verstand. Aber auch ernstzunehmende Mitarbeiter, über die noch zu sprechen sein wird, berief sie in Funktionen der Regierungsarbeit.

Aber noch erlebte sie in Heinrich und in der ihn umgebenden ränkesüchtigen Clique den besten Anschauungsunterricht, wie man einen Staat und die Gesellschaft in Anarchie stürzen kann. Auf dem Schachbrett des Verrats und der Komplott-Spiele sollte auch sie als Figur aus dem

Hintergrund herausgeholt und eingesetzt werden. Nur ließ sie sich schon bald keine Züge mehr vorschreiben.

Weil Isabella bis dahin noch einen langen und steinigen Weg zu gehen hatte, ist eine Betrachtung der Nachbarn Kastiliens notwendig, die am Verlauf dieses Weges nicht uninteressiert waren.

Machtkämpfe mit den Nachbarn Kastiliens

Johann, spanisch Juan, war in den Königshäusern ein beliebter und vielgebrauchter Name, ebenso wie die weibliche „Ausgabe" Johanna, Juana oder Joana. Juan II. von Kastilien ist uns bereits als Vater Heinrichs IV. und Isabellas bekannt. Ebenfalls ein weiterer Juan II. herrschte über Portugal. Und endlich gab es noch einen weiteren zweiten Juan (1458–1479), den in Aragonien regierenden König, der bereits 61 Jahre alt war, als er den Thron bestieg. Schon wissen wir, daß er alles andere als ein Denkmal der Moral und königlicher Tugenden war. Bis über den Hals verschuldet und – jedoch nicht geklärt wie – wird ihm der Tod seiner Kinder, die er zuvor bereits um das einverleibte Königreich Navarra betrogen hatte, angekreidet. Skrupellos soll er diesen ihm nicht passenden Nachwuchs beseitigt haben. Diktatorisch und brutal beherrschte er sein Land. Hinterhältigkeit und Grausamkeit, aber auch ein Höchstmaß an Energie konnte er mobilisieren, wenn sein kleiner Staat sich gegen einen zahlenmäßig überlegenen Feind zur Wehr setzen mußte. Mit dem stets schrägen Blick auf den weit größeren Nachbarn Kastilien ließ er nichts unversucht, seiner eigenen Herrschaft Glanz und Glorie zu verleihen, wozu ihm sein Ehrgeiz, seine Raffgier, aber auch sein Geiz die richtigen Mittel zu sein schienen. Schon nahezu erblindet, behielt er bis zu seinem Ende im 83. Lebensjahr die Zügel seines Landes fest in der Hand. Was ihm als Wunschtraum stets vorschwebte, aber kaum realisierbar sein konnte, war eine Herrschaft Aragoniens über oder wenigstens zusammen mit Kastilien, auch wenn er darin niemals ein gesamtspanisches Ziel im Auge hatte. Zumindest aber war er an der jeweiligen Situation in Kastilien nicht nur als Zuschauer, sondern auch als Akteur im Hintergrund beteiligt. Und indirekt wird er sich einzuschalten wissen, wenn der Augenblick gekommen sein wird. Und er sollte kommen.

Bis dahin floß an Juans Hauptstadt Saragossa noch reichlich Wasser im Ebro vorbei. Mit Waffengewalt konnte der Aragonier, selbst bei einem ihm wohlbekannten Heinrich IV., gegen Kastilien nicht angehen. Aber er konnte sich auf Helfershelfer stützen, die Heinrichs bekannte Schwäche noch mehr zu untergraben in der Lage gewesen sein dürften. Sein Schwiegervater, Fadrique Enriquez, Admiral von Kastilien, dessen nicht minder machtbesessene Joana er geheiratet und die ihm den Sohn Ferdinand geschenkt hatte, war als verlängerter Arm seiner Untergrundwühlarbeit besonders geeignet. Dem Admiral gesellte sich noch Erzbischof Carrillo von Toledo bei, der gleichermaßen an einer Ablösung Heinrichs und einer kastilisch-aragonesischen Begegnung interessiert war.

Vorerst schienen indes solche Bemühungen keine Aussichten auf Erfolg zu haben. Es drohte sogar eine ernste Gefahr über Juan hereinzubrechen. Heinrich IV. war nämlich 1464 nach Gibraltar gereist, das man erst kurz zuvor den Mauren abgenommen hatte, um dort seinen Schwager Alfons V., König von Portugal, zu treffen. Inhalt der sich über mehrere Tage hinziehenden Gespräche war eine Union der Königreiche Kastilien und Portugal, mit der man den Unbotmäßigkeiten und dem wachsenden Einfluß des Adels in beiden Reichen Einhalt zu gebieten beabsichtigte. Der Zusammenschluß beider Königreiche, wie ihn der zwischen den Gesprächspartnern dieses „Gipfeltreffens" vereinbarte Vertrag vorsah, sollte durch eine zweifache eheliche Verbindung Gewicht erhalten. Der verwitwete, schon sehr betagte Alfons hatte die dreizehnjährige Isabella zu heiraten, während sein Sohn und Nachfolger Juan die erst ein Jahr alte Juana, bald nur noch als Beltraneja bekannt, zu jener Stunde anerkannte Thronerbin Kastiliens, ehelichen sollte. Damit diese dynastische und politische Doppelhochzeit legitimiert sei, bekräftigte der damalige Bischof von Edora, Alfons Costa, diese Abschlußakte der Zusammenkunft mit einem feierlichen Eid.

Nehmen wir es vorweg: Das fast noch kindliche Mädchen Isabella blieb von der Liaison verschont, auch wenn sich ihre Mutter, die portugiesische Isabella, sehr dafür eingesetzt hatte.

Das Zusammentreffen von Gibraltar und erst recht die dort besiegelte Schlußakte schreckten den Aragonier Juan hoch. Ein solches Bündnis könnte ihm und seiner Herrschaft zu einer tödlichen Gefahr werden, auch wenn ihm Heinrichs Antipathie gegen kriegerische Aktionen bekannt war. Das Verhalten des Portugiesen war aber nicht berechenbar. Daher konnte Juan und seiner Herrschaft ein solches Bündnis nicht gelegen kommen. Aber mit militärischem Einsatz durfte er es nicht wagen, dieser Koalition zu trotzen. Also mußte er zu anderen Mitteln greifen. Sein Schwiegervater Enriquez und Erzbischof Carrillo, Gegner Heinrichs und aragonesische Sympathisanten mußten seine Ambition am kastilischen Hofe vertreten. War zwar ihr erstes, weil noch stümperhaftes Komplott gescheitert, so steigerten sie ihre Bemühungen, den verhaßten König Heinrich in der Öffentlichkeit zu desavouieren und sich der wachsenden

Zahl Gleichgesinnter zu versichern. Mit Pecheco, dem Marquis de Villena, einem Neffen Carrillos, stieß ein Verbündeter zu ihnen, der sowohl mit seiner Sippe im Hintergrund, als auch mit seiner Verschlagenheit und persönlichen Bereicherungssucht nicht zu unterschätzen war und nach Bedarf, also bei der Aussicht, eigene Vorteile herauszuschinden, die Seiten wechselte. Den ersten Coup leistete er sich mit seinem Onkel Carrillo, als zwischen Kastilien und Aragonien die seit Jahren anhängige Rivalität um die Oberherrschaft über Katalonien entschieden werden sollte. Der nördliche Nachbar, Ludwig XI. von Frankreich, war ausersehen worden, den Schiedsspruch zu fällen. Heinrich IV. mußte mit Blindheit geschlagen gewesen sein, als er ausgerechnet die beiden, Villena und Carrillo, zu seinen Verhandlungsführern ernannte. Wie nicht anders zu erwarten, hatten sie den französischen König so bearbeitet und mit aragonesischen Zugeständnissen eingelullt, daß dieser in der katalonischen Angelegenheit für Juan plädierte, sich wohl im voraus für diese Gefälligkeit als Honorar das Roussillon, das Gebiet im Norden der Pyrenäen, ausbedungen hatte.

Während sich die Katalonier dem Schiedsspruch nicht unterwarfen, akzeptierte ihn Heinrich gemäß seiner kompromißbereiten Mentalität. Aber schon bald erkannte er, wie ihn seine Kronratsmitglieder Carrillo und Villena hintergangen hatten. Daß er sie ihres Amtes enthob, war im Interesse der Monarchie nicht mehr als recht und billig, bei den Methoden jener Zeit sogar noch überaus human. Doch schon stolperte er in einen weiteren Fehler hinein: In die beiden freigewordenen Sitze im königlichen Rat berief er ausgerechnet Beltrán de la Cueva und Gonzales de Mendoza, den Erzbischof von Calahorra, einen Erzfeind Carrillos. Weil seine politische Unvernunft keine Grenzen kannte, setzte Heinrich allem die Krone auf, indem er Don Beltrán zum Großmeister des Santiago-Ordens ernannte, eines Amtes, dessen Macht und Ansehen nur noch vom König übertroffen wurden, und das zu bekleiden der Wunschtraum aller Größen des Reiches war. Mit einem geharnischten Protest wandte sich Carrillo an den Papst, hatte aber keinen Erfolg, da der Pontifex die Bestallung Beltráns durch den König bestätigte.

Nun bliesen Heinrichs Gegner zum Angriff. Weil sie es aber nicht verstanden hatten, ihr Vorgehen zu koordinieren, konnte der König die Oberhand behalten. Admiral Enriquez, der den Aufstand angezettelt hatte, wurde aus Valladolid verjagt. Die Glut unter der Asche war jedoch nicht zu löschen, zudem sie vom Aragonier Juan eifrig geschürt wurde. Pacheco de Villena, einst Heinrich als Page treu ergeben, brachte in Burgos ein Adelsbündnis zustande, dessen Programm die Beseitigung der „Tyrannenherrschaft" des Königs – so die für Heinrichs Regierung völlig aus der Luft gegriffene Terminologie – und die Ausrufung des Knaben Alfonso als Träger der kastilischen Krone vorsah. Je mehr sich die Lage zuspitzte, desto saft- und kraftloser reagierte Heinrich. Vor dem zur Klärung der Lage einberufenen Kronrat betonte er, daß ihm nicht daran gelegen sei, Menschen in den Kampf und damit in den Tod zu schicken. Der Ratsälteste, Don Lope de Barrientos, Erzbischof von Cuenca und einstiger Erzieher Heinrichs, hatte prophezeit, daß Heinrich der machtloseste König, der je auf spanischem Boden gelebt habe, sein werde, wenn er den Forderungen nachzugeben gewillt sei. Und wenn er es nicht schon gewesen wäre, jetzt bestätigte er dieses Wort.

Er unterzeichnete also das Übereinkommen mit dem Adel. Darin war sein Halbbruder, der Infant Alfonso, als Thronanwärter anerkannt und als Pfand ausgerechnet an Pacheco ausgeliefert worden, wobei vorgesehen war, ihn mit seiner Cousine Juana zu vermählen, auf daß beide die Regierung übernehmen würden. Um gleich reinen Tisch zu machen, mußte sich der von allen unerwünschte Beltrán beugen und sein Amt als Großmeister des Santiago-Ordens niederlegen, das sofort der Rädelsführer Villena übernahm, während Beltrán mit dem Titel des Herzogs von Albuquerque abgefunden wurde.

Vor der Schmierenbühne ging der Vorhang zum nächsten Akt auf. Erzbischof Carrillo und Admiral Enriquez blieb natürlich nicht verborgen, daß sie von Villena, der sich in der Kampagne den fetten Brocken gesichert hatte, ganz gehörig hereingelegt und ins zweite Glied abgeschoben worden waren. Pack schlägt sich und Pack verträgt sich. Den Wahrheitsgehalt dieses Wortes anzutreten, fiel den beiden nicht schwer. Bekanntermaßen konnte durch eine Kehrtwendung wieder alles ins Lot kommen. Also baten sie als reumütige Sünder um eine Audienz bei Heinrich, erflehten Absolution für ihre Verfehlungen, beteuerten dem König ihre unverbrüchliche Gefolgschaft und versicherten, die Geisel Alfonso wieder herausrükken zu wollen. Dazu sei aber auch ein entsprechendes Entgegenkommen Heinrichs erwünscht. Sie hatten richtig kalkuliert. Jeder andere Monarch hätte sofort die Wache gerufen und die zwei Verschwörer in Eisen legen, wenn nicht gleich um einen Kopf kürzer machen lassen. So jedoch nicht dieser König von Kastilien. Er ließ den Erzbischof und den Admiral nicht nur frei, sondern nahm beglückt und in festem Glauben an deren Aufrichtigkeit ihre Beteuerungen als bare Münze entgegen. Was tat er, statt sie wenigstens mit aller gebotenen Reserve und einem nicht unberechtigten Mißtrauen zu entlassen? In seiner Friedensliebe und trotz einer Vielzahl von Enttäuschungen honorierte er die beiden mit Geld, Besitz und Waffen.

Carrillo durfte sich des Lehens über die Stadt Avila und über den Sold für 1400 Lanzenkrieger freuen, während Enriquez wieder die Stadt Valladolid erhielt.

Verwunderlich war es schon, daß sich bei Heinrich ernste Bedenken anmeldeten. Konnte man der Unterwürfigkeit und den wohltönenden Worten vertrauen, oder war zu befürchten, daß die Gegenseite wieder umschwenkte? Einem durchaus möglichen, wenn auch unliebsamen Waffengang wollte er vorbeugen. Deshalb ließ er vorsichtshalber seine Gemahlin, die Tochter Juana und seine Halbschwester Isabella nach Segovia bringen, wo er die Familie in Sicherheit wähnte. „Ich vertraute meine Angelegenheit Gottes Weisheit an", beschrieb Isabella später diese Aktion.

In Avila, nicht weit von Segovia entfernt, hatten sich die Gegner niedergelassen. Es war ja das neue, erschlichene Lehen des Erzbischofs, der damit seine letzte Kehrtwendung noch nicht vollzogen hatte. Auch als geistiger Vater eines beabsichtigten Umsturzes fand er eine Legitimation. Hatte man nach einer Begründung für die Absetzung Heinrichs gesucht, so schien Carrillo die Lösung gefunden zu haben, als er auf Heinrich II. zurückgriff, der seine Einsetzung den Granden verdankt hatte. In gleicher Weise könnte man nun einen Nachfolger Heinrichs IV., nämlich Alfonso, wählen. Diese Theorie stärkte sein Rückgrat und fand die Billigung seiner Gesinnungsgenossen. So reagierte er bissig und gar nicht devot wie bei seiner heuchlerischen Unterwerfung, als ihn der König aufforderte, ihm jene 1400 Krieger, die doch ihren Sold von Heinrich erhielten, zur Verfügung zu stellen – ein weiterer Beweis für die Vertrauensseligkeit des Monarchen und die Unzuverlässigkeit jener, die ihn ihrer Treue versichert hatten. Enriquez, entschlossen, endlich Nägel mit Köpfen zu machen, proklamierte Alfonso als König von Kastilien. Das Spektakel, das er dazu aufzog, sollte eine einzige Komödie werden, für den Knaben Alfonso ein unverständlicher, fast tragischer Vorgang, den zu erfassen sein kindliches Denken noch gar nicht in der Lage war. Wo anders konnte sich das Kasperltheater abspielen als an einem Punkt jenes geschichtsträchtigen Dreiecks: in der Stadt Avila.

„La farsa de Avila" (1465)

Vor den Mauern der Stadt war im Sommer 1465 ein mächtiges Gerüst errichtet worden. In seinen Erinnerungen, „Cronica de los Reyes Católicos", berichtet Diego de Valera: „Darauf wurde ein mit allem Prunk und den Königsinsignien versehener Thron aufgebaut, auf dem eine Statue

König Heinrichs saß, die Krone auf dem Haupt und das Zepter in der Hand." Eine große Anzahl der Bewohner Avilas war an den Ort dieser Vorstellung geströmt. „Hoch lebe König Alfonso!" riefen die den Hintergrund des Schauspiels nicht kennenden Menschen, als der Junge zwischen Pacheco de Villena und Erzbischof Carrillo hoch zu Roß erschien. Wie Valera festgehalten hat, habe der Erzbischof anschließend seine Rüstung abgelegt und eine Messe zelebriert. Daraufhin habe ein ganz in Schwarz gekleideter Ritter der Volksmenge ein „Dokument" verlesen, in dem alle von Heinrich IV. begangenen Sünden, Verbrechen und Regierungsdelikte aufgereiht waren. Die symbolische Entmachtung und Beseitigung des Königs begann mit der Entfernung der Krone durch Carrillo. Villena riß der Statue das Zepter aus der Hand, der Graf von Plasencia nahm das Schwert weg, und zu dritt, der Großmeister von Alcantara und die Grafen von Paredes und Benavente, schleuderte man mit dem Schrei „Nieder mit dir, du Elender!" die Figur zu Boden, der schließlich noch Diego López de Zúniga, wie einem räudigen Tier, einen Fußtritt versetzte.

Diese Zeremonie, so hatten ihre Initiatoren kalkuliert, würde die Menschen aufrütteln. Sie tat es auch, nur anders als erwartet worden war: Die Bürger von Avila jubelten nicht und brachen nicht in erneute Hochrufe auf Alfonso aus, sondern schrien, nun wohl erfassend, was man hier in Szene gesetzt hatte, schmerzhaft auf, als die Figur Heinrichs niedergerissen worden war. Die Regisseure dieses makabren Schauspiels ließen sich jedoch von der Reaktion des Volkes nicht beeindrucken und proklamierten Alfonso zum König von Kastilien. Gleich anschließend veranlaßten sie den Knaben, einen Aufruf zu unterschreiben, in dem es hieß: „Heinrich IV. hat Königin Johanna, die man seine Frau nennt, dem Verräter Beltrán de la Cueva ausgeliefert, damit er nach Belieben über sie verfüge." Auch dem Halbwüchsigen wurde schon beigebracht, was man in Kastilien von einem König erwartete: Pensionen in Höhe von 200 000 Maravedis mußte er seinen „Getreuen" aussetzen. Weitere Geschenke und Zuwendungen sollten folgen. Wichtige Städte, wie Toledo, Cordoba, Burgos und Sevilla, huldigten dem kindlichen „König", der es aber nicht werden sollte; denn drei Jahre nach der Avila-Szene, am 5. Juli 1468, verstarb der Thronprätendent an der Pest, nach anderer Version angeblich von Villena mit Gift ins Jenseits befördert.

Dieser Auftritt von Avila, der als „la farsa de Avila" in die Geschichte des Königsreiches einging, und die Huldigungskundgebungen der Städte waren im Grunde nicht nur eine Brüskierung des regierenden Monarchen, sondern ganz einfach Rebellion und Hochverrat, was einen energischen König sofort zu drastischen Säuberungsmaßnahmen auf den Plan gerufen hätte. Heinrich aber reagierte in der schon hinlänglich bekannten Weise edelmütiger Resignation: „Nackt und bloß bin ich auf die Welt gekommen", überliefert Valera, „und gleichermaßen wird mich die Erde wieder in Empfang nehmen."

Dies sah nach Kapitulation aus, und sie wäre sicher auch erfolgt, hätten die Verschwörer eine geschlossene Front gebildet. Wie bei so mancher Revolte in der Geschichte, haderten sie in Interessenskämpfen und mußten zudem noch erfahren, daß der größte Teil Kastiliens der Sache des legitimen Königs treu blieb. Als Beltrán de la Cueva ein Heer von fünftausend Bauern aufgestellt hatte und mit ihm anmarschierte, schüttelte Heinrich doch seinen Gleichmut ab und stellte sich an die Spitze der Truppen. Angesichts dieses Aufgebots mit dem König wagten die Rebellen keinen militärischen Widerstand. Nachdem in Simancas mit Erzbischof Carrillo einer der Rädelsführer abgesetzt worden war, schien sich alles zu Gunsten des Königs zu wenden, erst recht als einige Gegner zu ihm übergelaufen waren und seine huldvolle und finanzielle Vergebung erhalten hatten. Mit seinen, dem Adel feindlich gesinnten Bauern wäre es Heinrich wohl möglich gewesen, die Liga seiner Feinde zu sprengen, hätte er seinen Verstand und nicht erneut seine Gefühle sprechen lassen. Wieder fiel er auf den Obergauner Villena herein.

Dieser bot einen in den Wirren ersehnten Landfrieden an, wenn der König seine Truppen entlasse. Heinrich stimmte dem Vorschlag zu. Von Sanftmut und Friedensliebe geradezu verblendet, machte er dem professionellen Schurken ein unglaubliches Angebot: Um mit einem Verwandtschaftsverhältnis der gegnerischen Koalition den führenden Kopf zu nehmen, schlug er Villena vor, dessen Bruder Don Pedro Girón Pacheco, Großmeister von Calatrava, mit der fünfzehnjährigen Isabella zu vermählen. Das Mädchen, noch in den Händen und damit im Gewahrsam ihres Halbbruders, ist entsetzt, willenlos einem alten Manne zugeschrieben zu werden. Ihre inbrünstigen Gebete begleitete ihre Freundin Beatrice de Bobadilla mit dem festen Entschluß: „Ich weiß nicht, was Gottes Ratschluß sein wird, aber ich würde diese Heirat nicht zulassen." Dies war nicht nur dahergeredet; denn Beatrice holte einen Dolch hervor, mit dem sie Don Pedro umbringen würde, träfe er in Segovia ein. Aber auch in diesem Falle stand Isabella der Tod bei. Denn auf der Anreise zu seinem ausgehandelten Eheglück verstarb der Großmeister und Hochzeitskandidat. So geschehen 1466. Isabella war von dem Gespenst einer Zwangsehe befreit worden.

Befreit von deprimierenden Eindrücken konnte sie aber nicht sein, auch wenn ihr im jugendlichen Alter, wie man voraussetzen möchte, der

Überblick noch zu fehlen schien. Dem war jedoch nicht so. Sie sah, erkannte und, wie ihr späteres Handeln beweisen wird, vermerkte dies alles.

In ihrem Land herrschte Anarchie. Ihr Halbbruder versuchte, mit den untauglichsten Mitteln die Bösewichte für sich zu gewinnen. Zwar entging es ihm nicht, daß der Adel in sich entzweit war. Er hatte alles weggeworfen, womit er sich hätte profilieren können. So mangelte es ihm auch an der Einsicht, daß seine Anhänger nicht an seiner Person interessiert waren, sondern grundsätzlich für den Erhalt der Monarchie, und zwar einer starken, zu Felde ziehen würden. Denn, so kreisten deren Gedanken, ein durch sie unterstützter und gestützter Souverän werde ihnen gesetzlich fundierte Rechte einräumen. Man betrieb eben nur monarchische Politik, um sich persönliche Vorteile zu erhoffen. Gar eine national-kastilische Idee war ihnen so fremd wie die Sengoko-Periode im fernen China, die um die gleiche Zeit einen 150jährigen Bürgerkrieg beendete. Man lebte für das eigene Wohlergehen und sicherte sich im Kampf eines jeden gegen jeden Gewinn und Machtzuwachs. In einen Auflösungsprozeß schien das Königreich zu schlittern, als die Provinzen Galicien und Andalusien drohten, sich selbständig machen zu wollen.

„Eindringlicher und wuchtiger als in den führenden Persönlichkeiten und deren Schicksalen enthüllt sich das Wesen der Zeit in der Verbindung von Großem und Hohem mit Entsetzlichem und Barbarischem. Das Göttliche versinkt in jahrzehntelanges Morden und Rauben", schreibt Oskar von Wertheimer zu den Wirren des Dreißigjährigen Krieges. Seine Worte hätten auch für die zweite Hälfte der Regierungszeit Heinrichs IV. geschrieben sein können, in der seine Halbschwester Isabella, erst aus dem Kindesalter heranreifend, von der Peripherie das unrühmliche Geschehen miterleben und doch bereits in seinen Wurzeln erkennen mußte.

Erste Entscheidungen eines Mädchens

Isabella war Infantin, also Königstochter, aber vorerst auch nicht mehr. In den Auseinandersetzungen um Heinrich IV., dessen Tochter Juana, als Beltraneja mit dem bekannten Makel behaftet, und Thronanwärter Alfonso, sprach zunächst nichts dafür, daß ihr eines Tages das Schicksal Kastiliens in die Hand gelegt werden sollte, vielleicht besser gesagt, daß sie es ergreifen würde. Wie schon bekannt, hatte sie keine in die Richtung einer solchen Aufgabe zielende Erziehung genossen. Verhalten, in selbstgewählter Reserve und im Abstand zu den Umtrieben am königlichen

Hofe, blieb sie unauffällig und distanziert. So man den sie nur positiv beurteilenden Chronisten glauben darf, stach sie als junge Dame der Hofgesellschaft nicht durch auffallende Schönheit und Attraktivität hervor. Kurze Hinweise und Abbildungen späterer Zeit verraten eine mittelgroße, etwas mollige Figur. Hellblondes Haar und heller Teint, wie auch ihr Stupsnäschen entsprachen keineswegs der Vorstellung, die man landläufig an die äußere Erscheinung einer Südländerin, gar Spanierin, zu knüpfen pflegt.

„Doch wichtiger als ihr Aussehen", stellt Pérez fest, „war die Tatsache, daß sie die nötigen Voraussetzungen für eine Königin besaß. Sie hatte eine hohe Auffassung von ihrem Amt, dessen Größe und Würde. Zudem besaß sie ein ungewöhnliches politisches Gespür und einen eisernen Willen ...". Sie beobachtete, zog ihre Schlüsse und bildete sich bereits in jugendlichem Alter ein eigenes Urteil über die Winkelzüge der Granden und Schmarotzer, sie bewahrte sich ihre Persönlichkeit, auch als es nicht an Versuchen fehlte, sie in politische Interessenskämpfe einzuspannen, und sie verfügte über die Stärke, selbst prominente Personen, wie etwa Erzbischof Carrillo, in Schranken zu weisen.

Der erste Schritt ist entscheidend. Aus dem Wissen um einen Auftrag wachsen Kräfte und Erkenntnis des eigenen Weges. Isabella tat diesen ersten Schritt am 20. Juli 1468. Fünfzehn Tage zuvor war ihr Bruder und designierter, wenn auch, wie bereits gezeigt, komödienhaft ausgerufener Königsnachfolger Alfonso gestorben. Carrillo und Villena, in deren „Schutzhaft" sie sich zu dieser Zeit in Avila befand, hatten sie sofort gedrängt, sich als Königin zu proklamieren. Sie lehnte dieses Ansinnen jedoch ab, bezeichnete sich an jenem 20. Juli in einem Brief nur als „Isabella, durch die Gnade Gottes Prinzessin (und nicht nur Infantin) und legitime Erbin der Königreiche Kastilien und León ...". Ihr Halbbruder Heinrich ist für sie der legitime König. Sie weiß, auf welch schwachen Füßen er steht, aber sie anerkennt ihn immer noch als Herrscher und Repräsentanten des Reiches. Sie kann und will sich keine, von jenen doch fragwürdigen Sympathisanten gestützt, vielleicht sogar militärische Konfrontation gegen den offiziellen Monarchen erlauben, auch wenn ihr der Tod Alfonsos den Weg zum Thron geöffnet hat. Sie hat viel gesehen und erkennen müssen, daß doch noch eine große Zahl des Adels, vor allem die Sippe der einflußreichen Mendozas, in der Beltraneja die eigentliche Thronanwärterin unterstützt. Sie kann abwarten. Sie ahnt nicht nur, sondern ist überzeugt, daß Heinrich aus den Parteikämpfen des Adels eine Lösung finden muß. Und er tut es gezwungenermaßen.

Am 18. September 1468, also rund zwei Monate nach Alfonsos Tod, beugt er sich in dem kleinen Ort Toros de Guisando, nahe Avila, den Forderungen seiner Gegner. Gleichsam die Schwertspitze auf der Brust, muß er einen Pakt ausfertigen, der die Geschichte Kastiliens und langfristig Spaniens bestimmen sollte. Noch einmal und in aller Öffentlichkeit enterbt er seine Tochter Juana. Er spricht ihr zwar nicht die eheliche Geburt ab, räumt aber ein, daß sie aus einer ungültigen, weil verwandtschaftlichen und nicht durch Dispens legitimierten Verbindung mit Johanna von Portugal stammend, keinen Thronanspruch besitze. Nachdem es Isabella abgelehnt hatte, sich Königin zu nennen und damit keinen Bürgerkrieg ausgelöst hatte, ist Heinrich in diesem Abkommen, wohl um für weitere Verhandlungen Zeit zu gewinnen, mit dem Ansinnen einverstanden, Isabella als Thronerbin anzuerkennen. Sofort darf sich die Siebzehnjährige als „Prinzessin von Asturien" bezeichnen, mit dem Titel, den die Kandidaten für die Krone seit Johann I. führen. Sie überstürzt nichts, fordert lediglich die ihr als Prinzessin zustehenden Rechte. Sie ist vorsichtig genug, um sich nicht bedingungslos auf die wenigen Vertreter des Adels in ihrer Umgebung zu verlassen. Sie hat aus der Erfahrung gelernt, daß selbst die scheinbar treuesten Anhänger im Grunde nur ihre eigenen Interessen ins Spiel bringen.

So sehen Historiker und Biographen Isabella in jenen entscheidenden Stunden. Da uns keine anderen Quellen vorliegen, müssen auch wir dieser Charakterisierung folgen: Trotzdem erlauben wir uns ein paar kritische Gedanken. Noch sehr jung und gar zu jung scheint die Prinzessin gewesen zu sein, um bereits über einen politisch geschulten Blick von immenser Weite verfügt zu haben. Sicher, aus der christlich geprägten Kindheitserziehung herausgeholt, war sie jählings in das Hofleben gezwungen worden. Doch dürfte sie noch kaum in der Lage gewesen sein, aus den politischen Geschehnissen ihrer Umgebung und vor allem der ihres Halbbruders Heinrich bereits Beschlüsse für ihre künftige Aufgabe fassen zu können, die bis zum Todes ihres Bruders Alfonso überhaupt nicht zur Debatte stand. Wie in fürstlichen Häusern üblich, war sie bestimmt, einem fremden oder befreundeten Potentaten verheiratet zu werden, wozu sie außer höfischem Zeremoniell keine politische Erfahrung benötigte. Sicher begann sie, nach dem Tode ihres Bruders sich Gedanken zu machen, was ihre neue Position von ihr fordern würde. Eine solche Überlegung war dennoch alles andere als ein ausgereiftes Programm. Das umfangreiche Paket der Eindrücke schnürte sie erst als Königin auf. In den Tagen ihrer Jugendzeit war sie aber das Werkzeug Carrillos, der später mit Verbitterung bekannte: „Als ich sie bei der Hand nahm, war sie ein kleines Mädchen, das mit Spinnen beschäftigt war, und nun sehe ich sie an ihrem eigenen Spinnrad." Daß er schließlich auch für die eheliche Verbindung Isabellas verantwortlich zeichnete, wird das folgende Kapitel veranschaulichen.

Carrillos Nacht- und Nebelaktion

Daß der Pakt von Toros de Guisando schnell die Runde machte, lag im Interesse der beteiligten Adelsvertreter. Die Kunde machte auch an den kastilianischen Grenzen nicht halt. Die in den Status der Prinzessin und möglichen künftigen Königin aufgerückte Isabella ist nicht mehr das kaum beachtete Mädchen aus königlichem Geblüt. Sie ist für die Nachbarn auf der Halbinsel und für die Herrscherhäuser Europas eine interessante Partie geworden. Die Gemüter jenseits der Grenzen sind mobilisiert.

Das Ehekandidatenkarussell dreht sich

Noch lange nicht in dieser aussichtsreichen Position, war sie Verheiratungsabsichten ausgeliefert gewesen. Schon sind zwei fehlgeschlagene Verlobungen bekannt. Nun aber eskalierten die Versuche, die designierte Herrin des größten Landes durch eine dynastische Ehe zu gewinnen, womit ihr Gemahl als König von Kastilien zu Höhen des Reichtums und der Macht über die Halbinsel steigen würde. Da meldete sich zuerst der westliche Nachbar, König Alfons V. von Portugal. Ihn aber mußte Isabella auch noch bei einem weiteren Vorstoß, von Carrillo und dessen aragonesischen Partei gedrängt, abblitzen lassen. Aus dem fernen England signalisierte König Eduard IV. ein Angebot, indem er seinen Bruder als Kandidat ins Gespräch brachte. Weder er noch Isabella konnten zu diesem Zeitpunkt ahnen, daß über drei Jahrzehnte später, 1501, die sechzehnjährige Katharina von Aragón, Isabellas Tochter, als königliche Braut Heinrichs VIII. nach England kommen würde. Auch jenseits der Pyrenäen war man hellwach geworden. Dort offerierte Ludwig XI. seinen Bruder Charles de Guyenne, den Herzog von Berry, mit dem er einen unangenehmen Störenfried aus dem eigenen Haus zu entfernen trachtete. Seine als Brautwerber ausgesandten Vertrauten, der Erzbischof von Arras und Kardinal Jean Jouffroy von Albi, wurden nach zwei Monaten, in denen sie immer wieder vertröstet worden waren, ebenso zurückgewiesen wie der Erzbischof von Lissabon, der für Alfons noch einmal offiziell um die Hand Isabellas nachgesucht hatte. Hatten diese Interessenten zwar ihre eigenen

Zukunftsvorstellungen, so hätten sie doch Kastilien recht bemerkenswerte Gaben ins Brautbett gelegt: Portugal mit bereits ansehnlichen Besitzungen in Afrika, die noch nicht abschätzbare wirtschaftliche Gewinne einbringen dürften, und Frankreich mit dem an Katalonien angrenzenden und umstrittenen Gebiet des Roussillons, das dem gierigen Aragonier Juan ein Dorn im Fleisch gewesen wäre, aber von Carrillo sofort ausgeklammert wurde.

Sie erhielten einen Korb, diese Ehekandidaten aus der zweiten Reihe. Da weder für sie noch für einen späteren Gemahl eine Liebesheirat in Frage kam, mußten politische Überlegungen den Ausschlag geben. Mit der Entscheidung für den aragonesischen Königssohn Ferdinand unterstellt man gerne der jungen Isabella einen überragenden Scharfblick, nicht nur für Kastilien, sondern für ein Gesamtspanien als Weltmacht. Mit ihrem Jawort hat sie dies weder gesehen, noch ihr Herz sprechen lassen. Gesprochen haben vielmehr ihre Berater, allen voran Erzbischof Carrillo und Admiral Enriquez, Parteigänger des alten, schon fast erblindeten Königs Juan II., der unablässig bemüht war, sich in die kastilische Politik einzumischen. Diese Männer widersetzten sich allen Heiratsbemühungen und veranlaßten Isabella, sich für eine Ehe mit ihrem Vetter Ferdinand zu entscheiden. Konnte die umworbene Prinzessin überhaupt noch selbständig bestimmen, ob die Vereinigung der beiden Kronen ihrer Entscheidung überlassen blieb?

Carrillo hatte das Heft fest in der Hand. Er plädierte mit Nachdruck für eine aragonesische Lösung. Das Schreckgespenst, daß bei Isabellas Weigerung die portugiesische Partei Übergewicht bekäme, und die künftige Regentin Kastiliens nicht Isabella, sondern Juana, die Beltraneja, heißen würde, verstand er so überzeugend auszumalen, daß der von ihm protegierten Prinzessin keine Alternative mehr blieb. Zwar schien seine Haltung patriotischen Gefühlen zu entspringen, in Wirklichkeit glaubte er mit seinen Anhängern, in einer Siebzehnjährigen ein Werkzeug gefunden zu haben, das man auch weiterhin und noch besser als Heinrich mit leichtem Griff in die eigenen Interessen einspannen könnte. Er wollte der erste Mann im Staate sein, und Isabella würde nach seiner Pfeife zu tanzen haben. In einer solchen Position könnte er sogar seine Sympathisanten und Ämter Heischende ausschalten, von deren Integrität er nicht überzeugt war. Was ihn dazu noch mit Nachdruck vorantrieb, war jener König in Saragossa, der, wenn auch blutenden Herzens, seine Kasse öffnete und Carrillos Anstrengungen mit einem Vorschuß honorierte.

Isabella entschied sich also für Aragonien, für den dortigen Königssohn Ferdinand, der ihr als nahezu Gleichaltriger sicher angenehmer war als der doppelt so alte Witwer Alfons von Portugal. Ob ihr die gesponnenen Fäden bekannt waren oder nicht, sei dahingestellt. Auf jeden Fall hatte der Vater des Jünglings, Juan II., einen Draht nach Kastilien gezogen und an dessen Ende Carrillo in Bewegung gesetzt; denn im Gegensatz zu seinen vorherigen Ambitionen, die für seinen Sohn in Richtung Navarra gelaufen waren, träumte er nun begreiflicherweise von einem Großreich Kastilien-Aragón, das sein Sohn Ferdinand regieren und in der Folge an eine damit vereinigte, aber aragonesische Dynastie weitergeben würde. 1452 wurde dieser Ferdinand geboren, ein von seinen Großeltern her Verwandter des Großvaters Isabellas und ein knappes Jahr jünger als die kastilische Prinzessin.

Das Karussell der Machenschaften drehte sich recht flott. Carrillo und seine Gefolgsleute waren mangels anderer publizistischer Möglichkeiten persönlich unterwegs und aktiv. Wandinschriften zogen Heinrich und die Beltraneja in den üblichen Schmutz der Gosse, während Schlagwörter und Gesänge Isabella und ausgerechnet den mißliebigen Aragonier Ferdinand als das Allheilmittel für die Zukunft des Landes priesen. Wo es an finanziellen Mitteln für die Aufwendungen, Bestechungsgelder und Zukkerbrote für die Bevölkerung fehlte, zeigte sich der sonst in Geldangelegenheiten sehr reservierte Juan nicht knauserig. Als der Boden bestellt zu sein schien, leiteten seine kastilischen Verwandten und Parteigänger das „Verfahren" ein. Gutierre de Cardenas, ein zuverlässiger Agent, sprach in Ocaña vor, wo sich vorübergehend Isabella aufhielt, und überschüttete sie mit an den Haaren herbeigezogenen Behauptungen, daß sich quer durch die Kastilianer, vom einfachen Volk bis zum Adel, alles zu einer Liaison mit dem Aragonier bekenne, daß man aber im Volk die Verwirklichung des Gerüchts befürchte, wonach Heinrich seine Halbschwester Isabella einsperren lassen wollte. Diese Gutierre-Vorsprache war weiter nichts als propagandistische Infiltration, von der man allerdings nicht erfährt, ob sie die Prinzessin besonders beeindruckt und beeinflußt hätte.

War es eine Notlösung, eine Intuition oder die Erkenntnis des einzig gangbaren Weges, was Isabella letztlich in eine eheliche Verbindung mit Ferdinand einfließen ließ? Oder waren es Carrillo und seine Parteigänger, die das durchaus mögliche Gespenst einer Herrschaft der Beltraneja so plastisch darzustellen wußten, daß Isabella ihre Zustimmung zu einem Verlöbnis mit Ferdinand gab? In einer Erklärung, wie sie Pulgar überliefert, ließ sie verkünden, daß sie, wie bereits bekannt, sich mit ihrer Entscheidung Gottes Wille und der Allgemeinheit verpflichtet sehe. Dem Regisseur und Souffleur Carrillo schien es gelungen zu sein, sogar einen Gesinnungswandel in der öffentlichen Meinung, zumindest in dem von ihm abhängigen Gebiet seiner Diözese, herbeizuführen; denn angeblich habe die Bevölkerung von Ocaña Loblieder auf Ferdinand angestimmt. Zweifel sind jedoch angebracht.

Jeder nicht genutzte Tag konnte für das Werk von Schaden sein, hatte doch Heinrich überall seine Zuträger. Also drängte der Erzbischof zur Eile, und Isabella, von der Notwendigkeit überzeugt, beauftragte die von Carrillo ausgewählten Gutierre de Cardenas, Alonso de Palencia und Gonzalo Chacón, sich auf schnellstem Wege nach Saragossa zu begeben, um Juan II. die ihnen aufgetragene Zusage zu übermitteln. Die drei Männer waren schon fast am Ziel, als Heinrich von dieser „Nacht- und Nebelaktion" durch seine Berater informiert wurde. In einer ersten Gemütsaufwallung beabsichtigte er, seine Halbschwester verhaften und ihr Vorhaben annullieren zu lassen. Aber erneut unterlag er seiner Friedfertigkeit. Wie sehr ihn auch der Verrat Isabellas berührte, er fürchtete einen Volksaufstand und damit einen Bürgerkrieg; denn ausgerechnet jener suspekte Villena, aber auch der Erzbischof von Sevilla zeigten sich sofort bereit, die Angelegenheit für den König militärisch in die Hand zu nehmen. Da sich, wohl angesichts einer solch möglichen Entwicklung, selbst Carrillo als Protektor der von ihm maßgeblich initiierten Rebellion in seiner eigenen Haut nicht mehr wohlfühlte, „verlagerte" er sich und Isabella, wobei die Prinzessin den Vorwand zu gebrauchen hatte, ihre Mutter zu besuchen, von Ocaña nach Madrigal de las Altas Torres und, nachdem Villena und der Erzbischof von Sevilla sich anschickten, den Ort zu belagern, schließlich nach Valladolid. Dort fand die Prinzessin eine sichere Zuflucht bei Juan de Vivero, stand diese Stadt doch unter der Befehlsgewalt des ihr gewogenen und sein politisches Kalkül vertretenden Admirals von Kastilien, Fadrique Enriquez, der als Großvater Ferdinands das eingeleitete Verfahren besonders unterstützte.

Dergestalt also die Lage eines Stundenschlags der Geschichte der Iberischen Halbinsel.

Dieser fluchtartige Ortswechsel und die daran anschließende Entscheidung des jungen Mädchens, den Königssohn von Aragón zu ehelichen, mußte für jeden Historiker ein Wendepunkt im Leben Isabellas sein, dies nicht nur, sondern auch als Beweis für ihr geniales politisches Gespür. Selbst der als seriös anerkannte Ordinarius für spanische und lateinamerikanische Geschichte an der Universität Bordeaux, der schon mehrfach zitierte Joseph Pérez, sieht sie als frühreife, staatsmännische Figur, wenn er ihr zum Verlöbnis mit Ferdinand zugute hält, daß sie „... ganz von der Aufgabe, die sie sich gestellt hat, erfüllt ist: Königin von Kastilien zu werden und Kastilien zu einem mächtigen Reich zu machen. Trotz ihrer siebzehn Jahre läßt sie sich nicht von Gefühlen hinreißen, sondern von politischen Überlegungen leiten ..."

Berechtigte Zweifel sind hier angebracht. Nicht ihre politischen Überlegungen – sie werden erst später eine bewußte Königin Isabella leiten – oder eine visionäre Zukunftsschau veranlaßten sie zu diesem Schritt, sondern Carrillo, der mit allen Mitteln eine Verbindung von Kastilien und Aragón herbeiführen will. Daß der Erzbischof politisch versiert, vielleicht sogar weitsichtig gewesen sein könnte, was ihm mehrfach bescheinigt wird, mag zutreffen oder auch eines skeptischen Nachdenkens wert sein. Wenn man sich, nicht zu Unrecht, wie es wohl scheint, erlauben darf, Carrillo als das „Trojanische Pferd" Aragóns zu bezeichnen, so kann dies durch seine nachfolgende Aktivität und einen Blick über die Grenze nach Osten belegt werden.

Saragossa

Dort, in Saragossa, herrschte Juan II. Der alte Fuchs hatte zunächst die Tochter des Marquis de Villena, Beatrice Pacheco, als Gemahlin für seinen Sohn eingeplant. Aber kaum war ihm jenes Abkommen von Guisando hinterbracht worden, als er noch zu gleicher Stunde seine Meinung änderte, auch das Projekt Navarra fallen ließ, wo sich ebenfalls eine Schwiegertochter abgezeichnet hatte. Nun war plötzlich die bis dahin unbeachtete und unscheinbare Isabella zu einer, ja zu der Partie schlechthin für seinen Ferdinand geworden, mit der man sich als Aragonier nicht nur in Kastilien etablieren, sondern geradezu im „ehelichen Handstreich" den dortigen Thron gewinnen konnte. Wie die beutegierige Spinne im Netz zog Juan seine Fäden. Sie kosteten allerdings einiges. Doch war der Geizhals überzeugt, daß sich die Aufwendungen rasch mit ordentlichen Zinsen amortisieren dürften. In geheimer und mit gefüllten Taschen ausgestatteter Mission schickte er den Konnetabel von Navarra, Peter von Peralta, zu Isabella und ihren Ratgebern. Von der Prinzessin erwartete er sich ein überschäumendes Jawort. Mit wohlklingender Münze – man kann es ruhig Bestechungsgelder nennen – wurden Carrillo und jene drei schon genannten Männer, die dann nach Saragossa reisten, nicht kleinlich ausgestattet und ermahnt, sich rückhaltlos für Juans hochfliegende Pläne einzusetzen. Auf den Spieltischen in Saragossa und

Valladolid waren die Figuren zurechtgerückt. Königin in spe, Isabella, und bereits ernannter König von Sizilien, Ferdinand, würden auf dem spanischen Schachbrett die symbolische Rolle einnehmen, während Carrillo die Spielzüge vorschreiben und beide als Marionetten an den Schnüren seiner Politik, sprich: in erster Linie für die eigene Bereicherung, tanzen lassen könnte. Aber weder in Saragossa noch in Valladolid bedachte einer dieser Spielbeflissenen, daß im Schachspiel die Königin oder Dame den König mattsetzen würde, und Meister Carrillo eines Tages die Partie als verloren eingestehen müßte.

Nach dem Konnetabel von Navarra waren, um beim Schachspiel zu bleiben, die drei „Springer" und „Läufer" Gutierre de Cardenas, Alonso de Palencia und Gonzalez de Chacón, dabei, die aragonesische Abwehrfront gegen kastilische Pläne, nämlich die dortigen Granden, aufzuweichen. Dies war ein schwieriges Unterfangen; denn neben Juan II. hatten sie noch ein Wort mitzureden. Sie kalkulierten verständlicherweise, daß sie als Aragonier in einem kastilischen Großreich ihrer Privilegien verlustig gehen würden. Für dieses zu erwartende Argument hatte Carrillo seinen Vertrauensmännern bereits eine handfeste Lüge mitgegeben: Der Großteil des kastilischen Adels habe schon für die Hochzeit plädiert und sich, wie auch den Aragoniern, die Unantastbarkeit ihrer Vorrechte gesichert. Nichts, aber auch gar nichts war dem in Wirklichkeit so. In Kastilien revoltierte der Adel gegen jegliche Verbindung zu Aragonien, und selbst ihre unmittelbare Umgebung rückte von Isabella ab: Ihre engste Freundin Beatrice de Bobadilla verließ sie, ein moralischer Schlag für die Prinzessin, die in dieser Stunde jeden Freund bitter nötig gehabt hätte.

Was der Erzbischof im Einverständnis mit Juan eingefädelt hatte, schien wie ein Kartenhaus im ersten Windstoß zusammenzubrechen. Aber weder Carrillo noch Juan ließen sich abschrecken. Das Projekt mußte durchgezogen werden.

Der Himmel, so war man überzeugt, mußte wohl beide Augen zudrükken, wenn man in heiligen und besonders unheiligen Eiden die Tatsachen zu vertuschen verstand. Mit der Hand zum Schwur für ihre unveränderten Privilegien waren zunächst die Granden Aragoniens gewonnen worden. Überzeugt vom Gang der Absprachen wurden sie, als auch Juan ihre Vorrechte bestätigte. Sicher nicht hocherfreut entsprach er den Forderungen der drei Gesandten nach einem angemessenen Verlöbnisgeschenk. Er löste das kostbarste Geschmeide seines Reiches, das bereits von ihm verpfändete Halsband der Königin Joana Enriquez, im Wert von vierzigtausend Dukaten wieder ein, um es als Hochzeitsgabe, zusammen mit zwanzigtausend Golddukaten in bar den Brautwerbern Carrillos auszuhändigen.

Daß man diese Investition wieder einspielen könnte, davon war Juan überzeugt. Seinen Sohn Ferdinand ins richtige Fahrwasser zu führen, durfte nicht schwierig sein. Nur mußte dessen Einverständnis – „streng geheim" – geschehen. Dazu war ein Mitglied der Carrillo-Delegation, nämlich Alonso de Palencia, ausersehen. Weil immer noch einige Granden zögerten und vielleicht mehr als nur Ränke schmieden konnten, fand zwischen Ferdinand und Palencia eine Besprechung unter vier Augen statt, aber nicht in einem Raum des königlichen Hofes, sondern in einem Beichtstuhl – bezeichnend für die Angst vor der weitverbreiteten antikastilischen Stimmung in der Öffentlichkeit. Die Aussprache zeitigte den erwarteten Erfolg: Der Königssohn, dem Befehl des Vaters folgend, gab seine Zustimmung, Isabella zu heiraten. Über dieses Eheschließungsvorhaben unterzeichnete er am 7. Januar 1469 eine Vereinbarung, in der er sich verpflichtete, die Privilegien und Freiheiten des Klerus zu respektieren, für Ordnung einzutreten, die Mauren zu bekämpfen und, entsprechend den Auflagen der Carrillo-Delegation, besonders eng mit Isabella zusammenzuarbeiten. Daß für die Ehevermittler erneut ein ordentliches Honorar herauszuspringen hatte, versteht sich gemäß bisheriger Verfahrensweise.

Nichts als Probleme

Glanzvolle Hochzeitsfeiern gehörten einst, nicht anders als heute, zur Reputation eines Fürstenpaares, erst recht der Sprosse aus königlichen Häusern. Auf derartigen Aufwand mußten jedoch Isabella und Ferdinand verzichten. Die äußeren Gegebenheiten – und nicht nur sie – zwangen zur Stille, ja zur Geheimhaltung.

„Problema, no Problemas ..." sagt Jorge Guillén. Und Probleme gab es reichlich für die beiden Hochzeiter, Probleme, die das ganze Vorhaben erschüttern und gar in eine Katastrophe hätten münden lassen können. Da macht sich die junge Isabella zu einer Revoluzzerin gegen monarchische Grundprinzipien. Wie schon bekannt, hat sie sich unter dem Schutz einer Soldateneskorte des Erzbischofs Carrillo unter Vorspiegelung, ihre Mutter aufzusuchen, von Ocaña nach Valladolid abgesetzt. Ihre dortige Sicherheit ist zwar militärisch kaum antastbar, doch muß sie erleben, wie sie, neben der Freundin Beatrice de Bobadilla, noch weitere Anhänger verlassen, die es plötzlich mit der Angst bekommen haben. Zudem bleibt ihr nicht verborgen, daß sich ihre Gegner, die Befürworter Juanas, zu formieren beginnen, auch wenn sie noch nicht über eine detaillierte Information der Heiratsabsichten verfügen. Aber die Gerüchte einer Annäherung oder gar Verbindung mit Aragonien genügen, um die Gemüter in Wallung zu bringen. Isabella und die Carrillo-Partei können die Endgültigkeit ihrer Planung nicht mehr hinausschieben. Es kann nur den Weg des Handelns geben, selbst wenn er zu einer harten Konfrontation führen sollte.

Isabella muß sich nicht nur aus eigener Einsicht dazu aufraffen, ihren Halbbruder zu informieren. Sie tut es am 8. September 1469 mit einem Brief, in dem sie dem König ihren Entschluß, das Verlöbnis mit Ferdinand, erläutert und ihre daraus gezogenen Konsequenzen rechtfertigt. Was sie da schrieb und vorhatte, war nicht nur eine Brüskierung; es war ein tiefer Graben, den sie zwischen sich und Heinrich IV. als dem Oberhaupt der Trastamara-Familie zog. Hatte sie vielleicht doch Bedenken, ob alles in ihrem Sinne nach Plan und Programm Carrillos und dessen noch verbliebenen Anhängern ablaufen könnte? Denn mit gleichem Datum ersuchte sie Ferdinand durch die bekannten „Unterhändler", sich umgehend zu ihr nach Kastilien zu begeben. Man übersehe nicht die Regie des Erzbischofs. In seiner kontinuierlich abbröckelnden Partei blieb ihm keine andere Wahl mehr. Er mußte alles riskieren, um seine Politik durchzusetzen, auch wenn am Ende gar Isabella dafür geopfert wurde. Noch aber sah er in der Prinzessin ein Faustpfand für seine politischen Winkelzüge. Ferdinand mußte kommen, auch wenn die Partei, auf die er sich stützen konnte, bereits auf recht tönernen Füßen stand. Nur mit der Überraschung, mit vollendeten Tatsachen konnten die davonschwimmenden Felle noch zurückgeholt werden.

Aber auch dem aragonesischen König Juan ist nicht sonderlich wohl in seiner Haut. Er, der doch mit Berechnung, Ehrgeiz und wider seine Sparsamkeit mit Bestechungsgeldern nicht geknausert hatte, um die kastilische Angelegenheit in Schwung zu bringen, bekommt plötzlich ernste Bedenken. Unter den Granden seines Reiches sind noch genügend und zum Eingreifen entschlossene Adels- und Lehensherren, die über die Macht verfügen, das Vorhaben vereiteln zu können. Zudem blieb ihm nicht verborgen, daß sich jenseits seiner Grenzen eine ebenso entschlossene Opposition gegen Isabella formiert hatte, die nicht die Prinzessin, sondern die Juana-Beltraneja als Erbin für den kastilischen Thron anerkennen will und bereit ist, wie schon angeführt, diese Forderung mit Waffengewalt durchzusetzen. Ihm geht es um die Sicherheit Ferdinands, seines einzigen legitimen Sohnes. Kann Juan das Risiko eingehen, ihn zweifacher Lebensgefahr, noch bei Aragoniens widerspenstigen Granden und dann in Kastilien, auszusetzen? Kann er es verantworten, Ferdinand, dem er bereits den Titel eines Königs von Sizilien verliehen hat, den Feinden beiderseits der Grenze auszuliefern? Juan wäre gewiß nicht der schon gerühmte schlaue Fuchs, fände er nicht eine probate Lösung, wie man, wenn auch mit einfachen Mitteln, etwaigen Fallen ausweichen könnte. Sein Plan entbehrte nicht eines ungewöhnlichen Abenteuers, sollte aber zum gewünschten Erfolg führen.

Ein König als Maultiertreiber und Stallbursche

Wäre die von Juan ausgetüftelte und von Ferdinand gewissenhaft eingehaltene Lösung nicht als ein tatsächliches, historisch belegtes Geschehen überliefert worden, möchte man sie als ein Scheherezade-Kapitel in die Märchenlandschaft der 1001-Nacht-Erzählungen einreihen. Und doch wird man den Überlieferungen zu folgen haben.

Vater Juans autoritäre Anordnung, aber auch Skrupel und das Flüstergespräch im Beichtstuhl ließen keinen Zweifel, was Ferdinand zu tun hatte. Weder in Aragonien noch in Kastilien konnte man mit ausreichend und absolut sicheren Vertrauten rechnen, auch nicht für einen jungen König, der bereit war oder bereit sein mußte, eine brisante politische Aufgabe zu erfüllen. Der Jüngling war durch voreheliche Erfahrungen nicht unbescholten. Bereits zwei Kinder hatte er mit seiner Mätresse gezeugt. Wie solches aber an Fürstenhöfen beinahe zur Tagesordnung gehörte, waren diese Seitensprünge eines gerade Siebzehnjährigen nicht der Rede wert, was daher auch jenen drei kastilischen Delegierten so unwichtig erschien, daß sie es nach ihrer Rückkehr Isabella verschweigen durften. Wie später hätten sie auch in diesem Falle die Amouren Ferdinands nicht erschüttern können, war er doch kein Musterbeispiel ehelicher Treue.

Für den Bräutigam schlug also die Stunde seiner Abreise zur Braut nach Kastilien. Und damit beginnt die Geschichte, die das erwähnte Scheherezade-Kapitel hätte schreiben können.

Wie über ein halbes Jahrtausend zuvor Kalif Harun ar-Raschid mit seinem Wesir Djafar verkleidet durch die nächtlichen Straßen seiner Städte Bagdad und Basra ging, so sieht sich der sizilianische König und aragonesische Prinz Ferdinand zu einem Inkognito gezwungen, um zu seiner künftigen Gemahlin zu gelangen. Die Wege sind unsicher; überall lauern Knechte der nicht geringen Zahl jener Aragonesier und Kastilianer, die eine Verbindung beider Reiche auftragsgemäß mit Waffengewalt verhindern sollen. Mit einem gefangenen oder gar beseitigten Ferdinand wären die grundsätzlichen Probleme aus der Welt geschafft. Irgendwie hatten die Mendozas, immer noch unbeugsame Anhänger Juanas, Wind von dem Vorhaben bekommen. Es war nicht geheim geblieben und auch gar nicht von Carrillo vorgesehen. Der Aragonier sollte mit einer fürstlichen Stafette auf kastilischem Boden empfangen werden. Dies zu verhindern, rückten die Mendozas mit ihren Streitkräften zur Grenze vor. Die Folgen eines Blutvergießens hätten zu einer Katastrophe nicht nur für Carrillo persönlich, sondern auch für beide Königreiche führen müssen. Dreißig Jahre später rühmt sich Palencia, den Plan des Täuschungsmanövers ausgeheckt zu haben. Doch muß man dies recht vorsichtig zur Kenntnis nehmen; denn letztlich war Juan der entscheidende Regisseur und Mitspieler bei dieser Aktion.

Das eingefädelte Abenteuer mußte abrollen. Am 3. Oktober 1469 verläßt Ferdinand mit seinem Vater zunächst ganz offiziell Saragossa, die Hauptstadt des Königreiches Aragonien, und täuscht eine Kriegsfahrt nach Nordosten in Richtung Katalonien vor, als wollten beide dort einen Aufstand niederschlagen. Dies ist nicht ungewöhnlich und erregt auch kein Aufsehen. Aber außer Sichtweite der Hauptstadt wird aus dem Manöverspiel in Sorge um Sicherheit des Unternehmens ein Versteckspiel. Während der Vater wieder zurückkehrt, behält Ferdinand nur noch sechs zuverlässige Männer bei sich. In einem Buschgelände müssen sich diese Leute als harmlose und nicht begüterte Händler verkleiden, während sich Ferdinand das Habit ihres jugendlichen Bediensteten und Maultiertreibers zulegt. Einen Haken von Ost nach West schlagend, nimmt nun dieses Händler-Septett die Richtung nach Kastilien ein. Die äußere Erscheinung ist so überzeugend, daß diese Landfahrer-Truppe, zunächst zwar zahlungskräftig, aber doch nicht einem gehobenen Stand angehörend, in einer Herberge eine, wenn auch nur bescheidene Übernachtungs- und Verpflegungsmöglichkeit erhält. Seine Pflicht gegenüber den „Händlern" wahrnehmend, begibt sich König und Prinz Ferdinand in den Stall, striegelt und versorgt die Pferde und Maultiere. Nicht nur in dieser ersten Unterkunft, sondern auch in den folgenden verläuft alles nach Programm. Niemand nimmt Anstoß oder schöpft gar Verdacht. Händler ziehen ja fast täglich durch das Land. Aber dennoch, und dies war wohl nicht vorgesehen, wird in einer der letzten Herbergen das Bargeld gestohlen. Die Sieben sind völlig mittellos, für Ferdinand ohne Zweifel der Beweis, wie es mit der Sicherheit im Lande bestellt ist. Mit knurrendem Magen mußte man im Freien kampieren und unterwegs, von Ort zu Ort ziehend, wie Bettler mitleidige Menschen um ein Stück Brot bitten.

Trotz derart erzwungener Entbehrungen wird nach vier Tagen der

Flecken Burgo de Osma erreicht, ein kleines Städtchen, das nur von Sympathisanten bewohnt wird, und dessen Obrigkeit über die Aktion Ferdinands, gleichsam mit höchster Geheimhaltungsstufe, informiert worden war. Dennoch hatte man dort das Eintreffen der Truppe so frühzeitig nicht erwartet. Also mußte die Wache am Tor überzeugt sein, daß es sich bei den Ankömmlingen um heruntergekommene Landstreicher und zwielichtiges Gesindel handele, jedoch keinesfalls um einen König mit einer solch spärlichen Eskorte. Demnach war mit einem Steinhagel die Begrüßung wirklich nicht freundlich. Um ein Haar wäre der künftige Gemahl Isabellas von einem mächtigen Brocken getroffen und vielleicht gar im Vorhochzeitsstadium ausgelöscht worden. Erst als sich Ferdinand zu erkennen gibt, werden er und seine Männer mit gebührender Achtung empfangen und für die Weiterreise mit einer nun offiziellen und stattlichen Begleitmannschaft ausgerüstet. Das Verkleidungsspiel ist zu Ende.

Hochzeit in Valladolid (19. 10. 1469)

Sechs Tage nach seinem Aufbruch in Saragossa trifft Ferdinand in Dueñas ein, wo er sich bei Pedro de Acuña, dem Grafen von Buendía, in besten Händen weiß, da dieser ein treuer Anhänger Isabellas ist. Der junge König und Prinz gönnt sich eine Rast, da er nur noch ein kurzes Stück des Weges bis Valladolid vor sich hat und keine Gefahr mehr zu fürchten braucht. Endlich, am 14. Oktober, ist er nach seiner ungewöhnlichen, abenteuerlichen Brautfahrt am Ziel. Im Hause von Juan de Vivero und in Gegenwart von Erzbischof Carrillo erblickt er um Mitternacht erstmals Isabella, seine um knapp ein Jahr ältere Cousine und Braut.

Im Gegensatz zu den blumenreichen Schwärmereien einiger Chronisten, die von einem jubelnden Volk Valladolids wissen wollen, war diese Begegnung alles andere als die Romanze zweier sich in die Arme schließenden Königskinder. Selbst als Verwandte entbehrte ihr nächtliches Kennenlernen übertriebener Herzlichkeit, geschweige denn gar einer Liebe auf den ersten Blick – zu der sollte es auch bei späteren Blicken nicht kommen. Die von Isabella als für die Zukunft ihrer angestrebten Regentschaft und von Carrillo arrangierte Liaison wurde von der Sachlichkeit überwogen und ließ vorerst keinen Raum für Sentimentalität. Ebenso fehlte fünf Tage später, am 19. Oktober 1469, der Vermählung jeglicher majestätische Prunk. Im engsten, abgeschirmten, nicht einmal Familienkreise vollzog Erzbischof Carrillo die Trauung. Neben jenen Verlöbnis-Delegierten nahmen nur ein paar Vertreter des niederen Adels und als einziger Grande Admiral Enriquez teil. Man war gewissermaßen unter sich. Weil bis zur Stunde alles nach Plan verlaufen war, feierte die Hochzeitsgesellschaft recht munter, auch wenn die Finanzierung des Festes nur durch die Aufnahme eines Kredits bei jüdischen Geldgebern ermöglicht worden war. Und: Ferdinand hatte aus dem Versäumnis seines Schwagers Heinrich gelernt. So zeigte er am Morgen nach der Hochzeit das postnuptiale Laken vor.

Entbehrten die Begleitumstände schon aller Tradition einer königlichen Hochzeit, so fußte ihre für jene Zeit erforderliche Legalität auf einer betrügerischen Fälschung. Carrillo wäre es nicht im Traume eingefallen, sich sein Konzept durch eine fehlende Legalität verderben zu lassen. Also waren ihm auch unlautere Mittel recht. Was schon für Heinrich IV. zu einem Politikum geworden war, nämlich eine Verwandtenheirat ohne päpstlichen Dispens, mußte diesmal vermieden werden. Isabella und Ferdinand waren Cousine und Vetter zweiten Grades. Ihr gemeinsamer Vorfahre war König Johann I. von Kastilien (1379–1390) gewesen. Um den Gegnern nicht die geringste Handhabe zu ermöglichen, mußte der Segen des Heiligen Stuhles eingeholt werden. Bräutigamsvater Juan, am Zustandekommen dieser Verbindung sehr interessiert, hatte Gesandte nach Rom geschickt. Über Wochen hinweg bemühten sich diese Leute, dem Papst den Dispens abzuringen. Aber Paul II. (1464–1471), der Heinrich IV. sehr gewogen war, lehnte das Ansinnen ab. Juans Beauftragte kehrten ohne Ergebnis zurück. Doch der Aragonier war nicht der Mann, sich dupieren zu lassen. Er machte sich an ein prächtiges Fälscherwerk und ließ es Carrillo vollziehen. Was von Juan ausgekocht und von Carrillo zubereitet worden war, zog der Erzbischof als ein Schriftstück hervor, von dem er behauptete, daß es eine Bulle des Paul-Vorgängers Pius II. (1458–1464) sei, in der Ferdinand zugestanden wurde, eine Verwandte bis zum vierten Grad zu ehelichen. Vorsorglich habe Papst Pius den Namen der künftigen Gemahlin Ferdinands offen gelassen, also einen Blankoscheck ausgestellt. Carrillo brauchte daher nur den Namen „Isabella" einzusetzen, und alles konnte mit rechten Dingen zugehen.

Der Erzbischof wäre sich und seinen Ambitionen untreu geworden, hätte er bei solcher Manipulation, nicht unzutreffend: Urkundenfälschung, irgendwelche Skrupel verspürt. Er hatte sie so wenig wie die Brautleute oder gar Juan, dem später nachgewiesen werden konnte, daß er dieses angeblich päpstliche Schriftstück hatte anfertigen, um es von Carrillo vervollständigen zu lassen. Der Erzbischof wiederum, ein guter Kenner der Gepflogenheiten in Rom, war überzeugt, eines Tages den offiziellen Segen zu bekommen. Dazu mußte man nur etwas warten können – bis eben ein anderer Pontifex Maximus den Stuhl Petri einnehmen würde. Und schon lief alles planmäßig: Bereits in den ersten Monaten seines Pontifikats, am 1. Dezember 1471, segnete Sixtus IV. (1471–1484), der bereits als Francesco della Rovere ganz unter dem Einfluß des Kardinals Rodrigo Borgia, eines Spaniers, des späteren Papstes Alexander VI. stand, die kastilisch-aragonesische Hochzeit ab – zur Reputation Carrillos; denn für die beiden Eheleute waren längst wichtigere Probleme zu bewältigen als die Frage ihres rechtmäßigen Zusammenlebens.

Jener 19. Oktober 1469 ist des Nachdenkens wert.

Die Vereinigung beider Kronen

Während einige Historiker ein um ein halbes Jahrzehnt späteres Datum, nämlich den Tod Heinrichs IV. (1474), als fundamentales Ereignis für den Anstoß zu einer gesamtspanischen Monarchie und eines spanischen Reiches, wie es letztlich unter Karl V. und Philipp II. zur europäischen Vormacht des 16. Jahrhunderts aufstieg, sehen möchten, so darf der Widerspruch berechtigt sein, daß die beiden Bruderstaaten, Kastilien und Aragonien, die sich keineswegs in brüderlicher Zuneigung verbunden gefühlt hatten, nun unter Vereinigung der Kronen von traditioneller Aversion und Gegnerschaft zur Realität einer losen Gemeinsamkeit, wenn auch in wohlgehüteter Autonomie, fanden. Der Unterbau für ein spanisches Reich war wohl geschaffen, nur hatte niemand eine solche Entwicklung im Sinn. Man dachte und handelte kastilisch oder aragonesisch.

Wird hier dem Jahre 1469, also der Hochzeit Isabellas und Ferdinands, das entscheidende Gewicht beigemessen, so befindet man sich in bester Gesellschaft mit Karl Brandi und seiner auch weiterhin unumstritten gültigen Biographie Karls V.: „Kein Zweifel, daß der neue Staat in Spanien innerlich und äußerlich in seiner Einheit und Geschlossenheit aufgebaut worden ist in den Tagen der Isabella von Castilien und unter ihrer persönlichen Mitwirkung. Indem die zugleich von Portugal und von einer unechten Nichte, der Beltraneja, und deren Anhang bedrängte Thronerbin unter den schwierigsten Umständen dem jungen Ferdinand von Aragon die Hand reichte (1469) und in seinem Schutz nach dem Tode ihres verlotterten Bruders Heinrich (1474) das aus Rand und Band geratene Reich, gestützt auf die Tradition der Dynastie und ihre eigene mutige Haltung, behauptete, strömten ihr auch die Helfer zu, und sie hatte die Größe, sich beraten zu lassen. Die Klugheit und die tiefere Gebundenheit der Frau wurden ergänzt von der Tatkraft des Mannes; die spätere Vereinigung der beiden Reiche Castilien und Aragon zu der Krone Spaniens zeichnete sich in ihrer gemeinsamen Regierung und in ihren Unternehmungen schon ab."

Manches ist hier schon gesagt und dem Ablauf einer Epoche vorweggenommen, die weit mehr den Namen Isabellas als den ihres Gemahls trägt. Doch werden jene Schicksalsstunden im Oktober 1469 als solche erst sichtbar, wenn sie in die Gesamtschau zurückgeführt und mit den Eigentümlichkeiten und Krisen jener Zeit verständlich werden. Und an diesen Fakten muß die Situation gemessen werden: Isabella mit der Rückendeckung einer kleinen, nicht unbedingt zuverlässigen Schar und auf der anderen Seite ihr Halbbruder Heinrich als offizieller König mit den mächtigsten, jedoch auch nur bedingt ergebenen Adelssippen, die über das militärische Potential verfügten, um jedem antimonarchischen Spuk, so er auch die eigenen Vorrechte gefährdete, rasch ein Ende bereiten zu können.

Bevor aber die weitere Entwicklung zu betrachten sein wird, fordert eine offene Frage, der bislang keine Aufmerksamkeit gewidmet wurde, eine Antwort, wohl auch eine Stellungnahme. Die Ausgangslage der kastilisch-aragonesischen Hochzeit fundamentierte auf einer, für die fürstlichen Häuser der damaligen Zeit notwendigen päpstlichen Erlaubnis, wenn es sich bei den Partnern um Verwandte handelte. Sie war zur Zeit der Vermählung offiziell nicht gegeben. Sie wurde aber mit einem Schriftstück kaschiert, das sich zwei Jahre später als Fälschung herausstellte. Erst zwei Jahre später? Solchem Zweifel kann wohl jene Carrillo-Bulle mit dem „Blankoscheck" begegnen. Mehrfach wurde der Erzbischof bereits als die wichtigste Kraft genannt, die aus vornehmlich persönlichen Motiven Isabella zu lenken verstand. Die inzwischen achtzehn Jahre alt gewordene Prinzessin, der man doch ein hohes Maß an Frühreife zubilligt, dürfte sich kaum gedankenlos dem Carrillo-Manöver unterworfen haben. Sie hatte die Fälschung des päpstlichen Papiers erkannt. Protest hätte ihr hingegen keinen Nutzen, nur ein Schattendasein unter einer ungeliebten Juana eingebracht, deren Thronerbe trotz angezweifelter ehelicher Geburt von fast allen Granden des Landes befürwortet wurde. Solcher Gefahr vorzubeugen, akzeptierte Isabella Carrillos Schwindel, den der Erzbischof nicht nur aus Opportunität, sondern als letzte Möglichkeit der – vielleicht sogar physischen –Existenz für sich und Isabella einschätzte. Einem solchen Argument dürfte die Achtzehnjährige kaum eine Alternative entgegengesetzt haben. Ihre Billigung der Urkundenfälschung kann zwar nicht entschuldigt, aber doch verstanden werden. Daß sie wohl informiert war, belegt ihr späteres Schreiben an Papst Pius II., in dem sie ihre Verfehlung eingesteht und um Absolution bittet.

Ihre Situation in jenem Oktober 1469 muß man berücksichtigen. Sie war Thronerbin und steuerte, wenn auch Carrillo ihr in entscheidenden Phasen die Richtung zeigte, auf ihr Ziel zu, Königin von Kastilien zu werden, auch wenn ein solcher Vorsatz zu Lebzeiten Heinrichs nur Zukunftsmusik bedeuten konnte. Die berechtigte Frage, warum sie sich ausgerechnet für Ferdinand entschied oder entscheiden mußte, war Aragonien doch nur ein unliebsamer Nachbar, kann wohl beantwortet werden. Es waren nicht allein der Erzbischof und seine aragonesische Partei, auf die sie sich, wenn auch nicht bis zur letzten Konsequenz, stützen konnte, sondern die Vorstellung von ihrer künftigen Aufgabe. Alle anderen Heiratskandidaten hätten sie sicher, bereits des höheren Alters wegen, bevormundet und ihr nur wenig Spielraum gelassen. Ausschlaggebend war der Bräutigam; denn Ferdinand schien nicht der Mann und Mitregent zu sein, der ihr das Recht der Regierung nach ihren Plänen streitig machen könnte. Sie wollte herrschen, und der Prinzgemahl durfte sich mit dem Titel „König", aber ohne Funktion bei kastilischen Belangen, schmücken. Über den schon genannten Vertrag setzte sie sich in der Folge hinweg. Ihr auch nur den Gedanken einer Einigung der Königreiche zu einem Königreich Spanien zu unterstellen, entbehrt jeder Grundlage. Isabella wollte Königin ihres Reiches werden; eine Verschmelzung beider Länder, wie es vielleicht gerne ihr Schwiegervater Juan gesehen hätte, kam ihr nicht in den Sinn. Was bei dieser Hochzeit heraussprang, war lediglich die Vereinigung der beiden Kronen, aber nicht deren Herrschaft.

Isabella hatte also Ferdinand geheiratet. Neben ihrem Titel Prinzessin von Asturien konnte sie sich nun „Königin von Sizilien" nennen, eine Würde, die ihr Ferdinand in die Ehe gebracht hatte, mit der ihr jedoch keine Herrschaftsrechte über die Mittelmeerbesitzungen Aragoniens zugestanden würden und nach denen sie auch gar nicht strebte. Ihre Anstrengungen galten dem Augenblick, da sie offiziell Regentin werden würde. Dieser Zeitpunkt war aber weder ihr noch sonst jemandem bekannt. Freiwillig, das wußte sie, würde Heinrich den Thron niemals räumen. Er war bei ihrer Vermählung gerade vierundvierzig Jahre alt. Er konnte also noch Jahrzehnte die Krone tragen. Königin von Kastilien? Das mochte in den Sternen liegen. Das konnte bei dem Verrat an ihrem Bruder vielleicht sogar nur ein Wunschtraum bleiben, wenn Heinrich und seine adeligen Anhänger die Chance ergriffen, Isabellas habhaft zu werden und sie in irgendeiner, vielleicht sogar brutalen Weise aus dem Wege zu räumen und trotz erzwungenem Abkommen Juana zur Monarchin zu erheben. Nicht nur Spannungen, sondern ein derartiges Ansinnen war zu erkennen. Isabella wurde in ihrem eigenen Land zu einem gehetzten Wild, das sie von einem Schlupfwinkel zum anderen trieb, da sie vor den Häschern um ihre physische Existenz fürchten mußte. Ein anderer wäre sicher über die Grenze in ein Asyl entwichen. Sie aber resignierte nicht. Wie weit entfernt ihr Ziel auch sein mochte, sie durfte nach ihrem Start und ersten Anlauf nicht aufgeben. Sie kämpfte für sich und für ihr Volk, auch als Verfemte.

Hätte sie sich nicht ein ungewöhnliches Maß an Willenskraft und diplomatischem Geschick angeeignet, wären ihr nicht auch Glücksumstände zu Hilfe gekommen, dürfte sie wohl schon in den ersten Wochen ihrer Ehe, ohne von der Geschichte erwähnt zu werden, im namenlosen Nichts verschwunden gewesen sein.

Wie sehr dieses Ehebündnis im nachhinein Abschnitte der europäischen Geschichte auch beeinflußte, den Jungvermählten strahlte keine Sonne der Zufriedenheit. Bedrohlicher waren vielmehr düstere Wolken über sie hereingebrochen. Ganz nüchtern gesehen, lebten beide in einem Zustand völliger Ungewißheit.

Heimatlos und auf der Flucht

Alles schien sich gegen Isabella und damit auch gegen ihren Gemahl Ferdinand verschworen zu haben. Seit dem Tode ihres Bruders Alfonso war die Zahl jener, die vor den Toren Avilas die „farsa" inszeniert hatten, merklich geschrumpft. Unzuverlässig, wie sie sich eh und je gezeigt hatten, suchten die meisten nach ihrer Verschwörung das rettende Ufer am Hofe und in der nicht ausbleibenden, versöhnlichen Gnade Heinrichs. Nicht unwahrscheinlich, daß zumindest der Verdacht des gefälschten päpstlichen Pergaments noch die Runde machte, was dazu beitrug, den fast allgemeinen Rückzug aus dem Lager Isabellas zusätzlich zu forcieren. König und Königin von Sizilien – könnten jene süditalienischen Besitzungen Aragoniens für das junge Paar vielleicht die einzige Zufluchtsstätte werden, ein Refugium für eine gescheiterte Thronanwärterin?

Dorthin auszuweichen, würde jedoch alles zerstören, was sich Isabella zu errichten gedacht hatte, und das sie nicht in der Ferne, sondern in Kastilien zu vollenden gewillt war. Sie sah sich gezwungen, im Augenblick den möglicherweise riskanten Versuch zu wagen, aus der Isolation herauszutreten, sich mit ihrem Bruder Heinrich zu engagieren oder sich ihm wenigstens zu nähern. Sie mußte die Karte ausspielen und auf seine zur Genüge bekannte Neigung zur Aussöhnung setzen, selbst bei schwerstem Verrat. Und des Verrats hatte sie sich schuldig gemacht, indem sie hinter seinem Rücken und erst recht ohne seine Zustimmung als Herrscher und Herr des Trastamara-Hauses ihren Gemahl ausgewählt und beinahe insgeheim und überstürzt geheiratet hatte. Wie sehr auch ihrem Wesen widerstrebend, nur ein Kniefall, ein Reue- und Ergebenheitsbekenntnis konnte die schier auswegslose Situation erträglicher gestalten. Unter Führung des Aragonesen Vaca wurde eine Delegation zu Heinrich gesandt, die den König in aller Wertschätzung und Zuneigung über die Hochzeit informieren und deren „friedliche und ernsthafte Absicht" unterstreichen sollte. Eine Abschrift des Ehevertrages sollte außerdem den König überzeugen, daß eine Herrschaft Aragóns über Kastilien nicht in Frage käme, was sowieso Isabellas politischem Programm entsprach.

Nicht wie erwartet oder zumindest erhofft, reagierte Heinrich. Er ließ sofort den Kronrat zusammentreten und wahrte damit den Schein, die Bedeutung der Angelegenheit auf höchster Reichsebene zu verhandeln, um aber gleich Pedro Vaca informieren zu lassen, daß es ihm in Abwesenheit des Großmeisters von Santiago, Pacheco Villena, unmöglich sei, eine Stellungnahme abzugeben. Es war eine Antwort der Ausflucht, mit der Heinrich die Entscheidung vor sich herschob. Er wußte aber wohl um Zahl und Macht seiner Anhänger. Wie sehr sich das Klima gegen Isabella verschlechtert hatte, beweist ein um gutes Wetter nachsuchendes Vortasten Carrillos bei seinem Neffen Villena. Der Großmeister ließ seinen Onkel brüsk abblitzen. Aber Carrillo konnte schon der eigenen Interessen wegen nicht kapitulieren. Also blieb er optimistisch und behauptete, auch unsichere Kantonisten fest am Zügel zu haben, was weiter nichts als eine Selbsttäuschung war.

Erbkriege

Nicht den geringsten Grund zum Optimismus hatten dagegen Isabella und Ferdinand. Im Gegenteil, ihre unmittelbare Umgebung ließ zumindest Zurückhaltung und Unsicherheit erkennen. Aber nicht nur Freundschaften waren in die Brüche gegangen; in den Kassen herrschte gähnende Leere, und von Heinrich kam keine Antwort, nicht einmal ein Signal, das vielleicht die Möglichkeit einer Wende hätte andeuten können. Ganz entgegen seiner üblichen Lethargie wurde der König plötzlich aktiv, wenn auch zunächst noch hinter verschlossenen Türen. Die sehr vernachlässigten diplomatischen Beziehungen zu Frankreich brachte er wieder in

Bewegung, nachdem ihm Ludwig XI. angedeutet hatte, daß er eine Vermählung seines Bruders, des schon bekannten und recht eigenwilligen Herzogs von Berry, mit der Prinzessin Juana, der Beltraneja, gutheiße. Kastilien und Frankreich, das könnte eine europäische Großmacht werden. Zudem würde eine wieder legitimierte Juana die aufsässige Isabella ausschalten. Dieser Wink des nördlichen Nachbarn und sein Gedankenspiel ließen Heinrich wieder aufleben und sofort seine Zustimmung zu dieser Liaison geben. Nach ersten Gesprächen wurden gleich und nun offizielle Gesandte, erneut der Kardinal von Albi und der Graf von Boulogne und d'Auvergne, von Ludwig nach Kastilien delegiert, um als Brautwerber die beiderseitigen Regularien zu kodifizieren. Nicht inkognito wie Ferdinand, sondern mit einer eindrucksvollen Begleitmannschaft erschienen sie, was Heinrich mit einem pompösen Empfang in Medina del Campo honorierte, indem er sich mit dem Großmeister Villena und allen verfügbaren Granden des Reiches umgab, was Palencia als eine „Bande von hundertfachen Eidbrüchigen" in seiner Chronik kommentierte und damit keineswegs die Unwahrheit sprach.

Das Spektakel von Medina del Campo sollte die Antwort auf Isabellas und Ferdinands Schreiben werden. Und sie wurde es auch, optisch und vor allem verbal. Zunächst hielt der Kardinal von Albi eine längere Rede mit einer Huldigung für König Heinrich und nicht minder heftigen Diffamierung der seit einem halben Jahr Vermählten. Heinrich sonnte sich im Bewußtsein, nicht nur seine aufmüpfige Schwester ausgeschaltet, sondern als König von Kastilien internationale Anerkennung gefunden zu haben. Da durfte man schon einmal die Staatskasse weit öffnen. Also wurde an keinem Aufwand gespart. Man feierte und jubilierte, was selbst den König derart in Hochstimmung versetzte, daß er einen sofortigen symbolischen Vollzug der Ehe „per procurationem", also in Vertretung verlangte, für den sich der Graf von Boulogne bereit erklärte. Wie vom Kardinal gewünscht, legte Heinrich recht willig den feierlichen Schwur ab, daß Juana seine leibliche Tochter sei und er nur zur Vermeidung blutiger Auseinandersetzungen Isabella zur Thronerbin erklärt habe. Nachdem sich seine Schwester aber derart verräterisch gezeigt habe, könne sie keine Rechte mehr geltend machen. „Wir sehen Juana, unsere Tochter", beendete er seine eidliche Aussage, „als Prinzessin und erstgeborene Erbin dieses Königreiches. Von nun an werden wir die erwähnte Isabella weder Prinzessin noch Erbin dieses Thrones und dessen Ländereien bezeichnen, noch als solche anerkennen, was immer auch geschehen möge." Das war keine Antwort mehr an Isabella, sondern ein Urteil. Vom Kardinal herbeigerufen, leisteten die Granden Prinzessin Juana den

Treueschwur. Sofort wurde zwischen den französischen Gesandten und Heinrich ein Abkommen unterzeichnet, das neben den Vermählungsformalitäten einen Zusatz enthielt, in dem sich Ludwig XI. verpflichtete, Heinrich mit Waffenhilfe gegen jeden Versuch zu unterstützen, der sich gegen die Thronfolge Juanas richte.

Mit einem solchen Bundesgenossen an der Hand wäre es für Heinrich wohl sehr einfach gewesen, sich gegen Isabella und ihre nicht mehr beeindruckende Anhängerschaft durchzusetzen, wäre auch in Frankreich alles nach Wunsch gelaufen. Aber Ludwigs Bruder zeigte kein Interesse, sich an die Heiratsabmachung zu halten. Erneut ging er, störrisch wie er war, seine eigenen Wege und hielt um die Hand Marias von Burgund, der Tochter Karls des Kühnen, an. Er hatte Kastilien abgeschrieben. Doch bevor es zu einer Vermählung mit Maria kam, starb der Herzog. Niemand konnte es beweisen, aber alle sprachen davon, daß er mit Gift aus dem Leben geräumt worden sei. Auftraggeber des oder der Giftmischer konnte nach allgemeiner Auffassung nur sein Bruder Ludwig gewesen sein. Mit dem Ende Charles de Guyenne war nicht nur ein unangenehmes Mitglied des französischen Königshauses, sondern auch der Plan, Kastilien zu vereinnahmen, beseitigt worden.

Der Pakt mit Frankreich, die indirekte, aber deutliche Antwort auf Isabellas Schreiben und Mission, blieb de facto bestehen, hatte jedoch durch die anderweitigen Bemühungen und den Tod des Herzog von Berry an Wert verloren. Dennoch ließ sich Heinrich nicht bewegen, auf die Ergebenheitsadresse seiner Schwester und seines Schwagers zu reagieren. Er glaubte, warten zu können; denn über kurz oder lang würde der ihm und seiner Tochter geneigte Adel die unchristliche Ehe Isabellas zum Anlaß nehmen, die Prinzessin und ihren Mann aus dem Lande zu jagen. Wer sich jedoch auf den kastilischen Adel verließ, war verlassen. Denn nichts bewegte die Granden, sich nun als Streitmacht, um Heinrich zu scharen. Gut, man hatte sich wieder einmal mit einem Schwur verpflichtet. Aber verpflichtet war man im Grunde nur sich selbst, nur der eigenen Tasche. Also verfolgten diese Herrschaften vorerst wieder einmal ihre eigenen Interessen, hetzten ihre Streitkräfte aufeinander los und sorgten in blutigen und rücksichtslosen Bürgerkriegen für ein weiteres Kapitel der schon hinlänglich bekannten anarchischen Zustände in Kastilien.

Wer glaubt, Isabella und Ferdinand könnten sich in Valladolid eines sicheren Hortes erfreuen, wird durch die Anzeichen einer beginnenden Unruhe in dieser Stadt eines besseren belehrt. Nicht bewiesen, aber vermutet kann man Agitatoren Heinrichs am Werke erkennen. In den ersten Monaten des Jahres 1470 wurde Isabella schwanger. Doch hinderte dieser Zustand sie nicht daran, weiter für ihre Rechte zu streiten, ganz im Gegensatz zu Ferdinand, der sie und ihren unbeugsamen Willen zwar hoch einschätzte, aber immer wieder versuchte, sie zu beschwichtigen und in eine versöhnliche Bahn zu lenken. Je größer die Widerstände und je geringer die Unterstützung von außen waren, desto hartnäckiger und fast fanatisch beharrte sie auf ihren Rechten. Das deprimierende Schicksal eines Flüchtlings und Heimatlosen vermochte nicht, ihr den Mut zu nehmen.

Die Unruhen in Valladolid hatten ein solches Ausmaß angenommen, daß diese Stadt dem fürstlichen Paar keine Sicherheit mehr bot. Im März müssen Isabella und Ferdinand nach Dueñas ausweichen. Auch auf dem dort wankenden Boden werden sie nur bis zum Spätherbst bleiben können, um sich schließlich auf dem Gut des Admirals Enriquez in Medina de Ríoseco niederzulassen. Von Dueñas hatte sich Isabella im Juni erneut schriftlich an ihren Bruder gewandt. Diesmal antwortete Heinrich. Seine Schwester, so hieß es in dem Schreiben, habe den Pakt von Guisando gebrochen, sich in offener Rebellion gegen die Krone gestellt, lebe in einem Konkubinat und müsse auch entsprechende Behandlung erfahren. Nach den Gesetzen sei ihre Ehe ohne den päpstlichen Dispens ungültig.

Mit dieser klaren Absage und Zurechtweisung hatte Heinrich aber erst recht ihren Stachel gelöckt. Jetzt ging Isabella zum Angriff über, den sie mit aller Schärfe und Zähigkeit durchzuführen bereit war, zumal ihr über Monate hinweg abwesender und mit Kämpfen in Katalonien befaßter Mann keinen bremsenden Einfluß auf ihr Temperament ausüben konnte.

In einem „offenen" Brief an ihren Bruder, dessen Inhalt sie veröffentlichte, pochte sie auf ihre angeborenen Rechte und stellte fest: „Ich befinde mich in der gleichen Lage wie die heilige Susanna. Alles, was ich unternehme, wird kritisiert. Schweige ich, so schade ich meiner Sache; spreche ich, so bin ich gezwungen, die Ehre meines Bruders, des Königs, zu verletzen. Das eine ist mir so verhaßt wie das andere." Zu ihrer Weigerung, König Alfons V. von Portugal zu heiraten, ist sie überzeugt, daß die Kinder aus dessen Ehe mit ihr und die Schwiegertöchter, die „Rabenmütter", also auch sie, hassen würden. Wie könne man demnach ihr verübeln, auf eine solche Heirat zu verzichten, nachdem jene doch nur auf das Erbe spekulieren würden.

Den Vorwurf des Konkubinats kontert sie: „Der König erklärt, daß ich mich nicht wie eine züchtige Dame verhalten habe. Dem widerspreche ich, indem ich mich ganz meinem Rang entsprechend verhalten habe. Sicher könnte ich meine Ehre und meinen Ruf verteidigen. Das hieße aber, mich zu zwingen, die Ehre des Königs, meines Bruders, anzuzweifeln. Er ist der ältere von uns beiden, und seine Entwürdigung würde letztlich mich treffen. Zudem handelt es sich um ein brenzliges Thema, das eine Dame von Rang nur ungern angeht. Daher schweige ich besser. Sein Verhalten und meines waren der Kritik ausgesetzt; sie werden wieder von Gott und den Menschen beurteilt werden."

Ihren Schritt vor das Forum der Öffentlichkeit schließt sie mit den Worten, auf das ihr sonderlich nicht angenehme Thema der Hochzeit ohne Dispens eingehend: „Was die von Euer Gnaden erwähnte Angelegenheit meiner Heirat angeblich ohne päpstlichen Dispens angeht, so erübrigt sich jede Stellungnahme; denn Eure Hoheit sind nicht Richter in diesem Falle. Ich habe ein gutes Gewissen, das sich auf die offizielle Bulle und andere Schreiben stützt. Das kann zu jeder Zeit und zu jedem Ort belegt werden."

Ob ihr bei dieser Erklärung wirklich ganz wohl war, muß bezweifelt werden; denn noch im darauffolgenden Jahr schrieb sie an Papst Paul II., gestand ihre Verfehlung ein und bat um Absolution – ein deutliches Bekenntnis zu der ihr bekannten Fälschung, die zur Grundlage ihrer Ehe geworden war. Der Pontifex ließ sich jedoch nicht erweichen. Daß sie durch den Nachfolger auf dem Stuhle Petri, Sixtus IV., zu dem wichtigen Dispenspapier gelangte, wird noch zu zeigen sein. Bis dahin aber schien ein Tief das andere ablösen zu wollen.

Von allen verlassen

In der Unsicherheit ihres Daseins hatte Isabella zunächst mit Ferdinand zusammen den Schwiegervater und Vater Juan in Saragossa um die Entsendung von tausend bewaffneten Streitern ersucht, mit denen sich beide einen Schutz gegen nicht auszuschließende Übergriffe der Königspartei versprachen. Aus Aragonien kamen keine Krieger und nicht einmal eine Stellungnahme des Königs. Alle und alles schien das Königspaar zu verlassen. Auch Pedro Vaca, zuvor noch Delegationsführer für Isabella bei Heinrich, mischte plötzlich andere Karten. Im September 1470 stellte er sich als Vermittler im Auftrag Juans beim Marquis Pacheco Villena ein und schlug dem Großmeister einen hinterhältigen Trick vor: Sollte Isabella einen Sohn zur Welt bringen, so müßte er mit Juana vermählt werden, was beide zu Thronerben machen würde. Für Isabella und Ferdinand hieße es dann, das Land zu verlassen. Als der Prinzessin dieser Handel zu Ohren gekommen war, tobte sie in ohnmächtigem Zorn. Ihr war der zweite Beweis geliefert, daß sie sogar Aragón, das Reich ihres Schwiegervaters, im Stich ließ und offensichtlich mit dem Gegner konspirierte, um sie auszuschalten und nicht nur sie, sondern auch Ferdinand, den aragonesischen Prinzen. Für ein paar Tage muß sie sich bezähmen; denn am 2. Oktober kommt sie nieder: ein Mädchen, das den Namen Isabella erhält und sofort zur Infantin von Asturien und Aragonien erklärt wird. Der zwischen Vaca und Villena ausgehandelte Pakt mit der Grundlage eines männlichen Nachkommens verliert damit seine Gültigkeit.

Nur ein paar Getreue halten noch zu Isabella. Vorübergehend findet sie auf dem Landgut Carrillos, in Alcalá de Henarés, eine Bleibe, was Heinrich gleich zum Anlaß nimmt, den Erzbischof kaltstellen und ausschalten zu wollen. Mit seiner Klage beim Vatikan will er erreichen, daß Carrillo vor das Gericht der Kurie gestellt und seines Amtes enthoben wird. Wie nicht anders zu erwarten: wieder einmal Villena! Der Marquis und Großmeister ist immer für eine Überraschung gut, ob für oder gegen den König, ob für oder gegen Isabella, ja selbst wenn es um seinen Onkel, den Erzbischof gehen sollte. Mit einem seiner kirchlichen Würde, als Primas und Feudalherr von Toledo seiner Stellung verlustig gegangenen Carrillo stiege nach seiner Ansicht das autoritäre und damit für den Adel gefährliche Gewicht des Königs. Aber nicht das Heil des guten Onkels, sondern vorrangig seine eigenen Privilegien sind der wahre Grund. So setzt er alle Hebel, über die er in Rom verfügt, in Bewegung, bis Heinrichs Klage am Tiber zu den Akten gelegt wird – die erste Niederlage Heinrichs in diesem Verfahren und der erste, wenn auch nicht selbst in die Wege geleitete und errungene Erfolg Isabellas.

Hier Carrillo und indirekt Isabella, dort wiederum Heinrich – Villena ist ein Meister der Schaukelpolitik. Schon zaubert er eine weitere Variante seines Spiels zwischen den Fronten aus der Tasche. Er empfiehlt dem König, die zehnjährige Juana, die Beltraneja, solle mit dem einstigen Verlobten ihrer Tante und Patin Isabella, dem König Alfons V. von Portugal, liiert werden. Weil Heinrich einen Ausgleich für die von Rom erfahrene Abfuhr begrüßt, will er sich mit dem portugiesischen Nachbarn in Bajadoz treffen, um die Klauseln eines entsprechenden Vertrags auszuhandeln. Von Portugal wird Zustimmung signalisiert. Aber erneut erfährt Heinrich die Mißgunst des Schicksals oder der eigenen Unbeholfenheit. Der Gouverneur der Stadt, Graf von Feria, nimmt eine Bagatelle, eine vorausgegangene Meinungsverschiedenheit zwischen sich und dem König, zum Anlaß, Heinrich das Betreten der Stadt zu untersagen. Machtlos steht der König vor den Mauern einer ihm gehörenden Stadt und muß einen Tagungsort in der Nähe wählen. Mit einem Herrscher von derart jämmerlichem Format, der sich nicht einmal gegen seinen eigenen Untergebenen durchzusetzen vermag, will Alfons nichts zu tun haben. Noch bevor es zu einem Gespräch über das eigentliche Thema kommt, bricht der Portugiese das Unternehmen ab. Heinrich muß sich mit einem weiteren Fehlschlag abfinden.

Kann er dennoch aufatmen? Nicht mit Jubelgesängen, aber doch mit Genugtuung darf er feststellen, daß Carrillo zu dem von ihm protegierten Paar Isabella und Ferdinand auf Distanz gegangen zu sein schien. Da hatte es nämlich eine Kontroverse zwischen dem Erzbischof und Ferdinand gegeben, der inzwischen aus den kastilischen Verhältnissen viel gelernt und verarbeitet hatte. Der daher selbstbewußt gewordene Ferdinand ließ sich von Carrillo nicht bevormunden und sprach das deutliche Wort, daß er nicht mehr zu tun gedenke, was ihm von dem Kirchenmann vorgeschrieben werde. Isabella, gleicher Meinung, schweigt jedoch, um den aufgerissenen Graben nicht noch zu vertiefen.

Carrillo, betroffen und verstimmt, zieht sich in seine Besitztümer von Toledo zurück. Der alte Mann, der sich schon als erste Kraft in einem von Isabella regierten Reich gesehen hatte, scheint zu resignieren. Nach einem kurzen Aufflackern sollten ihn die Ereignisse und die innenpolitische Reife seines „Schoßkindes" Isabella überrollen. Er, der Feudalherr, ist noch dem Mittelalter verhaftet. Er ist nicht konziliant, er kann unbarmherzig sein, er steckt voller Ehrgeiz und sieht sich als die seine beiden Schutzbefohlenen führende und in den politischen Fragen überragende „Graue Eminenz". Nun muß er erkennen, daß ausgerechnet der Aragonier, für den er sich besonders eingesetzt hatte, und wohl auch Isabella, kaum mehr die folgsamen Jugendlichen sind und sich schon gar nicht brav am Händchen leiten lassen wollen. Aber er steckt nicht auf; er setzt, auch auf Distanz, weiterhin auf die beiden, nachdem auch Juan II., sich eines besseren besinnend, den ersten Riß zu kitten und Carrillo zu überzeugen vermag, daß man heftige Worte der Jugend nicht auf die Waagschale legen sollte.

Nach einem bangen und unsteten Jahr 1471 werden Isabella und Ferdinand im darauffolgenden Jahr auf das Landgut des Erzbischofs eingeladen. Man begegnet sich freundlich, aber nicht in aufrichtiger Herzlichkeit. Carrillo, nicht überzeugt, ob er wohl weiterhin auf das Paar bauen kann, ist mißtrauisch. Auch Isabella und Ferdinand bleiben zurückhaltend, dennoch wünschend, es nicht zu einem endgültigen Bruch kommen zu lassen. Irgendwie sind sie bestrebt, mit ihrem Protektor die seit Jahren bewährte Stütze nicht zu verlieren. So versteht man es auf beiden Seiten, den Kern der Differenzen nicht anzurühren.

Wenn auch schon angedeutet, so scheint ein Gedanke gerechtfertigt zu sein, wie nämlich jener offizielle Dispens aus Rom für das königliche Paar zustande gekommen war. In die letzten Lebensjahre des Papstes Nikolaus V. (1447–1455), der durch das mit Friedrich III. getroffene und über 350 Jahre von allen deutschen Fürsten anerkannte Wiener Konkordat besonders bekannt geworden ist, fiel 1453 die Eroberung Konstantinopels durch die Türken. Der Islam hatte damit die letzte christliche Bastion an der Meerenge zwischen Europa und Asien ausgelöscht. Galten die durch Urban II. ausgelösten Kreuzzüge der Befreiung des Heiligen Landes, so hatte sich Nikolaus den Kampf gegen die Türken zum Ziele gesetzt. Aber im Gegensatz zu dem Urbans fand der Aufruf des von den Historikern als edelster Renaissancepapst gepriesenen Pontifex Nikolaus unter den zerstrittenen Fürsten des Abendlandes kein Echo. Obwohl die Rückeroberung Konstantinopels zum Antritt seines Pontifikats beschworen, kam auch der nächste Papst, Calixtus III. (1455–1458), der aus Valencia stammende Alfonso de Borgia, über wenig bedeutende Teilerfolge nicht hinaus. Sein Nachfolger, Pius II., der sich bereits in einem Schreiben an Sultan Mehmet II., den „Eroberer" (1451–1481), mit dem Koran befaßt und ihn durch christliche Glaubenswahrheiten zu widerlegen versucht hatte, ergriff selbst die Initiative. Von Ancona sollte der von ihm aufgerufene Kreuzzug ausgehen, an dessen Spitze er sich, wenn auch bereits schwer erkrankt, stellen wollte. Aber noch vor dem Aufbruch verstarb er. Pius II. hatte zwar einen sprachlich hervorragenden und überzeugenden Aufruf zu einem Kreuzzugskongreß in Mantua formuliert, doch bei dem dort gefaßten Beschluß blieb es auch. Der „Barbar", wie die römischen Humanisten den Pius-Nachfolger Paul II. (1464–1471) wegen der Auflösung der Academia nannten, hatte sich in seiner Wahlkapitulation verpflichtet, den Türkenkrieg voranzutreiben. Es blieb bei wohlklingenden Ankündigungen, selbst nachdem während seines Pontifikats die Türken Albanien und Negroponte, den letzten Stützpunkt Venedigs im Osten, erobert hatten.

Die Türkenfrage blieb auf dem päpstlichen Programm. Sie war auch für Francesco della Rovere, der als Sixtus IV. (1471–1484) den Stuhl Petri bestieg, ein Anliegen, wenn er sich auch weit mehr der Unterbringung und Versorgung seiner zum Teil lasterhaften Neffen als Kardinäle und gut dotierte Pfründeninhaber widmete. Was er für die Geschichte Isabellas und Ferdinands mit der Legitimation ihrer Verwandtenehe bedeutete, wurde bereits angesprochen. Daß er den Dispens nicht aus freien Stücken erteilte, sondern dazu angehalten wurde, ist ebenfalls bekannt.

Für die Beeinflussungen des Papstes steht ein Mann gerade, der als Rodrigo de Borgia um 1430 bei Valencia geboren wurde. Gerade fünfundzwanzig Jahre war er alt und schon Kardinaldiakon und Bischof von Valencia. Diese ungewöhnliche Karriere verdankte er seinem Onkel Calixtus III. Ein Jahr später stieg er zum Vizekanzler der Kirche auf, eine Selbstverständlichkeit des quer durch die Geschichte praktizierten und besonders in der Renaissancezeit auswuchernden Nepotismus. Der neue Papst Sixtus hatte beschlossen, das seit seinen Vorgängern anhängige Thema Kreuzzug gegen die Türken nicht mehr mit einem bloßen Aufruf zu belassen. Aus den Männern der Kurie schickte er Legaten an die Herrscherhöfe mit dem Auftrag, die Monarchen von einem notwendigen und vom christlichen Glauben geforderten Befreiungskampf zu überzeugen. Für die Ansprechpartner in den spanischen Reichen war natürlich ein gebürtiger Spanier prädestiniert: Rodrigo de Borgia. Um dem päpstlichen Anliegen zusätzliches Gewicht zu verleihen, hatte dieser Borgia in seinem Gepäck einen Kardinalshut mitzunehmen. Dieser Vizekanzler, dem die Historiographen ein außergewöhnliches diplomatisches Geschick und konziliantes Auftreten bescheinigen, war sich nach Kenntnis der Sachlage an den europäischen Fürstenhöfen darüber im klaren, daß der Auftrag seines päpstlichen Herrn, ebenso wie die seiner Legaten-Kollegen, zum Scheitern verurteilt war. Jeder von den Türken bedrohte Graf, Fürst oder König mußte schauen, wie er mit seinen Mitteln der Gefahr einer islamischen Invasion zu begegnen hatte. An einer gemeinsamen Aktion war niemand interessiert. So richtete Rodrigo de Borgia seit seiner Ankunft im Juni 1472 sein Hauptaugenmerk auf eine Befriedigung der zertrittenen Parteien auf der spanischen Halbinsel.

In seiner Heimat Aragonien eingetroffen, muß er sich zunächst die Klagen über den kastilischen Heinrich anhören. Aber sehr schnell eine Übersicht über die politischen Spiele gewinnend, ist ihm der Besuch seines Landmannes Ferdinand zu weiteren Informationen willkommen. Dieser versteht es, dem Rat seines Vaters Juan folgend, den Kurien-Vizekanzler davon zu überzeugen, daß die einflußreiche Sippe der Mendozas den Kardinalshut verdiene. Es war ein wichtiger, wenn auch noch nicht bis ins letzte entscheidender Schachzug; denn selbst mit einem Kardinalshut war der Rest des Clans, der zwischen Juana und Isabella schwankte, nicht über Nacht zu überzeugen, sich endgültig gegen Heinrich festzulegen. Dennoch sollte es nicht mehr lange dauern, bis Don Pedro Gonzáles de Mendoza, nun zum Kardinal erhoben, die Rolle, die zuvor Carrillo bei Isabella gespielt hatte, übernehmen würde, dann aber als versierter, gebildeter Politiker des humanistischen Zeitalters so überzeugend ausübte, daß ihn das Volk als den „dritten König" Kastiliens bezeichnete. Über Mendoza wird noch ausführlich zu berichten sein.

Rodrigo de Borgia, der nach Innocenz VIII. (1484–1492) als Alexander VI. (1492–1503) den Stuhl Petri bestieg, und den die kirchliche Geschichtsschreibung im Hinblick auf seine Lebensführung als den unwürdigsten Papst zu bezeichnen pflegt, hatte bei seinem Eintreffen in Rom natürlich keine Zusage über eine Teilnahme am Zug gegen die Türken in seinem Gepäck. Aber er nahm für sich die Überzeugung mit, daß ein kastilisches Reich und wahrscheinlich auch eine weitere Entwicklung der politischen Verhältnisse auf der Iberischen Halbinsel nur mit Isabella und Ferdinand möglich sein dürften. Dazu die Voraussetzung zu schaffen, bewog er seinen Papst, Sixtus IV., den schon bekannten Dispens auszustellen. Er sah die Notwendigkeit dieser Legitimation nicht allein aus kirchlicher Sicht, sondern aus nüchternen politischen Erwägungen. Daß er später als Papst Isabella und Ferdinand die ungewöhnlichen Titel „Katholische Könige" verlieh, war doch nur eine Fortsetzung seiner Bemühungen um einen kastilisch-aragonesischen Ausgleich, wozu noch die Vertreibung der Juden und Mauren den Rahmen des Gesamtbildes lieferte, indem damit auch kirchliche Interessen gefördert worden waren.

Die Mendozas

Ohne die einflußreichste, mächtigste und die Monarchie unterstützende Adelssippe der Mendozas konnte in Kastilien kaum etwas gehen. Wenn es also gehen mußte, was für Isabella und Ferdinand lebensnotwendig war, dann blieb eben nur der Kontakt über den Borgia. Dazu hatte Ferdinand von seinem Vater die Anweisung erhalten, die Hilfe des Vizekanzlers in Anspruch zu nehmen. Nicht nur die drei prominenten Vertreter der Familie, neben dem neuen Kardinal die Brüder Don Diego Hurtado und Inigo López, nahmen eine Schlüsselstellung im Reich ein und verfügten über großen Einfluß in Adelskreisen, die sich mit aller Schärfe für die Beltraneja-Juana und ihre Rechte als Thronerbin einsetzten. Wenn auch recht zaghaft, so vermochte das Gespräch zwischen dem Borgia und Ferdinand die Richtung vorzugeben, wie dieses Bollwerk der Mendozas anzugehen sei, auch wenn auf Anhieb nicht gelingen sollte, es gänzlich aufzuweichen. Aber schon kommt ein erstes Signal aus Guadalaja, wo Diego Hurtado de Mendoza Isabella und Ferdinand zu sich einlädt. Wurde Diego Hurtado von der Sippe vorgeschickt? Es schien so; denn die Mendozas, stets unbeugsame Befürworter Heinrichs und Juanas, beginnen den Schwenk zu Isabella, ohne ihn vorerst mit fliegenden Fahnen zu vollziehen. In der trüben Zeit zeichnet sich damit für die Prinzessin und ihren Mann ein hoffnungsvoller Schritt ab.

Verschwörung gegen Heinrich IV.

Noch hätte sich die Situation für das Königspaar nicht grundlegend geändert, wäre nicht ein völlig anderes Moment in Erscheinung getreten, das bis dahin allem Geschehen passiv und beinahe gleichgültig gegenüber gestanden hatte: das Bürgertum und der niedere Adel. Da gab es den konvertierten Juden Andrés de Cabrera, dem Villena Madrid weggenommen hatte und ihn auch aus dem Amt des königlichen Statthalters von Segovia zu vertreiben suchte. Segovia war aber eine Stadt besonderen Ranges. In ihrem Alcazar ruhte der Staatsschatz, und der Statthalter durfte sich rühmen, das volle Vertrauen Heinrichs zu besitzen. Seine Treue zum König erhielt jedoch durch die feindseligen Bemühungen Villenas einen tiefen Riß. Hinzu kam noch, daß er mit Beatrice de Bobadilla verheiratet war, der Jugendfreundin Isabellas, die ihre selbst herbeigeführte Trennung vor drei Jahren nicht verschmerzen konnte und die alte Freundschaft wiederherstellen wollte. Endlich fand Andrés de Cabrera in einem ehemaligen Glaubensgenossen, dem Juden Abraham, einen Mitverschwörer. Als der Großmeister Villena mit einem, von antisemitischen Parolen geschürten, Aufruhr Cabrera aus Segovia, wie zuvor aus Madrid, verjagen wollte, jedoch abgeschlagen wurde, war er zum Todfeind des Statthalters geworden, der aber immer noch dem König den entsprechenden Respekt zollte. Über den scheinbaren Günstling Heinrichs verbittert und von seiner Frau Beatrice animiert, heckte Cabrera mit seinem Freund Abraham einen Plan aus, wie man, nicht mit der Ausschaltung des Königs, aber Villenas, geordnete Verhältnisse an der Spitze des Reiches schaffen könnte – gewiß ein hochfliegendes Vorhaben, das aber bei einem Fehlschlag Villena nicht abhalten würde, Cabrera und Abraham um einen Kopf kürzer machen zu lassen.

Für seinen Plan schien dem Statthalter niemand mehr geeignet zu sein als Isabella. Nicht als Anführerin einer Revolution, auch nicht einmal für die Spitze einer Opposition gegen Heinrich sah er sie vor. Vielmehr fußte das zwischen Cabrera und Abraham erarbeitete Konzept auf einer Aussöhnung der königlichen Geschwister, wenn auch nur dem Anschein nach, mit der die Machtposition Villenas, die auch Vertretern des Adels ein Dorn im Auge war, aus der Welt, genauer gesagt, aus dem höfischen Umkreis des Monarchen, geschaffen werden sollte. Ruhte dieser Plan noch auf einem Standbein, so waren Cabrera und Abraham zuversichtlich, in den Mendozas das zweite Bein zu finden, waren diesem Geschlecht doch die Umtriebe Villenas schon lange nicht mehr geheuer. Cabrera und Abraham brachten das Kunststück fertig. Den bisherigen Ansatz zu einer Kehrtwendung von Heinrich und der Juana zu Isabella vollzogen nun die Mendozas. Das Umschwenken begleitete kein Trommelwirbel, es geschah behutsam und fast geheim, wog aber für die Zukunft sehr schwer. Am 15. Juni 1473 fertigten sie einen Pakt aus, dessen Zusatzklausel Cabrera die Ländereien von Moya in der Nachbarschaft von Segovia sicherte; denn auch der Statthalter war kein blütenreiner Idealist. Wenn er schon Hochverrat beging, so mußte für ihn als materielle Absicherung etwas herausspringen.

War Isabella in dieses Komplott eingeweiht? Mitnichten. In geradezu harmloser Unkenntnis der Vorgänge verbrachte sie die Zeit in Alcalá. War ihrer Eheschließung ein Verkleidungsmanöver Ferdinands vorausgegangen, so erlebte sie nun ein zweites Abenteuer, gezwungenermaßen von ihrer Freundin Beatrice vollzogen. Bei der Prinzessin meldete sich eine Bäuerin, die auf einem Esel von Segovia bis Alcalá geritten war, seitdem eine märchenhaft ausgeschmückte Erzählung der spanischen Literatur. Der Entkleidung der „Bäuerin" Beatrice und Aussöhnung der beiden Freundinnen folgte die Information. Beatrice unterrichtete Isabella über die Pläne ihres Mannes und seiner Gefolgsleute. Für Isabella war es jedoch kein Projekt, dem man bedenkenlos zustimmen konnte. Vorsichtig wie sie aus den Erfahrungen der vergangenen Jahre war, sprach sie zuerst noch einmal bei Carrillo vor. Als ihr der Erzbischof den Rat gegeben hatte, die Geste einer scheinbaren Verbundenheit zu ihrem Bruder zu nutzen, entschloß sich die Prinzessin, dieses Unternehmen zu wagen. Die ihr bekannten vorausgegangenen Erklärungen ihres Bruders, die er im Zusammenhang mit der französischen Verlöbnisgesandtschaft abgegeben hatte, konnten die Begegnung in der Tat zu einem Wagnis werden lassen. Wenn es ihr auch nicht ganz wohl in ihrer Haut war, so überwog ihre Willenskraft doch verständliche Bedenken. Sie sagte Beatrice, ihren Entschluß zum Vorhaben Cabreras und Abrahams den beiden zu überbringen.

Das „Pokerspiel" beginnt

Heinrich hatte sich inzwischen in das immer noch von seinem Statthalter Cabrera verwaltete und nach seiner Meinung getreue Segovia begeben. Dort wird ihm auch nichts in den Weg gelegt; er ist ja der König. Nachträglich wollen, natürlich „gefärbte", Legenden hartnäckig behaupten, daß Isabella in einem Triumphzug in die Stadt eingezogen sei. Nichts stimmt daran. Denn im Grunde galt sie als Verräterin ihres Bruders und der Monarchie. So betrat sie am noch dunklen Morgen des 27. Dezember 1473 durch ein Nebentor die nun in der Hand des Königs befindliche Stadt, in der Tat ein persönliches Risiko. Für ihre Sicherheit hatte jedoch Cabrera notwendige Maßnahmen ergriffen. Weil Idealismus und Uneigennützigkeit für ihn Fremdwörter waren, ließ er sich seine Vorsorge selbstverständlich honorieren; denn selbst Ehrendienste und Gefälligkeiten waren traditionsgemäß zu entgelten, weil Ehrenmänner wohl als Dummköpfe galten. In der Endabrechnung schnitten daher Cabrera und Abraham nicht schlecht ab. Isabella allein! Allein in der Stadt ihres Bruders, der möglicherweise die Chance nutzen könnte, sie zu Gunsten Juanas zu beseitigen.

Aber sie braucht niemanden, auch nicht Cabrera und Abraham; sie kann selbst ihre Entschlüsse treffen, auch ohne ihren Gemahl. Wohlweislich hatte sich Ferdinand mit einer Ausrede aus dem Staube gemacht und wieder einmal nach Aragonien abgesetzt, seine unbedingt notwendige Anwesenheit gegen katalonische Aufstände vorschützend.

Isabellas Halbbruder Heinrich, wie so oft in seiner Regierungszeit völlig ahnungslos, hatte sich zur Jagd begeben. Dort überbrachte ihm ein Eilbote die Nachricht vom Auftauchen seiner Schwester. Er wäre in der Tat nicht Heinrich gewesen, hätte er nicht, derart überrumpelt, sofort die Jagd abgebrochen und, zur Stadt geeilt, Isabella großmütig und in aller geschwisterlichen Freundlichkeit empfangen. Es war nicht auszuschließen, daß er an eine aufrichtige Versöhnungsabsicht seiner Schwester glaubte, die es natürlich vermied, mit auch nur einem Wort an ihre Rechte und die daraus erwachsene Position zu erinnern. Mit diplomatischem Geschick wich sie brenzligen Themen, etwa mit dem Hinweis auf die sich zuspitzende Entwicklung um Beltraneja, aus und verstand es, zwischen sich und Heinrich mit romantisch klingenden Erinnerungen an ihre Kindheit ein angenehmes Klima herzustellen. In diese Richtung voll gekünstelter Harmonie von Cabrera und Abraham dirigiert, konnte sie ihren Bruder so wirkungsvoll einlullen, daß er ihr zu Ehren nicht nur ein Bankett anordnete, sondern sie, ihr Pferd eigenhändig führend durch die Stadt zum Alcazar begleitete, wo der Jubel der Bevölkerung sichtbar und lautstark Isabella galt. Mit diesem Auftritt hatte sie die wichtige Stadt für sich gewonnen, während Heinrich in gewohnter Naivität keinen Zweifel an der Aufrichtigkeit seiner Schwester und dieser Begegnung hegte.

Das bis dahin gut gelaufene Pokerspiel bedurfte noch einer Trumpfkarte, eines weiteren Königs, nämlich Ferdinands. Von dem ihn überraschenden positiven Ausgang der Begegnung informiert, trat er sofort die

Rückreise an und traf am 1. Januar 1474 in Segovia ein. Bevor er aber bei der Hofgesellschaft antrat, die er nur vom Hörensagen kannte, nahm ihn Cabrera kurz unter seine Fittiche und gab ihm einfache, aber notwendige Verhaltensmaßregeln mit, wie es ihm gelingen würde, Heinrich für sich zu gewinnen: „Wenn der König mit seinen Freunden und Musikanten beschäftigt ist, muß man ihn in Ruhe lassen und nicht versuchen, mit ihm ernste Probleme besprechen zu wollen. Wenn er fertig ist, soll man ihm ein paar Kleinigkeiten zum Essen vorsetzen, so Frischkäse, Butter, Käse aus Buitrago, Beignets, Blätterteig und Gebäck dieser Art, dann ist er in guter Stimmung ..." Ferdinand sprach keine Probleme an und ließ den König schmausen. Das Rezept Cabreras blieb nicht ohne Wirkung; denn das Wohlwollen Heinrichs wurde fast zu einer Euphorie, als sich alle, einer Einladung Cabreras folgend, am Dreikönigstag beim Statthalter auf dem Alcazar einfanden, und der König, trotz seiner chronischen Magenbeschwerden, über die Köstlichkeiten auf dem Tisch und die von scheinbarer Zuneigung geprägte Unterhaltung am Tisch aufgeräumt und glücklich ob all der Liebenswürdigkeiten in der Runde war. Keine Frage, daß in dieser gelösten Stimmung Ferdinand voll akzeptiert wurde.

Nicht wie ein menschlich-sympathischer Mephisto im „Faust", sondern wie ein unberechenbarer, hinterhältiger Dämon schlich sich Pacheco Villena in die Kulisse dieser Bühne der Vertraulichkeit, um auch hier seine, je nach Bedarf gehandhabte Zerstörungspraxis anzuwenden. In der für ihn plötzlich und nicht zu übersehenden Geistesverwandtschaft zwischen den Mendozas und Cabrera und deren mutmaßlichem Frontwechsel zu Isabella befürchtete er einen Gewaltstreich gegen sich, dem er das Mäntelchen einer Rebellion gegen Heinrich umzuhängen wußte, um seinem Vorhaben den Charakter der Königstreue zu schenken. Weil er nicht allein als Ankläger auftreten wollte, zitierte er sogar seinen Erzfeind Beltrán de la Cueva an den Königshof in Segovia, um nun mit dem Nachdruck zweier dem Monarchen ergebenen Prominenter keinen Zweifel an der Bedeutung seiner Erkenntnisse aufkommen zu lassen.

Wieder hatte Cabrera ein Essen für den König und seine Gefolgschaft gegeben. Von der Tafel aufgestanden, verspürte Heinrich heftige Magenschmerzen und glaubte sich vergiftet. Diese Schmerzen und die Klagen des Königs waren für Villena der willkommene Anlaß, den Leidenden mit Nachdruck zu bereden, daß ihm Cabrera ein Gift verabreicht hätte, um ihn zu beseitigen. Die Sühne für ein solches Majestätsverbrechen erlaube keinen Aufschub; das Ehepaar Cabrera sei daher auf der Stelle hinzurichten. Weil hinter dem Anschlag eine ganze Verschwörer-Clique stecke, müsse Mendoza verbannt werden, während Isabella und Ferdinand sofort in Ketten zu legen seien. Welch ungeheurer Vorwurf! Ein anderer Monarch hätte sicher ohne Prüfung des Wahrheitsgehalts wenig Federlesens gemacht und hätte den Anschuldigungen entsprochen. Heinrich war aber nicht der Mann, der einen solchen radikalen Beschluß in eigener Verantwortung durchgeführt hätte. Er beschwichtigte Villena mit der Notwendigkeit, derartige Maßnahmen erst nach Anhören des Kronrats ergreifen zu können.

War der König selbst schon unentschlossen, so zeigte sich der Kronrat ebenfalls verhalten und bewies durch Diskussion und Abstimmung, daß er nicht mehr einmütig hinter dem König stand. Weil keine einstimmige Meinung zustande kam, wurde das Ansinnen abgelehnt. Mendoza nutzte die Situation des Hinhaltens und ließ Heinrich wissen, daß eine entsprechende Anordnung zur Verfolgung der von Villena geforderten „Köpfe" einen schrecklichen Bürgerkrieg zur Folge hätte, für dessen Leiden das Volk den König verantwortlich machen müßte. Kriegsgespenst und Todesdrohung für viele Menschen waren genau das Rezept, Heinrich zutiefst zu treffen. Also geschah nichts; denn der König konnte sich wie immer zu keinem Entschluß, weder positiv noch negativ, durchringen.

Uneins in sich wird Kastilien erneut zum Tummelplatz der Machtkämpfe des Adels. Denn kurz nach seiner Vorstellung bei Heinrich verstirbt Villena. Weil niemand mit Sicherheit weiß, wie und woran, bleibt nur das Gerücht, daß bei diesem Tod nicht alles mit rechten Dingen zugegangen sei. Dies ist aber den Granden egal. Ihnen geht es um die Nachfolge Villenas im Amt des Großmeisters von Santiago. Ihre Truppen verheeren die Lande, morden, brandschatzen und treiben ihr Unwesen nach Lust und Laune, und das Königreich steht wieder vor dem Abgrund, in dem ein Chaos alles zu verschlingen scheint. Was der Pacheco hinterlassen hatte, seine Beschuldigungen und seinen Haß auf konvertierte Neuchristen und Juden, für ihn personifiziert durch Cabrera und Abraham, eskalierte nun zu Metzeleien zwischen Altkatholiken und Conversos, in denen eine schon über hundert Jahre alte, vor Pogromen nicht zurückschreckende Feindschaft zum Ausbruch kam und die Menschen zu sinnloser Verfolgung aufstachelte. Heinrich bemühte sich redlich, unter persönlichem Einsatz die kämpfenden Parteien zu besänftigen und Ruhe im Reich herzustellen. Aber niemand hörte auf ihn; sein Renommee hatte er schon seit einem Jahrzehnt verloren. Weil er sich in Segovia, selbst in der vermeintlichen Obhut seines Gouverneurs, nicht mehr sicher fühlte, verließ er die Stadt, deren Einwohner, auch für ihn bemerkbar, bereits zu Isabella standen.

Wie kontinuierlich sich auch der Mendoza-Clan von seinem alten

Programm Heinrich-Juana entfernt und der Prinzessin und Königin von Sizilien genähert hatte, wie sich angesichts dieser Wendung Carrillo verbittert auf sein Gut bei Toledo zurückgezogen hat, so schwebten Isabella und Ferdinand immer noch zwischen Unsicherheit und Hoffnung. Denn wieder tauchte ein Villena-Sproß, Juan Pacheco von Santiago, auf, der als einer der größten Ländereien-Besitzer über einen nicht zu unterschätzenden Einfluß beim Adel verfügte und alle Anstalten traf, die Politik der Villenas fortzusetzen. Wie entscheidend der Tod bereits andere Probleme zugunsten Isabellas zu lösen verstanden hatte, so räumte er mit dem frühen Ableben dieses Pachecos am 4. Oktober 1474 einen Feind aus dem Wege.

Tod Heinrichs IV. (1474)

Prominente Begleiter in die Ewigkeit suchend, verlängerte der Tod seinen Aufenthalt in Kastilien nur um ein paar Wochen. Seine Vorboten schickte er in den ersten Dezembertagen, als sich Heinrich in Madrid befand. Unerträgliche, qualvolle Leibschmerzen warfen den König auf das Lager. In der zweiten Stunde der Nacht auf den 12. Dezember 1474 starb er im besten Mannesalter von neunundvierzig Jahren. Wie bei Villena zweifelten auch in diesem Falle viele an einem natürlichen Tod. War Gift im Spiel gewesen, und wer kam für den Königsmord in Frage? Doch selbst in den sofort einsetzenden Gerüchten wurden nicht mehr als Vermutungen laut. Überliefert wird jedoch, daß sich Kardinal Mendoza am Sterbelager aufhielt und, überzeugt, daß Sterbende keinen Anlaß zur Lüge mehr haben, Heinrich fragte, ob Juana seine Tochter sei, aber keine Antwort erhielt. Palencia hingegen scheint anderer Meinung zu sein, nämlich daß die letzten Worte des Totgeweihten gelautet hätten: „Ich erkläre meine Tochter zur Erbin des Königreiches."

Wie eine ganze Reihe von Aussagen für entscheidende Momente der kastilischen Geschichte zwischen den einzelnen Historiographen und damit auch der Wissenschaftler divergieren, so kann aus der Überlieferung der Sterbestunde Heinrichs kein klares Bild gezeichnet werden. Wäre ein Kommentar angebracht, so könnte man dem doch inzwischen Isabella zugeneigten Kardinal unterstellen, mit dem verweigerten Votum des Königs die illegitime Geburt Juanas festgeschrieben zu haben, was genau in die Richtung der auf Isabella eingeschwenkten Mendoza-Sippe passen würde. Vielleicht darf man Palencia, der doch vornehmlich die Interessen Isabellas wahrzunehmen pflegte, in diesem Falle mehr Glauben schenken. Das über Jahre hinweg für Intrigen und Feindschaften verantwortliche Rätsel Beltraneja konnte in den ersten Stunden nach Heinrichs Tod nicht gelöst werden, erhielt aber noch einmal Nahrung, als man sich von einem Testament des Königs eine Klärung erhoffte. Heinrich habe, so verlautete es inoffiziell, seinen letzten Willen schriftlich niederlegen lassen. Wem er ihn diktiert habe, sei nicht bekannt. Das Dokument, so sprach man weiter, sei zwar vorhanden gewesen, doch habe es Ferdinand später ins Feuer geworfen. Wollte man, um Isabella zu schonen, die Vernichtung der Urkunde dem ungeliebten, sich in Kastilien eingenistet habenden Aragonier in die Schuhe schieben? Oder gab es da, wie bei den meisten Gerüchten, einen wahren Kern? Hatte vielleicht auch Isabella ihre Hand im Spiel? Ihre Geschichtsschreiber gehen verständlicherweise auf dieses Thema nicht ein. Die noch Jahre andauernden Anstrengungen Isabellas, die Konkurrentin Beltraneja mit ihren nicht nachlassenden Ansprüchen auf den kastilischen Thron zu verfolgen, könnten ein Beweis dafür sein, daß ihr Heinrichs letzter Wille wohl bekannt gewesen sein dürfte, und daß sie bei der Beseitigung des Dokuments keine Einwendungen erhob, möglicherweise gar in Übereinstimmung mit Ferdinand für die Vernichtung des sie vielleicht in ihren Vorhaben hindernden Papiers plädierte. Jedenfalls ist das Testament nie mehr aufgetaucht, und alle Mutmaßungen wurden von der neuen, zwangsläufigen Entwicklung überrollt.

Heinrich, der Impotente, der Sanftmütige, der zu jedem Kompromiß bereite König hatte ein Reich hinterlassen, in dem der brutale Feudalismus des Adels das gepeinigte Volk letztlich nur noch auf einen nachfolgenden Rettungsanker hoffen ließ, und dieser schien für viele Isabella zu heißen. Aber konnte eine so junge Frau ohne jahrelange Erfahrung im politischen Geschäft ein marodes Reich wieder stabilisieren und vor allem dem übermächtigen Adel trotzen und ihn auf die Monarchie, nun unter anderen Vorzeichen, einschwören?

Es ist keine Chance, die Isabella ergreift. Es wird die Geburtsstunde eines neuen kastilischen Reiches sein.

Vom Chaos zum Staat

Königin im selbstgefertigten Schnellverfahren

Es ist die Mittagsstunde des 12. Dezember 1474. In den Hof des Alcazars von Segovia stürmt ein Reiter hinein. Als Helfer der Wende kastilisch-spanischer Geschichte hat die Überlieferung seinen Namen festgehalten: Es ist Enrique de Ulloa, kein Mann des Adels, sondern ein einfacher, zuverlässiger Berittener des Kardinals Mendoza. Am Rande fast völliger Erschöpfung steigt er von seinem schweißtriefenden Pferd, reicht einem Wachmann die Zügel des wie er bis zum Äußersten angetriebenen Rosses und hastet über die Treppe nach oben. Als Kurierreiter hat er in der schier unglaublichen Zeit von zehn Stunden die achtzig Kilometer lange Strecke von Madrid quer durch die Sierra Guadarrama hinter sich gebracht. Was ein halbes Jahrtausend später dem Fremden als besonders reizvolle Landschaft angepriesen wird, interessierte ihn nicht. Sein Auftrag trieb ihn voran. Nur kurze Erholungspausen hatte er sich und dem immer im Galopp dahinjagenden Pferd gegönnt. Er konnte nicht wissen, von welcher Tragweite sein strapaziöser Ritt werden sollte. Er tat nur seine Pflicht und folgte dem Befehl, Prinzessin Isabella eine wichtige Nachricht zu überbringen.

Keuchend und stockend eröffnet Enrique de Ulloa der ihn empfangenden Isabella die Meldung, daß König Heinrich IV., ihr Halbbruder, gestorben war. Die dreiundzwanzig Jahre junge Frau ist nicht überrascht oder gar betroffen. Seit Tagen hat sie mit dem Ableben Heinrichs gerechnet und sich für diesen Augenblick gewappnet. Sie nimmt die Nachricht kühl und sachlich entgegen. Sie hat keine Veranlassung zu schmerzlicher Trauer oder gar zu einem Abwarten der Dinge, die sich in dieser Schicksalsstunde im Reich entwickeln könnten. Die Zeit der Unruhe und Ungewißheit ist vorbei. Von sich selbst und ihrer Umgebung fordert sie den entscheidenden Einsatz, mit geradezu maskuliner Kraft das Ruder des im Sturm anarchischer Zustände schlingernden Staatsschiffes zu ergreifen. Mit Genugtuung registriert sie die Tatsache, daß ihr der gerne zu Kritik neigende Gemahl durch keine Vorhaltungen oder gar Hindernisse ihre Handlungsfreiheit beschneiden könnte. Ferdinand war wieder einmal nach Aragón gereist, um seinen Vater in einer erneut aufflackernden katalonischen Revolte zu unterstützen. Der Prinzgemahl wird nach seiner Rückkehr um eine Erkenntnis reicher sein: Diese Frau braucht nicht seinen Beistand, sie stellt ihn einfach vor vollendete Tatsachen, an denen er nicht mehr zu deuteln vermag. Er wird die Überzeugung gewinnen müssen, daß in Kastilien nur ihr Wort Gültigkeit besitzt.

Der Tag der Krönung

Isabellas Programm rollt ab. Mit der Meldung des Kuriers macht sie sich zur Königin des größten Reiches der Halbinsel, auch wenn man sie nicht unberechtigt eine Usurpatorin nennen sollte. Für Skrupel, Nachsicht oder Zugeständnisse, wie von ihrem Halbbruder praktiziert, fehlt ihr der Sinn. So bewegt sie auch nicht die Forderung der Tradition, daß die Granden und Cortes des Reiches für die öffentliche Herrscherproklamation zuständig seien. Was von diesen Leuten zu erwarten ist, hat sie zur Genüge erfahren. Für sie heißt es: Ein Fait accompli schaffen oder untergehen. Aber sie glaubt nicht an einen Untergang, selbst wenn ihr zur Stunde nur ein paar nicht sonderlich potente und nicht gerade zuverlässige Helfer zur Seite stehen. Die Mendozas sind fern, auch nicht auf Gedeih und Verderben sicher, aber ein Mann, Cabrera, ist nahe, und mit diesem Statthalter von Segovia kann sie rechnen.

Sofort nach Erhalt der Nachricht vom Tode Heinrichs setzt sie ihren Plan in die Tat um. Gleich läßt sie zu Ehren des verstorbenen Königs eine Messe zelebrieren, an der sie, von den Bewohnern der Stadt begleitet, teilnimmt. Ging es ihr gewiß nicht um ein schmerzliches Bekenntnis, so wahrte sie damit doch eine symbolische Geste, die auf die Menschen beeindruckend wirken mußte, auch wenn sie in dieser Stunde auf den Beifall aller Kastilianer nicht bauen konnte. Segovias Einwohner waren gewiß nur eine Minderheit, aber ihr Bekenntnis zu Isabella konnte ausstrahlen und beispielhaft sein. Und die Optik einer Zeremonie hatte Cabrera vorbereitet, schon seit geraumer Zeit mit diesem Tag rechnend. Isabella wußte um die Hilfe dieses Mannes. In aller Eile hatte er ein Podium errichten lassen, auf dem am folgenden Tag, dem 13. Dezember, die vielen Fragen und Diskussionen der Menschen mit der Krönung einer Königin beantwortet werden sollten. Es ist der Tag der heiligen Lucia, als Isabella das Podium betritt, nur von den Mitgliedern des Stadtrates begleitet. Keiner der Granden ist zugegen; nicht einmal der Erzbischof von Segovia soll erschienen sein. Die junge, selbstbewußte Frau kann auf die Akklamation der Großen des Reiches verzichten, wird sie doch in wenigen Augenblicken die Größte sein. Aus den Händen des Schatzverwalters

Cabrera nimmt sie die Krone Kastiliens entgegen und setzt sie sich selbst auf das blonde Haupt. Keine Vertreter des Adels oder der Kirche, sondern Stadträte sind es, die sie zur Herrscherin des Reiches ausrufen, und Segovias Bewohner jubeln der neuen Königin zu.

Isabella verkündet ihr „Regierungsprogramm". Zunächst folgt sie der traditionellen Terminologie: Sie schwört, die Gebote der Kirche, die Freiheiten und Privilegien des Adels und der Städte zu achten, über das Gemeinwohl des Königreiches zu wachen und Gerechtigkeit für alle walten zu lassen. Mag ihr bei den Zugeständnissen für den Adel nicht sonderlich wohl gewesen sein, so läßt der Abschluß ihrer Kron- und Thronrede keinen Zweifel mehr über ihren künftigen Status offen: „Königin und Besitzerin des Königreiches", was, vorweg so formuliert, von allen Kastilianern anzuerkennen ist: „Isabella, Königin von Kastilien; Ferdinand ihr rechtmäßiger Gemahl". Nach Trompetenstößen wiederholen die vor dem Podium postierten Herolde diese Formel. Segovia und seine Bewohner waren Zeugen dieser Proklamation. Aber das ganze Reich muß den Beginn einer neuen Epoche erfahren und sich der Herrscherin unterwerfen. Drei Tage später, am 16. Dezember, gehen Rundschreiben hinaus. Herolde und Kuriere überbringen sie den Städten mit der Aufforderung an die Cortes, eine Versammlung mit Proklamation einzuberufen und den genauen Wortlaut des Krönungsaktes zu verkünden. Damit verbunden war der Befehl an die Cortes, Delegierte nach Segovia abzuordnen, die der neuen Königin den Eid zu leisten hätten. Es wird, wie zu Heinrichs Zeiten, nicht mehr huldvoll eingeladen; es wird in unmißverständlichem Ton befohlen. Die deutliche Sprache muß für viele Kastilianer, wenn nicht für alle, das Ahnen eines anderen Windes sein, der durch das Reich wehen und bisherige Gewohnheiten hinwegfegen will.

Weiß Isabella selbst um die Schwäche ihrer Position? Nur ein kleines, von der Bedeutung her kaum nennenswertes Häuflein Getreuer steht ihr zur Seite, für dessen Zuverlässigkeit sie in kritischen Situationen die Hand nicht ins Feuer legen möchte. Sie muß schockieren, und sie tut es mit ihrer Überrumpelungsaktion. Wie ihr die Bürger von Segovia zustimmten, wird auch das einfache Volk Kastiliens vertrauen. Doch selbst eine solche Stütze ist sehr morsch, steht doch der Mann der Straße, der Arbeiter und Bauer, nur im Schatten seines Lehensherren, der seit alters gewohnt ist, sich in seine Politik und Geschäfte nicht hineinreden zu lassen. Wie werden eben diese Feudalherren, fast nur Mitglieder des Adels reagieren, deren Macht einen König immer wieder zur Tatenlosigkeit verdammte? Ohne den Adel, auch den sich gerne monarchisch gebenden, jedoch nur selten zuverlässigen Klerus, so lehrt es die Vergangenheit, kann sich niemand auf dem Thron behaupten.

Ist Isabella ein Wagnis eingegangen? Zweifellos und zumindest in ihrer augenblicklich prekären Lage. Außer der Krone und außer Cabrera mit einigen indifferenten, jedoch unbedeutenden Sympathisanten hat sie nichts vorzuweisen. Zuversichtlich darf sie indes doch sein; denn der Überraschungseffekt ihrer Krönungsaktion lähmt sogar die Mehrheit des Adels, die sich noch immer für Juana stark machte. Nicht einmal von dieser Seite erfolgt ein spontanes Aufbäumen mit der Gefahr eines Bürgerkrieges. „Isabella, Königin von Kastilien, Ferdinand ihr rechtmäßiger Gemahl" – sind diese Worte bereits eine aller Tradition hohnsprechende Provokation, so droht die zusätzliche Ankündigung, daß jeder, der sich nicht sofort zur Anerkennung Isabellas durchringen könne, auf der Stelle abgesetzt werden und jeden Anspruch auf ein Amt verlieren würde. In den Burgen, Herrenhäusern und auf den Gütern ist man betroffen. Man kann sich keinen Reim machen, man ist verwirrt und rätselt, was dies zu bedeuten habe. Nach dem Tode Heinrichs hatte man mit der üblichen Zusammenkunft und Diskussion der Granden und Cortes gerechnet, in der man, den bisherigen Gepflogenheiten entsprechend, die Thronanwärterin auf Herz und Nieren zu prüfen und ihr ein ansehnliches Paket an Zugeständnissen und Vorrechten zu entlocken, wahrscheinlich sogar zu erzwingen dachte. Ja, die Mehrheit der Teilnehmer einer solchen Runde hätte Isabella keine Chance gegeben und für die Beltraneja plädiert. Doch genau dem ihr nicht unbekannten Palaver und der möglichen Gefahr, zugunsten Juanas ausgeschaltet zu werden, geht die junge Königin aus dem Wege. Sie hält nichts von unfruchtbarem Gerede und heimtückischen Vereinbarungen. Sie stellt die Großen des Reiches, aber auch die Städte und Bürger vor vollendete Tatsachen, weil für sie die Krönung kein Diskussionsthema ist, und weil sie von den namhaften Persönlichkeiten des Adels und der Städte keine Umschweife, sondern eine klare Entscheidung fordert, auch wenn sie, wie ihr wohl bewußt ist, in diesem Augenblick eine endgültige Klärung noch nicht, höchstens nur zum Teil, erwarten darf. Wußte sie es oder tat sie es spontan? Nicht mit fragwürdigen Resultaten einer Versammlung, sondern nur mit einem Handstreich war eine Neugeburt der desolaten Monarchie herbeizuführen.

Ihre Gedanken werden sich nicht entschlüsseln lassen. Aber ihr Handeln kann Beweis genug sein, daß sie eine neue und bessere Reichspolitik im Sinne hatte. Isabella hat genau und aktenkundig ihre Linie festgelegt. Sie, als unantastbare, bestimmende „Königin und Besitzerin", Ferdinand als „rechtmäßiger Gemahl", ist nicht nur alleiniges Oberhaupt, sondern hat auch den Aragonier dorthin verwiesen, wo sie ihn ab sofort zu sehen wünscht: zwar in der anerkannten Rolle des Ehemannes, jedoch ohne königlich-kastilische Würde und Herrschaftsgewalt. Sie wollte Repräsentantin des Reiches und Regierungschefin in einem sein, während sich ihr Mann in ihrem Glanz sonnen durfte, aber als Prinzgemahl in kastilischen Angelegenheiten nicht kompetent zu sein hatte.

Ferdinand in seiner Ehre gekränkt

Wenn er es nicht schon ahnte, so wird sie es ihn wissen lassen. Auch wenn drei Tage nach der Krönung ein Sendbote, es war Gomez Marique, Ferdinand in Saragossa die Nachricht vom Ereignis in Segovia überbringt, so ist der königliche Gemahl nicht überrascht. Eine Eilstafette Carrillos hatte ihn bereits informiert. Statt Genugtuung zum empfinden, daß sich die Jahre der Ungewißheit und Unsicherheit zu beenden schienen, fühlt sich der junge Mann verraten und von seiner eigenen Frau hintergangen. Widerspruchslos wollte er sich nicht der neuen und ihn diskreditierenden Situation beugen. Was ihm zu Ohren gekommen war, konnte nur als Anmaßung gedeutet werden, die sie sich nicht ohne Zustimmung ihres Gemahls hätte erlauben dürfen. Von Juristen, unter ihnen vor allem von dem ihm ergebenen Alfons de Caballería, ließ er sich auch sofort gutachtlich bestätigen, daß Isabellas Handlungsweise mit den Gesetzen nicht in Einklang zu bringen sei. Dieser Auftrag eines juristischen Gutachtens gegen die eigene Frau spricht gewiß nicht für ein herzliches Verhältnis beider Eheleute. Ferdinand ließ auch sofort verlauten, daß nicht seiner Frau, sondern ihm die Herrschaft über Kastilien gebühre. Er sei ja wohl der nächste männliche Verwandte Heinrichs aus dem Geschlecht der Trastamara. Von der Durchschlagskraft dieser Argumente überzeugt, machte er sich sofort auf den Weg nach Segovia und erwartete, daß sich ihm gleich maßgebliche Granden mit fliegenden Fahnen anschließen würden.

Armer Ferdinand, ist man geneigt zu sagen, der du nach fünf Jahren Ehe deine Frau und deren Sinnen und Trachten noch immer nicht kennst! Während er sich über juristische und dynastische Fragen ein Konzept ausgeklügelt hatte, war Isabella längst damit befaßt, ein Stabilität versprechendes Gebäude ihrer Herrschaft zu zimmern. Auch wenn es gewiß nicht ihre Absicht war, die unter Heinrich üblichen Freiheiten und Umtriebe der Adelsclique beizubehalten oder gar zu fördern, so mußte sie doch in diesen ersten Tagen ihres Königtums zu Zugeständnissen bereit sein, um sich einen einigermaßen tragbaren Boden zu sichern. Mit Versprechungen, die weit über ihre Absichten hinausgingen, brachte sie ein ihr ergebenes Gremium namhafter Größen zustande, darunter Kardinal Mendoza und die mächtigen Grafen. Zwei Männer sorgten aber für die Überraschung dieser isabellinischen Aktion, die man einen Coup nennen möchte: Erzbischof Carrillo, der hartnäckigste Repräsentant aragonesischer Interessen und Gegner Mendozas, und Beltrán de la Cueva, angeblicher Vater Juanas, der seine Ergebenheit der „erlauchten Königin" bestätigte, nachdem ihm Isabella mit einem Eid bekräftigt hatte, seinen Wünschen nach Privilegien und Dotationen nachzukommen. Gewiß, eine ganze Reihe von Granden, die der Königin zwar nicht feindlich gesinnt war, sich aber doch, wie von einem Schlag getroffen, mit der neuen Situation nicht gleich abfinden konnte, stand noch abseits, einige sogar in offener Gegnerschaft. Doch war Isabella überzeugt, eines Tages die Abwehrmauer, die sich vor allem in Andalusien und in Estremadura an der Grenze zu Portugal gebildet hatte, aufbrechen zu können.

Was Isabella da in Gang gebracht hatte, war überhaupt nicht nach Ferdinands Geschmack. Hatte man ihm in Saragossa bereits geraten, die Dinge mit Gewalt zu seinen Gunsten zu entscheiden, so schreckte er davor zurück und war der Meinung, daß die Zukunft eine friedliche Lösung bringen werde. Als er nach einem dreitägigen Aufenthalt in Turegano, wo er seinen feierlichen Einzug vorbereitete, am 2. Januar 1475 in Segovia eintrifft, wird zwar für ihn und Isabella im Alcazar ein Bankett gegeben, doch muß er zur Kenntnis nehmen, daß mit seiner Frau über die ihn bewegenden und brennenden Probleme nicht zu reden ist. „Rechtmäßiger Gemahl", so die Banalität seines Titels, konnte wirklich nicht noch übertrumpft werden. Auf solche Weise kann man ihn, der doch auch König von Sizilien und nicht mehr der Maultiertreiber von ehedem ist, nicht abspeisen. Er möchte mit der Faust auf den Tisch hauen; denn solches verlangt sein Stolz als Mann, den die resolute Frau zu überfahren droht.

Die Spannungen, Reibereien und unfruchtbaren und heftigen Diskussionen zwischen beiden Ehepartnern nähern sich bereits einem Siedepunkt, indem einerseits Isabella kein Jota in der alleinigen Herrschaft über Kastilien preisgeben will und Ferdinand die für einen König unschickliche Drohung ausspricht, seine Frau und das Land zu verlassen, um nach Aragonien zurückzukehren, wo, wie ihm das dortige Gesetz bekannt ist, Frauen von der Thronfolge ausgeschlossen sind. Da endlich läßt sich Isabella bewegen, diesen Auseinandersetzungen ein Ende zu bereiten und sich einem neutralen Schiedsgericht zu unterwerfen. In der Meinung, Kardinal Mendoza und Erzbischof Carrillo könnten als Oppositionelle zu Isabella eine günstige Lösung für ihn zustande bringen, hatte Ferdinand beide Kirchenmänner für die Entscheidung vorgeschlagen. Um so erschütternder wurde für ihn deren Urteil. Sie sprachen sich für die unbestreitbaren Rechte der Königin aus. Erneut sieht Ferdinand für sich nur die Alternative, wiederum die Abreise nach Saragossa anzukündigen.

Das Abkommen von Segovia (1475)

Isabella lenkt ein, wohl wissend, daß zur Stunde ein solcher Eklat im Herrscherhaus auch ihr beträchtlich schaden könnte, würde doch die Opposition ein derartiges Zerwürfnis genüßlich ausschlachten. Mendoza und Carrillo arbeiten gemeinsam rasch und definitiv eine Formulierung aus, die am 15. Januar 1475 als „Abkommen von Segovia" zur Charta des neuen, gewiß nicht alltäglichen Königtums in Kastilien wird. Darin wird Isabella als alleinige „Besitzerin" des Reiches bestimmt, eine sicher ungewöhnliche Terminologie, die aber der Königin und ihren direkten Nachkommen alle Rechte überträgt. Der Ferdinand in Harnisch versetzende Begriff des „rechtmäßigen Gemahls" wird so erweitert, daß ihm der Titel „König", aber nicht König von Kastilien, zugebilligt wird. Außerdem sollen Urkunden im Namen der Königin und des Königs ausgefertigt werden, wobei man Ferdinand sogar zuerst zu nennen habe, jedoch als Gatte.

Als „Besitzerin" obliege Isabella die Ernennung der obersten Militärs, der Statthalter in den einzelnen befestigten Plätzen und der Leiter der Zivilverwaltungen. Über Recht und Innenpolitik sollten beide Partner entscheiden, wenn sie „beieinander" seien – eine Formulierung, deren Auslegung dann Isabella allein für sich in Anspruch nimmt, im Klartext: Sie wird nur dann Verordnungen herausgeben, wenn Ferdinand abwesend ist.

Fazit dieses Abkommens, wie es von der Königin interpretiert und gehandhabt wird: Sie ist Herrin von Kastilien und bestimmt nach ihren Grundsätzen das Geschick des Landes und Volkes. Ohne sich etwas zu vergeben, hat sie ihrem Mann die Außenpolitik überlassen, die ihn ja besonders im Hinblick auf Katalonien und die süditalienischen Besitzungen zu beschäftigen hat. Ferdinands Unmut wurde gedämpft, erkennt er doch gewisse Vollmachten, die ihn aus der Bedeutungslosigkeit eines Prinzgemahls entlassen. Die gültige Erbfolgeregelung, wie sie ihm Isabella vorhielt, ist ihm sogar angenehm; denn ohne sie würde ihre gemeinsame Tochter von der Thronfolge ausgeschlossen.

Bei der bisweilen beinahe bis zur Feindschaft gesteigerten Aversion gegen Aragonien, zu der Ferdinands Vater Juan II. mehrfach Anlaß gegeben hatte, war das Mißtrauen in antiaragonesischen Kreisen Kastiliens durch die Heirat Isabellas nicht beseitigt, vielmehr noch verstärkt worden. Der von Mendoza und Carrillo gefaßte Schiedsspruch und deren ausgearbeitetes Abkommen glätteten die Wogen jener nicht geringen Anzahl, die schon an eine versteckte Herrschaft des Aragoniers über ihr Königreich geglaubt hatte. Nun war alles geklärt. Ferdinand durfte sich des Titels König und eines Mitsprachezugeständnisses, gleichsam eines Mandats ohne Abstimmungserlaubnis, erfreuen, aber Isabella war für Kastilien die rechtmäßige Herrscherin. Zur Befriedigung der erregten Gemüter kam hinzu, daß die zwischen dem Königspaar ausgebrochene, bedenkliche Krisis beigelegt werden konnte.

Kastilien: Geschenk einer Nacht

Das Hin und Her, das Für und Wider und das Wechselspiel zwischen Anhängern und Abtrünnigen ging munter weiter. Nicht auf einen wohlgeordneten Thron wie andere Monarchen hatte sich Isabella gesetzt. Ein Nest von angriffslustigen Hornissen schien er zu sein, die sie umschwärmten und mit ihren nicht ungefährlichen Stichen erhebliche Schmerzen verursachten. Waren die ersten, schweren Ehezwistigkeiten ausgeräumt, so türmten sich von außen neue Hindernisse auf, die schließlich befürchten ließen, sogar den Bestand der Monarchie und Kastiliens in Frage zu stellen.

Eine rauhe Brise wehte über das Staatsschiff der Königin hinweg. Sie kam nicht nur aus einer Richtung. Im Nordwesten brodelte es, wo der junge Pacheco Villena plötzlich Juana als Königin von Kastilien ausrief, obwohl ihm von Isabella die Würde des Großmeisters in Aussicht gestellt worden war. Entlang der Grenze zu Portugal liebäugelten die Granden mit König Alfons, und auch auf Estremadura und Andalusien war kein Verlaß. Die Monarchie und überhaupt das, was sich kastilisches Reich nannte, schien auf schwankendem Boden zu stehen. Nur die Basken im Norden, obwohl seit Jahrhunderten auf ihre Eigenständigkeit bedacht, standen fest zu Isabella. Mit Carrillo, dem wütenden und über den Kardinalshut für seinen Gegner Mendoza vergrämten Greis, war nicht mehr zu reden. Dreimal hatte Isabella Vermittler nach Alcalá geschickt, dreimal kehrten sie unverrichteter Dinge wieder zurück, zuletzt mit der erzbischöflichen Drohung: „Ich werde sie wieder dorthin bringen, wo sie herkam", nämlich vom Spinnrad, und außerdem mit der Ankündigung, daß er, wenn sie die Stadt durch das Tor betrete, durch ein anderes Tor Alcalá verlassen werde. Der Bruch war da und nicht mehr zu kitten.

Bereits eine historische Karte des 15. Jahrhunderts läßt die Explosionsgefahr erraten, die sich aus den internationalen Interessen und Spannungen ergeben könnte. In Portugal und Aragonien verfolgt man mit Argusaugen das Geschehen in Kastilien. Selbst das Wissen um die dortige innere Zerrissenheit, die Kämpfe des Adels untereinander, um die Befürworter und Gegner der Monarchie und eine kaum gefährlich werdende junge Königin kann die Bedenken um die Möglichkeit einer aktiven Außenpolitik nicht zerstreuen. Kastilien ist immerhin der größte und volkreichste Staat der Halbinsel. Seiner Macht, so sie ausgespielt wird, vermag weder Portugal noch Aragonien zu widerstehen. Die Mittellage müßte nach Ansicht der Nachbarn eigentlich ein Anreiz für die kastilischen Herrscher sein, sich mit einem der beiden Staaten zu liieren, um dann den anderen ohne allzu großes Risiko zu schlucken.

In eine solch sorgenvolle Kombination in Portugal war die Hochzeit Isabellas mit Ferdinand hineingeplatzt. Nun war es kein Gespenst mehr, sondern Wirklichkeit. Denn die Befürchtung eines Zusammengehens von Kastilien und Aragonien war nicht abwegig. Den endgültigen Beweis mußten die Krönung Isabellas und das Absetzen mehrerer Anhänger der Gegnerschaft, darunter auch Sympathisanten der aragonesischen Partei, liefern. Diese Gruppe machte sich sofort auf den Weg nach Portugal und stellte sich in ihrem dortigen Asyl König Alfons zur Verfügung, um auch propagandistisch dazu beizutragen, die antikastilische Stimmung anzuheizen. Schließlich war die Erinnerung nicht verblaßt, daß Kastilien im 14. Jahrhundert versucht hatte, Portugal zu beherrschen, auch wenn damals eine Invasion mit Waffengewalt abgewehrt werden konnte.

Alfons V. „der Afrikaner“ (1438–1481)

Gestärkt durch seine militärischen Eroberungen in Nordafrika, die ihm den Namen „der Afrikaner“, aber auch „der Edelmütige“ eingebracht hatten, nutzte König Alfons V. Ende Dezember 1474 die durch die Krönung Isabellas entstandene Verwirrung und Opposition unter dem Adel und in einer Reihe von Städten, und verlautbarte, seine dreizehnjährige Nichte Juana, die Beltraneja, heiraten zu wollen. Dieser Ankündigung fügte er ihre Ernennung zur Königin von Kastilien hinzu. Zusätzlich erließ er einen Aufruf an den kastilischen Adel, dem Beispiel zu folgen. Er fand auch teilweise Gehör. Wie schon erwähnt, schloß sich der junge Villena der Proklamation Juanas an. Die Initiative des portugiesischen Königs traf nicht ganz überraschend auch bei Carrillo auf offene Ohren. Der gekränkte Erzbischof, eine neue Chance für sein Machtstreben witternd, wird, wie noch zu erfahren sein wird, im gegebenen Augenblick zu Alfons überlaufen und diesem auch noch fünfhundert Bewaffnete zur Verfügung stellen.

Während in Segovia jenes Dokument über das Verhältnis zwischen Isabella und Ferdinand ausgehandelt wurde, mobilisierte Alfons eine Angriffsarmee, verstärkte seine Grenzbefestigungen und rief seinen Kriegsrat zur Festlegung des Operationsplanes zusammen. Isabella wußte, daß in den Stunden ihrer Aufbauphase ein Krieg alles zunichte machen würde. Auf ihre Abstammung als Tochter einer portugiesischen Prinzessin vertrauend, suchte sie sogleich den Konflikt, bevor er zu einem blutigen Krieg ausufern konnte, auf diplomatische Weise zu bereinigen. Ihrem Gesandten war kein Erfolg beschieden. Alfons, der sie am 8. Januar 1475 von seiner Heiratsabsicht und den Rechten Juanas schriftlich unterrichtet hatte, ließ sich auf keine Diskussion ein und ließ Isabella abblitzen. Kein Zweifel, er will den Krieg und mit Juana als Faustpfand und dann als seine Gemahlin über Kastilien herrschen. Die kritische Situation nimmt immer bedrohlichere Ausmaße an. Nach den Verwüstungen durch die Kriege des Adels im Inneren bedrohen Kastilien nun neue Schrecken durch einen äußeren Feind.

Die Mobilmachung und Ausrüstung der portugiesischen Truppen ist beendet. Somit eröffnet Alfons die Feindseligkeiten. An der Spitze eines Heeres von zehntausend Mann Fußvolk und fünftausend Kavalleristen überschreitet er zwischen dem 10. und 30. Mai die Grenze und rückt in kastilisches Gebiet ein, um auf mehreren Wegen in Richtung Zamora und Salamanca zu marschieren. Sofort erklären sich die wichtigen Städte Burgos, León, Madrid, Toledo und natürlich Alcalá, wo Carrillo sofort ins portugiesische Lager überschwenkt, für den Invasoren und seine Kriegsziele. Im Süden ist es Sevilla, das sich dieser Bewegung der Anerkennung Juanas anschließt. In ihrer aussichtslosen Lage erfährt Isabella erstmals einen rückhaltlosen Beistand Ferdinands, der alle ihr und ihm noch ergebenen Kräfte sammelt und durch persönlichen Einsatz Schwankende gewinnen kann. Auch Isabella versteckt sich nicht. Sie hofft auf ihre Popularität und begibt sich nicht zum Adel, sondern zum Bürgertum und dem arbeitenden Volk. Die ihr entgegengebrachten Sympathien sind zwar eindrucksvoll, reichen aber nicht aus, der drohenden Katastrophe den Schrecken zu nehmen.

Sie muß tatenlos zusehen, wie sich mitten in „ihrem" Kastilien diese Katastrophe anzubahnen scheint. Unbehelligt wird die Beltraneja von Madrid nach Trujilla und schließlich nach Plasensia gebracht, wo sie mit Alfons zusammentrifft. Die entmutigenden Nachrichten reißen nicht ab.

Isabella muß vernehmen, daß am 29. Mai die Hochzeit von Alfons und Juana in Plasensia stattgefunden habe. Sie wird unterrichtet, daß Alfons gleichzeitig die Kirchenfürsten, den Adel und die Städte Kastiliens in einem Rundschreiben erinnert, daß Juana die von ihrem Vater Heinrich IV. ererbten Rechte antrete. Dieser Aufruf allein genügt ihm nicht. Isabella wirft er vor, ihren Halbbruder vergiftet zu haben, weshalb sie als Verbrecherin und Königsmörderin auszuschalten sei. Schließlich ruft er den Empfängern seines Schreibens eine alte Weissagung ins Gedächtnis, nach der ein König von Portugal auf einem hölzernen Pferd nach Kastilien reiten, das Reich in Besitz nehmen und das Volk von der Tyrannei befreien werde. Zu dem geweissagten Befreier fühle er sich berufen. Mit dem Vollzug seiner Ehe wolle er, eingedenk der Probleme einer Verwandtenheirat, jedoch bis zum Eintreffen des päpstlichen Dispenses warten.

Vor diesem Geschehen in beängstigender Nähe und dem damit verbundenen Vordringen des Feindes können Isabella und Ferdinand die Hände nicht in den Schoß legen. Am 12. Mai hatte Ferdinand vorsorglich sein Testament durch Fray Hernando de Talavera abfassen und niederschreiben lassen. Am 24. Mai erklären Königin und König die den Portugiesen Unterstützenden für Hochverräter und verweisen noch einmal nachdrücklich auf ihre Rechte. Isabella, die sich schon in einem langen, schriftlichen Aufruf an „ihre lieben Untertanen" gewandt hatte, läßt es nicht bei Rundschreiben bewenden. Sie will und braucht das unmittelbare Gespräch mit den Menschen. Indirekt hilft ihr und ihrem Gemahl der portugiesische König. Während Alfons in Plasencia seine Hochzeit mit Juana wochenlang mit rauschenden Festen feiert, dem zu ihm übergelaufenen Adel Bankette bereitet und seinen Soldaten ungewöhnliche Köstlichkeiten zukommen läßt, rüsten sich Isabella und Ferdinand für die Entscheidung, von der sie wissen, daß sie ihr Schicksal bedeuten wird. Die Königin, wieder hochschwanger, scheut keine Anstrengung. Wie eine redegewandte Parlamentarierin der modernen Demokratie zieht sie durch das Land, reißt die Menschen aus ihrer Lethargie, überzeugt sie, daß es um das Wohl aller geht, packt sie mit ihrer Unerschrockenheit und ihrem Einfühlungsvermögen die Probleme des Volkes an und gewinnt die Herzen für sich und die Existenz der Gemeinschaft. Über dem Programm ihrer Rundreise könnte das Wort stehen: „Jeder für alle, alle für Isabella!"

Nur Herzen und Zuneigung gewinnen reicht nicht, um einen ins Land eingebrochenen Feind abzuschlagen. Man braucht Krieger und Waffen. Dies zu beschaffen, hat sich Ferdinand vorgenommen, kein leichtes Unterfangen für den noch immer mißtrauisch betrachteten Aragonier. Aber er beweist sein Organisationstalent: Innerhalb eines Monats bringt er achttausend Berittene und zwanzigtausend Mann Fußvolk auf die Beine, eine zwar beachtliche und zahlenmäßig dem portugiesischen Heer überlegene Armee, aber eine durch innere Führungsschwäche nicht sonderlich zuverlässige Truppe. Zwischen den vom, der Monarchie noch ergebenen, Adel gestellten, erprobten Soldaten und dem wenig erfahrenen Bürgerhaufen klaffen Lücken der gegenseitigen Mißgunst und der von jedem Kommandeur für sein Kontingent beanspruchten Befehlsgewalt. Die Lehensherren sind nämlich nicht gewillt, sich einer obersten Führung zu beugen, dringen vielmehr darauf, ihre Leute ohne Einmischung selbst zu befehligen. Was an Mängeln und Gefahren eine derartige Heeresstruktur in sich birgt, leuchtet ein.

Alfons hingegen ist guter Dinge und bei den ihm bekannten Verhältnissen in Kastilien von seinem Erfolg überzeugt. Um jeden Unsicherheitsfaktor auszuschalten, hat er mit Ludwig XI. (1461–1483), dem Franzosenkönig, Verhandlungen in Gang gebracht, wonach die Franzosen über das Baskenland nach Süden vordringen sollen, um sich mit ihm in Burgos zu vereinigen. Das müßte den Sieg bedeuten. Nach den Hochzeitsfestwochen marschiert der portugiesische Heerbann am Duero entlang bis Toro, der Stadt auf halbem Weg zwischen Zamora und Tordesillas. Während sich Alfons in Toro verschanzt, wo ihm Ferdinand den Weg nach Burgos versperrt, kommt Isabella in Tordesillas nieder – mit einem totgeborenen Kind, die Quittung für die Strapazen, die sie sich wochenlang auferlegt hatte.

Alfons, dem der Chronist Isabellas, Hernando del Pulgar, in einem Schreiben die Fragwürdigkeit seines Unternehmens und die Unzuverlässigkeit des kastilischen Adels dargelegt und mit dem Satz beendet hatte: „Überlegt es Euch wohl, bevor Ihr diesen Krieg beginnt; denn einen Krieg beginnen kann jeder, ihn siegreich beenden, nicht!“, wartet vergeblich auf den französischen Verbündeten und zieht sich vorsichtshalber nach Zamora zurück. Die Stadt, die er vorerst ausgespart hatte, öffnet ihm die Tore. Alfons, dem sonst Ehrgeiz und Draufgängertum nachgesagt wird, zaudert, obwohl die Situation ihm das Kriegsglück in die Hand zu spielen scheint. Ferdinand hatte ihn durch Gomez Manrique verstehen lassen, die militärische Entscheidung gemäß mittelalterlicher Tradition durch einen Zweikampf zwischen ihm und dem Portugiesen herbeizuführen. Alfons akzeptierte den Vorschlag, fordert aber Isabella als Geisel zu der bereits in seiner Hand befindlichen Juana. Dies wiederum lehnt Ferdinand ab. Der Zweikampf findet also nicht statt, vielmehr muß sich Ferdinand absetzen, da ihn nach der Aufgabe von Toro die Truppen des Adels verlassen und die bürgerlichen nur mit allem Aufwand an Zuwendungen und Versprechungen zum Verbleib genötigt werden können.

Die Situation ist für das kastilische Königspaar so gefährlich und fast aussichtslos geworden, daß Ferdinand um Unterhandlungen nachsuchen muß. Weil aber auch Alfons ohne seinen französischen Verbündeten und mit recht fragwürdigen Vertretern der aragonesischen Partei aus Kastilien, sein Heer nicht in bester Verfassung glaubt, will er in Verhandlungen eintreten, macht jedoch zur Bedingung, daß ihm die Städte Toro, Zamora und die Provinz Galicien ausgeliefert würden. Das ihm vorgelegte Dokument ist Ferdinand bereit zu unterschreiben, als ihm Isabella entschieden in die Quere fährt. „Nicht eine Zinne!" ruft sie empört, ein Wort, das als ihr von da an konsequenter und unmißverständlicher Leitspruch überliefert wurde.

„Nicht eine Zinne!" Aber über vielen Zinnen, vielleicht über ganz Kastilien droht die portugiesische Fahne hochgezogen zu werden. Nur noch Tage, und auch das Bürgerheer wird seine Stellungen verlassen. Der Unmut unter den Soldaten wächst; denn der Sold bleibt aus, und der Nachschub wird bei schlechter Bezahlung immer spärlicher. Ohne Geld und mit einem knurrenden Magen ist niemand bereit, sein Leben aufs Spiel zu setzen. Der Krieg ist ein gefräßiges Untier. Die Staatskasse im Alcazar von Segovia leidet unter bedenklicher Schwindsucht. Was an Steuern einfließt, ist ein bescheidenes Rinnsal. Das Königspaar verpfändet bei jüdischen Geldverleihern seinen persönlichen Schmuck. Doch auch diese „Notgroschen" sind rasch aufgebraucht. Die Kapitulation dürfte nur eine Frage von kurzer Zeit sein. Sie würde den Todesstoß für Isabella und Ferdinand bedeuten und zugleich ein anderes Monarchenpaar, den Portugiesen Alfons und die umstrittene Juana, auf den Thron Kastiliens heben.

Es ist fünf vor zwölf. Diese schier ausweglose Situation zu retten, bieten sich zwei Kirchenmänner an: Fray Hernando de Talavera, Beichtvater Isabellas, und Kardinal Mendoza. Sie stellen die reichen Kirchenschätze, eine Menge goldener und silberner Geräte, bereit, aber nicht ohne sich versichern zu lassen, daß es sich um eine zurückzuzahlende Anleihe handele. Mendoza läßt trotz Bedenken Isabellas, die über die Verwendung sakralen Gutes zu Kriegszwecken nicht erbaut ist, den wertvollen Schatz einschmelzen. Damit ist die finanzielle Basis für weitere Operationen gelegt. Nur kommt es im Jahre 1475 zu keiner Entscheidung. Zwar kann die Festung Burgos mit der Artillerie, die von Alfons von Aragón, einem unehelichen Sohn Juans II., kommandiert wird, sturmreif geschossen und eingenommen werden. Isabella eilt sofort sechs Tage lang durch Schneestürme herbei und ergreift Besitz von der Stadt. Schon ist es wieder Winter geworden; denn Burgos fällt am 19. Januar 1476.

Bereits ein Jahr ist der portugiesische Feind auf kastilischem Boden, und, wenn es nicht endlich zu einer militärischen oder diplomatischen Lösung kommen sollte, wären die letzten finanziellen Quellen versiegt. Während Isabella unermüdlich von Stadt zu Stadt jagt, um ihre Anhänger aus dem Schlaf zu scheuchen, kann Ferdinand Zamora besetzen; die dortige Festung ergibt sich noch nicht. Trotzdem schien das Kriegsglück dem portugiesischen König erneut gewogen zu sein. Durch seinen Sohn Juan hat er Verstärkung erhalten. Neben einer zahlenmäßigen Übermacht kann er auch auf eine bessere Bewaffnung seines Heeres vertrauen. Jetzt mußte sich das Schicksal Kastiliens und seines Königspaares entscheiden, aber auch den Weg für Alfons und die Beltraneja ebnen.

Die Schlacht bei Toro (1476)

Alfons hat sich in Toro verschanzt. Will er keine weiteren Verstöße ins Land wagen oder wartet er ab, was Ferdinand zu unternehmen gedenkt? Dieser ist sich angesichts des ihm bekannten starken Gegners seiner Sache nicht sicher. Aber Kardinal Mendoza, den Isabella ins Kriegslager geschickt hat, rüttelt den zweifelnden Ferdinand auf und hämmert ihm ein, dem Kampf nicht auszuweichen und geradewegs auf Alfons zuzumarschieren: „Vertraut auf Gott, der alle Siege in den Händen hält und Euch den Euren schenken wird, so Ihr ihn verdient!"

Ob Gottvertrauen oder Einsicht, der kaum mehr aufschiebbaren Entscheidung nicht mehr ausweichen zu können, entschließt sich Ferdinand zum Kampf. Am 1. März 1476 stehen sich in Peleagonzalo bei Toro beide Heere gegenüber. Die Schlacht, die einzige in diesem Erbfolgekrieg, beginnt. In kriegerischer Rüstung mit Harnisch, Helm und blankem Schwert treibt auf jeder Seite ein Kirchenfürst die Kämpfenden an: bei den Portugiesen der übergelaufene Carrillo und bei den Kastilianern Kardinal Mendoza. Jeder von ihnen beansprucht sein Recht und treibt die Streitenden voraus. Angesichts seines gegnerischen Amtsbruders schreit Mendoza: „Verräter! Hier ist der Kardinal von Spanien!"

Die Heere prallen aufeinander. Mehrere Stunden wogt das Kriegsglück hin und her. An der Spitze oder inmitten der Kämpfenden hauen der Kardinal und der Erzbischof, nun nicht mehr friedliche Kirchenfürsten, sondern wütende, blutlechzende Haudegen, um sich – eine makabre Groteske, da jeder wild und unversöhnlich die Gelegenheit ergreift, einen schon lange schwelenden Haß abreagieren zu können.

Mit Beginn der Abenddämmerung hört das Abschlachten auf. Es war in der Tat ein Abschlachten; denn zehntausend Gefallene, eine für jene Zeit ungewöhnlich hohe Zahl, decken die Walstatt. Wer war der Sieger? Im Grunde keiner der beiden Kontrahenten. Aber jeder beansprucht den Erfolg für sich. Und doch mag man Ferdinand das bessere Ende einräumen; denn Alfons verläßt sofort das Schlachtfeld, zieht seine Truppen zurück und verkriecht sich in Castromina. In völliger Erschöpfung fällt er in einen fast bewußtlosen Tiefschlaf, wohl doch die Reaktion auf eine mißlungene Entscheidung.

Die Entscheidung sieht aber Ferdinand anders. Den Ausgang der Schlacht in seinem Sinne deutend, schickt er sofort einen Kurier zu Isabella nach Tordesillas. Die von bangen Sorgen befreite Königin läßt die Kirchenglocken läuten und ein Te Deum anstimmen, an dem sie barfuß teilnimmt. Mit dem zurückgekehrten Ferdinand begibt sie sich zum Dankgottesdienst und ordnet Siegesfeiern an. Das königliche Paar leistet den Schwur, als Dank für den Sieg in Toledo das Kloster San Juan de los Reyes gründen und bauen zu wollen. Zuversichtlich an die nächste Entwicklung glaubend, sagt Ferdinand am Abend nach der Schlacht zu Isabella: „Seid froh, daß unser Herr Euch diese Nacht ganz Kastilien geschenkt hat!"

Ob es wirklich ein überzeugender Sieg war, mag dahingestellt sein. Auf jeden Fall war er als solcher in Windeseile in ganz Kastilien bekannt geworden und hatte das königliche Ansehen innerhalb weniger Stunden erheblich verbessert und nachdrücklich dazu beigetragen, den jungen Monarchen viele bis dahin Wankelmütige und auch Gegner einzufahren. Von einigen Lehensherren und Adeligen abgesehen, die sich mit der neuen Lage noch nicht abfinden konnten, war Isabella ihr Königreich in jener Nacht des 1. März 1476 tatsächlich geschenkt worden. Selbst Carrillo hatte Alfons verlassen. Sein Umschwenken blieb nicht ohne Wirkung auf die zahlreichen anderen Anhänger Aragoniens, die sich unter einem König von Portugal wohl Pfründen und nach dem alten, ungeschriebenen Gewohnheitsrecht materielle und politische Vorteile ausgerechnet hatten, nun aber nicht einmal mehr mit den Besitzungen rechnen durften, die sie in Kastilien zurückgelassen hatten, weil sie als erklärte Hochverräter und Staatsfeinde wohl kaum mehr Ansprüche stellen konnten.

Verweilen wir noch für Augenblicke bei Isabella und Ferdinand. Eigentlich hätte sie diese glückliche Phase des Konflikts in Hochstimmung versetzen müssen. Das Gegenteil war der Fall. Noch einmal und, wie die Chronisten überliefern, zum letzten Male, prallten beide heftig aufeinander. Ferdinand, überzeugt, daß Kastilien mit diesem Erfolg, wie er es formuliert, nun in Ordnung gebracht worden sei, erklärt die Notwendigkeit seiner Anwesenheit in Katalonien, wo ein möglicher Einmarsch der Franzosen, der Verbündeten des Portugiesen, zu erwarten sei. Dieser Gefahr müsse er mit entsprechenden Maßnahmen vorbeugen. Isabella hingegen pocht auf Kastilien, auf einige noch vorhandene Oppositionsgruppen, die zur Räson gebracht werden müßten. Beide geraten sich so in die Haare, daß Isabella Besucher mit der Begründung abweisen läßt, sie sei in Rage. Der nicht minder aufgebrachte Ferdinand sucht seine Erregung durch die Jagd zu kompensieren, ein Tief in Stunden, da das Reich nur mit klaren Gedanken geführt werden kann.

Der Streit des Königspaares ist aber nur kurzlebig. Daß beide sofort wieder das Kriegsbeil begraben, begraben mußten, dafür sorgt ausgerechnet Alfons V. Für ihn war die Schlacht zwar geschlagen, der Krieg aber nicht beendet. Hatte er auch mit Juana kastilisches Territorium verlassen, so baute er auf seinen mächtigen Verbündeten Ludwig XI., dessen militärische Unterstützung einen Erfolg garantieren mußte. Der Franzose hielt sich auch an seine Zusage und schickte noch in jenem März ein Heer von fünfzigtausend Mann gen Süden.

Die starke Streitmacht überschreitet bei Hendaye die Grenze, nicht wie von Ferdinand vermutet in Katalonien. Also muß in aller Eile umdisponiert werden. Den kastilischen Truppen gelingt es, die Franzosen nach Bayonne zurückzuwerfen. Die Belagerung der Stadt Fontarabie muß das französische Heer abbrechen, da die Marine der Basken, die ja treu zu Isabella stehen, den Nachschub des Feindes zu unterbinden versteht. Angesichts dieses Mißerfolgs hätte Alfons, der „Löwe von Afrika", wie ihn die Chronisten schmeichelnd bezeichnen, die Segel streichen müssen. Aber Ehrgeiz, Hartnäckigkeit und sein von Afrika gewohntes Kriegsglück peitschten ihn zu neuen Anstrengungen auf. Kam der Franzose nicht zu ihm, so mußte er sich nach Frankreich begeben, wenn auch nicht als Triumphator, sondern als Bittsteller, dem nur die persönliche Vorsprache Hoffnung auf Realisierung seiner Pläne zu schenken schien.

Alfons entschloß sich im Jahre 1476 zu einem „Gipfeltreffen" bei Ludwig XI. Aus Kastilien in sein Königreich zurückgekehrt, übergab er seine Braut Juana in die wohlbehütenden Arme seiner Familie. Damit hatte die Beltraneja für immer Abschied von ihrem Geburtsland genommen oder nehmen müssen, in dem sie ein nicht geringer Anhang hartnäkkig zur Königin hatte machen wollen. Alfons aber begab sich per Schiff nach Frankreich. Mit geradezu überschäumender Herzlichkeit empfing man den Portugiesen, der in seiner Gutgläubigkeit und Naivität von der Aufrichtigkeit der Begrüßung und der Gespräche beeindruckt war. Von diplomatischen Winkelzügen, mit denen Ludwig bereits meisterhaft zu jonglieren verstand, hatte er keine Ahnung. Ludwig beherrschte die Klaviatur, die mit der beginnenden Neuzeit zum wichtigsten Handwerkszeug der Politik wurde, und erkannte in dem simplen und viel zu ehrlichen Portugiesen ein williges Opfer, den eigenen Interessen nachzuhelfen. Für zugesicherte Dienste ließ er militärische Unterstützung durchblicken, war jedoch nach dem Mißerfolg bei Hendaye in Wirklichkeit nicht gesonnen, für die verkorksten Anstrengungen seines Gastes in Kastilien auch nur noch einen Mann zu opfern. Ludwigs Probleme lagen nicht im Süden, sondern im Osten, in und um Burgund. Da gab es eine Reihe von Streitigkeiten. Als zu nutzender Vorteil erwies sich die nahe Verwandtschaft des dortigen Regenten Karls des Kühnen (1433–1477) mit Alfons, der sich auch spontan bereit erklärte, Vermittler zu spielen, wofür sich der Franzose revanchierte, indem er seinen Einfluß in Rom geltend zu machen versprach, um den päpstlichen Dispens für Alfons und Juana zu erwirken. Weil aber den Burgunder, der von einem Großreich zwischen Frankreich und Deutschland geträumt und schon mehrere Niederlagen erlitten hatte, bald darauf in der Schlacht von Nancy der Tod ereilte, strich Ludwig den Namen Alfons aus seiner Mitarbeiterkartei und entließ den damit unbrauchbar gewordenen Portugiesen mit allen, aber gewiß nicht aufrichtigen Ehrerweisungen.

Die Juana-Angst geht um

Alfons, aus Frankreich zurückgekehrt, hatte zu spüren bekommen, daß er von einem, im geläufigen Intrigenspiel der Diplomatie routinierten Franzosen aufs Kreuz gelegt worden war. Von Zusammenkünften, Gesprächen und Bündnissen hielt er nichts mehr. Gleich nach seiner Ankunft wollte er seiner Enttäuschung nachgeben, seinen Rücktritt ankündigen und die Herrschaft seinem Sohn Juan übergeben, um als Mönch im Heiligen Land die menschliche Unzulänglichkeit zu vergessen und in Askese sein Lebensende zu erwarten. Wenn sich auch sein Sohn und der Adel entschieden gegen dieses Vorhaben sträubten und Alfons zum Verbleib in Portugal überreden konnten, so duldete er ohne Widerrede, daß Juan bereits die

Zügel der Regierung in die Hand nahm. Der junge Thronfolger war klug genug, aus den unzulänglichen und verlustreichen Versuchen, Kastilien niederringen zu wollen, für seine nun erforderlichen Schritte zu lernen. Mit seinem Adel war er sich einig, keine kriegerischen Unternehmungen mehr einzugehen. Weil mit einem solchen Verzicht auf eine militärische Lösung der Rechte Juanas und seiner Vorstellung einer Herrschaft Portugals über Kastilien das endgültige Urteil gesprochen würde, wollte Alfons noch einmal das Blatt wenden. Ohne sich um die Friedensbemühungen seines Sohnes und des Adels zu kümmern, finanzierte und stellte er ein kleines Privatheer auf, das er gegen Kastilien in Marsch setzte. Aber bereits beim ersten Zusammenstoß mit kastilischen Truppen wurde dieses Kontingent bis auf wenige, die sich nach Portugal absetzen konnten, zusammengehauen.

Die Beltraneja wird ins Kloster gesteckt

Wenn auch als Streiter erzogen, so beanspruchte der Königssohn Juan, ohne seinen Vater zu konsultieren, doch eine Übereinkunft mit dem kastilischen Gegner. Dort war es Kardinal Mendoza, der sich als Gesprächspartner zur Verfügung gestellt hatte, während Juan zusätzlich und insgeheim mit der unmittelbaren Umgebung Isabellas Verbindung aufnahm. Gerade, 1478, hatte Isabella einem Sohn das Leben geschenkt. Dies war wie ein Wink des Schicksals, den Verhandlungen eine diskutable Grundlage zu geben, nämlich eine künftige Liaison beider Häuser, mit der die Differenzen zwischen Portugal und Kastilien nicht später, sondern sofort beigelegt werden könnten. Dieser Isabella-Sohn, ebenfalls mit Namen Juan, sollte, so war der wichtige Punkt in das Verhandlungsprogramm einzuarbeiten, bereits im Alter von sieben Jahren Juana heiraten und noch einmal sieben Jahre danach die Ehe vollziehen. Damit wäre endlich das leidige Problem gelöst, und die Beltraneja käme außerdem in den Genuß, Königin von Kastilien zu werden. Bis dahin habe sie jedoch auf alle Rechte zu verzichten.

Während Isabella, die verstärkt den Eintritt Juanas in ein Kloster forderte, diesem Vertrag, der nach langwierigen Beratungen schließlich 1479 ratifiziert wurde, ihre Zustimmung gab, war Alfons wenig geneigt, sich von seiner Braut zu lösen. Aber angesichts der Mehrheit seines Adels gab er seinen Widerstand auf. Eine recht ungewöhnliche Klausel bestimmte außerdem, daß Juana bei ihrer Weigerung, die vorgesehene Ehe einzugehen, keinen anderen Mann heiraten dürfe und sich in ein Kloster zu begeben habe. Die Versöhnung beider Reiche hatte noch einen weiteren

Vertragspunkt zum Inhalt. Er legte ebenfalls eine Heirat zur guten Nachbarschaft fest. Diese war für den Sohn des portugiesischen Prinzen Juan mit der ältesten Tochter Isabellas vorgesehen. Mit der Verschmelzung beider Dynastien sollte auch der Frieden zwischen den beiden Reichen festgeschrieben werden.

Nachdem endlich der widerborstige Alfons V. für dieses Vertragswerk gewonnen worden war, schien alles eitel Wonne zu sein. Aber auch in diesem Falle war dem Schein nicht zu trauen; denn auf Dauer sollte Juana für Isabella ein Unsicherheitsfaktor bleiben. Vorerst sträubte sich die Zentralfigur Beltraneja gegen diesen Pakt. Sie lehnte die über sie beschlossenen Punkte kategorisch ab. Mit der Weigerung wurde für sie das paraphierte Schicksal wirksam, also keine Ehe, aber Kloster. Wie eine Wilde begehrte sie auf, berichtet der Chronist. Eine ganze Nacht lang weinte, schrie und tobte sie, und nur Prinz Juan sei es zu verdanken gewesen, daß sie beruhigt und zur Annahme der Bedingungen überredet werden konnte, hatte er ihr doch zugesichert, sie wieder aus dem Kloster zu holen, wenn eine notwendige Zeit verstrichen sei. Am 5. November 1479 trat Juana als Novizin in das Klarissinnenkloster Santa Clara in Coimbra ein. Zwangsweise Einweisung in ein Kloster untersagte jedoch das kirchliche Gesetz. Mit nicht unbegründetem Vorbehalt wird man daher der Überlieferung folgen müssen, daß sie der dortigen Äbtissin, Dona Margarita de Menes, die zum Aufnahmeritus vorgeschriebenen Fragen mit der Behauptung beantwortet habe, daß sie aus freien Stücken und ohne Beeinflussung bereit sei, in den Orden einzutreten und ihm bis zu ihrem Lebensende treu zu bleiben. Endgültigkeit mußte diese Eintrittsversicherung erst nach dem Novizenjahr durch das ewige Gelübde erhalten.

Und ein Jahr später, am 15. November 1480, legte sie dieses in Anwesenheit von Fray Hernando de Talavera ab. Diesen Mann, ihren Beichtvater, hatte Isabella mit dem Auftrag geschickt, die Formalitäten des Gelübdes genauestens zu überwachen; denn ein Formfehler konnte es ungültig machen und Juana wieder die Freiheit bescheren. Fragen sind nicht unberechtigt: schlechtes Gewissen, Angst oder Rache? Man wird sich nur an weiteren Reaktionen und Aktionen Isabellas ein vorsichtiges Urteil bilden können, was die „katholische Königin" bewog, ihre Nichte und ihr Patenkind, sowie deren immer noch vorhandene Anhängerschaft mit wenig christlichen Mitteln zu verfolgen.

Die Pforte des Klosters von Santa Clara hatte sich hinter Juana geschlossen. Ihr Bekenntnis, in der Zelle und in den täglichen rituellen Pflichten auf alles Weltliche zu verzichten und dem Orden bis zu ihrem Tode zu dienen, konnte nur unter politischem und psychischem Zwang erfolgt sein. Einen Beweis dafür dürfte die Tatsache liefern, daß jenes Dokument, das ihre Thronrechte zum Inhalt hatte, zunächst an die portugiesische Infantin Beatrix übergeben, schon kurz darauf verschwand und nie mehr aufgetaucht ist. Die Vermutung dürfte dafür sprechen, daß man im Abkommen Isabella keinen Vorwand liefern wollte, mit Juana im Hintergrund ein Druckmittel ausspielen zu können. „Dubium sapientiae initium – Zweifel ist der Weisheit Beginn“, sagte Cartesius. Und die Zweifel über Juanas weiteres Schicksal könnten den Historikern Stoff für die Weisheiten über die Machenschaften vermitteln, wie man ein junges Mädchen, eine Königstochter, vor dem Altar der Politik zu opfern bereit ist – ein weiteres Beispiel für Praktiken, an denen die Geschichte nicht arm ist.

Juan II., König von Portugal (1481–1495)

Zunächst hatte Portugal einen neuen Herrn bekommen. Nachdem Alfons V. am 18. August 1481 im Alter von neunundvierzig Jahren verstorben war, wurde sein Sohn als Juan II. König. Der junge Mann, wohl überzeugt, daß die Nonne Juana keine internationalen Schwierigkeiten bereiten könnte, löste sein Versprechen ein und erlaubte ihr von Fall zu Fall Besuche in Lissabon. Für Juana, obwohl im Status einer Klosterfrau, eine willkommene Chance, sich nicht zu verstecken. Sie ist vom gleichen Holz wie ihre Tante Isabella geschnitzt. Mit aller Hartnäckigkeit beharrt sie im Kloster und bei Auftritten in der Hauptstadt auf ihren Titel „Königin von Kastilien“. Alfons, ihr ehemaliger Verlobter, hatte ihr 1480 zusätzlich die Ehrenbezeichnung „Exzellenz – Excelente Senhora“ verliehen. Weder Alfons noch sie selbst hatte ein Protest Isabellas gegen diese Aufwertung gestört. In Kastilien wurde eben alles, was auch nur den Anschein einer Begünstigung Juanas erweckte, für Isabella zum roten Tuch und riß sie zu unüberlegtem Handeln hin. Zusammen mit Ferdinand stellte sie Juan II. die Forderung, ihnen die Beltraneja als Geisel auszuliefern. Als dieses Ansinnen keine Resonanz gefunden hatte, soll sie (laut unzuverlässiger Quelle) über Querverbindungen zum Herzog von Braganza, einem einflußreichen Feudalherrn, ein unsauberes, ja verbrecherisches Spiel in die Wege geleitet haben: Der Herzog sollte Juan II. ermorden. Dieser aber erfuhr rechtzeitig von diesem Komplott. Noch bevor es zu einer Ausführung kommen konnte, ließ er den Braganza hinrichten. Da aber von dessen Schwager, dem Herzog von Viseu, ähnliche Gefahren zu befürchten waren, erledigte Juan dies ebenfalls mit der Liquidierung des Herzogs. Handelte es sich dabei um einen angesehenen

Großen des portugiesischen Reiches, so brachte er ihn eigenhändig um, anstatt die „Arbeit" einem Henker zu überlassen. Inwieweit Isabella direkt oder indirekt in diese Affäre verwickelt war, entzieht sich jedoch unserer Kenntnis. Nicht frei von gelegentlicher Skrupellosigkeit, dürfte sie keine Gewissensbisse verspürt haben, in irgendeiner Form daran beteiligt gewesen zu sein.

Nur zu genau war Isabella informiert, welches Ansehen Juana in Lissabon genoß. Mit einem beseitigten Juan II. wäre die Beltraneja wohl endgültig hinter den Mauern von Santa Clara verschwunden gewesen. Durch welche Kanäle es auch gelaufen sein mochte, das geplatzte Vorhaben macht jedoch deutlich, wie sehr Isabella eine Gefahr aus dem Westen fürchtete, weil sie, so darf man wohl als nahezu sicher annehmen, die Ansprüche Juanas für rechtens hielt und ein Aufflackern der Feindschaft unter ihren ehemaligen Anhängern nicht ausschloß. In ihrer Angst erreicht sie beim Papst eine Bulle, die Juana verbietet, ihr Kloster noch einmal zu verlassen. Juan und dann Manuel werden darin nachdrücklich auf den Vertrag von 1479 verwiesen und um Bestätigung ersucht, daß das Abkommen strengstens eingehalten werde.

Mit dem Dauerproblem Juana-Beltraneja wurde Isabella noch einmal konfrontiert, wenn auch erst 1495, als längst Gras über die Angelegenheit gewachsen schien. Kardinal Mendoza lag im Sterben. An sein Totenbett geeilt, mußten sich Isabella und Ferdinand von dem seine letzte Stunde erwartenden Kirchenmann sagen lassen, daß er begangenes Unrecht gutmachen wolle und das Königspaar auffordere, Frieden mit Frankreich zu schließen, das Erzbistum Toledo keinem Adelsvertreter zu geben und die Abmachung von 1479, den Erbprinzen Juan mit der legitimen Thronerbin Juana zu verheiraten, einzuhalten. Aber ungerührt nimmt Isabella die Worte des alten Mannes entgegen. Das Sterbezimmer verlassend, meint sie, daß der Kardinal anfange, den Verstand zu verlieren: „Er phantasiert und weiß nicht mehr, was er sagt." Auch diesem Kirchenfürsten, der ihr in schwersten Stunden nicht nur beigestanden, sondern durch aktive Hilfe Leben und Thron gesichert hatte, schenkt sie keine andere Anerkennung über sein Eingeständnis, über ihre und eigene Mittel hinweggesehen zu haben, bei denen das politische Kalkül alle Gewissensfragen zu überspielen hatte. Eisern in ihrem Juana-Haß bleibt sie also selbst in dieser Stunde.

Der Mensch des zwanzigsten Jahrhunderts mag vielleicht die Praktiken jener Zeit, mit denen sich Fürsten ihre Herrschaft sicherten, nicht billigen. Daß politische Gegner erbarmungslos ausgeschaltet werden, haben noch die Diktaturen der Neuzeit zu Genüge bewiesen. Wenn Isabella tatsächlich in dem gewiß nicht sauberen Braganza-Spiel mitgemischt haben sollte, so kann dies nur aus ihrer permanenten Furcht vor einem Wiederaufleben eines Juana-Kultes verstanden werden. Sie wußte wohl nur zu gut, daß Juana auch als Ordensfrau, wozu sie ja gezwungen worden war, Thronfolgerechte auf Kastilien geltend machen konnte. Auch in den Charaktereigenschaften war Juana eine echte Verwandte Isabellas: energisch, hart, in der Klosterverbannung erst recht unnachgiebig und von ihren legitimen Ansprüchen überzeugt. Dies alles und noch mehr blieb Isabella nicht verborgen: Juana war nicht irgendwer, keine von hundert anderen Nonnen. In Lissabon und Portugal genoß sie höchstes Ansehen. Gleichermaßen galt sie für einige auswärtige Potentaten immer noch als die mögliche Thronanwärterin, wenn es gelingen sollte, das kastilische Königspaar zu beseitigen. Aber an dem, was sich inzwischen in Kastilien verändert hatte, konnte nicht mehr gerüttelt werden. Fast ein Jahrzehnt nach Isabellas Tod unterzeichnete Juana am 20. Juli 1522 ein Dokument, in dem sie auf alle ihre Rechte in Kastilien verzichtete und sie auf den damals regierenden König von Portugal, Juan III., übertrug. Zwar soll noch einmal Franz I. von Frankreich (1515–1547) im Konflikt um die aragonesischen Besitzungen in Süditalien versucht haben, Juana in seine Gewalt zu bringen und sie als Faustpfand in Gewahrsam zu halten. Doch sind dies Mußmaßungen, die durch keine Quellenhinweise gestützt werden.

Mag Juana hin und her gestoßen, geschmäht und zum Verzicht auf ihre Rechte gezwungen worden sein. Ihr Stolz verlangte von ihr, sich selbst im Ordensgewand Königin zu nennen. Als sie 1530 im Alter von achtundsechzig Jahren verstarb, hinterließ sie ein Testament, in dem sie dreimal mit ihrer Unterschrift bekräftigte: „Yo la reyna – Ich, die Königin", gleichermaßen wie Isabella unterzeichnete.

Portugal, seit dem „Afrikaner" Alfons im Begriff, eine Kolonialmacht zu werden, ist bereits dabei, das „Abenteuer Atlantik", wenn auch zunächst nur entlang der westafrikanischen Küste, anzugehen und erste Schritte in eine Zeitenwende zu tun.

Kehrt man nun nach Kastilien und zur Usurpatorin Isabella, wie sie von einigen Historikern bezeichnet wird, zurück, so benötigt das von Krieg und inneren Wirren gerüttelte Königreich erst eine Aufbauphase. Auch

Isabellas Innenpolitik trägt bereits den Charakter einer Zeitenwende, indem sie aus den Trümmern eines anarchischen Staates eine Gesellschaft zu formen versteht, die nicht nur auf eine bessere Zukunft hoffen kann, sondern aufgerufen ist, an ihr mitzubauen. Ziel und damit Verwirklichung wird der Absolutismus sein und, von einer solchen Regierung gefördert, die Weltgeltung eines Landes, das bis dahin am Rande des immer noch die Politik beherrschenden Mitteleuropas lag.

Um die Autorität der Krone

Innenpolitische Reformen

Die Entscheidung von Toro und die verzweifelten und kläglichen Versuche mit einer Privatarmee und dem Frankreichbesuch, mit denen Alfons noch einmal die Initiative ergreifen wollte, hatten Isabella und Ferdinand aus der schwersten staatlichen und persönlichen Bedrohung befreit. Bis zu dem geschilderten Versöhnungs- und Friedenspakt war es indes noch weit, über zwei Jahre. Die Zeit der abgeflauten militärischen Aktionen konnte nicht mit selbstzufriedenem Abwarten vertan werden; denn immer noch versuchten einzelne, wenn auch nicht brandgefährliche portugiesische Verbände, gestützt auf antiisabellinische Kräfte, besonders in Estremadura verlorenes Prestige wieder gutzumachen. Da es sich mehr um lokales Geplänkel handelte, dem ein schwungvoller Operationsplan fehlte, konnte es jedoch abgewehrt werden. Mit dem sich abzeichnenden und dann vollzogenen Frieden wurde es recht bald eingestellt.

Nicht der siegreiche Erbfolgekrieg wurde zum markanten Ereignis, das von der Geschichtswissenschaft als das historische Verdienst Isabellas gefeiert wird, sondern der nicht mit dem Schwert vollzogene Auf- und Ausbau des Staates – eine Aufgabe, die auf den vorgegebenen Grundlagen einer auf allen Ebenen zerrütteten Gesellschaft unlösbar schien. Ein Reich, das Reich war ja vorhanden, hatte man als von Heinrich IV. politisch heruntergewirtschafteten Trümmerhaufen übernommen, in dem die Monarchie zum Spielball der Feudalherren geworden war. Nun konnte Isabella beweisen, was in ihr steckte und was ihr rühmend nachgesagt wird. Und sie bewies es mit einem Höchstmaß an Willensstärke und Zielstrebigkeit, die mit ihrer Initiative und ihren Helfern den sich auf alte Positionen berufenden Adel derart überraschte und bestürzte, daß er nicht in der Lage war, traditionsgemäß zu versuchen, der Monarchie seinen Willen aufzuzwingen. Um es überhaupt nicht zu solchen

Versuchen kommen zu lassen, wandte Isabella eine innenpolitische Strategie an, die sich bereits in anderen europäischen Staaten als erfolgversprechend abgezeichnet hatte: Es war die rigorose Abkehr vom mittelalterlichen Feudalismus zum Beamtenstaat des Absolutismus. Isabella drückte dies mehrfach in ihrem Testament aus, wenn sie von der „poderío real absoluto", der absoluten königlichen Gewalt schreibt.

Thematisch bedingt, steht Isabella im Vordergrund dieser Betrachtung. Trotz ihrer sich immer stärker entwickelnden Persönlichkeit kommt sie nicht umhin, ihren „Rechtmäßigen Gemahl" Ferdinand doch mit gebotener Gebühr in ihrem Schatten nicht verschwinden zu lassen. In jenem Jahr 1479, als der offizielle Frieden zwischen Kastilien und Portugal einen Schlußpunkt unter das Blutvergießen gesetzt hatte, verstarb in Saragossa der alte Juan II. Als sein Sohn wurde Ferdinand damit König von Aragonien. Die Personalunion zwischen seiner aragonesischen Regentschaft und dem Königreich Kastilien war gegeben. Aber auch nicht mehr. Zu gerne würde der Historiker hier den Meilenstein für die künftige spanische Geschichte gesetzt wissen. Zwei Reiche aber, die sich in historischer Entwicklung, in Sprache, Gesetzgebung, politischer und Gesellschaftsstruktur so deutlich unterschieden, konnten vorerst zu keiner nationalen Einheit geschmiedet werden, zumal ein solches Ziel weder von Isabella noch von Ferdinand angestrebt wurde. Spanien war auch vorläufig nur ein geographischer Begriff.

Dem Prinzgemahl blieb zunächst nur das große Staunen über die Energie seiner Frau, die, ohne sich in ihre Aktionen hineinreden zu lassen, konsequent ihren Aufbauwillen durchsetzte, ein Anschauungsunterricht für Ferdinand, der sich zu Beginn des 16. Jahrhunderts allmählich zu jener Figur entwickelte, die Macchiavelli als Vorbild zu seinem „Fürsten" nahm: als einen König mit Raffinesse, Hinterhältigkeit bis zur Gemeinheit, aber nach Bedarf auch mit diplomatischer Konzilianz. Doch zuvor von Isabella zur Sachlichkeit gebremst, kamen seine negativen Eigenschaften erst später zum Durchbruch, die er besonders in der Außenpolitik, in der er volle Handlungsfreiheit besaß, ausgiebig auszuspielen verstand. Für das Ausland war die rein königliche Personalunion jedoch gleichbedeutend mit einer staatlichen Union Kastilien-Aragonien, so daß dort Ferdinand als der eigentliche Regent galt und hofiert wurde.

Da gab es zwar jenen Ehevertrag von 1469 und den Pakt von Segovia 1475 mit der Klausel gemeinsamer Herrschaft über die beiden Reiche, doch war Isabella weit davon entfernt, sich daran gebunden zu fühlen. Sie war zwar automatisch auch Königin von Aragonien geworden, aber sie war alleinige „Besitzerin" Kastiliens. Sie war die Monarchin und hartnäkkig, wie sie auf die Ausschaltung Juanas bestanden hatte, ließ sie auch Ferdinand gegenüber keinen Zweifel an der Wahl ihrer Mittel, mit denen sie ihr Reich zu formen und nach ihren Vorstellungen zu konsolidieren gedachte. Die Partnerschaft mit Ferdinand reichte vorläufig nur dann über das Schlafgemach hinaus, wenn es eine Repräsentationspflicht erforderte. Erst gegen Ende des Jahrhunderts sollten gemeinsame Aktionen, wie die Eroberung Granadas und die Inquisition, eine Zusammenarbeit dokumentieren. Als eine rein kastilische Angelegenheit gewertet, schloß Isabella Ferdinand beispielsweise von der Zustimmung und Förderung der Entdeckungsfahrt eines Christoph Columbus aus.

Gegen Adel und Feudalherren

Ob aus den Entwicklungen in anderen Ländern gelernt oder aus eigener Überlegung gewonnen, entzieht sich unserer Kenntnis. Auf jeden Fall setzte sie ein Regierungsprogramm durch, das sich nicht mehr auf den unberechenbaren Adel, sondern auf das Bürgertum und die Städte stützte, wohl ahnend, daß mit dieser, rein zahlenmäßig größeren Gesellschaftsschicht eine innenpolitische Wende möglich war. Am Beispiel ihres Bruders Heinrich hatte sie die Unzuverlässigkeit der Granden erfahren, andererseits bei ihren Begegnungen mit dem einfachen Volk nicht nur dessen Anhänglichkeit, sondern auch dessen Probleme und Erwartungen erkannt. Jeden Freitag, so überliefern die Chronisten, hielt sie im Alcazar von Madrid oder in Sevilla Sprechstunden für die Bevölkerung ab. „Die Armen brachten Beschwerden gegen den Adel und die Lehensherren vor, und sie bekamen Recht.“ Gewiß, den Adel konnte sie nicht aus der Welt schaffen, aber sie wollte und konnte ihn dahin bringen, wo er nicht mehr Parasit, sondern Diener der Monarchie zu sein hatte. Alle Sympathien für ihr Bestreben fand sie bei Kardinal Mendoza, der dem einfachen Volk zugute hielt, stets zur Krone gestanden zu haben, während der Adel nichts anderes als seine Interessen verfolgt, die Autorität des Königs ins Lächerliche gezogen und selbst im Luxus geschwelgt hatte. Ein weiterer Mendoza, der Franziskaner Iñigo, machte sich öffentlich zum Fürsprecher der Königin. Er verglich sie mit der Jungfrau Maria. Beide seien auf die Welt gekommen, um das Heil zu bringen, Maria der Menschheit und Isabella dem Volk und Land Kastilien. Weiterhin forderte er die Königin auf, im Kampf um Recht und Gerechtigkeit nicht nachzulassen, ihn konsequent durchzufechten und sich nicht um den Widerstand des Adels zu kümmern.

Isabella ließ verlauten und machte zu ihrem Grundsatz, daß unter ihrer

Regierung die Monarchie über Gunst und Ungunst, jedoch nicht über Intrigantentum und unberechtigte Gnadenerweisung zu entscheiden habe. Sie war spröde und geradezu unhöflich, als sich ihr einstiger Förderer, Erzbischof Carrillo, wieder meldete und für seine Abtrünnigkeit um Vergebung und Gnade nachsuchte. Solches wäre bei Heinrich nicht ohne positive Wirkung geblieben. Mit Isabella war jedoch nicht zu spaßen. Sie verhielt sich abweisend und lehnte ein Gespräch ab. Erst als sich ihr damals noch lebender Schwiegervater, Juan II., für Carrillo verwandte und Isabella um eine versöhnliche Geste bat, empfing sie den Erzbischof, verpflichtete ihn aber sofort als Vasallen und nicht mehr als unumschränkten Feudalherrn von Toledo, schon gar nicht als politischen Berater. Mochte auch der Schein der Undankbarkeit gegen sie sprechen, so konnte sie Carrillo nicht verzeihen, daß er zum portugiesischen Feind übergewechselt war. Im übrigen bestärkte sie der „Fall Carrillo" in ihrer Skepsis gegenüber Adel und Feudalherren. Ebenso unerschrocken zwang sie Pacheco Villena, jun., den Alcazar von Madrid herauszugeben, den er seit seinem Vater in Besitz hatte, um ihn dem Marquis von Santillana zu übergeben. Der Villena-Sprößling überlebte, wie bereits bekannt, seinen Einsatz für Juana und den Verlust Madrids nur kurze Zeit. Isabella räumte auf. So konfiszierte sie die ihr nicht genehme Festung Trujillo und funktionierte sie in ein Kloster um.

Wenn sich bisherige Gegner freiwillig zur Zusammenarbeit bereit finden, so sind dies Ausnahmen. Zusammenarbeit allein läßt Isabella jedoch nicht gelten; sie besteht auf klarer Entscheidung, nämlich Unterwerfung unter die absolute Autorität der Krone. Noch gibt es aber Widerstandsnester im Land. Die von ihnen möglicherweise ausgehenden Gefahren mißachtend, reitet sie mit einer bescheidenen Begleitmannschaft durch das Reich. Überall wirken ihr unkonventionelles Auftreten und ihr unmittelbarer Kontakt mit den Menschen, ihr rigoroses Eintreten für unschuldig Verfolgte und ihr ausgleichendes Wesen bei Streitigkeiten als Beweis für eine tief empfundene Fürsorge, wie man sie bislang nicht gekannt hatte. Aufsässige, und deren gab es immer noch genügend, bringt sie ohne Drohung und nur durch ihr unerschrockenes Auftauchen zum Einlenken und versteht es, selbst hartnäckige Gegner für sich zu gewinnen. Sie zeigt keine Angst und wehrt ab, wenn aus ihrer Gefolgschaft Befürchtungen über ihre persönliche Sicherheit laut werden. Sie kontert: „Geht es um Ansehen und Autorität der Krone, so habe ich nicht den geringsten Anlaß, Strapazen und Gefahren auszuweichen."

Höchste und beinahe nicht zu erwartende Genugtuung erfährt sie durch ihren Einsatz in Andalusien. Die reiche und von den Mauren fast zu einem

Paradies ausgebaute Region war seit der Rückeroberung zum kriegerischen Spielball zwischen dem Herzog von Medina Sidonia und dem Marquis von Cadiz geworden. Beiden war die königliche Herrschaft in Kastilien so unbedeutend geworden, daß sie mit dem Gedanken ihrer Selbständigkeit spielten. Isabella geht das Wagnis ein, den Herzog und den Marquis gemeinsam vor sich zu zitieren. Der Marquis erscheint und unterwirft sich. Der Herzog aber, durch ein immer noch bestehendes Geheimabkommen mit Alfons V., wobei er auch auf dessen Sohn Juan baute, sich stark fühlend, bleibt dem Gespräch fern. Die Königin läßt sich nicht düpieren und erst recht nicht einschüchtern. Sie besteht auf ihrer Autorität als Monarchin Kastiliens und droht mit harten Konsequenzen. Dies bleibt nicht ohne Wirkung. Der Herzog von Medina Sidonia erscheint schließlich unbewaffnet und ohne Eskorte, wirft sich vor Isabella auf die Knie und kann nur seine bedingungslose Unterwerfung mit den Worten untermauern: „Hier, hochmögende Königin, hier bin ich in Euren Händen!"

Sie ist unbeugsam in ihrem Willen, wenn es um die Autorität der Krone und die Staatsräson geht. Was hätte wohl ihr Bruder Heinrich getan, wenn ihm eröffnet worden wäre, daß sein Statthalter Cabrera durch einen Aufstand in Segovia in höchste Gefahr geraten sei? Er hätte sicher versucht, mit Verhandlungen und Geldgeschenken die Rädelsführer zu beschwichtigen. Anders Isabella. Vier Monate nach der Schlacht von Toro (1. März 1476) will ihr eine Abordnung der Aufständischen vor der Stadt den Zutritt nur erlauben, wenn sie zu entsprechenden Zugeständnissen und zur Entlassung Cabreras bereit sei. Ihre Reaktion auf solche Anmaßung kann nicht sanftmütig sein: „Sagt den Rittern und Bewohnern von Segovia, daß ich die Königin von Kastilien bin, daß diese Stadt mir gehört, und ich mir keine Bedingungen stellen lasse, um sie zu betreten." Zwar verspricht sie, den Statthalter, dem man in Segovia nicht gewogen war, zu entlassen, doch läßt sie ihren ehemaligen Helfer im Amt. Die Angelegenheit ist damit für sie erledigt und gerät in Vergessenheit.

Noch genügend Beispiele, von den Chronisten anekdotenhaft ausgeschmückt, belegen jedoch in ihrem Kern, wie sich Isabellas Persönlichkeit nicht nur Achtung verschafft, sondern sich entschlossen über die von ihren Vorgängern geduldeten Praktiken der Granden, der Clans und des Parteiengerangels hinwegsetzt und der Monarchie des alleinige Recht verschafft, die Innenpolitik ihres Reiches zu bestimmen. Volk und Geschichtsschreiber erkennen die seit Mitte der siebziger Jahre einsetzende Wende, die sich nicht über Nacht, aber sukzessiv auf allen Gebieten der Gesellschaft vollzieht.

Manchem Historiker fällt es schwer, diesen erfolgreichen Aufbau des Staates ohne Ferdinands paritätische Mitarbeit nur Isabella zuzuschreiben. So ist es gerade Pérez, der nur von den „Katholischen Königen" mit erster Nennung Ferdinands spricht, wenn es um diese Entwicklung in Kastilien geht. Die Aussagen der Quellen und das Gesamtbild ignorierend, interessiert ihn nur das maskuline Element, indem für ihn Ferdinand gleichsam zum im Vordergrund stehenden Schöpfer des neuen kastilischen Staates wird. Hier täuscht sich Pérez und muß sich eine Korrektur gefallen lassen; denn die Innenpolitik ihres Reiches ist ausschließlich Isabellas Betätigungsfeld. Dies hatte sie sich schon im Ehevertrag ausbedungen. Ferdinand hingegen waren zwar eine gewisse Mitsprache und die Unterschrift für Urkunden eingeräumt, nur konnte selbst sein Veto Isabellas Vorhaben nicht beeinträchtigen. Für sie war der protokollarisch festgelegte Terminus „Besitzerin von Kastilien" einzig und allein maßgebend, sich von ihren Zielen nicht abbringen zu lassen. Nur als es um die Eroberung Granadas ging (siehe unten), was letztlich eine Aufgabe der Außenpolitik war, läßt sie ihrem Mann den Vortritt, die entscheidenden Maßnahmen zu treffen und im Vordergrund des Erfolges zu stehen, wobei sie aber, wie noch zu zeigen sein wird, auf eine gleichberechtigte Anerkennung Wert legt. Auch für Columbus wird sie sich vorbehalten, die einzige Instanz zu sein.

Man kommt also nicht umhin, den König zwar nicht auszuschalten, man muß ihn aber an die Stelle rücken, die ihm als „rechtmäßigem Gemahl" attestiert worden war. Ihn jedoch mit dem Lorbeer kastilischer Staatsreform zu schmücken, hieße, die historischen Fakten zu mißachten und die Geschichte zu verfälschen. Sein „Revier" war in erster Linie seine Regentschaft über Aragonien, dazu kamen, vor allem nach dem Tode Isabellas, die Probleme in Süditalien. Dort hatte er mehr zu tun, als ihm lieb war. Aufgaben in Kastilien hingegen löste Isabella ohne seine Mitwirkung. Und man wird ihr Bewunderung zollen müssen, wie sie, doch noch eine junge Frau, mit alten Gepflogenheiten aufräumte und aus einem maroden Reich einen neuen Staat formte, dessen Siegel Isabella heißen sollte.

Die Hermandad – nicht nur Schutzpolizei

In den letzten Jahren der jüngsten Neuzeit füllt eine nur mühsam zu bekämpfende Organisation die Akten der europäischen Innenministerien und ihrer Sicherheitsorgane: die „Mafia", das im kaum zu fassenden

Untergrund tätige Verbrechen. Was die Öffentlichkeit über Korruption, Gewalt und Mord durch die Medien erfährt, ist nur die Spitze eines Eisberges. Niemand möge aber glauben, daß es vor einem halben Jahrtausend keine dunklen Elemente ähnlicher Art gegeben hätte. Unsicherheit im Lande ist keine Erscheinung der Gegenwart. Selbst einer autoritären Staatsmacht fällt es schwer, solchem Unwesen Einheit zu gebieten.

Die Menschen wohl, die Praktiken aber haben sich in den Jahrhunderten nur mit Hilfe der modernen Technik geändert. Vor fünfhundert Jahren beherrschte bereits über lange Zeit hinweg eine „Räuber-Mafia" die Straßen Kastiliens. Vorschub leisteten ihr das Chaos der Bürgerkriege und ein schwaches Königtum Heinrichs IV., der gegenüber Banditenhorden, selbst aus verwilderten Kreisen des Adels, machtlos war. Kaum ein Händler oder Reisender war sich seines Lebens sicher, zumindest war er seine Habe los. Gefügig wie den Gewaltandrohungen neuzeitlicher Banden gegenüber, zahlten auch damals Familienvorstände bereitwillig in klingender Münze, um sich das Leben ihrer Angehörigen zu erkaufen. Die Schreckensherrschaft dieser Räuber lähmte zudem noch Handel und Gewerbe; denn nur Todesmutige schienen zu einem Warenverkehr auf den Straßen des Landes bereit zu sein.

Eine der dringendsten Aufgaben sah Isabella darin, diesem Terror mit allen Mitteln ein Ende zu bereiten. Auf einen Appell oder gute Worte legte sie keinen Wert; denn erfahrungsgemäß waren sie doch nur in den Wind gesprochen. Mit der Billigung Ferdinands, den sie über ihr Vorhaben instruiert hatte, griff sie auf eine alte Institution zurück, die beinahe in Vergessenheit geraten war: die Hermandad, die Bruderschaft, eine lokale Schutzeinrichtung, die schon wenig später ihrer Säuberungsaktionen wegen im Volk das Attribut „Santa", heilig erhalten sollte, nicht wegen der Gottesfürchtigkeit ihrer Mitglieder, sondern als Folge der Beseitigung des Bandenunwesens und im weiteren Verlauf als eine angesehene Ordnungstruppe der Monarchie und des Staates.

Die Hermandad war keine Erfindung Isabellas, wie so manches, das sie aus Planungen, aber nicht Verwirklichungen ihrer Vorgänger übernommen hatte. In den Städten und deren Umkreis war die Hermandad bereits anfangs des vierzehnten Jahrhunderts als eine Art Bürgerwehr ins Leben gerufen und unter der Regierung von Alfons XI. erstmals 1315 in Burgos gegründet worden. Auch die Schäfer und Imker in verschiedenen Orten hatten zu jener Zeit ihre eigene „hermandad vieja – Alte Bruderschaft" eingerichtet, mit der vor allem in den gebirgigen Gegenden die sie heimsuchenden Räuber bekämpft werden sollten. In Brigaden organisiert, verstanden es die Hermandad-Leute, anfänglich, wenn auch auf rigorose

Weise, für Ordnung zu sorgen. Ein ertappter Bandit, war er auch nur ein harmloser Dieb, wurde ohne Prozeß und Urteil am nächsten Baum aufgeknüpft.

Als aus dem verunsicherten Volk heraus Heinrich IV. das Angebot gemacht worden war, sich zur Sicherung seines Reiches dieser Hermandad zu bedienen, war er erneut unentschlossen, mit dieser Bruderschaft eine harte Hand zu beweisen, hätte er doch gegen manche, sogar vom Adel unterstützte Banden einschreiten müssen. Wo noch einzelne Garden vorhanden waren, fehlte es ihnen an der offiziellen, königlichen Legitimation und finanziellen Hilfe. Die Initiativen, bis dahin lockeren Charakters, verkümmerten und blieben nur noch dem Namen nach im Bewußtsein der Menschen. Denn auch das Bestreben der Cortes, der Vertreter der Städte, 1386 in Segovia einen die gesamte Region umfassenden Plan der Organisation und Befugnisse zu erstellen, kam über die Diskussion nicht hinaus.

Gesetz und Gerechtigkeit gegen jedermann zu wahren und für Ordnung im Reich gerade zu stehen, hatte Isabella bei ihrer Krönung eidlich beteuert. Aus der Unsicherheit eine Volk und Land beruhigende Sicherheit zu schaffen, ging zweifellos über ihr persönliches Vermögen hinaus. So erinnerte sie sich jener Hermandad-Bewegung, in der sie bei einem von der Krone gewünschten und geforderten Auf- und Ausbau eine Handhabe erkannte, nicht nur den Menschen ihres Landes, sondern auch dem Staat jene Sicherheit zu verleihen, die ein geordnetes Gesellschaftswesen benötigte. Diese Erinnerung wurde ihr zur Antriebskraft, die Versammlung der Cortes 1476 in Madrigal de las Altas Torres, ihrem Geburtsort, zu überzeugen, daß nur diese Bruderschaft in der Lage sein werde, dem Verbrechertum, das sogar mit der Vernichtung der Ernten auf den Feldern und der Reben in den Weinbergen die Grundbesitzer erpreßte, Einhalt zu gebieten. Die Cortes, denen als Repräsentanten ihrer Bürger dieses Unwesen unter den Nägeln brannte, waren nur zu gerne bereit, der königlichen Aufforderung ihre Zustimmung zu geben. Ordnung und Sicherheit im Lande – dagegen konnte niemand Einspruch erheben, der Verantwortung für seine Mitmenschen trug.

Also erteilte die Versammlung der Krone einhellig den Auftrag, eine Hermandad, auf zunächst drei Jahre befristet, einzurichten. Dieser Vollmacht durften sich die Cortes erfreuen. Sie blieb nämlich ihre einzige und letzte unter Isabella, die sie noch in Eigenverantwortung und Zuständigkeit erteilen konnten. Denn nach diesem Kongreß, der auch noch andere Punkte beraten mußte, hatte die Königin keine Veranlassung mehr, sich um Debatten und Beschlußfassungen dieser Einrichtung zu scheren. Sie legte fest und bestimmte. Was dann den Delegierten noch blieb, war nur ihre Zustimmung, zu den von Isabella und den von ihr beauftragten Beamten vorgelegten Anordnungen. Und sie werden es, sogar ohne Zähneknirschen, tun, selbst wenn sie aufgerufen werden, in Krisenfällen besondere Steuern aufzubringen, wie sie etwa der erhöhte Aufwand für den letzten Kriegszug gegen Granada erforderlich machen sollte.

Organisation und Aufgaben der Hermandad

Die Richtlinien für die Hermandad sahen vorerst die Aufstellung einer Art Bürgerwehr oder Schutzpolizei vor. Jeder Ort mit mehr als dreißig Haushaltungen mußte für ein halbes Jahr zwei Vertreter, Alcaldes, benennen, einen Ritter und einen Bürgerlichen. Beide waren für die Bereitstellung einer Garde verantwortlich, deren Kosten die Ortgemeinschaft zu tragen hatte. Im Umkreis von fünf Meilen hatte diese Truppe für Ordnung zu sorgen. Ein Verbrecher, Räuber, Mörder oder Dieb, der über diese Grenze hinaus entwischte, geriet sofort in die Zuständigkeit der Nachbargemeinde. Als die öffentliche Ordnung gefährdende Verbrechen waren Mord, Straßenraub, Vergewaltigung, schwere Körperverletzung, Brandstiftung, Diebstahl und Beschädigung oder Vernichtung von Ernten und Weinbau festgelegt. Wurde man der Täter habhaft, so gab es kein Pardon. Bei Diebstählen leichter Art wurde im Gegensatz zur ersten Hermandad dem Delinquenten nur der Fuß abgetrennt. Verbrecher aber, so sah es der Auftrag an die Hermandad vor, waren auf der Stelle zur Todesstrafe abzuurteilen und sofort hinzurichten.

Daß in diesem Katalog auch das Majestätsverbrechen als todeswürdig eingebaut worden war, könnte vielleicht die Kompetenz der Hermandad überschritten haben. Denn was ist ein Majestätsverbrechen? Möglicherweise nur eine unbedachte Äußerung? Doch für diesen Fall gab es ein Tribunal, das solche Anschuldigungen, wenn auch nicht in langwierigen juristischen Verfahren, zu klären hatte. Es spricht aber für die wachsende Beliebtheit der Königin, daß derartige gerichtliche Entscheidungen immer seltener wurden. Für sonstige definitive Rechtssprechung und Exekutive war allein die Hermandad zuständig, die der Gesetzgebung durch die Königin verpflichtet war.

War die Hermandad zunächst mit ihrer Zielsetzung als eine Art Schutzpolizei gedacht und in diesem Sinne auch beauftragt, so erkannte Isabella, daß sich mit der Hermandad der Monarchie die Möglichkeit einer nur der Befehlsgewalt der Königin zu unterstellenden Truppe ergab, also eines stehenden Heeres, das die innere und äußere Sicherheit der Krone garantieren würde. Schon 1476 beginnt der Aufbau der Einheiten, wozu die Städte ihren finanziellen Beitrag zu leisten hatten. Jedes Kontingent der acht Provinzen wird von einem Hauptmann angeführt und von einem Sekretär verwaltet. Die Delegierten dieser Provinzen bilden den Rat der Hermandad, an dessen Spitze der Erzbischof von Cartagena, Lope de Ribas, gleichsam als Präsident fungiert. Das Amt des Schatzmeisters übt Alfonso de Quintanilla aus. Zum Führungsgremium gehört natürlich auch ein oberster Kommandeur. Es ist der sich bereits als Befehlshaber der Artillerie bei der Einnahme von Burgos bewährt habende Alfons von Aragón, unehelicher Bruder Ferdinands. Nicht nur im Land soll diese Truppe ein Garant des Friedens sein. Auch den Schutz der Küsten soll sie übernehmen. So wird der Hermandad eine Kriegsmarine unterstellt, deren Finanzierung die im Norden am Meer liegenden Provinzen zu übernehmen hatten. Den Beschluß dazu hatte Isabella der in Madrid versammelten Junta vorgetragen, die alle drei Jahre die Steuern bewilligen mußte, aber keine Einwendungen erhob. Weitere Einwendungen sollten ihr von Isabella auch gar nicht mehr zugestanden werden.

Nicht gerade santas, heilig, waren die Methoden, mit denen die Santa Hermandad das Land von den Räubern und Banditen säuberte. Mit Verbrechern ging man nicht zimperlich und ohne Verfahren um. Schon der kleinste Verstoß konnte mit dem Verlust eines Gliedes geahndet werden. Bei schweren, schon aufgezählten Verfehlungen kannte man kein Pardon: Der Delinquent erhielt durch einen Priester rasch die Sterbesakramente, wurde erhängt oder an einen Baum gebunden und von Pfeilen durchbohrt. Daß nicht selten die Behandlung eines Täters durch die Mitglieder der Hermandad mit Torturen verbunden war, erklärt sich aus der ihnen zugestandenen Machtfülle und der zu Exzessen neigenden menschlichen Natur.

Diese Machtbefugnis war den Hermandad-Leuten durch Isabella erteilt worden. Ohne Ferdinand, der zumeist in Aragonien mit den Problemen seines Königreiches befaßt war, hatte Isabella, wie im Pakt vom Januar 1475 festgelegt, alle Entscheidungen über militärische Einrichtungen zu treffen. Sie hatte die Hermandad nicht nur autorisiert, sondern sie kümmerte sich persönlich um die Durchführungen ihrer Anordnungen. Mit ihrer zumeist nur aus ein paar Bewaffneten bestehenden Eskorte reiste sie quer durch das Land, stellte die Strafmaßnahmen fest, griff sogar in Prozesse und Urteile ein, um sich dann ungerührt angesichts der hingerichteten Opfer zu bekreuzigen und der nächsten Stadt ihre „Aufwartung" zu machen.

Daß eine junge Frau derart rigoros und lebensverachtend sein kann, mag bestürzen. Doch wird man berücksichtigen müssen, daß die anarchischen Zustände in ihrem Staat nicht durch freundliche Worte, sondern nur durch ebenso brutale Gewalt beseitigt werden konnten. In der Chronik Hernandos del Pulgar wird die Zeit, da Isabella das Zepter in die Hand nahm, so geschildert: „In diesem Reiche herrschten so verkommene und widerliche Sitten, daß jeder nach seinem freien Willen lebte, ohne daß es irgendjemanden gab, der ihn bestraft hätte ... Nicht nur auf dem Lande wurden die Menschen ausgeraubt, sondern auch in den Städten konnten sie nicht ruhig leben. Alle hatten die ungehinderte Freiheit zu sündigen. An diese Verhältnisse im Königreich konnte sich noch jeder erinnern. Dann aber lebten alle in derartiger Angst vor der Bestrafung, daß niemand mehr die Hand gegen seinen Nächsten zu erheben wagte. Die Straßen wurden von den Räuberbanden gesäubert, die Burgen, echte Schlupfwinkel für Verbrechen und Gesetzlosigkeit, von diesem Ungeziefer ausgeräuchert. Das ganze Volk konnte endlich wieder in Frieden und Sicherheit seiner Arbeit nachgehen."

Die Hermandad und das von Isabella geschaffene Berufsheer scheuchten verständlicherweise den Adel hoch, besaß er doch bislang das Monopol für seine eigenen Streitkräfte, um deren Gestellung in einem Kriegsfalle der König nachsuchen mußte. Nun war da etwas Neues, das überhaupt nicht in die bisherigen Normen einzuordnen war. Aufrüttelndes oder gar Lähmendes, eine Revolution von oben, ein Umsturz aller bisher wohlgehüteten und erfolgreich ausgespielten Privilegien. Man wird zum Aufstand blasen müssen und solche Ungeheuerlichkeit wegfegen: Eine junge Königin, der man nur mit Abstand ihre Regentschaft zugestand, maßte sich an, Oberbefehlshaberin einer eigenen Armee sein zu wollen! Wer kann es sich ausmalen, daß sie mit ihren Truppen gegebenenfalls sogar die Krieger der Feudalherren auszuschalten vermag? Sie sitzen in ihren Burgen, die Adeligen, und grübeln, was diese Königin im Schilde führen kann. Man diskutiert und müht sich, aus solchem Dilemma einen Ausweg zu finden. Doch bei einigen mischt sich in die erste Bestürzung die Vision von einem zu Ende gehenden Zeitalter des adeligen Herrschaftswesens in einer starken Monarchie. Unter den Betroffenen, die den Versuch wagen, gegen das Königsheer zu protestieren, befindet sich wiederum der Erzbischof von Toledo, der greise Carrillo. Aber wie sie sein Aufbegehren und das anderer Feudalherren vernommen hat, wischt es Isabella vom Tisch. Ihr ist die Stunde zu wertvoll, um sich mit solchen verbalen Protesten zu befassen.

Aber auch keinen Protest legte Ferdinand ein, der wieder einmal zu einem „Gastspiel" nach Kastilien gekommen war. Sicher, die uneingeschränkte und durch nichts zu erschütternde Regentschaft der Königin war nicht ganz nach seinem Geschmack. Wahrscheinlich durchschaute er ihr Manöver; denn für die Bestimmungen, die sie herausgegeben hatte und weiterhin auch herausgeben wird, war von ihr stets genau der Zeitpunkt gewählt worden, da sich Ferdinand in Aragonien aufhielt. Damit war – wir erinnern uns – eine gemeinsame Unterschrift nicht erforderlich. Auf diese Weise umging sie mit kluger Berechnung jene Klausel des Beieinander-Sein-Müssens, vermied aber auch etwaige eheliche Auseinandersetzungen. Ferdinand blieb nichts anderes übrig, als sich damit abzufinden, daß seine Frau das Ruder Kastiliens fest in der Hand hatte. Diese, auch in anderen Fällen gewonnene Erkenntnis wird wesentlich dazu beigetragen haben, daß er sich nach Isabella zu jenem verschlagenen, despotischen Herrscher entwickelte.

Für Sicherheit im Lande hatte Isabella mit der Hermandad gesorgt. Die Ruhe, die sie ihren Untertanen ermöglicht hatte, kannte sie für sich jedoch nicht. Das wohl schwierigste Werk stand ihr noch bevor: Mit der Beseitigung der Privilegien des Adels eine Staatsreform durchzuführen und sie mit einer notwendigen Finanzreform zu koppeln.

Die Abrechnung

Schon vor Isabella war von ihren Vorgängern die Notwendigkeit einer Staats- und Finanzreform festgestellt und zaghaft angekündigt worden, zaghaft deshalb, weil die Könige, zuletzt vor allem Heinrich IV., sofort vor dem Protest und den unverhüllten Drohungen des Adels zurücksteckten und das Projekt fallen ließen oder zumindest vor sich herschoben. Es war für die damals junge Infantin und Prinzessin nicht schwer zu erkennen, wie, nur um aufgebrachte Feudalherren und Gegner zu beruhigen und vielleicht zu gewinnen, horrende Beträge und Ländereien vergeudet wurden. Noch bei jenem komödienhaften Schauspiel der Königsproklamation ihres Bruders Alfons waren Pensionen in Millionenhöhe für die Akteure ausgeschrieben worden, für deren Berechtigung gar nichts sprach. Als gerechtfertigt konnten allein echte Dienstleistungen für den Staat honoriert werden. Aber auch solche finanziellen und materiellen Ansprüche ließ Isabella nicht mehr gelten, indem sie den Standpunkt vertrat und bekanntgab, daß Dienstleistungen eine Pflicht des Bürgers gleich welchen Ranges seien und er damit kein Entgelt zu erwarten hätte.

Isabella war nicht mehr das bescheidene, für die Aufgaben einer Monarchin nicht vorbereitete Mädchen vergangener Jahre. Die christlich-katholische Erziehung ihrer Kindheit konnte ihr nur ethische Werte vermitteln. Für das Regierungsgeschäft mußte sie aus Erfahrungen am Hofe Heinrichs IV. und aus der nun von ihr geforderten Praxis lernen. Mangelte es ihr beispielsweise noch an Kenntnissen der Finanzwirtschaft, so genügte doch ihr Blick in die Staatskasse und auf das Verhältnis von Einnahmen und Ausgaben. Ihrem gesunden Menschenverstand blieb nicht verborgen, daß ein Großteil der Steuereinkünfte in die Kanäle der zumeist unberechtigten Pensionen für die unersättlichen Feudalherren floß, die sich mit den hart erarbeiteten Maravedis der Bürger ein sehr flottes Leben erlauben konnten. Für Isabella im Grunde nichts Bestürzendes, kannte sie doch solche Auswüchse aus der Umgebung ihres Halbbruders. Damit wollte sie aufräumen, dem Treiben zumindest einen finanziellen Riegel vorschieben.

Mit Kardinal Mendoza verfügte Isabella nicht nur über den versierten Großkanzler des Reiches, sondern auch über einen intimen Kenner des adligen Gebarens und einen Experten in der Durchführung einer nicht zu umgehenden Reform, die durchzustehen sie sich stark genug fühlte. Dem Kirchenfürsten, der sich beinahe ausschließlich nur noch mit der Innenpolitik befaßte, war laues Taktieren fremd. Sich selbst nicht aussparend, indem er auf vierzig Prozent seiner Einkünfte verzichtete, ging er konsequent und hart gegen den Adel und seine kirchlichen Amtsbrüder vor, so daß die Meinung des Volkes, er sei der dritte Herrscher des Reiches, ihre Bestätigung fand, dies nicht als Despot, sondern als Garant einer radikalen Beschneidung lehensherrlicher Bevorzugung durch die Krone.

Die Sanierung der Staatskasse oder: Die Entmachtung des Adels

Die Ermächtigung zu dieser einschneidenden Maßnahme hatte 1480 die Versammlung der Cortes in Madrid erteilt, die nach Verhandlungen mit Adel und Krone eine Kommission bestellte, welche unter Vorsitz von Fray Hernando de Talavera alle Zuwendungen und Ansprüche im Königreich zu untersuchen und in ihrer Rechtmäßigkeit zu überprüfen hatte. Ihre Recherchen waren für fast alle Betroffenen nahezu erschütternd. Unsummen an Geldern und ertragreichen Ländereien hatten die Lehensherren eingestrichen. Nach Vorlage der Ergebnisse schaltete sich Mendoza ein, setzte den Rotstift an und erklärte sofort als politisch wirksamstes Mittel, daß jeder Widerstand gegen die Beschlüsse der Kommission als gegen Staat und Monarchie ausgelegt und entsprechend geahndet würden. Die Münzstätten des Adels wurden geschlossen und beschlagnahmt, die nicht berechtigten Pfründen abgeschafft, selbst wenn es sich um Anhänger der

Krone handelte, und nur wirkliche Dienstleistungen anerkannt, so daß die Zuwendungen weit über die Hälfte, in einigen Fällen bis zu 78 Prozent gestrichen wurden.

Rücksichtslos hatte Mendoza durchgegriffen und damit der Staatskasse einen jährlichen Betrag von mehr als dreißig Millionen Maravedis eingespart. Keiner der Feudalherren war vor ihm sicher gewesen. Eine fast landesweite Rebellion wäre normalerweise zu erwarten gewesen. Umso erstaunlicher aber das wichtige innenpolitische Ergebnis: Trotz der Brisanz dieser Aktion kam es außer einigen, wenn auch wütenden Protesten zu keinem Aufstand. Der Adel mußte zur Kenntnis nehmen, daß ihm die Macht im Reich genommen worden war. Hatte Mendoza die Strichliste entworfen, so trug auch die Autorität der Hermandad nicht unwesentlich dazu bei, die sich als exekutives Instrument des Staates erwies und allein durch ihre Gegenwart keinen Gedanken einer Rebellion aufkommen ließ. War Mendoza der harte und starke Mann gewesen und keinen Schritt von seinem Wege abgewichen, so besaß er in Hernando de Talavera, dem Beichtvater der Königin, einen Fachmann in Finanzfragen, der das Konzept für die weitere Besteuerung ausarbeitete und später zusammen mit Pedro Jiménez de Préxamo die Finanzierung des Kriegszuges gegen Granada bereitstellen sollte.

Die Staatskasse war in Ordnung gebracht worden. Was nicht minder von Bedeutung war: die Granden hatten erfahren, daß im Gegensatz zu früheren Gepflogenheiten mit dieser Königin, aber auch mit ihrem Großkanzler, nicht zu spaßen war, und jene fetten Pfründen, die ihr Halbbruder zur Beschwichtigung aufsässiger Gemüter großzügig vergeben hatte, der Vergangenheit angehörten. Der Wandel war überraschend und im Endeffekt sogar ermutigend. Ein neues Staatsbewußtsein verlangte Umdenken. Isabella ermöglichte anderen Personenkreisen den Einzug in Ämter am Königshofe. Aber noch war man sich, besonders bei Adelsabkömmlingen, über die neue Richtung nicht im klaren. Vornehmlich diese Kandidaten kamen mit hochgeschraubten Erwartungen, sich in gut dotierten Sesseln niederlassen zu können. Aber es zeigte sich sofort: Man hatte nur die Ehre; denn eine Entlohnung war durch die Königin nicht vorgesehen. Sicher war es ihrer Persönlichkeit zuzuschreiben, die sogar die ehedem hartnäckigsten Gegner der Monarchie in diesen Kreis lockte, wo man sich der Gunst ihrer Majestät rühmen durfte, auch wenn damit nicht mehr als ein klangvoller Titel verbunden war. Die Tatsache war nicht zu übersehen, daß ohne diese Höflinge ein neuer Staatsapparat aufgebaut worden war.

So eindrucksvoll sich Mendozas Finanzaktion auch offenbarte, war sie doch vorerst nur ein Anfangserfolg, der aber der Königin den Beweis lieferte, daß die von ihr eingeschlagene Richtung eine Gesamtreform des Staates mit sich bringen mußte. War es Isabella und Mendoza gelungen, jene Vertreter des Feudalismus, die sich in der Vergangenheit politisch betätigt und materiell bereichert hatten, spürbar zur Kasse zu bitten, so konnte das System als Ganzes als nicht ausgemerzt gelten; denn immer noch lebten einige Ritterorden in Freuden und beherrschenden Positionen. Diese Orden waren in den Kämpfen mit den Mauren entstanden. Sie hatten sich zwar in ihrem Gelöbnis den strengen benediktinischen Regeln verpflichtet, zogen aber schon sehr bald ein genußreiches, diesseitiges Leben einem unbestimmten himmlischen vor, bescherten ihnen doch die Rückzüge und Niederlagen der Sarazenen große Schätze und umfangreiche Landgüter. Nahezu unermeßlich reich geworden, konnten sie es sich erlauben, jedem Integrationsversuch zu trotzen und ihre Regionalpolitik zu betreiben. Mit solchen Staaten im Staat konnte sich Isabella nicht abfinden. Wie sie mit Hilfe Mendozas die Feudalherren auf den Boden der für ihre Herrschaft notwendigen Wirklichkeit geholt hatte, so mußten nun diese Orden zu spüren bekommen, wer über das Königreich gebot. Mit welcher Bestimmtheit und welchem persönlichen Einsatz sie dies tat, kann das folgende Beispiel belegen:

Ihr von Philippe Erlanger überliefertes, ausführlich geschildertes Verfahren soll hier nur als typisches Muster einer zu allem entschlossenen Regentin in Kurzfassung wiedergegeben werden. Für besondere, schon bekannte Verdienste hatte Isabella in der anfänglichen Notzeit ihrer Regierung neben anderen Bewerbern Alonso de Cardenas das Amt des Großmeisters von Santiago, die einflußreichste und hervorragendste Position im Reich, versprochen. Im Kloster von Uclés hatten sich die Prioren zur Neuwahl der vakant gewordenen Stelle eingefunden. So schnell wie es sein Pferd erlaubte, war Cardenas in voller ritterlicher Rüstung erschienen, um mit der Demonstration seines äußerlichen Auftretens die Kandidatur zu seinen Gunsten zu beeinflussen. In dem meilenweit entfernten Valladolid wurde Isabella von diesem Auftritt Cardenas unterrichtet. Eine solch bedeutende Entscheidung ohne ihr Eingreifen und ohne ihre eigene Vorstellung durfte sie nicht dulden. Ohne zu zögern, machte sie sich sofort auf, scheute nicht ein Unwetter und morastige Wege und, so schreibt Erlanger: „Kaum angekommen, noch vor Erschöpfung keuchend, teilte sie dem sprachlosen Kapitel mit, daß sie mit päpstlicher Zustimmung (die sie nicht besaß) König Ferdinand selbst zum Großmeister ernenne."

Dies war wie ein Blitzschlag aus heiterem Himmel. Zu anderen Zeiten hätte eine derartige Intervention des Herrschers in den prominentesten Orden einen Aufstand zur Folge gehabt. Dieser energischen Königin wagte aber niemand, auch Cardenas nicht, zu widersprechen. Und der zunächst enttäuschte Cardenas bekam doch seine Würde, wenn auch nur als Vize-Großmeister, denn Ferdinand war nicht in der Lage, neben seinen königlichen Aufgaben diesem Amt vorzustehen. So wurde Alonso de Cardenas als Stellvertreter bestellt, nicht ohne zuvor drei Millionen Maravedis als „Aufnahmegebühr" zu entrichten; denn Isabella und Ferdinand legten großen Wert auf die Verbesserung der Kasse und huldigten ebenfalls dem Grundsatz, daß man in ein Geschäft erst etwas investieren muß, ehe man Gewinn herausholen kann.

Sicher, ihr einstiges Cardenas gegebenes Versprechen hatte, wenn auch abgeschwächt, Isabella eingehalten. Dem Kapitel des höchsten Ordens war jedoch bewiesen worden, daß ohne die Königin nichts gehen kann – man halte fest, daß sie sich, wie im Falle ihrer Hochzeit, gewiß nicht sauberer Mittel bediente, aber auch in diesem Falle rechtfertigte ihr der Erfolg das dazu angewandte Mittel. Nicht nur diese „Wahl" Ferdinands, sondern seine weiteren, doch nur Scheinbestallungen, wurden mit der Bulle „Dudum ad illos" von dem wohlgesinnten Papst Alexander VI. am 12. Juni 1501 den von ihm geehrten „Katholischen Königen" bestätigt, so daß die Ritterorden, schon längst fest am Zügel der Krone, keine eigene Machtpolitik mehr betreiben konnten und nachdrücklich auf ihre klösterliche Ordnung verwiesen wurden. In dieser Bulle ist ausdrücklich festgelegt, daß an Isabella, sollte sie Ferdinand überleben, die Ämter der Großmeister überzugehen haben.

Vieles scheint dafür zu sprechen, daß Isabella nun über ein in sich geschlossenes Reich gebieten konnte. Dies war jedoch nicht oder noch nicht der Fall. Weite Gebiete des Landes, rund zwei Drittel, befanden sich fest in den Händen der weltlichen und geistlichen Lehensherren, während nicht einmal ein Drittel der unmittelbaren Befehlsgewalt Isabellas unterstellt war. Diese Tatsache stellte natürlich, trotz Anerkennung der Krone durch den Adel, ein Hemmnis in der Organisation des Staates dar. So bemühte sich die Königin, und es gelang ihr auch, über diese Adelsgebiete eine Kontrollfunktion durch die Monarchie durchzusetzen. Ohne die Granden völlig zu überspielen, konnte sie sich jedoch auf die ihr ergebene Mittelschicht des Volkes und den stets im Schatten der Großen wenig bedeutenden niederen Adel stützen.

Isabella die Katholische (1451–1504), Königin von Kastilien-León/Aragón 1474/79–1504. – Nach einem Gemälde von Joaquin Becqers, Sevilla.

Ferdinand II. der Katholische (1452–1516), Gemahl Isabellas seit 1469, König von Kastilien-León/Aragón 1474/79–1516. – Nach einem Gemälde von Joaquin Becqers, Sevilla.

Die Eltern Isabellas: Isabella von Portugal († 1496) und Königin Juan II., König von Kastilien 1406–1454. – Grabstatuen in der Kartause von Miraflores.

Francisco Jiménez de Cisneros (1436–1517), Beichtvater Isabellas, Erzbischof und Kardinal, Großinquisitor, späterer Reichsverweser Kaiser Karls V., reformierte die spanische Kirche und gründete die Universität Alcalá de Henarés. – Alabasterrelief von Felipe Vigarni in der Universität Alcalá.

Papst Innozenz VIII. (1484–1492), erließ 1484 eine Bulle, in welcher er die Inquisition, wie sie die Dominikaner ausübten, rechtfertigte. – Kupferstich aus dem 16. Jh.

„Die Übergabe von Granada durch Boabdil": Nach 10jährigem Krieg gegen die Mauren eroberten Isabella und Ferdinand am 2. Januar 1492 Granada. Damit war die maurische Herrschaft auf der iberischen Halbinsel für immer beendet. – Holzstich von Francisco Pradilla y Ortiz, 1889.

n 17. April 1492 unterzeichneten Isabella
.d Ferdinand mit Christoph Columbus in
nta Fé einen Vertrag über eine Expedition
.ch Ost-Asien. – Gemälde von V. Brozik,
84.

nes der Schiffe des Entdeckers Christoph
olumbus (1446–1506), die „Santa Maria". –
olzschnitt von 1493.

Am 31. März 1492 erwirkte der Großinquisitor Tomás de Torquemada von den Katholischen Königen Isabella und Ferdinand die Ausweisung der Juden. – Lithographie von Theodor Hosemann, 19. Jh.

„Autodafé auf der Plaza Mayor in Madrid". Das erste Autodafé, die Verkündigung und anschließende öffentliche Vollstreckung des von einem Gericht der Inquisition gefällten Urteils, soll 1481 in Sevilla stattgefunden haben. – Gemälde von Francisco Rizi, 1683. Madrid, Museo del Prado.

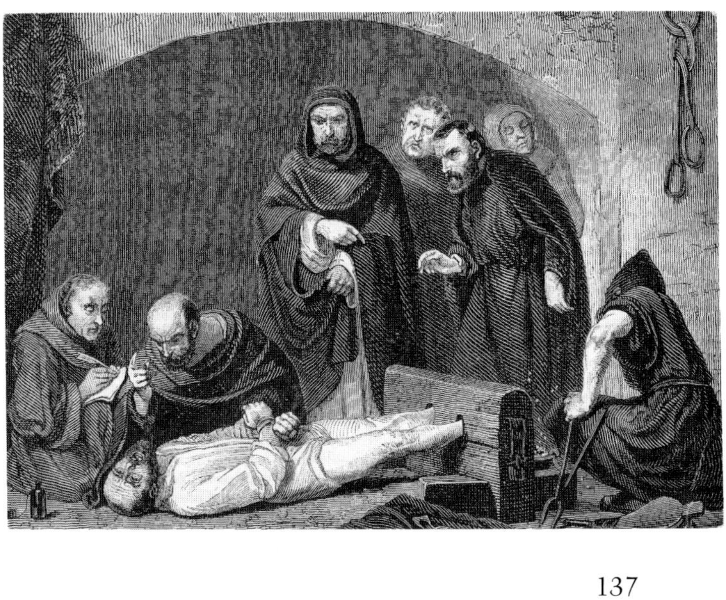

ıliche Befragung durch
uisitoren. Xylographie
. Robert Fleury, 19. Jh.

Philipp der Schöne (1478–1506), Sohn Kaiser Maximilians I. und der Maria von Burgund, wurde 1496 mit Johanna von Kastilien verheiratet. – Gemälde um 1497/98 aus der Werkstatt des Meisters der Magdalenenlegende. Wien, Kunsthistorisches Museum.

Johanna die Wahnsinnige (1479–1555), Tochter von Ferdinand und Isabella, verfiel nach dem Tode ihres Gemahls Philipp in Trübsinn. – Gemälde um 1495/96 aus der Werkstatt des Meisters der Magdalenenlegende. Wien, Kunsthistorisches Museum.

Karl (1500–1558), Sohn von Johanna der Wahnsinnigen und Philipp dem Schönen, trat 1516 die Nachfolge Ferdinands II. auf dem spanischen Thron an. 1519 wurde er zum deutschen König proklamiert und 1530 als letzter Kaiser vom Papst in Bologna gekrönt. – Holzschnitt von Hans Weiditz, 1518.

Im Alcazar von Segovia, der hinter seinen Mauern den Staatsschatz Kastiliens barg, söhnte sich Isabella mit ihrem Halbbruder Heinrich aus, um sich am Tag nach dessen Tod zur Königin zu krönen (14. 12. 1474).

Der Universität von Salamanca (gegründet 1218) wurde mit dem Portio de las Escuelas eine reich gegliederte Fassade in isabellinischem Stil vorgeblendet.

Avila, bereits im Jahre 63 n. Chr. Bischofssitz und nach der Maurenherrschaft Residenz der kastilischen Könige, besitzt bedeutende Baudenkmäler, vor allem die 1091 begonnene Kathedrale.

Isabella von Kastilien verstarb am 26. November 1504 in Medina del Campo. Ihr Grabmal mit Holzstatue befindet sich in der Capilla Real von Granada.

Das erste Gesetzbuch (1484)

Inzwischen standen ihr auch vorzüglich prädikatisierte Absolventen der Universität zur Verfügung, die vor allem in den juristischen Fragen grundsätzliche Ausarbeitungen an die Hand gaben. Zur Erstellung einer präzisen und gültigen Rechtsgebung hatte sie Don Diaz de Montalvo beauftragt, einen hervorragenden Rechtswissenschaftler. Im Jahre 1484 erschien nach fünfjähriger Arbeit sein Gesetzbuch, dessen Inhalt und äußere Aufmachung größte Beachtung fanden, zumal es sich um das erste auf spanischem Boden gedruckte Werk handelte und daher eine entsprechende Verbreitung erlebte. Damit besaßen Staat und Gerichtsbarkeit eine feste gesetzliche Grundlage. Allerdings kam Isabella nicht umhin, auch die Justiz grundlegend zu reformieren. Die chaotischen Verhältnisse der vergangenen Zeit hatten Rechtssprechung und Strafvollzug gleichermaßen verunsichert und beinahe handlungsunfähig gemacht. Jetzt nahm die Königin die sich im Universitätsstudium hervorragend ausgezeichneten Rechtsgelehrten in ihre Dienste und bevollmächtigte sie, das gesamte Justizwesen neu und den veränderten staatlichen Verhältnissen angepaßt zu organisieren. Isabella, mit den Gesetzen und ihren Auslegungen gewiß nicht vertraut, hatte jedoch auf diesem wichtigen Gebiet der Staatsreform ebenfalls Erfolg, weil sie in ihrer Zielstrebigkeit das Gespür für die richtigen Mitarbeiter besaß.

Um hervorragende, gleich ihr der gestellten Aufgaben verschworene Experten für die Bewältigung eines fundamentalen Anliegens kam sie nicht herum, als es um die längst fällige Klärung der Position des Klerus im Staate ging. Hätte Isabella in diesem zweifellos schwierigsten Problem ihres Reformprogramms ihren eisernen Willen durchgesetzt und doch Fingerspitzengefühl walten lassen, so wäre vielleicht noch vor Martin Luther eine Reformation von Kastilien ausgegangen.

Ein Kampf mit Rom

Die zu bändigenden Probleme rissen nicht ab, waren sie doch seit langem anhängig und bekannt, aber nie ernsthaft angepackt worden. Sie kennend und stillschweigend zur Kenntnis genommen, waren sie von den Vorgängern Isabellas stets vor sich hergeschoben worden, wohl befürchtend, zu anderen politischen Schwierigkeiten ein weiteres Übel heraufzubeschwören.

Zur Ordnung im Staat gehörte nach dem Grundsatz Isabellas auch eine in allen Belangen bejahende Haltung des Klerus. Ein Eingriff der Königin in dieses delikate Gebiet setzte jedoch eine Lösung mit Rom voraus. In den christlich-katholischen Ländern nördlich der Alpen und Pyrenäen war längst eine Klärung erfolgt, die aber in Kastilien nur zu Gunsten der Geistlichkeit ausgelegt und praktiziert worden war. Bereits vier Jahrhunderte zuvor hatte der mit dem „Dictatus Papae" Gregors VII. (1073–1085) ausgelöste und 1122 schließlich im Wormser Konkordat beendete Investiturstreit zwischen Papst und Kaisertum im Deutschen Reich, dann auch von Frankreich und England anerkannt, das Verhältnis zum Herrscher festgelegt. Bei der Einsetzung in ein kirchliches Amt verzichtete dort der Kaiser oder König auf Ring und Stab der Bischöfe oder Äbte, während ihm der Belehnte den Treueid zu leisten hatte. Damit gab es im Deutschen Reich kein Reichskirchensystem mehr.

In den Königreichen Spaniens hatten die Päpste seit dem dreizehnten Jahrhundert ohne Rücksicht auf die Krone die Kirchenfürsten ernannt und sich intensiv in die inneren Angelegenheiten des Reiches eingemischt. Der Heilige Stuhl war jedoch weit, und die nahe weltliche Macht vermied es oder machte keine Anstalten, sich mit der Geistlichkeit oder gar mit Rom anzulegen. Der örtliche Klerus, im Status einer Unantastbarkeit, führte ein minimales geistliches, dafür aber ein um so kräftigeres weltliches Leben und schöpfte alle Möglichkeiten eines exklusiven Staates im Staate aus. Was kam schon dabei heraus, daß die Cortes als Sprecher des blutenden Bürgertums mit Worten rebellierten, weil die Geistlichkeit keine Steuern zahlte und sich zudem noch einen Teil der Ernte holte, den sie als ihr gehörenden Zehnten beanspruchen durfte? Der Protest durfte nicht einmal zu laut und gar zu drastisch sein, man konnte höchstens murren; denn mit der Exkommunikation als Reaktion auf antikirchliches und -klerikales Verhalten hatte der Klerus gegen unliebsame Zeitgenossen eine Handhabe, vor der Aufbegehrende panische Angst hatten, bedeutete sie doch für den Betroffenen den Ausschluß aus der menschlichen Gesellschaft und den ihn fast zum Freiwild machenden Bann. Die Überlieferung weiß zu berichten, daß die Priester dem Volk größeren Schrecken einjagten, als alle Teufel der Hölle, die man den Sündern in den Predigten heraufbeschwor, vermocht hätten.

Was einst der heilige Benedikt seinen Glaubensbrüdern als Ordensregeln vorgegeben, und dann Gregor VII. befohlen hatte, war für die kastilische, aber auch aragonesische Geistlichkeit nur in den Wind geredet. Alle Glücksgüter dieser Erde in vollem Umfange genießend, fehlte nichts an einem Schmarotzerleben, wobei die gesalbten Häupter nicht die geringsten Gewissensbisse verspürten, daß die Menschen außerhalb ihrer Paläste, Pfarrhäuser und Klostermauern ein karges tägliches Brot aßen, während sie den Überfluß ihrer Tafeln nicht bewältigen konnten. Für den von Papst Gregor VII. angeordneten Zölibat fühlten sie sich nicht zuständig. Sie lebten in wilden Ehen und übereigneten ihren Kindern aus solchem Konkubinat die einträglichen Güter ihrer Sprengel. Es wurde schon erwähnt, daß selbst Mendoza ungeniert und beinahe mit Stolz Isabella seine drei Söhne, Rodrigo de Vivar y Mendoza, Diego Hurtado de Mendoza und Juan de Mendoza, mit den Worten vorführte: „Das sind meine Sünden!" Die Königin, den Kardinal nicht entbehrend, verstand es, nachsichtig darüber hinwegzusehen; denn es waren ja „nur" diese drei. Da Mendoza mehrere Mätressen hatte, wurde mit Recht angenommen, daß es da noch weitere „Sünden" geben mußte, die er wohl, ihrer Vielzahl wegen, wohlweislich verschweigen wollte. Auch diesen dürfte er, wie seinen Söhnen, eine gute Leibrente hinterlassen haben. Begreiflicherweise war solches Treiben der Geistlichkeit dem Volke, das ja stets von der Kanzel zu strengster Beachtung der Sitten aufgefordert wurde, Grund genug, den Klerus zu verachten und zu bezweifeln, ob er würdig sei, das Wort Gottes zu verkünden. Nur wagte bislang niemand, diesem Wildwuchs der Ausschweifungen die Stirn zu bieten. – Doch, es wagte jemand: Isabella.

Sie konnte nicht mit einem eisernen Besen dazwischenfahren, was sie wohl gerne getan hätte; denn zunächst mußte sie mit Rom ins reine kommen. Sie wollte und brauchte freie Hand, um auch in kirchlichen Angelegenheiten für klare Verhältnisse zu sorgen und, ohne von der Kurie überfahren zu werden, für die Besetzung der geistlichen Ämter zuständig zu sein. Daß ein solches Ansinnen eine sehr harte Gangart mit sich bringen und von ihr Stehvermögen verlangen würde, war ihr wohl bewußt. Aber sie wäre nicht Isabella gewesen, wenn sie vor einem solch hohen Hindernis zurückgesteckt hätte.

Papst Sixtus IV. (1471–1484)

Im Januar 1475 war im Konkordat von Segovia festgelegt worden, daß Isabella und Ferdinand bei einem freigewordenen Kirchenamt, auch bei einer Abtei, eine Eingabe beim Papst machen sollten, wobei allein die Königin das Recht hatte, den Bewerber auszusuchen und zu nominieren. Um Außenseitern den Weg zu verbauen, mußte von diesem Vorgeschlagenen ein Universitätsstudium nachgewiesen werden. Zudem war Isabella daran gelegen, ein Bistum oder ein Kloster nur mit einem solchen Manne zu besetzen, der in Anbetracht der wirtschaftlichen und militärischen Stärke seines Territoriums ihr volles Vertrauen besaß und uneingeschränkte Treue zur Krone bekannte. Ausländer hingegen wurden von ihr abgelehnt, da deren Loyalität nicht vorausgesetzt werden konnte. Und besonders in dieser Frage prallten die Meinungen zwischen Isabella und dem Heiligen Stuhl aufeinander. Nach dem kanonischen Recht hatten es die Päpste in der Hand, den Bischof in sein Amt einzusetzen. Was lag daher näher, daß Mitglieder der Kurie, Verwandte und besonders Freunde des Pontifex mit solchen Bistümern belohnt wurden, deren wirtschaftlicher Ertrag ihnen zu größtem Reichtum verhalf? Zweimal hatte sich bereits Heinrich IV. den Vorbehalt ausbedungen, daß die größten Bistümer nur Bewerbern seiner Wahl zugesprochen würden, während andere durch Rom besetzt werden könnten, so daß immer wieder Männer aus der Umgebung des Vatikans an der Spitze von Bistümern auftauchten, für die Heinrich kastilische Geistliche vorgesehen und vorgeschlagen hatte, weil man auch am Tiber genau wußte, wie man mit jenem zu jedem Kompromiß bereiten König verfahren konnte. Letztlich nahm der Heilige Stuhl Heinrichs Vorschlag zur Kenntnis, deponierte ihn in der Ablage und verfuhr nach eigenen Vorstellungen, wissend, daß der König alles akzeptieren würde.

Für Isabella aber waren solche Handhabungen Roms unannehmbar. Für sie gab es keine Halbheiten und kein devotes Schweigen, erst recht nicht die Hinnahme von möglicherweise indifferenten Ausländern in den Diözesen ihres Reiches. Um diesen Standpunkt zu erläutern, weist sie bereits 1475 ihren ersten Gesandten in Rom an, Papst Sixtus zu erklären, daß ohne ihre Eingabe kein höheres Kirchenamt, auch kein Abteiprior, zu vergeben sei. Das gleiche Jahr bietet nämlich im Nachbarland Aragonien einen spektakulären Fall. Der Stuhl des Erzbischofs von Saragossa ist neu zu besetzen. Sixtus sieht ein Kurienmitglied, einen Aragonier, vor, weil er Juan II. zu Gefallen sein will. Juan aber hat seinen eigenen Prätendenten, der allerdings selbst noch keine Ansprüche stellen kann, weil er, der uneheliche Sohn Ferdinands, Alfons von Aragonien, erst fünf Jahre alt ist. Isabella, der nicht daran gelegen ist, sich in Ferdinands Angelegenheiten zu mischen, läßt ihren Mann ohne Kommentar gewähren. Und Ferdinand erreicht es nach hartnäckigem Kampf, daß sein Sohn drei Jahre später, am 14. August 1478, im Kindesalter von acht Jahren Erzbischof von Saragossa wird, ein Pluspunkt für Macchiavelli zur Charakterisierung seines „Principe", aber auch ein Beispiel, daß nicht nur der Nepotismus der Renaissance-Päpste seine Blüten trieb.

Schon elf Tage vor der Installation jenes Achtjährigen wird Isabella durch ein kirchliches Problem ihres eigenen Landes aufgescheucht. Das Oberhaupt des Bistums Cuenca, Kardinal Giacomo Venier, war verstorben. Am 13. August 1478 gibt Sixtus, seines ausgiebig gehandhabten Verwandtenklüngels wegen schon hinlänglich bekannt, das Bistum seinem gerade zwanzigjährigen Neffen, Kardinal Girolamo, einem von weiteren vier Nepoten, als dessen Vertreter der Kanonikus Francisco Ortiz aus Toledo sofort die Stelle in Besitz nehmen soll. Dieser Mann, ein erklärter Gegner Isabellas, ist der Königin alles andere als genehm, zumal sie in Alfonso de Burgos ihren Hauskaplan als eigenen Anwärter hat. Noch verhält sie sich maßvoll und schlägt Sixtus einen Kompromiß vor: Riario möge das ebenfalls verwaiste Bistum Salamanca übernehmen, während Alfonso Cuenca bekommen sollte. Der Papst aber lehnt diesen Vorschlag ab.

Er hätte dies nicht tun sollen. Denn jetzt ist Isabella entschlossen, ihre Zurückhaltung aufzugeben und die Klingen zu kreuzen. In der Machtprobe mit Rom und gerade mit Sixtus glaubt sie, die durchschlagskräftigere Waffe zu besitzen. Ihre Waffe ist der in der Christenheit allgemein schockierende Verfall des Papsttums, der mit Sixtus im ungezügelten Renaissanceleben Italiens seinen ersten Höhepunkt erreichte. Greifen wir zum Verständnis dieses Papsttums und der Argumente Isabellas, dem Herrn der Kurie das Recht abzusprechen, den Aufbau ihres Staates zu stören, nur ein paar Sätze aus dem „Nekrolog" auf Sixtus des römischen Senatsschreibers Stefano Infessura in seinem „Diario della città di Roma", seinem Tagebuch der Stadt Rom, heraus. Hier wird deutlich, welches Bild des Schreckens und des Abscheus dieser Inhaber des Stuhles Petri jener Zeit der Christenheit bot. Stefano Infessura schreibt:

„... an einem Donnerstag um 5 Uhr nachts (12. August 1484, d. A.) ist Sixtus gestorben.

An diesem allerglückseligsten Tage also hat der allmächtige Gott seine Macht auf Erden gezeigt, und hat das christliche Volk aus den Händen dieses gottlosesten und verbrecherischsten Tyrannen befreit, der keine Gottesfurcht kannte, keine liebevolle Hingabe an die Leitung des christlichen Volkes, kein Gefühl christlicher Barmherzigkeit und Liebe, der einzig und allein, immer und ununterbrochen von gemeiner Sinnlichkeit sich beherrschen ließ, von Habsucht und Prachtliebe und leerer Ruhmsucht und der nichts anderes im Herzen trug.

Dieser Papst ist, wie es allgemein heißt und wie die Tatsachen bewiesen haben, ein Knabenschänder und Sodomit gewesen. Man hat ja gesehen, was er für die Knaben getan hat, die ihm im Schlafgemach Dienste taten: Nicht nur Einkünfte von vielen Tausenden Dukaten hat er ihnen verschafft, er hat es sogar gewagt, sie mit dem Kardinalat und großen Bistümern zu schmücken. Hat er denn um anderer Dinge willen, wie es heißt, den Grafen Girolamo geliebt und den Franziskanerbruder Piedro (Riario), dessen leiblichen Bruder, der später Kardinal von Santo Sisto wurde, als aus Sodomie? ... Dieser Papst war ein Feind aller Gebildeten und Gutgesitteten; nur schlechte Menschen waren ihm willkommen. Darum hat man auch viele Gedichte auf ihn gemacht, man kennt aber die Verfasser nicht, etwa folgende nämlich:

„Einbrecher und Kuppler und feile Buhlen und Spitzel, kommt nur hurtig nach Rom, werdet wie Krösus so reich!

oder:

Freue dich, seliger Nero, an Bosheit schlägt dich ein Sixtus!
Alle Verbrechen und Laster schließt er in sich."

Isabella hatte ihren Botschafter in Rom und damit einen zuverlässigen Berichterstatter vom Alltag rund um die Engelsburg. Wenn ihr auch wahrscheinlich die letzten, offen kursierenden und erfahrungsgemäß nicht immer authentischen Details dieser päpstlichen Verworfenheit vorenthalten wurden, so hatte sie sich doch ausreichend unterrichten lassen, daß dieser Mann Sixtus als Stellvertreter Christi für sie nicht mehr der gleichberechtigte Verhandlungspartner sein konnte. In ihrem Abscheu vor einem Heiligen Vater, der alles andere als das Attribut heilig oder heiligmäßig verdient hatte, weiß sie sich einig mit Fürsten Europas, in deren Ländern es ebenfalls zu gären beginnt. Als sie vernimmt, daß man in kirchlichen Kreisen erwog, ein Konzil einzuberufen, das über die Machenschaften des Papstes befinden und eine Reform der Kirche erarbeiten sollte, sieht sie ihre Stunde zum Gegenschlag gekommen. Sie läßt durch ihren Emissär Sixtus wissen, daß sie – gleichsam als Antikonzil – eine Versammlung aller christlichen Herrscher Europas einberufen werde, in der ein Rezept zu entwickeln sein werde, wie die Kirche vor einem moralischen Chaos bewahrt werden könnte. (Im Grunde eine von Kastilien ausgehende, mögliche Vor-Reformation, die wahrscheinlich auf Distanz zum immer noch prädestinierten Kaiserreich nicht den Erfolg erzielt hätte, den Luther im nächsten Jahrhundert mit seinen Thesen einleitete.) Dennoch wirkte Isabellas Drohung; denn Sixtus gibt nach. Es kommt zu dem von Isabella gewünschten Tausch: Riario erhält Salamanca und Alfonso de Burgos das Bistum Cuenca.

Isabella und ihre Entschlossenheit kennend, war diese Entscheidung nur eine halbweiche Sache. Stahlhart und zu keinem Funken der Nachgiebigkeit bereit, konnte sie nun, die Schwäche des Papstes ausspielend, dem Klerus in ihrem Lande zeigen, daß nicht Rom, sondern sie zu bestimmen habe, wer in ihrem Reich und wie er da seine kirchliche Aufgabe zu erfüllen habe. Wagt es ein katholisch erzogener, gläubiger Mensch, gar eine junge Frau, dem Oberhaupt der Kirche zu trotzen? Isabella tut es, nicht allein als Katholikin, sondern als für die Ordnung in ihrem Staate verantwortliche Herrscherin. Sie hat sich gegen Rom durchgesetzt und sie weiß, daß sie mit ihrer Methode dem Papst abringen kann, was sie auch in der Kirchenorganisation und deren Repräsentanten als innenpolitisch stabilisierenden Beitrag für Land und Volk erkannt hat.

Bei all ihren Vorstellungen und Plänen wird es ihr jedoch nicht leicht gemacht. Denn Sixtus, in seinem Ehrgeiz getroffen, versucht noch einmal, seine päpstliche Macht auszuspielen. Weil er durch seinen Legaten am 3. Juli 1482 jenen Tausch Riario – Alfonso hatte bestätigen müssen, will er aus diesem Handel doch noch eine lukrative Entschädigung für seinen abgeschobenen Neffen herausholen. Nachdem er zur gleichen Zeit sein Einverständnis gegeben hatte, daß Kardinal Mendoza Erzbischof von Toledo, als Primas von Kastilien, wurde, versuchte er, seinen Neffen Riario gleich als potentiellen Nachfolger Mendozas festzulegen, und ihn bis zu dessen Ableben als Kardinal von Sevilla einzusetzen. Doch Isabella durchschaut dieses Manöver und ist entschlossen, sich nicht durch Taschenspielereien überfahren zu lassen.

Ein Fremder, ein Römer als Kardinal von Sevilla – mit heftigem Protest schmettert die Königin dieses Ansinnen ab. Für sie ist es kein kirchliches, sondern in erster Linie ein politisches Anliegen. Die Stadt und die Region Andalusien waren lange im gegnerischen Lager gewesen. Nun sollte vielleicht mit einem Ausländer ein Unruheherd heraufbeschworen werden? Allein schon der Gedanke an eine solche Möglichkeit entzündet Isabellas Widerstand, dem sich nun auch der einsichtig gewordene Ferdinand anschließt. Dies besonders, indem in Rom das Thema Sevilla mit großem Eifer weiter betrieben wird. Mußte man, so die Überlegungen am Heiligen Stuhl, auf eine besondere Karriere Riarios verzichten, so sollte doch entgegenkommenderweise ein dem Königspaar genehmer Kandidat beste Aussichten für diesen Posten besitzen. Es ist kein Unbekannter, der dazu aufgeboten wird, nämlich jener Kardinal Rodrigo Borgia. Der Gedanke des Papstes ist durchaus einleuchtend, hatte Borgia Isabella und Ferdinand doch recht beachtliche Hilfestellung geleistet, vor allem jenen Dispens erwirkt und die Anerkennung des Mendoza-Clans für Isabella eingeleitet. So glauben der Kardinal und Papst Sixtus, mit einem freundlichen Entgegenkommen durch die Königin und ihrem Gemahl rechnen zu dürfen.

Die Rechnung geht aber, zumindest in Kastilien, nicht auf. War man schon über Borgias Installation als Bischof von Cartagena sehr ungehalten, so muß die Frage Sevilla erst recht zu einer Provokation werden. Wie nicht anders zu erwarten, lehnte Isabella strikt ab. Ferdinand ergänzt diese Weigerung mit den Worten: „Was Sevilla angeht, so kann man in Rom machen, was man will, doch soll man sich nur nicht in dem Glauben wiegen, diese Stelle könne ohne unsere Zustimmung besetzt werden. Man kann erklären und unternehmen, was man will, aber diese Zustimmung werden wir niemals geben."

Diese Haltung ist unmißverständlich. Dennoch und vielleicht deshalb eskaliert Sevilla zu einer weiteren Machtprobe mit der Kurie. Borgia glaubt nicht an den Ernst der Worte Ferdinands und der Ablehnung Isabellas. Er denkt immer noch, die Angelegenheit in seinem und päpstlichem Sinne erledigen zu können, nämlich mit dem Überraschungsmoment, das vollendete Tatsachen schaffen würde. So schickt er seinen Sohn Pedro Luis Borgia, vom Erzbistum Sevilla im Namen des Kardinals Besitz zu ergreifen. Aber Isabella und Ferdinand sind sehr gut informiert. Sie haben längst erfahren, welche Aktion da im Gange ist. Sie lassen Pedro Luis nach Sevilla kommen, verhaften ihn aber sofort nach seinem Eintreffen. Ferdinand sind diese Borgia-Allüren ein willkommener Anlaß, in seinem Königreich Aragonien, ausgerechnet der Heimat der Borgias, aufzuräumen – selbstverständlich zu seinem finanziellen Vorteil. Er konfisziert alle Güter der Familie rund um Valencia und läßt wissen, daß es bei diesem ersten Fall nicht bleiben werde, und droht, daß diese Besitztümer nur wieder freigegeben würden, wenn Borgia auf Sevilla verzichte und sich allen Forderungen unterwerfe.

Papst Innocenz VIII. (1484–1492)

Rom gibt nicht auf und erst recht nicht nach. Sixtus IV. war gestorben, und sein Nachfolger Innocenz VIII. hatte nichts Eiligeres zu tun, als die Bestallung Borgias für Sevilla durch seinen Vorgänger zu bestätigen. Diese päpstliche Anordnung offiziell zu überbringen und durchzusetzen, schickt Innocenz seinen Legaten Angelo Geraldini nach Kastilien. Isabella, über dessen Mission bereits unterrichtet, befiehlt sofort ihren Grenzsicherungsorganen, den Gesandten vor dem Betreten kastilischen Bodens zurückzuweisen. Dies gelingt aber nicht, denn Geraldini findet ein Schlupfloch in der Grenze und bittet kurz darauf, bei Isabella und Ferdinand zur Audienz vorgelassen zu werden. Dem Überbringer dieses Nachsuchens wird aber im Auftrag Isabellas mit aller Schärfe zu verstehen gegeben, daß der päpstliche Gesandte, habe er die Absicht, über die Angelegenheit Sevilla zu sprechen, sich seinen Weg von Rom nach Kastilien hätte ersparen können. Über Sevilla werde man nicht mehr verhandeln, sondern die klare Stellungnahme der Königin in Rom zu akzeptieren haben.

Bedauerlich für seinen Auftraggeber und wohl auch für seine Mission, muß Geraldini ohne Erfolg den Rückweg antreten. Es ist nicht nur ein Rückweg, es ist ein Rückzug päpstlicher Bemühungen, die Oberhand über die Vergabe kirchlicher Ämter in Kastilien durchzusetzen. Innocenz und Rodrigo Borgia müssen diese Tatsache zur Kenntnis nehmen. Sie sind schließlich bereit, der Königin nachzugeben. Also wird 1485 das Erzbistum Sevilla durch den Neffen Mendozas, Diego Hurtargo de Mendoza, besetzt – für den kritischen Beobachter zweifellos ein Beweis, daß man auch in Kastilien den Nepotismus zu praktizieren versteht und den alten Satz entsprechend ändern kann: Quod licet Jovi, etiam licet bovi.

Man vermag eine Schlacht zu gewinnen oder zu verlieren, den Krieg jedoch nicht zu beenden. Also gibt sich die Kurie noch keineswegs geschlagen, und jedesmal wenn ein Bistum Kastiliens vakant geworden ist, geht der Nervenkrieg von neuem los. Nur hat man in Rom allmählich begriffen, daß sich Isabella nicht überrumpeln und erweichen läßt, wenn es um für das Staatsgefüge wichtige Ämter, somit auch besonders einflußreiche Bistümer geht. Mit der Zeit bescheidet man sich im Vatikan mit der Nominierung weniger bedeutender Posten. Damit zeigt sich auch der nächste Papst, Alexander VI. (1492–1503) einverstanden, der als Kardinal Borgia an Sevilla gescheitert war. Er hält sich brav an die Vorschläge Isabellas und Ferdinands, behält sich nur Cartagena und Valencia vor, das sein Sohn Cesare Borgia (1475–1507) übernehmen sollte. Aber schon bald legt dieser Cesare die Mitra des Erzbischofs von Valencia nieder, um zum berühmtesten Politiker und Condottiere des Borgia-Hauses zu werden. Nicht verwunderlich, daß auch ihn Macchiavelli in seinen „Principe" aufnahm.

Die Zeit, meint ein Sprichwort, heile Wunden. Sie vermochte es aber nicht in Rom. Dort ließ sie immer wieder neue Wunden schmerzlicher Demütigungen durch Isabella aufbluten, hat sich doch die kastilische Königin ihr Veto gegen jede Einsetzung eines ihr nicht gewogenen Bischofs zur Gewohnheit gemacht. In dieser ihrer Haltung müßte der Biograph viele Eigenschaften dieser Frau zu deuten versuchen: Kühnheit, Einsichtigkeit, Risikobereitschaft, Energie, Selbstbewußtsein, Wissen um eigene und gegnerische Position, aber vor allem Zielstrebigkeit in den fundamentalen Voraussetzungen eines geordneten Staatswesens. Die nicht zu übersehende und auch bei ihren Untertanen gewürdigte Standhaftigkeit gegen die römischen Ambitionen haben viel dazu beigetragen, ihr Ansehen in allen Schichten des Volkes zu steigern. Regierte ihr Bruder Heinrich fast immer jenseits der Bürger und gegen deren lebensnotwendigen Forderungen, so hätten schon diese Beispiele, mit denen Isabella eine der das Volk unterdrückende Mächte ausschaltete, ausgereicht, sie aller Sympathien zu versichern. Bischöfe waren mächtige Lehensherren, aber nur selten christlicher als der weltliche Adel.

Bereits 1486 hatte im Vorgriff auf das noch zu vereinnahmende Granada Innocenz VIII. in drei Bullen das maurische Hoheitsgebiet in drei Sprengel aufgeteilt und Isabella und Ferdinand die Schirmherrschaft über die dort anfallenden kirchlichen Einrichtungen übertragen. Schließlich erteilte, wie ihren Nachfolgern, der Papst den Königen die ausschließliche Zuständigkeit, ihre Bewerber für die politisch und wirtschaftlich wichtigen, sogar zweitrangige Suffragan-Pfründen über Cadiz hinaus bis zu den Kanarischen Inseln zu benennen. Dieses ungewöhnliche Eingeständnis der Zuständigkeit sollte dann auch für die Länder der Neuen Welt gelten.

Wie auf anderen Gebieten ihrer Politik hatte Isabella den Kampf mit Rom ohne Blessuren erfolgreich durchgestanden. Der Himmel gönnte ihr jedoch nicht, daß erst zwei Jahrzehnte, 1523, nach ihrem Tode die Bulle „Eximiae devotionis affectus" Hadrians VI. (1522–1523), der als Bischof von Tortosa und Ratgeber Karls V. die Regierungsgeschäfte in Spanien führte, der Krone das Recht gewährte, ihre Bewerber für alle Kirchen des Reiches vorzuschlagen.

Reform des Klerus

Mag auch der Kompetenzstreit mit dem Heiligen Stuhl noch immer nicht endgültig bereinigt sein, so wird der schon in den letzten Jahrzehnten des fünfzehnten Jahrhunderts von Isabella als dringend erforderlich erkannte und sofort in Angriff genommene Strukturwandel der hohen Geistlichkeit ihres Landes sichtbar. War ein Bischofsamt bis dahin ausschließlich den Söhnen adliger Häuser vorbehalten, so legt die Königin kontinuierlich Wert auf Kandidaten aus dem Mittelstand, die sich durch ein gutes Universitätsexamen als „letrados", nicht nur der Theologie, sondern auch der Rechtswissenschaften, für die kirchlichen und staatspolitischen Aufgaben qualifiziert haben. Aus den verschiedenen „colegios", vornehmlich dem „mayor" von Salamanca, verpflichtete sich die Königin neben den herausragenden Vertretern des Klerus die für die Verwaltung ihres Staatsapparates erforderlichen Beamten.

Noch mitten in den Anstrengungen Isabellas, ihre Forderungen der

Kurie abzuringen, richten sich ihre Bemühungen darauf, die niedere Geistlichkeit wieder auf jene Grundregeln zurückzuführen, die für den christlichen Priester eigentlich Voraussetzung sein sollten. Bei aller Willenskraft ist es ihr aber nicht möglich, persönlich einzugreifen, hat sie doch neben ihrer Regierungstätigkeit auch noch eheliche Pflichten, die ihr, was noch zu berichten sein wird, in nicht zu großen Abständen Schwangerschaften und Geburten bescheren. Für die Reform braucht sie demnach einen Helfer, der mit gleicher Energie dem Übel zu Leibe rückt, zumal ihm die Probleme bekannt sind.

Francisco Jiménez de Cisneros

Normalerweise wäre für eine solche Aktion der Primas zuständig und federführend gewesen. Aber Großkanzler Kardinal Mendoza, selbst nicht mit blütenreiner Zölibat-Weste, ist objektiv genug, sich nicht als „Saubermacher" zu empfehlen. Doch er kennt und hat den richtigen Mann für diese Aufgabe und präsentiert ihn der Königin: seinen Großvikar Francisco Jiménez de Cisneros (der Aussprache entsprechend, wenn auch nicht ganz zutreffend, als Ximenez in der europäischen Geschichtswissenschaft bezeichnet). Ob Isabella nur dem Vorschlag Mendozas entsprach oder gerade in diesem Falle über ein hohes Maß an Menschenkenntnis verfügte, ist nicht zu erfahren. Immerhin beruft sie Jiménez sofort in den Staatsrat, an dessen Spitze er später stehen sollte, um zu einem der profiliertesten Politiker jener Zeit zu werden, worüber wir noch hören werden. Dieser Mann, mit Charakterzügen wie die Königin ausgestattet, begann ohne Umschweife seine Säuberungsaktion und vermochte bald die hartnäckigsten Widerstände zu brechen, den Verfall des Klerus zu bremsen und auf dem geistlichen Gebiet einen wesentlichen Beitrag zur Neugestaltung des Königreiches zu leisten. Zunächst fing er mit energischem Aufräumen in den Klöstern der verschiedenen Orden an. Wer sich nicht dem von ihm gebotenen Keuschheits- und Armutsgelübde unterwerfen wollte, hatte das Kloster zu verlassen. Eine Reihe völlig verweltlichter Ordensleute tat dies, konvertierte gar zum Islam, der das Konkubinat erlaubte, oder wanderte aus. Was jedoch zurückblieb, wurde zum festen Stamm einer neuen religiösen und kirchlichen Ordnung.

So hatte Jiménez zwar die Reinigung der Klöster vollzogen, aber dies war nur ein Teil der von ihm angestrebten Reform. Man konnte unten nicht aufräumen, wenn oben alles noch in Trümmern lag. Vorbild christlicher Tugenden war kaum noch ein Kirchenfürst. Territoriale, politische, gar militärische Macht, Erweiterung des Besitzes, luxuriöses Leben, Konkubinen und Festmähler waren den Dienern Gottes lieber, als sich an den Auftrag der Evangelien zu halten. Jiménez kennt sie und ihr Leben: Sie besitzen großartige, reich ausgestattete Festungen und eigene Truppen, fühlen sich stark und unantastbar. Aber nicht mehr lange; denn Jiménez macht vor ihnen nicht halt. In unmißverständlichen Worten verweist er sie auf ihre eigentliche Aufgabe, seelsorgerisch zu wirken und dem Staat zu dienen, statt aus ihren gewaltigen Ländereien und Vermögen eigene Machtbefugnisse abzuleiten. Sei Jesu Reich nicht von dieser Welt, so hätten sich ihre weltlichen Reiche dem Königreich unterzuordnen. Was bislang nicht nur unmöglich schien, sondern auch unmöglich war, erkannten gleich dem Adel auch Bischöfe und Äbte an: die von Jiménez geforderte bedingungslose Unterwerfung unter die dem Papst abgerungene Zuständigkeit der Krone. Sie fügten sich, auch wenn es noch einige Außenseiter gab, die ihren Unwillen gegen dieses, ihnen unliebsame und nicht mit den traditionellen Gepflogenheiten übereinstimmende Konzept spüren ließen. Sie aber sollten auf die Dauer gegen einen geradlinigen und unbeugsamen Jiménez nicht bestehen können. Er schuf nicht nur eine Theokratie in Kastilien, die zu einem staatstragenden Element wurde, sondern in ihrer Vollendung und in ihrem Abstand zu den Strömungen in den anderen Ländern Europas mit dazu beitrug, daß Spanien zwei Jahrhunderte später seine Stellung als Weltmacht einbüßte und sich erst in der jüngsten Neuzeit wieder reorganisieren und stabilisieren konnte.

Mit Mendoza, Jiménez und Talavera als ihren ausführenden und nicht minder energischen Säuberungsexperten hatte Isabella nach dem der Kurie abgerungenen Erfolg einen Klerus erhalten, dessen Mitglieder also nicht mehr ausschließlich der Aristokratie vorbehalten blieben. Bischof oder Abt konnte nun jeder werden, der ein entsprechendes Studium hinter sich gebracht und sich in Positionen der kirchlichen Hierarchie bewährt hatte. Dies allein reichte jedoch nicht. Von jedem Bewerber um ein kirchliches Amt, gleich welcher Stufe, verlangte die Königin uneingeschränktes Bekenntnis und absolute Treue zur Monarchie, hatte sie doch jenen Verrat Carrillos nicht vergessen. Mit Jiménez als ihrem Großkanzler verlangte sie eine klare Haltung der kirchlichen Würdenträger. Unter solcher Voraussetzung stand dem Kandidaten die Türe offen, am königlichen Hofe auch eine hohe Beamtenfunktion auszuüben, so ihm mehr daran gelegen war, der Königin unmittelbar zu dienen, als sich in der Seelsorge in einem Bistum oder Kloster zu betätigen. Der Kleriker war zum Staatsbeamten geworden und damit zum Untergebenen der Herrscherin als erster Instanz noch vor dem Oberhaupt der Kirche in Rom.

Instrument der Monarchie: der Kronrat

Es waren – für die Ratsmitglieder – noch bemerkenswerte Zeiten gewesen, als der Consejo real de Castilla, der Kronrat von Kastilien, nahezu alles bestimmte, nämlich die politischen Richtlinien, die höchste Rechtsprechung und Verwaltung, die Vergabe von Lehen, die Festsetzung von Pensionen und sogar die militärischen Einrichtungen, die Festungen und Kommandeure. Der König durfte vorschlagen und dann das Abstimmungsergebnis zur Kenntnis nehmen. Daß solche Befugnisse des Kronrats und ein auf Ja oder Nein des Gremiums angewiesener Herrscher nicht in Isabellas Programm passen konnten, ist verständlich. Auch hier schien ihr eine „Machtübernahme" mehr als notwendig.

Im Jahre 1385 war diese oberste Institution durch die Cortes von Valladolid ins Leben gerufen worden. Fast hatte es sich um eine Art demokratische Vertretung als gesetzgebende Körperschaft für Bürger und Reich gehandelt. Aber gerade die ihre Städte und die Landbevölkerung repräsentierenden Cortes vermochten sich schon bald gegen die im Kronrat bestimmenden Vertreter des Adels und des Klerus nicht durchzusetzen. Diese Feudalherren waren sich stets einig, besonders wenn man sich neue Abgaben einheimsen, die Interessen der Krone beschneiden und deren Anordnungen zu Fall bringen wollte. Bereits Heinrich IV., kaum mehr als Zuschauer des Machtspiels der Granden, hätte gerne eine Reform des Kronrats durchgeführt, um sich mehr Kompetenzen zu sichern. Sein Zaudern und seine steten Ängste vor einem Aufstand der Betroffenen waren nicht dazu angetan, das Vorhaben zu realisieren. Das Projekt aus dem Jahre 1465 verschwand vom königlichen Schreibtisch. Heinrich hätte sich fürwahr gewundert, wäre es ihm möglich gewesen, aus dem Grabe heraus zusehen zu dürfen, wie seine Schwester fast im Handstreich seinen Reformplan verwirklichte und auf ihre absolute Macht zuschnitt, die sie für die Monarchie anstrebte.

Die schon genannte Zusammenkunft der Cortes im Jahre 1480, in der Isabella eine Verfügung nach der anderen treffen sollte, ohne den Mitgliedern dieser Instanz auch nur ein Widerspruchsrecht einzuräumen, war für die Königin die willkommene Ebene, auch in der Frage des Kronrats reinen Tisch zu machen. Sie eilt zur Tagung. In 36 Punkten berät die Cortes-Versammlung über den Kronrat und dessen bislang praktizierten Zuständigkeiten. Noch hat die Diskussion den Anschein einer gewohnt autoritären Gesetzgebung, jedoch stets mit dem schrägen Blick auf die Königin, von der man weiß, daß sie ihre Regentschaft nicht nach früheren Mustern strickt. Und so kommt es, daß ihr Machtwort der Debatte keinen großen

Spielraum mehr läßt. Die Entwicklung hat gezeigt, daß nach dem zu allem bereiten Ja-Sager Heinrich auf dem Thron eine Frau gefolgt ist, für die es nur eine Alternative gibt: das einzig bestimmende, absolute Wort der Monarchin. Und so kommt es in dieser Sitzung der Cortes zu einem Beschluß, der die Existenz des Kronrats bestätigt, andererseits aber der Königin alle Macht überträgt. Der Consejo real soll zwölf Mitglieder, drei Ritter und neun Gelehrte umfassen, denen ein Erzbischof als Präsident vorsteht. Ein Zuckerbrot erhalten Adel und Klerus: Sie sind rechtmäßige Mitglieder des Kronrats, dürfen auch an jeder Sitzung teilnehmen, haben jedoch nur beratende Funktion. Ein Stimmrecht wird ihnen nicht mehr eingeräumt. Weil dem Kronrat die alten Befugnisse wieder zugebilligt werden, sieht dies zunächst recht eindrucksvoll aus. Isabella aber könnte und kann vor allem solche alten Zöpfe nicht hinnehmen. Also haben die Cortes auf ihre Anordnung hin festzulegen, daß die offiziellen, also stimmberechtigten Mitglieder, die mit Mehrheitsbeschluß von zwei Drittel zu entscheiden haben, von ihr, von der Krone, zu ernennen sind. Dies ist eine der wichtigsten Maßnahmen in der Reformpolitik: Der Kronrat mit seinen Mitgliedern von Isabellas Gnaden wird zum reinen Ausführungsinstrument der Monarchie, zum Staatsorgan.

Isabella braucht diese Schein-Instanz und will sie. Sie hat erreicht, daß ein „Parlament", an dessen Sitzungen sie jederzeit teilnehmen und schon allein mit der Optik ihrer Anwesenheit selbst auf zögernde Mitglieder einen positiven Einfluß ausüben kann, nach ihren Richtlinien zu verfahren hat. Die Tagesordnungspunkte waren damit zumeist in einhelliger Abstimmungsmechanik erledigt. Widerstrebende gibt es nicht. Bedenken oder gar oppositionelle Meinung äußernde Mitglieder müssen eine Demission und den Verlust ihrer Honorare befürchten. Isabella hat den Kronrat fest in der Hand. Mag das Wort nicht sonderlich geschmackvoll sein: Wie in einem Marionettentheater läßt sie die Puppen tanzen. Den Kronräten bleibt kein Spielraum mehr. Denn ab sofort sind die Verhandlungspunkte bereits so vor- und ausgefertigt, daß kaum eine lange Debatte zu führen und nur noch ein Ja erforderlich ist. Für die exakte Ausarbeitung der Gesetzesvorlagen sorgen die Beamten am königlichen Hofe.

In der Zeit, da Kastilien, seine Regenten und sein Adel in permanenter innerstaatlicher Zerrissenheit und gelegentlichen Kämpfen mit den Mauren kaum Möglichkeit und auch kein Bestreben hatten, einen stabilen Aufbau des Reiches anzugehen, waren die Herrscher nur auf Berater, ausschließlich aus den Sippen der nicht immer zuverlässigen Adelsgeschlechter und Ritter angewiesen, die oft mehr ihre eigene als Reichspolitik betrieben. Der Möglichkeit eines funktionierenden Verwaltungsapparates setzte die landesweite Anarchie unüberbrückbare Grenzen. Wenn auch bereits Alfons XI. Rechtsgelehrte verpflichtete, und Heinrich IV. ebenfalls Juristen in seine Dienste genommen hatten, so handelten diese Männer als adelige Abkömmlinge in erster Linie und fast nur für die Interessen ihrer Sippe im besonderen und ihres Standes im allgemeinen. Die breite Masse des Volkes bildete für die Lehensherren und deren Vertreter in der Verwaltung kaum mehr als eine auszubeutende Schar von Heloten.

In den Tagen der Geburt Isabellas, also Mitte des 15. Jahrhunderts, schreibt Rodrigo Sánchez de Arévala in seiner „Summa de la política" zum Verhältnis Herrscher–Beamter: „Sie müssen Berater haben, die über großes Wissen und Weisheit verfügen, gewandt, erfahren und klug sind, mehr im politischen als im militärischen oder im mechanischen Bereich. Man kann schließlich im militärischen oder in einem anderen Bereich große Klugheit beweisen, es aber an politischer Klugheit mangeln lassen, wenn es um die Regierung eines Staates geht."

Die königlichen Beamten

Nicht nur Klugheit, sondern exaktes Wissen setzte Isabella bei ihren Beamten voraus. Diese letrados, Leute, die den Buchstaben, die letra, kennen, die das geschriebene Wort, das Gesetz gelernt haben, es auslegen und anwenden können, waren zunächst Absolventen der Universitäten und der collegios aller Studienfächer. Bald aber erhielten nur noch jene Juristen diese Bezeichnung, die durch Isabella in die Beamtenlaufbahn des Staates berufen worden waren. Die Verwaltung eines Reiches war bereits im Hochmittelalter immer komplexer geworden, nicht nur in den spanischen Ländern, sondern auch im übrigen Europa. Der König mußte zur Abwicklung der vielen Aufgaben, die er zumeist nicht selbst überschauen konnte, auf Mitarbeiter zurückgreifen. Im Bestreben, ihren Staat auf eine solide und stabile Grundlage zu stellen, hatte Isabella bereits 1476 in der Versammlung der Cortes zu Madrigal begonnen, eine Reorganisation des Reiches anzugehen, die von der Entmachtung des Adels und der Vorherrschaft der Monarchie gekennzeichnet war. Mit dieser Autorität der Krone, von Isabella unnachsichtig auch gegen den Kronrat und die Cortes durchgesetzt, verwirklichte die Königin eines ihrer innenpolitischen Hauptziele: Die Heranbildung einer bis dahin unbekannten Gesellschaftsschicht, die sich aus dem aktiven und loyalen Bürgertum entwickelte, dem sich der bislang nur ein Schattendasein führende niedere Adel zugesellte.

Mit der Förderung dieser gesellschaftlichen Umgruppierung geht Isabella jenen Schritt, der europaweit zu einem Charakteristikum der Neuzeit wurde. Nicht mehr vornehmste Abstammung darf als automatischer Berechtigungsschein für ein hohes Amt gelten. Wer Leistung und Bereitschaft bringen kann, qualifiziert sich für eine adäquate Position. Die Königin greift mehr und mehr auf Angehörige vordem von der Krone vernachlässigter Stände zurück. In deren Kreisen waren schon immer die Königstreue und der Widerstand gegen die Granden vorhanden gewesen. Sie, als hidalgos, Edelmänner, ausgezeichnet, lieferten mit ihrer positiven Haltung zur Krone die zuverlässigsten Beamten und Militärs. Zusätzlich verpflichtete sich Isabella vertrauenswürdige und ihr ergebene Männer aus dem Bürgertum für die unteren Offiziersdienstgrade ihrer Streitmacht.

Hidalgo wurde letztlich zu einem Ehrentitel, der auch einem Manne übertragen werden konnte, der sich in der Verwaltung besonders hervorgetan hatte. Typisches Beispiel dafür war ein Doctos Palacios Rubios, der als ein überragendes Mitglied des Kronrats 1496 auf Isabellas Anordnung hin die hidalguía verliehen bekam und damit ein eigenes Wappen, zwei Löwen auf weißem Feld unter einer Goldkrone, führen durfte.

Sie weiß, daß die Aristokraten von ihren Methoden nicht erbaut sind, zumal der Adel aus wichtigen Positionen verdrängt worden war und sich bisweilen den ihre Kompetenzen überschreitenden „Federfuchsern" unterzuordnen hatte. Gewiß, Isabella achtet auf einen sauberen Lebenswandel und gewissenhafte Arbeit ihrer Beamten, doch kann sie nicht über jede Schulter blicken, so daß es nicht selten zu Klagen kommt, indem sich immer wieder welche in sie nichts angehende Dinge mischen. Doch greift sie rigoros durch, wenn sich die Vorwürfe als berechtigt erweisen.

Vom Feudalismus zum Absolutismus

Mit der neuen Situation des Kronrats und dem Stab der Beamten wird der Wandel in der Regierung des Reiches sichtbar. Für den Übergang vom feudalen zum absolutistischen Staat zeichnet die Königin verantwortlich. Nach ihren Weisungen fertigen die ihr Vertrauen besitzenden, aber auch auf Gnade und Ungnade der Herrscherin angewiesenen Mitarbeiter alle für die Sitzungen des Kronrats anfallenden Tagesordnungspunkte, die von Isabella gewünschten Dokumente und Resolutionen an. Da ihnen sogar eine gewisse freie Hand gelassen ist, dem Kronrat vorweg bereits Entscheidungen, wenn auch nicht immer auf unmittelbare Anordnung, aber im Sinne Isabellas, durch ihre Unterschrift zu treffen und dem Rat kaum mehr Diskussionsspielraum zu lassen, ist im besten Falle nur mit Bedenken einiger Mitglieder zu rechnen, die sich zumeist der allgemeinen Zustimmung zum vorgefaßten Schriftstück anschließen. Man wagt zwar, wie es aus einem Bericht des Kronrats hervorgeht, diese Verfahrensweise zu monieren, es jedoch mit einem unterschwelligen Murren zu belassen.

Ein Blick in die Nachfolgezeit belegt, daß mit dem Amt oft auch die menschliche Schwäche eine Macht zu nutzen verstand. War es Isabella möglich gewesen, ihre Beamten, von Ausnahmefällen abgesehen, fest am Zügel zu haben, so trat nach ihrem Tode nicht nur der Schlendrian ein, sondern eine für den kastilischen Kronrat bestürzende Zumutung. Ferdinand holte sich ausgerechnet Aragonier als Beamte an den Hof, zudem auch einige, von der Verfolgung verschont gebliebene Juden, die recht schnell erkannten und auszunutzen wußten, was aus einem solchen Amt herauszuholen war. Weniger interessierten sie die Regierungsgeschäfte, desto mehr aber alle Chancen persönlicher Vorteile. Bestechung und Schwarzhandel wurden, wenn auch „unter dem Tisch", eifrig betrieben, so daß der Widerstand im Kronrat, aber auch in der Bevölkerung gegen die Begünstigung der Aragonier und Juden durch Ferdinand nicht zu übersehen war. Jiménez de Cisneros war es schließlich, der hier eine sich abzeichnende Gefahr für den Staat durch sein Einschreiten abwandte.

Resümee

Ein Resümee zum Abschluß dieses Kapitels fällt gewiß nicht schwer. Auch in der Frage des zuvor vom Adel und Klerus beherrschten Kronrats konnte Isabella einen weiteren Erfolg in ihrer Reformtätigkeit verbuchen. Der Konflikt zwischen Adel und Monarchie, den sie einst als politisch noch Unbeteiligte erlebt und in ihrem Bewußtsein konserviert hatte, war durch sie für die Krone entschieden worden.

Überraschend für alle war der von ihr jäh oder durch die jeweilige Situation bedingt, nur sukzessive durchgeführte Wandel zum Absolutismus, zum autoritären Staat, der die einstigen Gegensätze aus feudalistischer Zeit entschärfte und unter ihrer nicht nur sanften Oberhoheit ein Gleichgewicht in der Gesellschaft erbrachte. Sicherheit im Lande, Entmachtung des bis dahin nicht nur im Kronrat, sondern auf nahezu allen Gebieten des täglichen Lebens bestimmenden Adels und Gewinn an Bedeutung des Mittelstandes trugen dazu bei, daß Wirtschaft und Handel einen beachtlichen Aufschwung erlebten, von der Königin animiert, aber im Vertrauen auf eine gesicherte Zukunft in Angriff genommen. War zwar von Galindez de Carvajal, einem Mitglied des Kronrats, behauptet worden, Isabella besitze eine Geheimliste besonders qualifizierter Untertanen, die für Ämter infrage kämen, so wurde doch eine derartige Kartei nie entdeckt. Fest steht indes, daß sich die Königin mit Nachdruck selbst um die Nominierung von Beamten bemühte. Die von den Kandidaten geforderte und dann auch eingehaltene Disziplin in den Amtsgeschäften war für die Monarchin die Garantie, daß ihre Anordnungen widerspruchslos angenommen und ausgeführt wurden. Isabella war keine Despotin. Aber sie war überzeugt, daß der Staat nur durch straffe Führung und Entscheidungen aus alten Krisensituationen herausgeführt werden konnte.

Isabella – es muß noch einmal wiederholt werden – war auf keine fürstliche, noch gar auf eine königliche Würde vorbereitete Jugendliche gewesen, ein Mädchen ohne herausragende, damals zumindest nicht erkennbare Qualifikation, die sie gerechtfertigt hätte, ihrem Lande und den Bürgern mehr als nur eine mittelmäßige Regentin zu sein. Nach ihrem laschen Bruder Heinrich faszinierte sie die Menschen aller sozialen und gesellschaftlichen Schichten durch ihr Charisma, das, wie es das Wort auch bedeuten kann, dem Volk von Gott gewollt erschien. Isabella „La Católica" –, eben der von Alexander VI. verliehende Ehrentitel unterstrich nur ihre ungewöhnliche, als vom Volk interpretierte himmlische Ausstrahlungskraft.

„Wißt Ihr, mit wem Ihr redet?"

Nicht immer waren es neue Formen gewesen, mit denen Isabella ihr kastilisches Reich konsolidierte und ihrem Staat ein bis dahin unbekanntes Profil gab. Manche Anregung holte sie sich, wie bereits bekannt, aus fragmentarischen Versuchen ihrer Vorgänger und setzte sie in die Tat um, nicht ohne ihnen allerdings ihren eigenen, aktualisierten Stempel aufzuprägen. Doch selbst mit ihrer schon zur Genüge bewiesenen Dynamik und ihren Reformvorhaben dürfte sie wohl gescheitert sein, hätte sie nicht auf Mitarbeiter zurückgreifen können, die sich als Kirchenmänner bereit fanden, politische Verantwortung zu tragen, die aber auch die geistigen Qualitäten in das Reformwerk einbrachten, das die Königin anstrebte, jedoch allein durchzuführen nicht imstande war.

Im Übergang zur Neuzeit ist Kastilien ohne diese Männer nicht denkbar, deren Namen und erstes Auftreten schon bekannt sind: Mendoza, der Aristokrat, Talavera, der Reformer und Apostel, Cisneros, der Staatsmann und spätere Reichsverweser, aber auch religiöser Eiferer.

War ein Erzbischof Carrillo noch hauptsächlich ein Vertreter des mittelalterlichen Feudalismus, für den der Staat, repräsentiert durch die Monarchie, nicht mehr als ein für die eigenen Interessen zu dirigierendes Machtmittel sein sollte, so wächst aus der Symbiose jener drei Männer ein neues Staatsbewußtsein, mit dem sie, gemeinsam mit der Königin, das Volk in eine Ära staatlichen, dazu auch religiösen Denkens führen, einordnen und über die Gegenwart hinaus stabilisieren. Selbstbewußt handelnd, sind sie nicht nur Begleitmannschaft Isabellas, sondern nahezu gleichberechtigte Organe und Organisatoren, um die bahnbrechende Idee absolutistischer Regierung durchzusetzen. Wie gern ihnen auch unterstellt wird, einem spanischen Nationalismus die Grundlagen geschaffen zu haben, so muß mit Nachdruck betont werden, daß sie nicht einmal in Gedanken auf ein Gesamtspanien hingearbeitet hatten. Sie wollten es auch nicht, selbst wenn sie unbewußt durch ihre Tätigkeit dazu den Weg frei gemacht hatten. Auch ein Jiménez Cisneros, wohl der härteste Verfechter kastilianischen Staatsaufbaus, erlebte die gesamtspanische Vereinigung nicht mehr; denn in dem Augenblick, als ein junger Mann, der spätere Kaiser Karl V., den Boden der Iberischen Halbinsel betreten hatte, verstarb er, ohne dem neuen Herrscher einen intakten Staat übergeben zu können.

Nicht nur geistige und kreative Mitarbeiter Isabellas waren sie. Alle Überlieferungen und sogar anekdotenhafte Notizen beweisen, daß entscheidende Stunden ihres Lebens und Wirkens mit der Königin untrennbar verbunden waren. Isabellas Tod bedeutete dann auch für sie, Abschied zu nehmen von einem Lebenswerk. Nachdem Mendoza bereits ein Jahrzehnt vor Isabella verstorben war, segneten Talavera bald nach der Königin und ein Jahrzehnt später Cisneros das Zeitliche. Eine Gemeinschaft des Geistes und des Handelns war zu Ende gegangen. Kometenhaft war nach ihnen Spanien zu einer Großmacht geworden, um jedoch im Kampf um die Niederlande, mit Frankreich und gegen England hinter den Kulissen europäischer Politik beinahe im Nichts zu verschwinden. Indem diese drei Männer mit Isabella Geschichte geschrieben haben, kann man ihre Gemeinschaft mit der Königin nicht mit ein paar allgemeinen Redewendungen bewenden lassen.

Kardinal Mendoza (1428–1495)

Sproß eines der herausragenden und durch großen Ländereienbesitz mächtigen Adelsgeschlechter war *Don Pedro González de Mendoza.* 1428 wurde er als vierter Sohn des Marquis de Santillana geboren. Besagt diese Abstammung etwas? Ja! Pedros Vater war nicht irgendwer, sondern López de Mendoza, der als hervorragendster Lyriker der spanischen Vorrenaissance gilt und, neben anderen Dichtungen, mit seinen 1445 bis 1449 nach dem Vorbild Petrarcas entstandenen Gedichten mit dem Titel „Carta proemio al Contestable don Pedro de Portugal" die ersten spanischen Sonette schrieb. Stets im Hintergrund der literarischen Bedeutung oder überhaupt nicht des Erwähnens wert, verschwand die politische Betätigung, mit der López bisweilen zwischen Juan II. und Heinrich IV. einerseits und den beiden Alfons II. von Portugal, wie des Aragoniers andererseits intrigante Schaukelspiele betrieb, ohne jedoch außer persönlicher Bereicherung keinen nachhaltigen Einfluß auf die Politik der drei Reiche anstreben zu wollen. Geist, gewiß nicht literarischen, aber Gespür für politische Realität dürfte Sohn Pedro González aus diesen Erbanlagen geschöpft haben.

Als vierten männlichen Nachkommen hatte der Vater den Jungen nicht für eine fürstliche Aufgabe im Mendoza-Clan, sondern für ein kirchliches Amt vorgesehen. Dies war bei mehreren Sprößlingen so üblich. So wird Pedro mit ein paar gerade lebenserhaltenden Pfründen ausgestattet und mit dieser wirtschaftlichen Absicherung auf die Universität Salamanca geschickt, wo er sich die wissenschaftlichen Voraussetzungen für seine Zukunft zu erwerben hatte. Gerade zwanzig Jahre alt, wird er Pfarrer des Städtchens Hita. Doch fehlt es an Nachrichten, ob er dort seine Stelle als Seelsorger überhaupt angetreten hat. Denn noch im gleichen Jahr, 1448, holt man ihn als Archidiakon von Guadalajara, was zunächst nichts anderes als eine interfamiliäre Versorgung bedeutete, war die Stadt doch ein Mendoza-Lehen. Aber im Hinblick auf die einflußreiche Familie mußte diese Position zu einem Sprungbrett für höhere Aufgaben werden. So geschah es denn auch. Vier Jahre später, 1452, ist er Hofkaplan bei König Juan II., um es aber bei einer solchen Funktion nicht zu belassen; denn schon 1454 tritt er sein Amt als Bischof von Calahorra an. Dreizehn Jahre an der Spitze dieses Bistums, wird er 1467 Bischof von Seguenza, um sechs Jahre danach, 1473, als Erzbischof von Sevilla und kurz darauf als Kardinal einen höchsten Rang der kirchlichen Hierarchie Kastiliens einzunehmen, dem nur noch der toledanische Erzbischof als Primas – es war bekanntlich Carrillo – vorgesetzt war. Mag es wohl andere Gründe gegeben haben, so auch die lange Inhaftierung des Mendoza-Günstlings Jiménez, dürfte diese kirchen- und staatspolitische Unterordnung nicht unwesentlich dazu beigetragen haben, daß beide Männer keine Freunde sein konnten; der eine war zwar Primas, aber ohne den begehrten Kardinalshut, der andere zwar damit ausgestattet, jedoch nicht die Nummer Eins.

War ein Primat zu Lebzeiten Carrillos nicht in Sicht, so gab es eine nicht minder bedeutende, noch hervorragendere Möglichkeit, im Reich über Carrillo hinweg Einfluß zu üben. Hatte sich Mendoza bereits an den politischen und militärischen Aktivitäten seiner Familie beteiligt, so konnte es nach dem vollzogenen Sympathiewechsel von der Juana- zur Isabellapartei nicht ausbleiben, daß er und nicht Carrillo in eben diesem Jahr, 1473, engster Berater Isabellas wurde, um mit seinem Reformwerk im Volksmund zum „dritten König" Kastiliens zu avancieren. Als solcher, der Monarchie dienender Kirchenfürst, vertauschte er, wie schon geschildert, die Mitra mit dem Eisenhelm, seinen Ornat mit dem Harnisch und seinen Oberhirtenstab mit dem Schwert, um seine Truppen in die Entscheidungsschlacht gegen den portugiesischen Alfons und seinen abtrünnigen Amtsbruder Carrillo zu führen, nicht nur zu führen, sondern auch durch persönlichen, kämpferischen Einsatz mitzureißen.

War die blutige Entscheidung auch nur eine notwendige, wenn auch kaum christliche Aktion, begibt sich Mendoza auf das ihm adäquate Wirkungsgebiet: kirchliche und kastilische Politik. Nicht aus Opportunitätsgründen, sondern aus klarer Einschätzung der Realitäten und im Wissen um die einzige Möglichkeit, mit Isabella eine Ordnung im Staate herzustellen, entschloß er sich, auch seine nicht euphorisch entzündeten, vielmehr bedächtig abwägenden Familienmitglieder zum entscheidenden Frontwechsel zu bewegen, der ihn mit solcher Rückendeckung in jenen Tagen zum tatkräftigen Helfer Isabellas werden ließ. Drei Jahre später, 1475, paraphierte er an der Spitze der beratenden Versammlung das Konkordat von Segovia und setzte 1480 im Gremium der Cortes die von der Königin gewünschte und ihr als Vortrag angeratene Entmachtung des Adels durch. Der ihm aus Rom überbrachte Kardinalshut und das ihm nach dem Tode Carrillos übertragene Erzbistum Toledo (1480) erhob ihn schließlich zum Primas und Oberhaupt der kastilischen Kirche. Seine zuvor schon eingeleitete Säuberungsaktion des Klerus in den Bistümern und Klöstern erhält nun das autoritäre Siegel der oberhirtlichen Befugnis. In einer Blitzaktion war dies nicht zu bewerkstelligen. Doch von ihm eingeleitet, konnte schließlich sein Nachfolger Jiménez die Reform vollenden.

Soll doch die Erinnerung kurz zurückgerufen werden, daß auch Mendoza zu den ersten Repräsentanten der aufdämmernden Renaissancezeit gehörte, in der man unter anderem weltliche Genüsse himmlischen Ungewißheiten vorzog. Indem er mit seinen schon genannten drei Söhnen wohl nur einen Teil der von ihm mit Mätressen gezeugten Nachkommen offensichtlich dem Gebot des Zölibats keine Verpflichtung beimaß und Luxusgüter nicht verabscheute, war er Manns genug, sich in der notwendigen kirchlichen Neuordnung nicht über das Maß hinaus zu profilieren. Den entscheidenden, begreiflicherweise des eigenen Makels wegen, nur mit wenig Engagement begleiteten Hebel überließ er Talavera, nach dem dann Jiménez diese Aufgabe vollendete.

Hatte sich Mendoza mit Talavera bereits zusammengetan, um durch die Verpfändung kirchlicher Schätze die entscheidende Phase des Feldzuges Isabellas und Ferdinands gegen Portugal finanziell zu sichern, so wandte sich Mendoza als „Mitsieger" von Toro der Politik zu. An der Seite der Königin vollzog er jene Entmachtung des Adels, obwohl er selbst ein Sproß solcher Feudalherren war. Zum Abschluß seiner Tätigkeit durfte er noch den Höhepunkt seiner Karriere erleben, als sein Kreuz, das Zeichen des kastilischen Primas, auf der Alhambra errichtet wurde. Drei Jahre nach diesem politischen, aber auch von der Christenheit gefeierten Triumph (1492), worüber noch zu berichten sein wird, schloß er (1495) für immer seine Augen und hinterließ seiner Königin Isabella mit dem schon bekannten Schuldbekenntnis zum Juana-Komplex ein politisches Testament, das sie aber nur noch ein gutes Jahrzehnt verwalten konnte, während seinem Nachfolger Jiménez mehr Zeit gegönnt war.

Don Pedro Gonzáles de Mendoza war ein Mann im Übergang vom mittelalterlichen Feudalismus zum autoritären Staat gewesen. Er hatte sich einer Monarchie verpflichtet, in der er die Regierung als das für Volk und Land entscheidende Instrument der Ordnung erkannt hatte. Nicht wie andere Feudalherren, die nur, eigene Vorteile erhoffend und auf gewohnte Privilegien bauend, den Schwenk zur Krone vollzogen hatten, brachte Mendoza mit dem Ethos eines neuen Staatsgefüges eine sich bald landesweit vollziehende Anerkennung der königlichen Autorität. Gleichzeitig versuchte er erste Schritte zu einer kastilischen Staatskirche, um deren Realisierung sich das schon oben genannte Kapitel des Kampfes mit Rom befaßte. Mit ihm, einem sehr gebildeten und mit politischen Qualitäten ausgestatteten Kirchenfürsten, ging jedoch eine Ära zu Ende, in der die einflußreichen Lehensherren des weltlichen und geistlichen Adels für kirchliche und staatliche Ämter prädestiniert gewesen waren. Seine Ablösung kam aus anderen Schichten des Volkes.

Erzbischof Talavera (um 1428–1507)

Von seiner Aufgabe als Kirchenmann überzeugt, dennoch tolerant und aufgeschlossen, besonders friedliebend – Talavera, der zweite Mann dieser notwendigen Betrachtung, war aus anderem Holz geschnitzt. Dieses „Holz" hatte in den Augen einer aristokratischen Umgebung als recht undefinierbar, vielleicht sogar mit Fäulnis behaftet gelten müssen, fehlte ihm doch die Legitimation einer gutbürgerlichen, erst recht einer standesgemäßen, hochadligen Abkunft. Zudem konnte der Mangel eines „nichtarischen" Nachweises – zu Talaveras Vorfahren zählten Juden – gegen Ende des 15. Jahrhunderts nahezu tödliche Folgen haben. Darüber, Christ mit jüdischer Vergangenheit, wird jedoch gleich und auch noch später gesprochen werden müssen.

Hernando de Talavera, seinem Namen wird später „Fray", Bruder, vorgesetzt werden, hat mit manchem Großen der Geschichte eines gemeinsam: Das Datum seiner Geburt und die Namen seiner Eltern beruhen nur auf Vermutungen und nicht auf Niederschriften. So muß man annehmen, daß er wahrscheinlich um 1428, also über zwei Jahrzehnte vor Isabella, zur Welt kam. Als sein Geburtsort könnte Talavera de la Reine, daher sein Name, infrage kommen. Wo es an unwiderleglichen Beweisen mangelt, ist die Geschichtsforschung auf Mutmaßungen angewiesen. Doch erhellen einige Hinweise das Bild Talaveras. So ist kaum von der Hand zu weisen, daß seine Mutter eine Jüdin war. Indem Fernán Alvarez de Toledo, der spätere Graf von Oropesa, den Jungen zum Theologiestudium nach Salamanca sandte, was wohl der Anlaß war, Hernando auch als de Oropesa zu finden, glaubt man schließlich nicht zu Unrecht, daß er wohl ein illegitimer Sohn dieses Grafen und einer Jüdin sei.

Was der Graf an Vorstellungen über den beruflichen Werdegang Hernandos besaß, scheint auch nicht sicher zu sein. Denn vorerst ließ er seinen Abkömmling eine Schule für Sekretärslaufbahn in Barcelona besuchen. Dort wurden Männer ausgebildet, die besonders den Schriftwechsel mit den ausländischen Potentaten und Regierungen zu führen hatten, vielleicht vergleichbar mit einer mittleren Position im auswärtigen Dienst. Das anschließende Theologiestudium sollte jedoch dem jungen Mann für seine Zukunft die entscheidende Richtung vermitteln. Im Alter von dreißig Jahren (1458) strebt er ein Klosterleben an. Er tritt in den Orden der nach dem Kirchenlehrer Hieronymus (um 347 – 30. 9. 420, auch 419) benannten Eremitenkongregation der Hieronymiten in Prado nahe Valladolid ein, eine klösterliche Gemeinschaft, die gerade im 14. Jahrhundert in Italien und Spanien entstanden war und nach der augustinischen Regel lebte. Schon bald wurde er Prior und eifriger Verfechter der Ordnungsvorschriften, die er in ihrer strengen Form für sein Kloster einführte und überwachte.

Daneben übersah Hernando de Talavera jedoch nicht die zur damaligen Zeit unhaltbaren Zustände im kastilischen Reich. So kam ihm die Thronbesteigung Isabellas gelegen, ihr und Ferdinand in einem Schreiben unmißverständlich und ohne Untertanengeist darzulegen, welche Erwartungen man im Volk an die neue Herrscherin stellte, nämlich neben persönlicher Bescheidenheit und Fürsorge für die Menschen ein hohes Maß an Gottergebenheit und ehrenhaftes Bemühen um Gerechtigkeit im Lande: „Geht mit gutem Beispiel voran", schrieb er, „erneuert die Sitten – weniger Spiele, Blasphemien, unzüchtige Mode – bevor Ihr den Staat erneuert."

Ob es dieses Schreiben oder andere Anlässe waren, Talavera in den Kreis des königlichen Hofes zu berufen, ist nicht bekannt. Aber bereits 1475 fungiert er als Berater, Helfer und Verfasser des Testaments Ferdinands vor jenem entscheidenden Feldzug gegen den portugiesischen Alfons. Eine besondere Veranlassung ist nicht überliefert, als ihn drei Jahre später Isabella als ihren Beichtvater beruft. Bei seinem Antrittsbesuch, der ersten Begegnung mit der Königin, soll er sich, einem anekdotenhaften Bericht zufolge, in keiner Weise devot, fast rebellisch gegen höfische Sitten verhalten haben. Statt, wie es das Zeremoniell verlangte, vor ihrer Majestät niederzuknien, habe er sich ungerührt auf eine Bank gesetzt. Als ihn Isabella, recht verwundert über solche Ungebührlichkeit, zur Rede stellte, habe er ihr geantwortet: „Ich bleibe sitzen, aber Ihr kniet nieder; denn Ihr seid hier vor Gottes Gericht, und ich bin Gottes Vertreter." Keineswegs erbost, habe die Königin Verhalten und Worte Talaveras mit der Feststellung kommentiert: „Das ist genau der Beichtvater, den ich brauche."

Selbst wenn es sich nur um eine hübsche Erzählung handeln sollte, so gibt sie doch Aufschluß über den geraden und unbeugsamen Charakter Talaveras. Eine Majestät ist für ihn und damit vor Gott kein privilegiertes Wesen. Eine Königin habe nach seiner Auffassung von Gott nur den Auftrag erhalten, den göttlichen und menschlichen Gesetzen zu dienen. Grundsätzlich ist er jedoch bereit, mit seiner Kraft der Monarchie zu helfen und sich mit ihr dem Staat verpflichtet zu fühlen, in dem er eine gottgewollte Institution anerkennt. So ist er, wie schon dargestellt, gleich Mendoza gewillt, den reichen Kirchenschatz seines Klosters zur Finanzierung des Kampfes gegen Portugal zur Verfügung zu stellen, wobei er aber darauf besteht, daß diese Subvention nur ein zurückzuzahlendes Darlehen sein durfte. Denn als Prior von Prado hatte er täglich mit Verwaltung und Finanzen zu tun. In Geldgeschäften war er versiert. Man weiß, daß er auch den „Haushaltsplan" für den Feldzug gegen Granada erstellte. In jener Versammlung der Cortes (1480), die Isabellas und Mendozas Plan der Streichung der ungebührlichen Adelspensionen zu beschließen hatte, betätigte er sich als neutraler Gutachter. Auch die Wiedergründung der Hermandad, an der er sich beteiligte, ist für ihn eine Garantie der Ordnung und des Friedens im Lande. Die Forderung, Chaos im Reich, Entmachtung des Adels und Klärung strittiger Fragen zu bereinigen, nimmt er zum Anlaß, jenen Vertrag, mit dem das Problem der Beltraneja aus der Welt geschaffen werden soll, auf Herz und Nieren zu prüfen, auf daß durch etwaige Ungenauigkeiten kein neuer Streitfall entstehen könnte.

Den weiteren Lebensweg Talaveras zu verfolgen, hieße gezwungenermaßen bereits späteren Ereignissen vorzugreifen, die hier jedoch nur gestreift werden sollen. In ihrer Tragweite beleuchten sie indes diesen ungewöhnlichen Mann, dem in seiner für den Geist der Zeit ebenso ungewöhnlichen Haltung Tragik und Unverständnis nicht erspart blieben.

Der Mönch mit der vielseitigen Begabung dürfte wohl auch als Kirchenfürst Isabella unterstützen. Mit diesem Gedanken leitet sie es in die Wege, daß Talavera 1486 das Erzbistum Avila erhält. Schon im Vorgriff der Einnahme Granadas wird er zum ersten Erzbischof der hauptsächlich von Muslimen bewohnten Stadt und Region bestellt. Mit dem Kreuz auf der Alhambra und dem Sieg des Christentums über den Islam tritt er ein Amt an, das eine Fülle von Arbeit, aber auch ein hohes Maß von Fingerspitzengefühl verlangt. Es war nicht wie andernorts in Kastilien, wo ein vorbereiteter Boden nur bestellt zu werden brauchte. Hier mußten Kirchen gebaut, eine Diözese eingerichtet und mit Priestern die „Ungläubigen" bekehrt werden. Talavera ging dieses Werk, gerade das Bekehrungsvorhaben, mit besonderer Sorgfalt an. Zunächst sträubte er sich mit Erfolg gegen die Einführung der Inquisition (siehe unten) für seine islamischen und andersgläubigen Untertanen. Dann vermied er es, mit Zwang und scharfen Maßnahmen eine Unterwerfung unter den christlichen Glauben durchzusetzen. Nicht allein das noch zu erörternde Abkommen von 1491, sondern sein konziliantes, aber auch menschliches Wesen verbieten es ihm, brutal gegen die sich zum Islam bekennenden Einwohner vorzugehen. Er sucht nicht die Konfrontation, sondern das Gespräch. So trifft er sich zur Diskussion mit Korangelehrten und Imamen, er erläßt Vorschriften, die Moscheen intakt zu halten und keinem Muslim zu verwehren, dort seine Gebete zu verrichten.

Geradezu skandalös für Rom ist seine Anordnung, nach der sein Klerus die arabische Sprache zu lernen habe. Er selbst geht mit dem Beispiel voran und eignet sich das Arabische an. Mit dieser Maßnahme bezweckt er eine bessere Verständigung und Vermittlung christlicher Glaubensinhalte für die muslimischen Bewohner seiner Diözese. Dies allein genügt ihm aber nicht. Er läßt christliche Lehrbücher ins Arabische übersetzen und zelebriert Gottesdienste in spanischer Sprache, eine im kirchlichen

Sinne Ungeheuerlichkeit, da doch die lateinische Liturgie bindend vorgeschrieben war.

Schon erheben sich im Klerus die ersten Stimmen gegen Talavera. Auch daß er keine religiösen und andere Maßnahmen ergreift, um die „Ungläubigen" rigoros zu bekehren, nachdem nur geringe Bereitschaft zum Konvertieren sichtbar ist, werden ihm angelastet. Er kann keine spektakulären Ergebnisse vorweisen. Ja, in kirchlichen Kreisen rumort die Auffassung, daß er sogar mit den Mauren einen Pakt schließen und sich dem Glauben an Allah zuwenden würde. Die mit immer größerem Aufbauschen verbreiteten Gerüchte, in denen Talavera bereits als Ketzer und Christenfeind bezeichnet wird, rufen 1499 Jiménez Cisneros auf den Plan. Er will die granadische Frage bereinigen. Auf seine Anordnung hin werden die Muslimen vor die Wahl der Taufe, der Verbannung oder gar des Todes gestellt. Tausende wählen die Taufe, aber nicht einmal mit halbem Herzen, eben nur aus Selbsterhaltungstrieb. Für Talavera, den Mann an der „Front", ist ein solches Bekehrungswerk keine Lösung, weiß er doch zu gut, wie tief der Glaube an den Koran in jenen Menschen verwurzelt ist. Aber unter Jiménez und dessen autoritärem Verfahren versiegt sein Einfluß in seinem eigenen Bistum. Nicht nur in Granada und im Klerus, auch am königlichen Hofe verliert seine Stimme an Gewicht, haben doch die Vertreibung der Juden (siehe unten) und die Inbesitznahme Granadas neue, nationale und religiöse Perspektiven für den Staat eröffnet.

Noch hatte er in Isabella eine Stütze und Befürworterin besessen. Als überzeugtem Kirchenmann und Beichtvater war sie ihm zugetan. Doch nach ihrem Tode war er im Umkreis der Krone nicht mehr gefragt, recht schnell im Status einer persona ingrata; denn Ferdinand, von der „Vormundschaft" seiner Gemahlin befreit, betrieb nun seine eigene Politik und beeilte sich, den Favoriten Isabellas den Laufpaß zu geben.

Talaveras Gegner nutzten dies aus und klagten ihn, dem tendenziösen Fanatismus entsprechend, als Converso, einem unchristlichem Ritus Anhängenden, an. Argumente für diese Anklage waren leicht zu beschaffen. Seine Mutter – das stand für die Gegner fest – war Jüdin gewesen. Weiterhin hatte er sich der Inquisition, der peinlichen Befragung nach Glauben oder Ketzerei, widersetzt. Beide Tatsachen durften für eine Anklage und Untersuchung wohl ausreichen. Sofort nach dem Ableben Isabellas, 1504, verfügte der Inquisitor Lucero von Toledo in blindem Fanatismus und Verfolgungswahn, zunächst Freunde und Mitarbeiter Talaveras, dann die Schwester und den Neffen des Erzbischofs nach Verhaftung und Einkerkerung für ein Tribunal in Gewahrsam zu halten. Dem Erzbischof, dem er am liebsten ebenfalls Ketten angelegt und ihn vor einen inquisitorischen Gerichtshof gezerrt hätte, unterstellte er, das Judentum, zu jener Zeit bereits größtenteils aus Kastilien verbannt, wieder im Lande einführen zu wollen. Das jüdische Blut in Talaveras Adern war für den unnachgiebigen Inquisitor bereits ein Indiz für Ketzerei und Abtrünnigkeit vom wahren Glauben. Wie sehr die geistige Verwirrung um sich gegriffen hatte, beweist die Tatsache, daß weder der Großinquisitor jener Zeit, Deca, noch Ferdinand als König einschreiten, als Lucero Talavera offiziell den Prozeß machte. Da es sich aber bei dem Beklagten um einen hohen Kirchenmann handelte, konnte man ihn nicht einfach wie andere Opfer vor ein Tribunal zerren. Zu einem Prozeß war aber nur die Kurie in Rom zuständig. Sie aber verfügte einen Freispruch. Jiménez Cisneros, inzwischen als Großinquisitor zum Nachfolger Decas aufgerückt, pfiff Lucero zurück, ließ die Anklage fallen und gab den Verwandten Talaveras Anfang Mai 1507 die Freiheit wieder.

War es ein Gnadenakt oder sogar eine Rehabilitierung – man kann den Quellen keinen Hinweis entnehmen. Immerhin blieben Talavera Prozeß, Schande und sogar inquisitorisches Urteil erspart; denn zwei Wochen nach der Freilassung seiner Angehörigen starb er am 15. Mai, zwar nicht mehr der Ketzerei verdächtigt, aber einsam und ohne Genugtuung, ein Missionswerk der kleinen Schritte nicht zum Erfolg geführt zu haben.

Erzbischof und Großinquisitor Jiménez (1436–1517)

Francisco Jiménez de Cisneros ist nicht wie etwa Mendoza hochadeliger Abstammung. Als Sohn einer Hidalgo-Familie wurde er 1436 in Torrelaguna, einem Lehen der Mendozas, geboren. Waren seine Eltern wohl nur Gutspächter und kaum in der Lage, ihrem Sohn die finanziellen Voraussetzungen für ein hohes Amt zu ermöglichen, so erkannten die Mendozas, wie auch in anderen Fällen ihrer Untertanen-Familien, die erstaunliche Begabung des Knaben. Als „Sponsoren" ermöglichten sie ihm ein Studium an der angesehenen Universität Salamanca. Näheres über seinen Studiengang ist jedoch nicht bekannt, doch wird vielfach angenommen, daß er sich mit der Rechtswissenschaft befaßte, einer neben der Theologie ebenso bevorzugten Disziplin. Hochfliegende Träume über seine Zukunft scheint er nicht gehabt zu haben. Mit Sicherheit dürfte er auch Theologie studiert haben; denn sein Aufenthalt in Rom, wo er zum Priester geweiht wurde, ließ ihn gewiß nur eine Position in der unteren Kirchenhierarchie anstreben. Solche Bescheidenheit ihres Protegés paßte überhaupt nicht in die Absichten der Mendozas. Ohne sich um die Proteste Carrillos zu kümmern, der ihn lange Zeit hatte gefangen setzen lassen, machten ihn die Mendozas zum Erzpriester von Uceda. Wenig später holte ihn Don Pedro González de Mendoza, damals Bischof von Seguenza, als Generalvikar in seine Dienste, um ihn dann nach Toledo mitzunehmen.

Die wichtige Sprosse auf der Karriere-Leiter schien genommen zu sein. Doch Jiménez steigt die Leiter zu einem Erfolg wieder herab und tritt, bereits 48 Jahre alt, 1484, in das Franziskanerkloster de la Salceda ein, das ebenfalls zu einem der zahlreichen Lehen der Mendozas gehörte. In Armut, mit Beten und Fasten, in strenger Askese und im Abstand zur Welt sollte sich der Rest seines Lebens vollenden. Er hatte jedoch nicht mit seinem Gönner, dem Kardinal Mendoza, gerechnet. Der inzwischen zum Primas avancierte Kirchenfürst ließ nicht locker. In jenem ereignisreichen Jahr 1492, das uns noch eingehend beschäftigen wird, brauchte Isabella für Talavera einen Nachfolger als Beichtvater. Sofort nominiert Mendoza seinen ehemaligen Generalvikar Jiménez für dieses Amt. Dies war wiederum nur ein Auftakt. Denn nach dem Tode Mendozas beschließt Isabella, Jiménez das Erzbistum Toledo anzutragen und ihn zum Primas zu ernennen.

Daß vielen Überlieferungen nicht die Würze der Anekdote fehlt, sie aber in ihrem Kern nicht unglaubhaft macht, ist uns schon aus der Stunde des Amtsantritts Talaveras bei Isabella begegnet. Mögen Wahrheitsgehalt und die Terminologie der Gesprächspartner nicht unumstritten sein, so erlauben sie doch gewisse Rückschlüsse auf die Charaktere. Nicht anders war es, als Isabella ihren neuen Beichtvater Jiménez erstmals zu sich bestellt hatte. „Wir haben Post aus Rom bekommen“, sagt sie, „und da ist auch ein Brief an Euch dabei.“ Die Anschrift „Francisco Jiménez Cisneros, designierter Erzbischof von Toledo“ lesend, gibt ihn Jiménez der Königin mit den Worten zurück: „Dieses Schreiben ist nicht für mich!“ Ohne weiteren Kommentar entfernt er sich.

Wie angedeutet, es mag nur eine episodenhafte Nachdichtung sein. Doch fußt sie auf dem zunächst festen Widerstand des Mönchs, ein hohes Kirchenamt, erst recht das des Erzbischofs von Toledo, der größten Diözese Kastiliens, anzutreten, die zudem noch mit dem Primat verbunden war. Aus der Abgeschiedenheit hinter Klostermauern, aus selbstgewählter, im Gelübde versprochener Armut mit Verzicht auf jeden persönlichen Besitz und aus dem zu jeder Stunde geübten Gehorsam im Sinne der Ordensregel sollte er ein mit großer Pracht und Autorität regierender Kirchenfürst des reichsten Bistums des Landes werden und nach Meinung Isabellas und Ferdinands mit dem überwiegenden Teil der Erträge die Staatskasse füttern. Auch eine Aufteilung in einige Suffragan-Bistümer wurde von der Krone erwogen. Da hatte man sich jedoch noch kein rechtes

Bild von Jiménez gemacht. Er ging mit sich zu Rate und warf das Für und Wider auf die Waagschale seiner Überlegungen. Dann entschied er sich für das Amt. Seine im Orden praktizierte völlige Hingebung wandte er nun auf seine Position an, um die er sich nicht beworben, die man ihm aber aufgezwungen hatte. Eisenhart lehnte er ein geplantes „Schrumpf-Bistum" und eine finanzielle Ausblutung seiner Diözese zugunsten des Staates ab. Wenn also, dann ungeteilt das Ganze. Unverhüllt diesen seinen Standpunkt wissend, weil sie ihn bereits als ihren Beichtvater schätzte und von seinen ungewöhnlichen Qualitäten überzeugt ist, kann sie auf diesen Mann nicht verzichten. Weil sie sicher ist, daß er dem Staat mehr als nur ein Kirchenamt bringen werde, beugt sie sich seinen Argumenten. Francisco Jiménez de Cisneros wird ohne Klauseln und Einschränkungen Erzbischof von Toledo, auch als Primas Nachfolger von Mendoza. Wieder strebt er das Ganze an und erreicht es: Für die Kirche in Kastilien ist sein Wort bindend und vom Klerus verlangt er die Disziplin, der er sich selbst im Kloster zu unterwerfen hatte. Dem Staat und dessen Politik gibt er eine von seiner Persönlichkeit geprägte Richtung. Schon unter Isabella und dann unter Ferdinand ist er der Staatsmann und letztlich nicht nur dem Namen nach Mitregent.

Auch Bischöfe – man weiß es bereits – bevorzugten ein aufwendiges Leben, für den Asketen Jiménez ein Greuel. Er schritt zunächst auf kirchlichem Gebiet ein, nicht mit sanften Worten, sondern mit aller Strenge. Er verwies die Geistlichkeit auf deren religiöse Aufgabe. Die von ihm 1497 und 1498 einberufenen Synoden des kastilischen Klerus bestätigen noch einmal seine kirchlichen Reformen und drohen auf seine Anweisung hin kompromißlose Maßnahmen jenen Kirchenmännern an, von den Bischöfen bis zu den Ortsgeistlichen, die in alter Gewohnheit die wilde Ehe, zum Teil mit einer Schar von Mätressen, dem Zölibat vorziehen, nicht inmitten ihres Sprengels oder ihrer Pfarrei leben und der Seelsorge keinen Wert beimessen. Dazu werden genaue Vorschriften erlassen. Über die religiöse Betreuung der Christen und die persönliche Enthaltsamkeit des Priesters leiten sie den von Jiménez angestrebten und geforderten Wandel ein.

Er selbst weist allen Luxus von sich und verzichtet auf Bequemlichkeiten und äußeren Aufwand. Sein Auftreten und sein Alltag sind geprägt vom Leben, das er im Kloster geführt hatte: Bescheidenheit, Askese und Ablehnung weltlichen und besonders fürstlichen Gehabes. Vom Mönch unterscheidet ihn fast nur der Titel des Primas. Papst Innocenz VIII., einem Vertreter auch äußerer kirchlicher Machtentfaltung, dem der Lebensstil des Erzbischofs zu Ohren gekommen war, mißfielen die unpassenden Gewohnheiten des ersten Kirchenmannes von Kastilien. Er sandte Jiménez ein Schreiben und forderte ihn auf, sich den Gepflogenheiten eines Kirchenfürsten anzupassen. Seine Anmahnung traf jedoch auf taube Ohren. Jiménez ignorierte den erhobenen Zeigefinger des Papstes und war nicht geneigt, unter Ornat und Mitra von Toledo sein einfaches mönchisches Leben aufzugeben. Mußte er zu offiziellen Auftritten, so trug er unter dem erzbischöflichen Ornat die grobe Franziskanerkutte und ein härenes Hemd. Er setzte alles daran, in den Franziskanerklöstern, selbst gegen bisweilen erbitterten Widerstand, seine Pläne einer Reform, wie sie seine Vorgänger schon versucht hatten, nun in radikaler Weise zu verwirklichen. Als aus Klöster- und Klerikerkreisen heftige Klagen bis zu Isabella gedrungen waren, zitierte die Königin den Initiator dieser Neuordnung zu sich. Sie machte ihm Vorwürfe über die ihr allzu streng erscheinenden Maßnahmen. Es kam zu einer heftigen Auseinandersetzung. In aufgebrachtem, beinahe wütendem Ton verteidigte Jiménez seine Anordnungen. Auch Isabella steigerte sich in Zorn, den sie mit königlicher Würde zu rechtfertigen meinte: „Wißt Ihr überhaupt, mit wem Ihr redet?", fährt sie ihn an. „Sicher", pariert Jiménez, „mit Königin Isabella von Kastilien, die ebenso wie ich aus Asche und Staub besteht." Der bei dieser Konfrontation anwesende Gutierre de Cetina konnte nicht umhin, anschließend Jiménez seine Meinung über diesen Auftritt wissen zu lassen: „Hättet Ihr solche Worte etwa der Königin von Aragonien entgegengeschleudert, Ihr wäret, das kann ich Euch versichern, mit der Kordel, die Euer Gewand umgürtet, sofort aufgehängt worden."

Nach der – oben geschilderten – Begegnung mit Talavera machte Isabella die zweite Erfahrung, daß ihre engsten Mitarbeiter in ihrem Amt eine Aufgabe, aber keine Unterwürfigkeit unter eine scheinbar unantastbare, vielleicht sogar göttlich abgesegnete Gewalt sahen. Isabella mußte die Einsicht gewinnen und sie gewann sie, daß Leute solcher Geradlinigkeit in das Konzept ihrer Staatsauffassung paßten. Mit Jiménez hatte sie einen Mann gewonnen, der an ihrer Seite seine eigentliche Berufung fand und zum Baumeister des neuen Staates wurde.

Noch zu Isabellas Lebenszeit befaßte er sich von 1498 an mit Gründung und Aufbau der Universität von Alcalá. 1499 rief er das Kollegium San Ildefonso ins Leben. Unter seiner Führung begannen neun Sprachkundige, dazu drei getaufte Juden für hebräische Texte, an „seiner" Universität Alcalá mit einem der größten literarischen Werke, der „Biblia Polyglotta Compluti" (Alcalá trug im Lateinischen den Namen Complutum, fruchttragend). Die Gelehrten ordneten Originaltexte und Übersetzungen: den masoretischen hebräischen Text des Alten und den griechischen des

Neuen Testaments, dazu die alexandrinische Übersetzung des Alten Testaments ins Griechische, die Septuaginta, die lateinische Bibelübertragung durch Hieronymus, die Vulgata, und schließlich die umschreibende Übersetzung des Pentateuchs ins Aramäische. Es war ein säkulares Werk. Dies würdigend, stellte Papst Leo X. (1513–1521) auf Ersuchen Jiménez' die Manuskripte der Vatikanischen Bibliothek zur Verfügung. Im Jahre 1517 war das umfangreiche Manuskript fertig. Doch dauerte es noch sieben Jahre, bis die sechs Bände gedruckt waren. Jiménez, wissend, daß ihm nicht mehr viel Zeit bleiben würde, hatte seine Mitarbeiter zur Eile angetrieben: „Freunde, verliert keine Zeit bei der Fortsetzung unseres glorreichen Werkes, damit Ihr bei den Unberechenbarkeiten des Lebens nicht Euren Beschützer verliert, oder ich den Verlust jener zu beklagen habe, deren Dienste in meinen Augen mehr Wert haben als Reichtum und weltliche Würden." Die gedruckte „Biblia" sollte er nicht mehr erleben. Aber das letzte Manuskript hatten ihm die Gelehrten einige Monate vor seinem Tode überbracht und ihm als Leiter des Gremiums ihre Komplimente ausgesprochen, was ihn zur Feststellung veranlaßte: „Keine meiner Taten als des Königs (Ferdinands – d. A.) Erster Minister verdient wie die Euren Glückwunsch."

Während er eine Reihe geistlicher Werke, so auch die der heiligen Katharina von Siena, in die kastilische Sprache, die später für ganz Spanien verbindlich werden sollte, übersetzen ließ, befaßte sich Jiménez mit dem Gedankengut der Renaissance und den antiken Schriftstellern. Zu einer geplanten Übersetzung der Philosophie des Aristoteles ließ ihm der Tod aber keine Zeit mehr. Den schon zu Lebzeiten berühmten Erasmus von Rotterdam hatte er bereits als Helfer und Sachkundigen zur Bibelübersetzung eingeladen, erhielt jedoch aus Italien, wo sich der bedeutendste Vertreter des Humanismus damals aufhielt, eine Absage. Man wird dafür nicht lange nach den Gründen forschen müssen, lag doch die Iberische Halbinsel seit sieben Jahrhunderten am Rande der Welt, die zu den neuen geistigen Strömungen des übrigen Kontinents noch keine effizienten Beiträge leisten konnte.

Mit nationalen Initiativen, mit kirchlicher Reinigung und der absoluten Autorität der Krone, besonders in der Abwehr noch immer versuchter Umtriebe des Adels bewährte sich Jiménez bereits unter Isabella. Nach ihr blieb er unter Ferdinand besonders hart und unbeugsam in seinen Bestrebungen, das Reich fest in den Händen der Monarchie, aber auch in seinen eigenen zu halten, so daß er von Ferdinand zum Regenten von Kastilien bestimmt wurde. In den Krisenzeiten der Jahre 1506 bis 1517, als sich die Granden von den sie bis dahin gebremsten, energischen Zügeln Isabellas befreien wollten, griff Jiménez mit stahlharter Hand durch. Als ihn eine Delegation des Adels aufsuchte und ihn fragte, woher er seine Macht beziehe, ging er einige Male im Raum auf und ab. Schließlich öffnete er das Fenster und zeigte nach unten, wo eine militärische Formation Aufstellung genommen hatte. „Ihr wollt meine Macht sehen", sagte er und deutete hinunter, „da ist sie!" Wenn er in diesem Falle von einer militärischen Macht sprach, so ließ er doch sonst jeden, besonders von Waffengewalt gestützten Machthunger vermissen. Ihn leitete nur die Willensstärke aus Pflichterfüllung, einen Rückfall in die staatliche Zersplitterung durch ein Wiederaufleben des Feudalismus zu verhindern.

Einem großen Leben, einer unermüdlichen Hingabe an Ordnung und Sicherheit im Staate waren Dank und Anerkennung versagt geblieben. Immer wieder hatte Jiménez versucht, den jungen König Karl, den späteren Kaiser, zu überreden, sein Domizil in Flandern zu verlassen und in Kastilien seine Aufgabe als König anzutreten. Als der neue Herrscher endlich am 17. September 1517 eintraf, wollte ihn der Primas und Reichsverweser offiziell empfangen, um ihm formell einen geordneten Staat zu übergeben. Aber der siebzehnjährige Jüngling Karl hielt sich zurück. Da hatten ihm böse Zungen im Norden vorweg üble und gehässige Dinge über Kastilien ins Ohr geflüstert. Dann wurden die vierzig Schiffe seiner Flottille von einem Sturm auseinander gewirbelt, so daß man nicht in den vorgesehenen Häfen, sondern an unwirtlichen Küstenstreifen an Land gehen mußte, und zu allem Übel schockierte Karl und seinen Hofstaat das Gerücht, im kastilischen Reich grassiere eine Seuche. So vermied es Karl, zum Treffpunkt mit Jiménez zu reisen. Zusätzlich beschwatzten kastilische Granden, die sich vom neuen Herrscher ein Wiederaufleben ihrer alten Privilegien erhofft hatten, dem ihnen unlieben Primas die kalte Schulter zu zeigen. Unerfahren und noch zu beeinflussen, dankte Karl dem Reichsverweser in einem Schreiben für die erwiesenen Dienste, kündigte eine spätere Zusammenkunft an und riet dem inzwischen Einundachtzigjährigen, sich bis dahin in seinem Erzbistum eine Ruhepause zu gönnen. Die Undankbarkeit des die ganzen Zusammenhänge nicht erfassenden jungen Karls erreichte ihren Höhepunkt, als er den ersten Mann des Reiches in einem Brief von allen staatlichen Ämtern entband. Diese Demütigung blieb Jiménez jedoch erspart, denn wenige Tage vor dem Eintreffen dieses Demissionsschreibens verstarb Francisco Jiménez de Cisneros am 8. November 1517, dreizehn Jahre nach Isabella und fast zwei Jahre nach Ferdinand. Schon bei seinem Ableben war aus dem Königreich Kastilien ein Kolonialreich geworden, aus dem sich Spanien zu einer Großmacht entwickelte. Für ihr inneres Gefüge hatte sich der Kardinal und Erste Minister stark gemacht, auch wenn ihm viele Historiker keine Lorbeerkränze flochten. Kreideten sie ihm doch an, daß er nach dem Fall von Granada an die 80000 wertvolle arabische Bücher verbrennen ließ und als Großinquisitor (seit 1507) der Verfolgung von Conversos, Juden und Mauren nicht energisch genug Einhalt geboten hatte.

Der Biograph Karls V., Karl Brandi, nennt Jiménez „eine von den Persönlichkeiten der Weltgeschichte, die wider Willen aus einer ihnen genügenden geistigen Welt in das politische Leben fast mit Gewalt hineingezogen wurden und ihre Genialität deshalb in einer ungeheuren Weltüberlegenheit auswirken ließen ... Das Entschlossene und Unbekümmerte seiner Lebenshaltung begleitete ihn auch in die Politik. Nirgends wollte oder tat er etwas Halbes ... Es kann sein, daß er das Steuer falsch gestellt hat, daß die moralischen und wirtschaftlichen Folgen Spanien später ruiniert haben, aber er handelte nicht nur als religiöser Eiferer, sondern zugleich als nationaler Staatsmann und im Sinne weiter Schichten der Bevölkerung."

Die Zustimmung des Volkes zur Jiménez-Politik bedarf einer kurzen Erläuterung. Gerade der Mittelstand hatte unter der erfolgreichen Konkurrenz der nichtchristlichen, jüdischen und maurischen Elemente gelitten und ein schärferes Vorgehen verlangt. Im Gegensatz zum verbindlichen Bemühen Talaveras kannte Jiménez keinen Anlaß zur Toleranz. Als Kirchenmann leitete ihn nicht der franziskanische, sondern der dominikanische Geist, während die national-kastilische Idee sein Handeln als Staatsmann bestimmte. Die Verwirklichung des Einheitsstaates rechtfertigte in seinen Augen auch die Anwendung von Gewalt.

Die Expansion

Vorstoß in die Neuzeit

Zwei Jubiläen feierte man 1992. Anlaß dazu waren zwei, ein halbes Jahrtausend zurückliegende Ereignisse des Jahres 1492: Am 2. Januar wird auf der Alhambra über Granada die Fahne des mekkanischen Propheten Mohammed eingezogen und das Kreuz Jesu Christi aufgerichtet. Ein dreiviertel Jahr später, am 12. Oktober, stößt der Seefahrer Cristóbal Colón, als Christoph Columbus bekannt, das Banner Kastiliens in den Boden der zum amerikanischen Kontinent gehörigen Insel Guanahani, als San Salvador zur Gruppe der Bahamas zählend.

War der Fall von Granada in erster Linie ein nationales und auch religiöses, Kastilien-internes Anliegen gewesen, so erhielt die Weltgeschichte mit der Entdeckung Amerikas einen neuen, ungemein erweiterten Rahmen, wobei auch der ihn fortan ausfüllende Inhalt ein ganz anderer wurde. Das Mittelmeer mit seiner Jahrtausende alten Kulturwelt und seinen wirtschaftlichen Grundlagen sank zu einem Binnensee herab, während sich nunmehr der historische Schwerpunkt kontinuierlich um den Altantik gruppierte. So ist es gerechtfertigt, der Fahrt jener drei kleinen Karavellen des Genuesers die Ablösung der alten und mittelalterlichen Geschichte und den Eintritt in die Neuzeit zugrunde zu legen. Das Abenteuer Atlantik hatte der Geschichte ein universales Bild und eine neue, zu jener Stunde nicht absehbare Bestimmung gegeben.

Durch die Besitznahme Granadas und die Beendigung der maurischen Herrschaft wurde Kastilien und in der Folge Spanien zu einem Einheitsstaat. Mit dem Ende des „Heiligen Krieges“ gegen die „Ungläubigen“ verlagerte sich die inneriberische Expansion nach draußen. Unter den Nachfolgern der „Katholischen Könige“, Karl V. und Philipp II., stieg Spanien zur Großmacht auf, um dann dem Rivalen England zu erliegen, der sich schließlich auf allen Kontinenten das größte Kolonialreich sicherte. Aber auch dieses Empire überlebte nicht den weltweiten Aufbruch nationaler Bewegungen. Im Commonwealth fühlen sich nur noch einige Staaten mit der britischen Krone, jedoch nicht mit der Regierung in London verbunden. In und nach dem Zweiten Weltkrieg mußte

Großbritannien die Weltpolitik an die USA abtreten – das dritte Kapitel des Abenteuers Atlantik.

Zu den historischen Persönlichkeiten, deren Werk größer als sie selbst waren, wird gerne Columbus gerechnet. Niemand vermag die Frage zu beantworten, was aus dem Genuesen und seinem Wagnis geworden wäre, hätte ihn nicht eine Frau über den unbekannten Ozean geschickt. Diese Frau war Königin Isabella von Kastilien.

In diesem Garten der Schönheit

Andalusien – für den Mittel- und Nordeuropäer der Inbegriff dessen, was er unter spanischem Leben verstehen will. Die Ferienprospekte der Neuzeit beweisen, wie man diese Vorstellung verkaufen kann. Costa del Sol, wirbelndes Stakkato des Flamenco im Rhythmus der Gitarren und Kastagnetten, Ferias in leuchtenden Farben, Stierkämpfe in vollen Arenen, Paella und Sherry, aber bescheiden und nebenbei Geschichte, Kunst und Kultur für jene, die sich nicht mit der Invasion von Badefreudigen an der Sonnenküste anfreunden können, sondern die einstige „Zierde der Welt" erkunden wollen.

Wer von diesen Fremden Andalusien sagt, meint nicht nur Sevilla oder Cordoba, ehedem Hauptstadt des Omaijadenkalifats, sondern vor allem Granada, die an den Vorbergen der Sierra Nevada ansteigende Stadt. Und wer Granada sagt oder auch nur daran denkt, sieht vor sich die „Rote", die Alhambra, das eindrucksvollste und schönste Profanbauwerk, das die Streiter Allahs der Nachwelt geschenkt haben. „O selig Auge zu sein in diesem Garten der Schönheit", bekannte der Araber Ibn Zamrak, und sein nordafrikanischer Glaubensgenosse Ibn Battuta, der größte Weltreisende des Mittelalters, pries dieses Granada gleich einem Paradies als die gesegnetste Stadt der Welt, „eine kostbare, von bunten Emailfarben, Achaten und Smaragden schimmernde Schale".

Granada, das war vor fünf Jahrhunderten mehr als nur eine Stadt. Es war ein muslimisches, maurisches Emirat, das sogar Königreich genannt wurde, das letzte unabhängige Territorium des Islams auf der Iberischen Halbinsel. Es war für die seit der Schlacht von Las Navas de Tolosa und anschließend bis zum Süden vorgestoßenen Könige von Kastilien das stete Ziel gewesen, die Reconquista zu vollenden und das Land von den „Ungläubigen" zu säubern.

Granada war die letzte, aber bis zum Finale faszinierende Blüte des Orients am südlichen Glacis Europas. Ein kleines Land von rund 30 000

Quadratkilometern Größe, das von beinahe drei Millionen Menschen bewohnt wurde, von denen jeder Zehnte in der Hauptstadt lebte. Die Häfen von Malaga und Almeria, in der Endphase nur noch Malaga, hielten Kontakt und den noch wichtigeren Handelsverkehr mit den Barbareskenstaaten Nordafrikas und den islamischen Ländern im Osten des Mittelmeeres aufrecht. Landwirtschaftliche Produkte des durch ein ausgeklügeltes Bewässerungssystem fruchtbaren Bodens, Stoffe und Edelmetalle – das zu verarbeitende Gold bezog man aus dem Sudan, bis es die Portugiesen in ihren Häfen umleiteten – wurden exportiert und sicherten der Bevölkerung einen beneidenswerten Wohlstand. Krankenhäuser und Universitäten standen, wie schon Jahrhunderte zuvor im arabisch-islamischen Weltreich, kostenlos jedem, auch Christen zur Verfügung.

Die „Perle Andalusien", wie Granada genannt wurde und auch in der Gegenwart genannt werden darf, „glitzernd wie das Blinken der Sterne durch das dunkle Grün der Olivenbäume", und behütet durch die Flüsse Darro und die Arme des Genil, bevor beide ihre Wasser dem Guadalquivir sandten, fühlten sich die Menschen hinter den rosafarbenen Granitmauern mit 1001 Türmen und 37 Toren auch dann noch geborgen, als sich ringsum die Könige und Herzöge Kastiliens mit ihren Truppen immer wieder einmal ein paar Früchte aus diesem „Garten der Schönheit" herauspflücken wollten. Daß es diesen Gegnern nicht nur um diese Früchte, sondern um die Beseitigung der letzten Maurenherrschaft ging, war den Emiren in der Alhambra zwar bekannt, doch glaubte man sich durch Abkommen und Tributleistung vor einer Generaloffensive sicher.

Mit 3478 Metern ist der schneebedeckte Mulhacén der höchste Berg der Halbinsel; mit noch 250 Metern mehr übertrifft ihn der Teide auf Teneriffa als höchste Erhebung Spaniens. Der Mulhacén und die umliegenden Gipfel gehören zur Sierra Nevada, der Gebirgskette, die nach Südosten hin das Ländchen nicht nur überragt, sondern wie ein hoher Wall abschirmt. In die von den Mauren erschlossene und kultivierte Vega, die Aue, schiebt dieser Gebirgszug einen achthundert Meter langen Ausläufer vor, der wie geschaffen ist, auf einem Plateau ein festungsartiges Bollwerk zu errichten, das einerseits durch die Berge im Rücken gesichert war, zum anderen eine Kontrolle der vor ihm liegenden Landschaft ermöglichte.

Ein nach der Schlacht von Las Navas de Tolosa nicht auszuschließendes weiteres Vordringen der Kastilianer fürchtend, wählte der Gründer der Nasridendynastie, Muhammad ibn al-Ahmar (1232–1273), diesen vortrefflichen Standort aus, um bereits als Siebzehnjähriger 1248 den Befehl zum Bau der Alhambra zu geben. Eine aus dem neunten Jahrhundert stammende Burg, die Alcazaba Cadima, ließ der junge Emir zunächst mit seinem ersten Palast erweitern, in dessen Gemächern noch immer in kufischer Schrift zu lesen ist: „Es gibt keinen Eroberer außer Allah". Daß al-Ahmar diesem Satz aus dem Koran nicht voll vertraute, beweisen die gewaltigen Außenmauern, mit denen er den schier unüberwindlichen Felsenblock zusätzlich absichern ließ. Immer wieder erweitert und reich ausgestattet, wurde die Alhambra letztlich eine Stadt über der Hauptstadt, eine Residenz- und Festungsstadt, die 40 000 Menschen Platz bot.

In der 1523 begonnenen Kathedrale Granadas ist man Königin Isabella nahe. Ihre sterblichen Überreste und die ihres Gemahls Ferdinand, aber auch die ihrer unglücklichen Tochter, Johanna der Wahnsinnigen, und deren Mannes, Philipps des Schönen, ruhen dort in Grabmälern. Dem Palast Generalife, dem Sommersitz des maurischen Herrschers, und dem Palast Karls V., Isabellas Enkels und Kaisers eines Weltreiches, sollte man ebenfalls gebührende Beachtung schenken. Noch in einigen Straßenzügen verspürt man den Atem siebenhundertjähriger arabisch-islamischer Geschichte. Kunst, Kultur und Erinnerung an diese Vergangenheit bestätigen die schon zitierten Worte der Araber Ibn Zamrak und Ibn Battuta von einem Paradies, das in einer Symbiose von Orient und Okzident gerade den wissenden Menschen des technischen Zeitalters erkennen läßt, welchem Erbe er sich verpflichtet fühlen muß.

Beiderseits nur Razzien

Als schon längst das kleine Maurenreich von christlichen Herrschaften umzingelt war, konnten die Nasriden-Emire noch zwei Jahrhunderte, von lästigen Nadelstichen abgesehen, nahezu ungestört regieren. Doch bereits al-Ahmar hatte sich seine Selbständigkeit durch Tributzahlung an die kastilische Krone erkaufen müssen. Auch seine Nachfolger sind daran gehalten, auch wenn sie bei ihnen bekannten inneren Wirren Kastiliens diese Verpflichtung nur zu gerne „vergaßen". Ihre Autonomie und die militärische Zurückhaltung sind aber nur zwischen dem Emirat und den Monarchen eine Art Friedenszustand. Beide Partner sehen keinen Grund, diese Situation mit Waffeneinsatz zu ändern. Anders jedoch der Adel in den Granada benachbarten Provinzen; er hält sich nicht an dieses Übereinkommen. In lokalen Aktionen werden Orte des Emirats überfallen, ausgeplündert und Bewohner als Sklaven entführt. Angriffe lösen Gegenangriffe aus. Zumeist ohne offiziellen Befehl aus der Alhambra reagieren die örtlichen muslimischen Kommandeure. Mit Razzien – ein arabisches Wort für die beduinische Kampfesweise in der fernen Wüstenheimat –

dringen sie in christliches Gebiet ein und wenden die gleichen Methoden an. Gefangene und Sklaven werden zu billigen Arbeitskräften, während sich Überläufer als Krieger gegen ihre eigenen Glaubensbrüder und Landsleute in die Kontingente der Mauren einreihen und verbissen kämpfen, wenn ihnen in der Gefangenschaft das Todesurteil droht.

Eine gnadenlose Feindschaft zwischen den Mauren und dem Adel beiderseits der Grenze kennt man jedoch nicht. Man praktiziert von Fall zu Fall freundliche Toleranz. Granada ist nicht wie die heiligen Plätze Mekka und Medina eine verbotene Stadt. Junge christliche Söhne dürfen an der Universität studieren. Andere Besucher erhalten Passierscheine zum Besuch von Verwandten und Bekannten, und bald bilden sich zusätzlich freundschaftliche Verbindungen, die von den Muslimen und Kastilianern als wichtige Informationsquellen über die Gegenseite genutzt werden. Dieser indirekten Agententätigkeit verdankt man in Kastilien auch das Wissen über zwei rivalisierende Sippen in Granada, die Abenceragen und die Zegris, die den kleinen Staat schließlich in einen Bürgerkrieg stürzen und dessen Ende beschleunigen werden. Aus den Grenzgefechten hat man auf christlicher Seite die Erfahrung gewonnen, daß die Bewaffnung und Taktik der Mauren hinter den militärischen Entwicklungen in Europa zurückgeblieben sind; man kämpft noch getreu mittelalterlicher Tradition. Dennoch wird man in der entscheidenden Auseinandersetzung auf christlicher Seite dieser Erkenntnis keinen Wert beimessen; denn der maurische Krieger und seine Offiziere verstehen todesmutig zu fechten.

Dennoch, warum – diese Frage ergibt sich zwangsläufig – hat man in Kastilien nicht schon im 13. und 14. Jahrhundert die Niederlagen, den Rückzug der Mauren in das Land Granada und die Phase der dortigen Konsolidierung genutzt, um die Reconquista in einem Aufwaschen zu vollenden?

Die schon mehrfach angeführte, entscheidende Schlacht von Las Navas de Tolosa, die gleichzeitig das Ende der seit 1145 bestehenden Almohadenherrschaft bedeutete, hatte Kastilien den Weg in das Tal des Guadalquivir freigemacht. Der bereits bekannte König Ferdinand III., der Heilige, ergriff die Chance und stieß über Cordoba bis Sevilla vor. Nach dem Fall von Cadiz kam die Offensive zum Stillstand. Erst ein Jahrhundert später versteht es Alfons XI., der Weise, den Adel zu einem Feldzug zu bewegen, so daß mit dem Sieg von Salado (1340) über den Sultan von Marokko aus der berberischen Merividendynastie, die 1275 von Nordafrika aus auf Spanien übergegriffen hatte, nun bis Gibraltar der ganze Süden, außer Granada, von muslimischer Herrschaft befreit wurde. Dieser Schwung konnte nicht ausgebaut werden. Rivalitäten des Adels, Bürgerkrieg, Parteinahme des Königs am Hundertjährigen Krieg in Frankreich und der „Schwarze Tod", die Pest, zwangen die Monarchie, den Gedanken an eine Fortsetzung der Reconquista in den Hintergrund zu rücken.

Auch nach Alfons XI. ließen die Könige den Vorsatz der Eroberung Granadas nicht einfrieren, und selbst der antimilitaristische Heinrich IV. beschwor einen Kriegszug als nationales Anliegen. Allerdings fehlten ihm die finanziellen Mittel wie auch die Gefolgstreue des Adels, der ja die Truppen beizusteuern gehabt hätte. Unter dem zusätzlichen Druck innenpolitischer Probleme mußte auch Heinrich, sicher nicht ungern, den Plan fallen lassen. Anders hingegen die Granada benachbarten lokalen Potentaten, denen an nationalen oder christlichen Grundsätzen wenig oder gar nichts gelegen war. Ihnen ging es nur um die eigene Position und eine reichlich gefüllte Kasse. In ihrem Bereicherungshunger kannten sie keine Skrupel, sich nach Bedarf mit dem „ungläubigen" Emir zu verbünden, um ihrem Rivalen zu schaden und sich selbst Vorteile zu verschaffen. Nur ein von mehreren Beispielen mag dies belegen: Der Herzog von Medina Sidonia unterstützt den Nasriden, damit sich dieser der Stadt Cardela bemächtigen kann, weil sie dem Marquis von Cadiz gehörte, dem der Herzog nicht gewogen ist. Daß umgekehrt die Emire nicht zögern, einem christlichen Adelsherrn beizustehen, wenn er Waffenhilfe gegen einen unliebsamen Nachbarn benötigt, versteht sich nach dem Wort, daß eine Hand die andere wäscht, von selbst. Man klopft, je nach Lage, Opportunität oder einer fälligen Revanche wegen, dem Gegner gelegentlich auf die Finger, um sich anschließend wieder gemäßigt freundschaftlich mit ihm zu arrangieren.

An diesem recht seltsamen und zwiespältigen Zustand ändert sich nichts bis 1482.

„... nämlich den Islam zu bekämpfen"

Also 1482! Acht Jahre, nachdem sich Isabella die Krone Kastiliens auf das Haupt gesetzt hatte! Nur scheinbar verwunderlich, daß sie, doch streng nach christlichen Glaubensgrundsätzen erzogen, nicht sogleich in einem Waffengang die missionarische Kreuzzugsidee aufgreifen und zu vollenden trachtete, vielmehr dreimal, in den Jahren 1475, 1476 und 1478, den Waffenstillstand mit Granada erneuerte und damit den Status quo festschrieb. Es blieb ihr in jener Zeit keine andere Wahl. Zu den schon aufgeführten Schwierigkeiten – Entmachtung des Adels, Erbfolgekrieg, Auseinandersetzung mit der Kurie – konnte sie sich keinen aufwendigen Feldzug erlauben, zumal ihr und Ferdinand nur zu gut bekannt war, daß ein

Krieg mit dem Emirat kein Geplänkel, vielmehr ein von der Ganzheit Kastiliens zu tragendes, schweres Unternehmen sein würde. Erst nachdem Isabella, jede persönliche Gefahr mißachtend, die beiden Streithähne im Süden, den Herzog von Medina Sidonia und den Marquis von Cadiz, die schon mit dem Gedanken der Selbständigkeit geliebäugelt hatten, durch ihren direkten Einsatz zur Räson und unter die Botmäßigkeit der Krone gebracht hatte, zeichneten sich für sie und einen Krieg günstigere Voraussetzungen ab, waren doch beide als Anrainer des Emirats besonders wertvolle Helfer. Aber auch die Königin und Ferdinand, der ja laut Übereinkunft für die Außenpolitik zuständig war, verstehen es, im politischen Spiel zu taktieren und, wie im Verlauf der weiteren Entwicklung noch sichtbar sein wird, gleich der bekannten Praxis des Adels in der Nachbarschaft des Emirats, eine Seite der maurischen Parteien gegen die andere zu unterstützen.

Den Funken, der die Flammen des zehnjährigen Kriegsbrandes zum Lodern brachte, entzündeten ausgerechnet Haremsstreitigkeiten und die sich dabei profilierenden Sippen auf der Alhambra. Seit Jussuf III. (1408–1417) hatten die Rivalitäten der Abenceragen und der Zegris, bisweilen gar in Bürgerkriege ausufernd, kein Ende genommen. Zeitweise regierten, so man überhaupt von einer dem Land förderlichen Regierung sprechen kann, zwei Emire mit ihren Anhängern, der eine in der Alhambra und der andere in Albaicin, dem heutigen Zigeunerviertel von Granada. Zu Beginn der achtziger Jahre herrscht Mulay Hassan Ali, der 1466 seinen Vater vom Thron gestürzt hatte, über das Land. Die Lage spitzt sich jedoch zu, als dessen Bruder Abu Abdallah al-Zagal gegen ihn eine Verschwörung anzettelt. Doch nicht genug damit, Mulay Hassan muß sich zusätzlich mit Konspirationen und Intrigen in seinem Harem herumschlagen. Spinnefeind sind seine erste Frau Aischa und die von ihm favorisierte zweite, Soraya, die von den Mauren gefangene und zum Islam konvertierte Christin Isabella de Solis. Beide hatten ihm einen Sohn geschenkt und beide kämpften verständlicherweise um die Thronfolge ihres Sprößlings. Sie aber konnte man nicht allein mit einer noch nicht ersichtlichen Zuneigung des Herrschers, sondern mit einer möglichst einflußreichen und einer möglichen Rebellion nicht abgeneigten Anhängerschaft durchsetzen. Mulay Hassan baute auf den Clan der Zegris, während sich Aischa und ihr Sohn, später Abu Abdallah Muhammad XII., von den Christen Boabdil genannt, auf die Seite der Abenceragen schlugen und mit einem Aufstand versuchten, die Macht an sich zu reißen. Vorerst verhinderte nun wieder Boabdils Onkel al-Zagal mit der Niederschlagung der Rebellen einen erneuten Bürgerkrieg.

Obwohl Granada in zwei feindliche Lager gespalten ist und besonnene Politik nötig hätte, gibt sich Mulay Hassan nach außen hin stark, ein in der Geschichte vielfach praktiziertes Verfahren, Probleme im Inneren auf einen äußeren Feind umzupolen. Mulay Hassan hatte schon zuvor Isabella und Ferdinand den Fehdehandschuh hingeworfen, als ihn deren Gesandter Don Juan de la Vera an die Tributpflicht erinnerte. „Richtet Euren Herren aus", brauste er auf, „daß jene, die den Christen noch Tribut zahlten, gestorben sind, und daß wir in Granada nur noch Säbel und Lanzen gegen unsere Feinde anfertigen." Um seinen Heldenmut zu beweisen und die Haremsschwierigkeiten zu überspielen, läßt er an Weihnachten 1481 Zahara, einen kastilischen Ort und eine nicht sonderlich bedeutende Festung jenseits der Westgrenze des Emirats, überfallen und die Bevölkerung niedermachen. Wenn auch strategisch nicht allzu wichtig, so wird Zahara doch zum Fanal für die Christen.

Das Unternehmen Alhama (1482)

In Übereinstimmung mit dem Repräsentanten Isabellas in Sevilla, Diego de Marlo, dem die Königin den Auftrag einer Strafexpedition erteilt hatte, beschließt der Marquis von Cadiz, Don Rodrigo Ponce de León, einen Gegenschlag. Mit 2500 Kavalleristen und 3000 Mann Fußvolk bricht er zu einem riskanten Unternehmen auf. Sehr wohl die maurischen Garnisonen kennend, marschiert er nur bei Nacht, auch wenn in der Gebirgsgegend der Winter größte Anforderungen an Mensch und Tier stellt. Sein Ziel sind Stadt und Festung Alhama, einer der reichsten Orte des Emirats, mitten im Land Granada, nur rund dreißig Kilometer von der Hauptstadt entfernt und zudem nahe der lebenswichtigen Verbindung zum Nachschubhafen Malaga. Begünstigt durch einen Wintersturm, der die Mauren in Sicherheit wiegt, gelingt dem Marquis die Überraschung. Ein paar seiner Soldaten klettern die Mauern hoch, überwältigen die Wachposten und öffnen der Truppe die Tore. Alhama ist im Handstreich erobert (Februar 1482). Ohne viel Aufhebens wird, wie von der Gegenseite in Zahara praktiziert, mit Verteidigern und Einwohnern verfahren. Eine reiche Beute war für die Soldaten die Entschädigung für die Strapazen und Entbehrungen bei den Nachtmärschen über das verschneite, unwegsame Gebirge.

Noch vor Alhama hatte Isabella, als sie sich in Medina del Campo aufhielt und nach einer Reise ein Mädchen, die Infantin Maria gebar, die Stadt Sevilla wissen lassen: „Ja, Wir freuen uns, was gerade geschehen ist (die Eroberung Zaharas durch die Mauren – d. A.); denn damit haben Wir die Möglichkeit, unser Vorhaben in die Tat umzusetzen, nämlich den Islam zu bekämpfen." Als sie dann die Nachricht vom Fall Alhamas erreichte, ordnete sie ein Te Deum in der Kathedrale von Medina del Campo an. Das Jahr 1482, wie eingangs dieses Kapitels festgestellt, bekam durch dieses Schreiben der Königin den historischen Wert des offiziellen Auftakts der nun einsetzenden Rüstung für eine Generaloffensive zugesprochen.

Gar nicht im Glauben an den „Eroberer Allah" war die Stimmung in Granada und vor allem im Umkreis Mulay Hassans. Eine Garnison des Feindes inmitten seines Reiches und dazu noch Bedrohung der Versorgungsader des Emirats konnte er nicht verkraften. Den bedauernswerten Kurier, der ihm die unheilvolle Botschaft zu melden hatte, erdolchte er eigenhändig und er warf sich zu Boden, angeblich unablässig aufschreiend: „Unglück über mich, oh, oh – Alhama!" Ganz Granada stimmte in den Klageschrei ein, wohl ahnend, daß der Fall dieser Festung ein Menetekel bedeuten könnte. Die Schande, gegen einen derartigen Handstreich machtlos gewesen zu sein und nun ein christliches Geschwür nahe den Toren seiner Hauptstadt dulden zu müssen, ließen ihn nicht ruhen. Nur mit Rückeroberung und furchtbarer Rache konnte er sich wieder den vielen islamischen Feldherren würdig erweisen und sich vor sich selbst und seinen Anhängern, die er bei der Stange halten mußte, rehabilitieren. Aus seiner Schmach einen Triumph machen wollend, mobilisierte er kurz darauf ein Heer von 50000 Soldaten und belagerte Alhama. Da seine Truppen nicht über das notwendige Belagerungsgerät verfügten, versprach er sich nur einen Erfolg, wenn er Stadt und Festung aushungern könnte. So ließ er auch einen kleinen Wasserlauf, ein Nebenflüßchen des Genil, umleiten, um der Garnison die Wasserversorgung abzudrosseln. Für die Belagerten wurde die Situation von Tag zu Tag kritischer, und Mulay Hassan dankte vor seinen Soldaten bereits Allah für die bevorstehende Rückeroberung. Überläufer hatten ihm gemeldet, daß die Lebensmittel knapp geworden waren, und ein Brunnen dem Versiegen nahe sei. Die Kapitulation durfte nur noch eine Frage der nächsten Tage sein.

Alhama war für beide Seiten zu einem entscheidenden Wendepunkt geworden. Nicht nur Mulay Hassan, auch der königliche Hof war sich darüber im klaren. Isabella konnte einen Rückschlag nicht in Kauf nehmen. Das einst von ihr im Erbfolgekrieg geprägte Wort „Keine Zinne!" galt auch für Alhama. Sie macht sich sofort auf den Weg nach Süden. Diese Pufferzone inmitten des Reiches Granada muß gehalten werden. „Die Ehre verbietet Uns", sendet die Königin den Belagerten in einer Botschaft, „den inbrünstigen Willen des Volkes zu bremsen." Dies ist keine Floskel.

Auf den Straßen und Plätzen der Städte Granadas tobt die Menge: „Krieg gegen die Ungläubigen!" In Kastilien und Aragón, das seinen König Ferdinand nun auch mit Truppen unterstützt, antwortet man: „Krieg gegen die maurischen Heiden!" Aus dem oft seltsamen Geplänkel der Grenzkommandeure mit gegenseitigen Übereinkünften ist ein Volkskrieg geworden, der vor allem auf christlicher Seite alte Gegnerschaften hinwegwischt und das Kreuz auf der Alhambra als nationales Ziel fordert.

Schon in dieser ersten Phase der Auseinandersetzung wird dieser Wandel sichtbar. So eilt der Herzog von Medina Sidonia seinem einstigen Feind, dem in Alhama eingeschlossenen Don Rodrigo Ponce de León, mit einem Truppenkontingent zu Hilfe, was Jahre zuvor noch undenkbar gewesen wäre. Wenn dieser Entsatz auch vorübergehend Erleichterung mit sich bringt, so geht die Belagerung doch weiter. Isabella, keine Feldherrin, kann die Kriegsführung jedoch psychologisch beeinflussen. Immer wieder schickt sie den Belagerten Botschaften und versichert ihnen, daß sie von Krone und Volk nicht im Stich gelassen werden. Und dies ist keine Durchhaltepropaganda. Denn nun trifft auch Ferdinand mit einem den Mauren zahlenmäßig überlegenen Heer ein. Notgedrungen zieht sich Mulay Hassan vor dieser Übermacht zurück. Alhama bleibt von da an fest in der Hand Kastiliens, und das Emirat ist nicht in der Lage, die stets unter militärischem Schutz laufende Versorgung zu unterbinden oder gar diesen Dorn aus seinem Fleisch zu ziehen. Ein Jahr nach der Eroberung wird ein bekannter Mendoza, Don Iñigo Lopez, Graf von Tendilla, zum Kommandeur Alhamas bestellt. Für seine Tapferkeit und Standhaftigkeit erntet er den gebührenden Lohn. Sie bringen ihm zehn Jahre danach den Titel und die Machtbefugnis eines Vizekanzlers von Granada ein.

Debakel bei Loja und Axarguia

Das Jahrzehnt des Krieges gegen das maurische Emirat und Königreich von Granada läßt sich in drei Abschnitte teilen. Zahara bildete den Auftakt, Alhama den Höhepunkt der ersten Periode. Sieht man von der Rückeroberung Zaharas und dem Handstreich von Alhama ab, so waren spektakuläre Erfolge für die christlichen Streiter ausgeblieben. Im Gegenteil, das Kriegsglück begünstigte die maurischen Waffen.

Ehrgeiz und Neid waren oft Ursache unüberlegten Handelns und haben nur selten zum Erfolg geführt. Dies bekam auch Ferdinand zu spüren. Das Unternehmen Alhama war Ponce de León gutgeschrieben worden. Obwohl der König mit seinem Heer erschienen war, konnte er keinen

Triumph für sich in Anspruch nehmen. Siegeslorbeeren einzuheimsen, entschloß er sich, entgegen den Warnungen seiner Ratgeber die Stadt Loja zu erobern. Er erlebte ein Fiasko. Ali Atar, der muslimische Verteidiger, nutzte das Geschenk der Natur, die Berge und Schluchten der Umgebung, vernichtete die Hauptstreitmacht und jagte den kläglichen Rest in die Flucht. Nur durch den tapferen Einsatz des Marquis von Cadiz wurde der König vor der Gefangennahme bewahrt. Wie Chronist Pulgar festhält, tauchte Ferdinand physisch erschöpft und psychisch demoralisiert, verschmutzt und lethargisch in Cordoba auf, wo ihn Isabella mit Erschütterung und tief betroffen in Empfang nahm. „Niemand jedoch", schließt Pulgar das traurige Kapitel, „konnte aus ihren Worten oder Gesten die Besorgnis ablesen, die sie erfüllte."

Es sollte nicht bei dieser Niederlage bleiben. Die Schmach des Königs vor Loja auszuwetzen, ging Ponce de León ein waghalsiges Abenteuer ein, als er in das ihm unbekannte und unwegsame Gebiet von Axarquia eindrang, wo ihn die Mauren ebenfalls in einen Engpaß drängten und den Großteil seiner Leute niedermachten. War vor Loja bereits mit Don Rodrigo Téllez Girón, dem Großmeister von Calatrava, ein prominenter Streiter getötet worden, so gerieten bei dieser Niederlage zahlreiche Ritter und Don Juan de Silva, der Graf von Cifuentos, in Gefangenschaft. Den Feind unterschätzend und in unchristlicher Weise in den Kampf ziehend, prangerte der Pfarrer von Palacios Ponces Krieger an: „Es waren nur wenige Mauren, und wir können die Hand der Vorsehung, die mit Recht über das Verhalten der Ritter erzürnt war, nur zu leicht im katastrophalen Ausgang des Kampfes erkennen. In der Tat hatten die meisten vor der Schlacht nicht gebeichtet, wie es frommen Christen geziemt. Damit bewiesen sie, daß sie nicht im Geiste Gottes und zu seinem Ruhm kämpften, sondern von Habsucht und Begierde nach weltlichen Gütern geleitet in den Kampf gezogen waren."

Die mit viel Hoffnung begonnene endgültige Reconquista und Befreiung der Halbinsel vom Islam hatte einen deutlichen Rückschlag hinnehmen müssen. Die einstigen arabischen Wüstenkrieger und die berberischen Nordafrikaner, fanatisch unter der Fahne des Propheten kämpfend, schien man trotz den Agenteninformationen unterschätzt zu haben. Wie auf dem Meer und sogar angesichts der Gletscher in den Alpen hatten sich die Orientalen und ihre Gefolgsleute den ihnen nicht gewohnten geographischen Verhältnissen angepaßt. Deren Möglichkeiten nutzend und den Gegner wie in den Razzien ihrer Wüstenheimat überfallend, war ihr Konzept aufgegangen. Dem kastilisch-aragonesischen Königspaar, Isabella und Ferdinand, blieb nur ein Umdenken seiner bisherigen Taktik.

Unbesonnene Überrumpelung des Feindes mündete nur in eine Niederlage. Ja, es war zu befürchten, daß die Mauren nach ihren Erfolgen von Loja und Axarguia zum Gegenangriff antreten und die dezimierten Einheiten der Christen in einer Entscheidungsschlacht aufreiben würden.

Der Hitzkopf Boabdil

Daß aus diesem zweiten Debakel, aus dem Ponce de León nur mit Mühe mit dem Leben davonkam, nicht eine wirkliche Katastrophe für die Christen wurde, hätte man auf maurischer Seite die Gunst der Stunde wahrgenommen, war nur einer Frau zu verdanken, allerdings in Granada. Die ehrgeizige Aischa glaubte, den Augenblick der Erfüllung ihrer Machtbesessenheit nutzen zu können. Ihr Streben, den Sohn Boabdil, wie fortan die spanische Version seines arabischen Namens Abu Abdallah Muhammad genannt werden soll, auf den granadinischen Thron zu bringen, sei mit der Schärfe des maurischen Schwertes gekommen. Den aufgeriebenen, zermürbten Kastilianern ein Stück nach dem anderen wegzunehmen, dürfte in dieser Situation nicht schwer fallen. So trieb sie im April 1483, nachdem sie sich der Unterstützung Ali Atars versichert hatte, ihren Sohn an, die Stadt und Festung Lucena zu überfallen und einzunehmen. Aber im Beistand der Natur, einem dichten Nebel, brachen die christlichen Verteidiger aus der Stadt hervor und überwältigten die maurischen Truppen. Ali Atar wurde im Kampf getötet, und Boabdil geriet in Gefangenschaft. Aischas Träume schienen zerronnen zu sein.

Mit dem designierten Emir von Granada in ihrem Gewahrsam hätten Isabella und Ferdinand allen Grund zum Jubeln gehabt. Aber sie wollten diesen, doch wohl leichter zu steuernden Mann bei der Stange halten und keinem anderen vielleicht gefährlicheren Thronprätendenten in der Alhambra neue Kampfhandlungen ermöglichen. So schickten sie Boabdil auf freien Fuß, nachdem der Nasride sich – gezwungenermaßen – bereiterklärt hatte, sich den Bedingungen des Königspaares zu unterwerfen. Er verpflichtete sich, der Sache der Christen treu zu dienen und den obligatorischen Tribut zu entrichten. Daß eine solche Behandlung ihres Gefangenen nicht ohne Hintergrund geschah, begründet Ferdinand in einem Schreiben vom 26. August 1483 an seine Schwester, die Königin von Neapel, der Gemahlin von König Ferrante (1458–1494): „Wir haben Boabdil freigelassen, um Zwietracht in Granada zu säen und dieses Königreich zu zerstören."

Ferdinand als Seher oder ganz einfach als wohlinformierter Kenner der Probleme in der Alhambra? Es bedurfte keiner besonderen Gabe, aus den längst bekannten Informationen über das Emirat entsprechende Schlüsse zu ziehen.

In Granada gärt es. Boabdils Vater Mulay Hassan regiert wieder, während der Sohn als Folge seiner Zugeständnisse des Verrats bezichtigt wird und sich fluchtartig nach Almeria zurückziehen muß. Aber er bleibt nicht untätig. Schon bald startet er den Aufstand gegen den eigenen Vater, wird aber von seinem Onkel al-Zagal wieder zurückgeworfen. Die unentwegte Aischa läßt nicht locker. Sie gewinnt die Abenceragen zu offenem Aufruhr für ihren Sohn und gegen ihren eigenen Mann Mulay Hassan. Den schon viele Opfer geforderten Bürgerkrieg können schließlich die Wesire beenden, indem sie beide Feinde, „einen Greis, der nicht mehr in der Lage war, ein Schwert in der Hand zu halten und einen verweichlichten Jüngling, der von Mannestugend keine Ahnung hatte und sich von einem Weib beherrschen ließ", dazu bringen, den Waffengang einzustellen. Wenig später stirbt Mulay Hassan, so daß Boabdil der offizielle Nachfolger wäre. Aber auch sein Onkel al-Zagal sieht seine Stunde gekommen; er ruft sich als Muhammad II. zum König aus und residiert in der Alhambra. Boabdil muß wiederum in Almeria Zuflucht suchen, meldet aber von dort aus seine Ansprüche an.

Zwei Emire über Granada – hatte man dies in Kastilien einkalkuliert? Dem Brief Ferdinands an seine Schwester nach wohl. Erfahrungsgemäß wäre es logisch gewesen, wenn der nicht in der Hauptstadt sitzende Boabdil alles unternommen hätte, um seinen Onkel mit Waffengewalt zu zwingen, auf die Herrschaft zu verzichten. Hatte er Angst vor al-Zagal oder wollte er sein Mütchen kühlen und vor seinen Gefolgsleuten beweisen, daß er doch „Mannestugenden" besaß? Nicht seinem Onkel, sondern Isabella und Ferdinand erklärte er den Krieg. Diese Torheit schien das Ende beschleunigen zu wollen.

Aber noch liegt es in weiter Ferne; denn man schreibt erst das Jahr 1487. Der Hitzkopf Boabdil wollte also seinen Säbel nicht gegen einen Adelsherrn an der Grenze, sondern gegen das Königreich Kastilien rasseln lassen. Aus dem begehrten Schlachtenruhm wurde eine peinliche Schlappe. Während seine Truppen zusammengehauen wurden, geriet der junge Emir erneut in Gefangenschaft. Was wiederum machen die Sieger mit dieser Beute? War es wirklich politische Weitsicht oder die nüchterne Überlegung, noch nicht eine vollmobilisierte Armee an der Hand zu haben, die Isabella und Ferdinand bewog, mit dem Nasriden ein seltsames Spiel zu treiben? Sie schenken Boabdil zum zweitenmal die Freiheit, stellen diesmal aber klare Bedingungen: Der Emir muß den Treueid als Vasall der Krone leisten, Tribut zahlen und zusichern, sobald al-Zagal ausgeschaltet ist, zuerst eine kastilische Besatzung in Granada zu dulden, um dann das Land der Krone auszuliefern. Dafür werden ihm als Lehen fünf Städte im Osten angeboten und ihm der Titel eines Herzogs oder Grafen verliehen. Dieses weitgehende Entgegenkommen begründet Isabella mit den Worten: „Der König und die Königin waren sich zusammen mit dem Kronrat darüber einig, daß der Zwiespalt zwischen den beiden maurischen Königen die Eroberung Granadas bedingte, und beschlossen, Abkommen zu unterzeichnen und sich mit dem ‚kleinen König', also Boabdil, zu verbünden." Ein großherziges Angebot an einen auf Gnade und Ungnade gefangenen Feind, mit dem man bislang gewiß nicht die besten Erfahrungen gemacht hatte.

„... mit Boabdil verbünden" – so geschieht es auch. Eine fast unglaubliche und bei den königlichen Vorgängern nie in Erwägung gezogene Kooperation angesichts des jahrhundertelangen Kampfes gegen den Islam. Mit Geld, Verpflegung und einer nicht allzu großen Hilfstruppe unterstützen Isabella und Ferdinand den Nasriden, dem es auf dieser Basis gelingt, seinen Onkel al-Zagal zu besiegen und ihn zu vertreiben. Boabdil zieht als Herrscher in die Alhambra ein, erlaubt den Christen, die Stadt Baza in Besitz und jene Gebiete zu nehmen, in die sich al-Zagal zurückgezogen hatte.

Von einigen territorialen Einbußen abgesehen, ist die maurische Herrschaft, wenn auch in einem Vasallen-Verhältnis, nahezu unangetastet geblieben, und Boabdil residiert als der „kleine", aber aufwendig wie ein großer König inmitten seiner Minister, seiner Offiziere und seines Hofstaates auf der Alhambra. Wird Granada auf unbestimmte Zeit, auf Jahrzehnte oder gar noch länger ein Reich der „Ungläubigen" am Rande eines christlich-national gefestigten, autoritären Staates bleiben? Waren alle Impulse Isabellas und Ferdinands, den Kreuzzug siegreich abzuschließen, verpufft?

Talent der Organisation

Eine Atempause? Der recht merkwürdige, aber nicht festgeschriebene Kriegszustand und eine scheinbare Ruhe nach dem Übereinkommen mit Boabdil konnten und durften für Isabella keine Dauerlösung sein. Die Lösung mußte vielmehr heißen: entweder die nach dem Sturz al-Zagals zu erfolgende Auslieferung Granadas oder Anwendung von Gewalt. Isabella war nicht nur Königin eines von ihr festgefügten Staates, sondern auch streng erzogene und überzeugte Christin, die auf den Grundsätzen der

Verbreitung des Evangeliums beharrte, auch, wenn es sein mußte, mit harten Mitteln. Für das Reich und ihre religiöse Auffassung bildete das von muslimischen Mauren beherrschte Granada einen Fremdkörper auf der Halbinsel und ein von der Reconquista noch nicht beseitigtes Relikt aus einer Vergangenheit schmachvoller Unterdrückung. So stand für sie fest, daß bei allem Entgegenkommen, das man bislang dem Emir erwiesen hatte, ein Fortbestehen der Situation im Südosten ihres Reiches nicht geduldet werden konnte.

Daß eine endgültige Klärung und zweifellos mit den Waffen nicht zu umgehen war, zeichnete sich mehr und mehr ab. Boabdil, dem offensichtlich wenig an der Einhaltung der mit seinem Vasalleneid verbundenen Abmachungen und an seinem Lehen im Osten gelegen war und der lieber die prachtvolle Ausstattung und den mauerbewehrten Schutz der Alhambra bevorzugte, mochte vielleicht doch noch dem einzigen Eroberer Allah vertrauen. Selbstherrlich regierte er wie sein Vorgänger, obwohl ihn genügend Agentennachrichten über die Vorbereitungen in Kastilien unterrichteten. Auch eine Reihe kleinerer Unternehmen, die zumeist von Ferdinand angeführt wurden, und bei denen immer wieder Orte und Ländereien aus dem granadinischen Gebiet heraus erobert wurden, konnten ihn nicht bewegen, seine Starrköpfigkeit aufzugeben. In seiner Mutter Aischa besaß er zudem eine treibende Kraft, die ihren Sohn gerne in Glanz und Triumph über den christlichen Feind gesehen hätte. Seine Hinhaltetaktik in der Erfüllung des Abkommens lieferte Isabella den besten Beweis, daß Granada nicht mit einem Vertragspapier, sondern mit der Stärke einer Armee bezwungen werden könnte.

Hatte sie mit Ferdinand den Erbfolgekrieg mit Portugal in höchster Bedrängnis und unvorbereitet, aber mit Glück beenden können, so hielt sie jetzt nichts von Improvisationen. Weil sich der Nasride nach Ausschalten seines Onkels wieder auf die nicht zu unterschätzende Kampfesstärke seiner Truppen stützen konnte und wie sein Vater Schwerter und Lanzen schmieden ließ, war wohl kaum mit einem leichten Waffengang zu rechnen. Als Monarchin fühlte sie sich gefordert, jeden nur möglichen Beitrag zu leisten. War ihr Gemahl Ferdinand der Oberbefehlshaber, so besorgte sie als Generalintendantin alle für Einsatz und Leben der Truppe notwendigen Voraussetzungen der Logistik. Auch ohne ein Standardwerk über Heeresversorgung bewerkstelligte sie diese Aufgabe wie nach einem Generalstabsplan. Fast über Nacht und bar jeglicher Erfahrung entwickelte sie ein bewundernswertes Organisationstalent.

Zwei wesentliche Dinge setzten einen Erfolg des Feldzuges voraus: die Ideologie des Kampfes gegen die „Ungläubigen" und die finanziellen

Grundlagen für Ausrüstung, Versorgung, Sold der Soldaten und die Anlagen von militärischen Stützpunkten. War der Kampf gegen die Mauren schon immer ein christlich-nationales Anliegen gewesen, so wollte sie sich dazu den allerhöchsten Segen, nämlich den der Kurie, sichern. Mit Nachdruck überzeugte sie Papst Sixtus von ihrem Plan, so daß der Pontifex den Krieg gegen die Mauren als Kreuzzug deklarierte und Isabella ermächtigte, aus den Kircheneinnahmen ihres Landes hunderttausend Dukaten als Finanzierungshilfe zu entnehmen. Da weder diese Finanzspritze noch die Steuern ausreichten, griff Isabella zusätzlich in die Kasse der Hermandad, die ein großes Vermögen besaß. Mit der Erstellung des Gesamtfinanzplanes beauftragte sie, wie schon bekannt, Hernando de Talavera. Der Papst sicherte außerdem den „Streitern gegen die Anhänger Mohammeds" einen Sündenablaß zu, der den Kriegern im Hinblick auf ihr nicht immer gottgefälliges Leben sehr willkommen war.

Isabella mußte ihrem Gemahl also eine schlagkräftige Armee bereitstellen. Die in den europäischen Ländern bereits sehr beachtete Position der Königin von Kastilien und ein vom Papst mit Ablaß abgesegneter Kreuzzug auf spanischem Boden, bei dem man nicht das Risiko und die Mühen einer Fahrt in den unsicheren Orient auf sich nehmen mußte, entfachten vielerorts ein Feuer der Begeisterung. Wie auch in den „offiziellen" Kreuzzügen fanden sich nicht nur die saubersten Elemente ein. Straferlaß in ihren Heimatländern und Hoffnung auf Beute, kaum christliche Motive bewogen viele, sich dem Heeresdienst in Kastilien zur Verfügung zu stellen. Isabella sorgt für Sauberkeit im Heer. Bald kann sie Ferdinand Truppen zuweisen, die neben den Soldaten der Granden, der Hermandad und den rauhen Kriegern aus den Bergregionen ein Freiwilligenaufgebot an Bogenschützen aus England unter dem Grafen von Rivers, Lord Scales, „Kreuzfahrer" aus Deutschland, Frankreich und Polen enthielten. Isabellas persönlicher Anstrengung war es zu verdanken, daß ein Schweizer Kontingent gewonnen wurde. Die Mannschaften aus dem Alpenland galten damals als hervorragende, sogar beste Soldaten und gute Christen. Zudem ging ihnen der Ruf voraus, keine Plünderer zu sein. Aus dieser internationalen, nach dem Muster der Schweizer gedrillten Armee erwuchsen später die in ganz Europa gefürchteten und sieggewohnten spanischen Einheiten.

Als Ferdinand mit diesem Heer, im allgemeinen zweitausend Kavalleristen und vierzehntausend Infanteristen, ohne in eine Schlacht verwickelt zu werden, in kleinen, nicht entscheidenden Plänkeleien vorrückte, befahl er seiner Reiterei, die fruchtbare Vega zu durchstreifen, die Ernte zu vernichten und „verbrannte Erde" zu hinterlassen. „Wir haben Anweisung gegeben, den ganzen abgemähten Weizen zu vernichten und den, der noch nicht abgemäht wurde, auch das Korn, das soeben gedroschen wurde, außerdem hat man den größten Teil der Obstgärten und Weinberge zerstört und mehrere Orte in Brand gesteckt." Dieser Vormarsch zwang Isabella, ihren Aufgabenbereich zu erweitern. Sie beorderte ihre Flotte zur Blockade des granadinischen Hafens von Malaga, über den der Nachschub für die Mauren gelaufen war. Ferner richtete sie ein Feldlazarett ein, das „Hospital der Königin", in dem Ärzte und Sanitäter Verwundete und Kranke zu versorgen hatten.

In Erwartung eines Belagerungskrieges, dem angesichts einer vortrefflich befestigten Stadt und einer noch stärker ummauerten Festung Alhambra für Reiterei und Infanteristen wenig Chancen, aber um so mehr Verluste bevorstehen würden, richtete sie ihr Hauptaugenmerk auf eine auch zahlenmäßig starke Artillerie. Besaß Kastilien 1479 nur vier Geschütze, die man mit einheimischen Mannschaften kaum bedienen konnte, so holte sich Isabella artilleristische Experten aus Deutschland, Frankreich und Italien. Bei Beginn des Granada-Feldzuges konnte sie dem Heer Ferdinands 91 Stücke mit ausgebildeten Bedienungen und reichlicher Munition ins Feld schicken. Dies an die Front zu transportieren, war jedoch nicht einfach. Wieder brillierte das Organisationstalent der Königin. Sie ließ vorhandene, primitive Wege zu festen, belastbaren Straßen ausbauen und tragfähige Brücken schlagen. Ochsen und Maulesel, die beachtliche Zahl von 80000, wurden requiriert, um das Gerät und den Nachschub nach vorne zu bringen. Ein Beispiel spricht für Isabellas Initiative: Auf einer in zwölf Tagen von sechstausend Arbeitern angelegten Straße schleppen zweitausend von Ochsen gezogene Wagen die Artillerie in die Stellungen vor Granada. Als Ferdinand die Stadt Baza belagert, trommelt die Königin zehntausend Arbeiter zusammen, die mit 14000 Maultieren zwei Monate lang die Truppe mit Lebensmitteln und Munition versorgen. Damit sich die „Geleitzüge" nicht stören, läßt sie zwei Parallelwege bauen, auf denen die Lieferung und der Rückweg reibungslos ablaufen können.

Was auch immer Ferdinand und sein Heer letztlich an Erfolgen erreichen, ohne Isabella wäre kaum eine Eroberung des maurischen Landes möglich gewesen.

Wundertätige Gegenwart eines Symbols

Zehn Jahre Krieg gegen Granada – eine ungewöhnlich lange Zeit, um dieses kleine, in seiner Führung nicht immer stabile Land niederzuringen. Schon in der ersten Epoche der achtziger Jahre erkannte Isabella, daß nur eine aufwendige und gründliche Vorbereitung den Sieg garantieren könne. Daher ihre bis in Einzelheiten gehende Aufbauarbeit im Inneren ihres Reiches und in der Bereitstellung aller Versorgungseinrichtungen. In dieser Phase mußten notgedrungen spektakuläre Erfolge ausbleiben.

Erst die zweite Hälfte der achtziger Jahre erlebt die von den Chronisten ausführlich gefeierten Eroberungen, die das Emirat spürbar im Mark treffen. Von Westen angegriffen, wird im Mai 1485 die Stadt Ronda, das wichtige Handelszentrum, eingenommen. Gerade Ronda, das auf steilen Felsen liegend als uneinnehmbar gilt, bildet einen markanten Meilenstein auf dem Weg nach Granada. Ferdinand, der die Belagerung selbst leitet, schneidet der Stadt die Wasserversorgung ab, so daß sich die Belagerten nach vier Tagen ergeben müssen. Am 25. Mai hält der Sieger triumphalen Einzug. In der sofort zur Kirche umgewandelten Moschee wird das Te Deum angestimmt. In Cordoba empfängt Isabella ihren siegreichen Gemahl und nimmt den befreiten Christen, die von den Mauren als Sklaven gehalten worden waren, eigenhändig die Ketten ab, die dann in der Kathedrale als Votivgaben aufgehängt werden. Die Eroberung Rondas ist für viele Orte das Signal, sich kampflos zu ergeben. Der Westen des Emirats ist in der Hand Kastiliens. Um die Zufuhr zu unterbinden, hatte Ferdinand schon im gleichen Monat die Belagerung Malagas befohlen. – Vermerkt sei an dieser Stelle, daß Ende des Jahres, am 15. Dezember, Isabella in Alcalá de Henarés ihre vierte Tochter, Katharina, zur Welt brachte, über die als erste Gemahlin Heinrichs VIII. von England noch zu berichten sein wird.

Notwendig erscheint ein kurzer Rückblick auf das schon erwähnte Loja. Den Belagerten wollte Boabdil zu Hilfe kommen. Hier war es, wo der Emir zum zweiten Male in Gefangenschaft geriet und sich mit den bekannten Versprechungen freigekauft hatte. Seinem Onkel al-Zagal war noch die Flucht aus der Stadt gelungen; er zog sich nach Almeria, dem vorherigen Sitz Boabdils, zurück. Die Rollen waren damit vertauscht. Im befreiten Loja hielt Isabella, festlich in Schwarz und Gold gekleidet, ihren von der christlichen Bevölkerung gefeierten Einzug, um dann die Parade ihrer siegreichen Truppen abzunehmen.

Isabella überall! Bei der Versorgung in der Etappe und als psychologische Antriebskraft an der Front. Malaga steht für diese Tatsache. Die von

Ferdinand kommandierten Belagerer waren über wenig bedeutende Anfangserfolge nicht hinausgekommen. Krankheiten dezimierten die Truppe, und knapp gewordene Munition ließ eine Aufgabe des Unternehmens befürchten. „In dieser hoffnungslosen Lage", schildert Erlanger den Kampf um diese für das Emirat lebenswichtige Stadt, „sah der König nur einen Ausweg, den Ruf nach dem unbeugsamen Geist des Königreiches, nach der wundertätigen Gegenwart eines Symbols, das allein Fortunas Rad eine neue Wende geben konnte ... er rief seine Gemahlin zu Hilfe! – Isabella war jetzt sechsunddreißig Jahre alt und hatte sechs Geburten und endlose Machtkämpfe hinter sich, aber sie kam. Die blonde Erscheinung in glänzender Rüstung verfehlte ihre Wirkung nicht. Die Mutlosigkeit machte einem neuen Siegesgefühl Platz, die Kräfte kehrten zurück ..." Aber auch in der Stadt waren Wasser und Vorräte zu Ende gegangen, so daß Kommandeur al-Zegri Verhandlungen anbieten mußte. Ferdinand lag nichts an Verhandlungen; er forderte bedingungslose Kapitulation. Als daraufhin al-Zegri drohte, alle christlichen Gefangenen umbringen zu lassen, antwortete der König kategorisch: „In diesem Falle kommt kein Bewohner Malagas mit dem Leben davon!" Malaga kapituliert.

Die im Siegesrausch in die Stadt flutenden Krieger konnte Isabella rechtzeitig daran hindern, unter den „Malaguenos", der Einwohnerschaft, ein Blutbad anzurichten. Sie stimmte jedoch zu, die gesamte muslimische Bevölkerung, Alte wie Junge, als Sklaven zu verkaufen, gegen christliche Sklaven in Nordafrika auszutauschen oder an den Papst, an Ferdinands Schwester, die Königin von Neapel, an die Königin von Portugal und an besonders verdiente Kommandeure des Heeres zu verschenken. Wie Hohn klingt der letzte Satz im Bericht des Priesters Abarca: „Es gab Feste und Illuminationen, die der Gottesfürchtigkeit unserer katholischen Herrscher wohl anstanden."

Der Westen und der Süden des maurischen Königreiches waren erobert. So war Ferdinand überzeugt, auch den Osten und dann Granada gleichermaßen leicht nehmen zu können. Ein fataler Irrtum! Drei stark befestigte Städte, Almeria, Guadiz an der Küste und Baza im Landesinneren, standen unter dem Befehl al-Zagals, der entschlossen war, sein Territorium mit allen Mitteln zu verteidigen. Ferdinand wählte den Angriff auf Baza, knapp hundert Kilometer östlich von Granada. Verteidigt wurde die Festung von Yahya an-Najjar, einem Schwager al-Zagals und Interessenten am Thron in der Alhambra. Seine beiden Ehrennamen „Streiter des Glaubens" und „Schwert des Islams" hatte er nicht unverdient erhalten. Auch als Kommandeur von Baza blieb er den Beweis für diese Auszeichnung nicht schuldig. Ferdinand kam gegen den erbitterten Widerstand

Yahyas kaum voran. Die von Wäldern umgebene Stadt zu bezwingen, schien nur mit Strömen von Blut möglich zu sein. Jeder einzelne Baum im Glacis mußte erkämpft werden, ehe man ihn umhauen und für weitere Operationen verwenden konnte. Aber auch die Natur stemmte sich gegen das kastilische Heer. Fast alle Belagerungseinrichtungen wurden vom Hochwasser eines zu früh einbrechenden Winters weggerissen. Die Straßen, auf denen der Nachschub rollen sollte, waren unpassierbar geworden, keine Verpflegung kam an die Front und auch kein Sold.

Ferdinand, schon bereit, dem Rat des Marquis von Cadiz nachzugeben und den Rückzug anzutreten, wollte doch nichts ohne die Zustimmung seiner Gemahlin unternehmen. Unbeugsam und mit eisernem Willen, keinen Schritt preiszugeben, wie sie einst gesagt hatte: „Keine Zinne!", so packte sie sofort an, um sowohl den Unbilden der Witterung zu trotzen, als auch ihrem Gemahl und den Soldaten erneut vor Augen zu führen, auf wen man sich selbst in aussichtsloser Situation verlassen kann. Sie verpflichtete alle Männer zwischen achtzehn und sechzig Jahren zum Kriegsdienst, requirierte wiederum 14 000 Tragtiere, ließ die Wege vom Hochwassermorast befreien und mit neuem Belag versehen, die Pässe über die Sierra freischaufeln und Munition, Truppenverpflegung und Futter für die Tiere vor Baza schleppen. Geld hatte sie keines, aber sie besorgte es sich bei Juden, denen sie ihren persönlichen Schmuck, selbst das kostbare Halsband der Joanna Enriquez, die edelsteinbesetzte Krone Ferdinands III. und alles wertvolle Geschirr des königlichen Hofes verpfändete. Die Juden, fast dankbar, mit der bei ihnen verschuldeten Majestät vor inquisitorischen Konsequenzen geschützt zu sein, streckten die notwendigen und in Millionenhöhe geforderten Gelder anstandslos vor. Isabella konnte nicht nur die Soldaten entlohnen, sondern auch das damals modernste Geschütz aus Italien beschaffen lassen. Aber nicht genug damit, die Krieger riefen nach ihr und verlangten ihre Anwesenheit an der Belagerungsfront. Mit ihrem Sohn Juan, ihrer wieder zurückgekehrten Freundin Beatrice de Bobadilla und ihren Hofdamen machte sie sich auf den Weg durch das winterliche Gebirge und traf wie eine Himmelserscheinung oder Siegesgöttin bei der Armee ein. Als „Kriegsberichterstatter" im kastilischen Heer notierte der Italiener Petrus Martyr: „Die Königin schritt daher, als hieße es, die Hochzeit ihrer Tochter zu feiern, und ihr Anblick schien schlagartig die von langem, ermüdetem Kampf erschöpften Herzen mit neuer Kraft zu beleben."

Nach einer Kanonade stand der Sturm auf die Festung bevor. Aber drei Tage nach dem Eintreffen Isabellas und nach sechs Monaten Belagerung, für die 15 000 Reiter und 80 000 Infanteristen eingesetzt worden waren, geschieht das Unglaubliche: Am 4. Dezember 1489 ergibt sich Yahya (aus bisher nicht geklärten Gründen). Das „Schwert des Islams" liefert nicht nur die Festung aus, sondern läuft zu Isabella und Ferdinand über. Und weiter: Der „Streiter des Glaubens", Mitglied der königlichen Nasriden-Familie, erklärt seinen Übertritt zum katholischen Glauben. Die kastilischen Majestäten sind sofort bereit, die Taufpatenschaft für ihn zu übernehmen. Er trägt von da an den Namen Don Pedro de Granada und heiratet Isabellas Hofdame Dona Maria de Mendoza. Yahya-Don Pedro bringt es fertig, al-Zagal zur Übergabe zu überreden. Am 23. Dezember ziehen Isabella und Ferdinand in Almeria und am 29. in Guadiz ein. Während Yahya bald in hohe Ämter der Königin aufrückte, hatte sich al-Zagal, den man in Ehren aufgenommen hatte, entschlossen, nach Marokko auszuwandern, wo er sich eine würdige Pension erhofft hatte. Er hätte lieber dem Beispiel Yahyas folgen sollen; denn der Sultan, über die Entwicklung jenseits der Meerenge erbost, ließ al-Zagal in der Hauptstadt Fez festnehmen und blenden. In den Straßen und Basaren fristete der ehemalige Herr in den prachtvollen Gemächern der Alhambra als um Gaben heischender Bettler die letzten Jahre seines Lebens.

Isabella baut eine Stadt

Der Weg nach Granada ist frei. Dies glauben Isabella und Ferdinand, als sie am 18. Januar 1490 der Stadt Sevilla schreiben: „Nach vielen Leiden, Prüfungen und Kosten hat es der göttlichen Barmherzigkeit gefallen, den Krieg, den wir gegen das Königreich Granada führen, zu beenden." Sie sind überzeugt, in spätestens einem Monat in die Hauptstadt einziehen zu können. Boabdil hatte ihnen bei seinem Treueid zugesagt, Stadt und Alhambra auszuliefern, wenn sein Onkel al-Zagal ausgeschaltet sei und Guadiz erobert wäre. Da beide Voraussetzungen eingetreten waren, hatten die Majestäten allen Grund zu Optimismus.

In Erwartung des Abschlusses jahrelanger Bemühungen hatte Isabella schon die Kirchenfürsten, Granden und Repräsentanten der Stadt Sevilla eingeladen, am triumphalen Einzug in Granada teilzunehmen, als von Boabdil kein Signal eintraf, sein gegebenes Wort einzulösen. Zu schwach schätzte er seine Position ein. Er vermutete, daß ein Großteil seiner Offiziere ihrem Kommandeur Musa ibn Ali Gazan, einem zu allem entschlossenen Haudegen, den Gehorsam leisteten. Auch in der von Abertausenden von Flüchtlingen vollgestopften Hauptstadt flammte der Widerstand gegen Boabdils Abkommen auf, der vor allem von jenen den

Feldzügen entronnenen Soldaten geschürt wurde, hatten sie doch nichts zu verlieren, vielleicht noch etwas zu gewinnen. Diese allgemeine Stimmung kam dem seiner Mutter Aischa hörigen Emir nicht ungelegen. Selbst in dieser Abenddämmerung seiner Herrschaft wähnte er sich noch als großer König und ließ dreißig der vornehmsten und einflußreichsten Mitglieder der Abenceragen hinrichten. Je länger Isabella und Ferdinand zögerten, die Übergabe der Stadt zu fordern, desto mehr steigerte er sich in einen Machtrausch hinein – bis ihn im schalen Nachgeschmack des Rausches die Blicke aus den Fenstern der Alhambra eine Eiseskälte über den Rücken rieseln ließen, Blicke auf die unmittelbare Umgebung der Stadt.

Nach der Eroberung des Landes war nur noch die überfüllte Hauptstadt mit der Festung in maurischer Hand. Die kastilischen Majestäten konnten sich Zeit lassen und auf übergebührliches Blutvergießen verzichten, sprach doch alles dafür, daß ihnen Granada wie eine reife Frucht in den Schoß fallen dürfte. „Wir wollen die Kerne einen nach dem anderen aus diesem Granatapfel herausholen", hatte Ferdinand prophezeit. Die Kerne waren bereits herausgeholt. Nun blieb nur noch die Schale. Sie brauchte nicht mehr mit Gewalt zerbrochen zu werden; man konnte sie ausdörren lassen und wenn dazu, wie es sich ergab, noch über ein Jahr benötigt würde. Als 1490 ein weiterer Vorstoß Isabellas und Ferdinands, durch Verhandlungen eine friedliche Lösung herbeizuführen, zu keinem Resultat geführt hatte, stellte sich Ferdinand an die Spitze von 50 000 Mann, ließ alle Versorgungswege und landwirtschaftlichen Basen hermetisch abriegeln oder verwüsten, um dann sein Heer rund um die Stadt zur Belagerung anzuordnen. Keine Maus konnte mehr den dichten Ring durchschlüpfen.

Santa Fé

Isabella, am 11. April 1491 in Sevilla aufgebrochen, übernahm wieder die Logistik. In unmittelbarer Nähe Granadas läßt sie vom 9. Juni an in achtzig Tagen eine Stadt errichten, die den Namen Santa Fé, „heiliger Glaube", erhält und auch heute noch als Santafé eine Nachbarstadt Granadas ist. Sie ist so angelegt, daß sich ihre Straßen kreuzförmig am Marktplatz schneiden. Befestigungsbauten, Gräben, Mauern und achtzig Türme sichern sie ab.

Vom Blick Boabdils war die Rede. Im Sommer 1491 sagte ihm dieser Blick, was sich da unten zusammenbraute und wie es um seine Stadt bestellt war, deren Mauern und Türme unter den Schlägen der Kanonen zu bröckeln begannen. Dort herrschten chaotische Zustände aus Angst, Hunger, Untergangsstimmung mit Versuchen, in wüsten Ausschweifungen, aber auch flehentlichen Gebeten zu Allah die Gedanken an das Ende zu verwischen. Noch aber gibt es dort zu allem bereite Offiziere und Soldaten, vor allem desertierte Christen, die nicht in die Hände ihrer Landsleute fallen dürfen, die unablässig Ausfälle riskieren, um von den Belagerern abgefangen oder im Kampf niedergemacht zu werden. Einem solchen tollkühnen Mauren gelingt es sogar, den Ring zu durchbrechen, im christlichen Lager bis nahe ans Königszelt zu gelangen, um dort in den Boden eine Lanze zu stoßen, an der ein Zettel die Aufschrift enthält: „Isabella ist eine Hure". Nicht mit der Waffe, sondern ebenfalls mit einer Inschrift reagierte ein kastilischer Ritter. Schon in der darauffolgenden Nacht hieb er in die Türe einer Moschee in der Stadt einen Dolch mit einem Zettel, auf dem geschrieben stand „Ave Maria".

Dieser Gruß für Maria und damit die Andeutung, für welche Funktion diese Moschee vorgesehen war, sollte die letzte Schlacht auslösen. Isabella wollte sich von einer Höhe der Sierra einen Überblick über Granada verschaffen. Zu ihren Füßen hatte ein stattliches Sicherheitskontingent Aufstellung genommen. Kommandeur Musa, von einem Angriff der Christen überzeugt, alarmierte seine Truppen und setzte sie in Richtung des Feindes in Marsch. Zwar hatte Isabella sofort angeordnet, einen Kampf zu vermeiden, doch konnte ein Zusammenprall beider Heere nicht mehr rückgängig gemacht werden, als ein hünenhafter schwarzer Ritter mit geschlossenem Visier den Mauren voran ritt und am Schwanz seines Pferdes ein Tuch flattern ließ, auf dem der Mariengruß „Ave Maria" zu lesen war. Alle Beschwichtigungen und Befehle Isabellas nutzten nichts. Ihre Leute waren nicht gewillt, diese Beleidigung hinzunehmen. In dem Kampf verlor Musa an die tausend Mann und zog sich hinter die schützenden Mauern von Granada zurück.

Auch diese Niederlage entging nicht dem Blick Boabdils. Heldenmut bedeutete Selbstmord. Er durfte nicht mehr zögern zu retten, was noch zu retten war.

Ein Kommandeur wählt den Tod

War auch nicht übertriebene Eile geboten, so konnte sich das königliche Paar Isabella und Ferdinand nicht mehr länger mit der Verzögerungstaktik Boabdils abfinden. Die Majestäten waren fest entschlossen, die islamisch-maurische Herrschaft in dem noch verbliebenen Rumpfstück der Stadt und der Festung auszulöschen und, wenn es sein mußte, mit letzter Gewaltanwendung die Reconquista zu vollenden. Noch aber zogen sie diesem Waffengang eine friedliche Verhandlung auf der Grundlage jenes mit Boabdil getroffenen Abkommens vor. Sie schickten ihre Unterhändler auf die Alhambra.

Dort über der Stadt, in der märchenhaften Traumburg, in der selbst der berühmte, sich an Schönheit begeisternde 1001-Nacht-Kalif Harun ar-Raschid vor siebenhundert Jahren und auch jetzt noch in Verzückung geraten wäre, besaßen Boabdil und seine Wesire hellwache Augen, mit denen man sich Gewißheit verschaffen konnte, daß jenes gewaltige christliche Belagerungsheer im Umkreis der Stadt nur auf den Angriffsbefehl wartete. Das Donnern der vielen Geschütze und das Krachen ihrer Eisenkugeln an den Stadtmauern ließen keinen Zweifel offen, daß das Ende, gleich welcher Art, nicht mehr aufzuschieben war. Seit die Menschen in seiner Hauptstadt, durch Flüchtlinge auf fast eine halbe Million angewachsen, schon Jagd auf Hunde und Katzen machten, um ihren Hunger zu stillen, und sich in seinem Beraterstab und in den Kreisen der Offiziere das Kismet, der Glaube an ein unabwendbares Schicksal, breit gemacht hatte, wußte Boabdil um die nahe Stunde der Entscheidung. Ihm blieb nur die Hoffnung, mit den beiden Parlamentären, die ihm gemeldet worden waren, ein nach seiner zweimaligen Gefangenschaft nicht minder schlechtes Übereinkommen aushandeln zu können.

Die Chronik hat den Tag festgehalten: Es ist der 25. November 1491. Mit Sicherheit ginge es um Leben oder Tod, stimmte man dem Inhalt des Geheimabkommens, das die beiden Parlamentäre aus dem Christenlager, Gonzalo Férnandez de Cordoba, der spätere Gran Capitán der italienischen Feldzüge, und Fernando de Zafra, vorzulegen und abzuschließen haben, nicht zu. Leben oder Tod für Tausende, die in der roten Festung und zu deren Füßen in der Hauptstadt wohnen und letzte Zuflucht gesucht haben, die, von jeder Zufuhr abgeschnitten, der Hunger bereits zu zermürben beginnt. Auch die sonst in offener Feldschlacht mutig kämpfenden Maurenkrieger sind erschüttert. „Sie waren äußerst tapfer", hatte der Wesir als Bilanz gezogen, „als der Feind noch weit entfernt war. Da hatten sie mit Taten und Versprechungen um sich geworfen. Aber jetzt, wo die Bombarden Breschen in Pforten und Mauern reißen, hat sich all ihr Mut verflüchtigt." Das Schicksal der Menschen, auch ihr eigenes, das wissen die Minister und Offiziere, liegt allein in der Hand des Mannes, der sich mit ihnen in dem schon seit langem verlassenen „Saal der Gesandten" im Comares-Turm die ultimativen Forderungen, aber auch ein paar Zugeständnisse, der Unterhändler anhört. Es ist Abu Abd Allah Muhammad XII., Boabdil, letzter Nasriden-Herrscher des bereits dem Untergang geweihten Reiches von Granada.

Leben oder Tod? Die Entscheidung duldet keinen Aufschub. Gedanken lassen sich nicht knebeln. Für Augenblicke zieht Boabdil eine Bilanz, eine Rückschau auf Momente seines Lebens, das in der Schlußphase als Herr im irdischen Paradies der Alhambra einen Sinn und eine Vollendung haben sollte, aber nun vergessen werden muß, als sei es nur eine Fata Morgana in einem flimmernden Tanz der heißen Luft über der Wüste gewesen. Schon seit langem stehen in der prachtvollen Moschee Abd ar-Rahmans zu Cordoba christliche Altäre, und von der Giralda läuten christliche Glocken über Sevilla hinweg. Wo einst der Muezzin vom Minarett herab die Gläubigen zum Gebet zu Allah gerufen hatte, krönen nun Kreuze die Spitzen und Kuppeln. Aber selbst als das Heer Isabellas und Ferdinands schon wertvolle Kerne aus dem Granatapfel gepflückt hatte, vertraute der Emir energischen Widerstandsgruppen in seinem Umkreis, die jene Forderungen des Königspaares und die Zusagen Boabdils kategorisch ablehnten. Er denkt an den Imam, der, als ein christlicher Delegierter zur Ratifizierung der Abmachung und zur Erinnerung an die Tributzahlung angemeldet worden war, als Wortführer der Opposition aufbrauste: „Mit einem toten Hund als Halsband möge der Gesandte der Ungläubigen fortgeschickt werden. Keinen Tribut bezahle man den Giaurs; denn der Prophet gebietet: Oh, ihr, die ihr glaubet! Kämpfet wider die Ungläubigen in eurer Nähe und lasset sie eure Standhaftigkeit spüren!" Weil sich aber einige hohe Offiziere den Worten des Imams angeschlossen hatten und ein paar lokale Erfolge gegen die Christen gemeldet worden waren, gab sich Boabdil immer noch vagen Hoffnungen hin, das Blatt wenden zu können.

Wie oft war er von der Falkenbeize oder Spaziergängen in diese prächtige Burg zurückgekehrt, in die Höfe mit den plätschernden Brunnen, umrahmt von den Galerien, in den „Saal der zwei Schwestern", hinter dessen kunstvoll gearbeiteten Gittern lachende Mädchen des Harems huschten. Die Wasserschalen tragenden Löwen im Hof, die goldenen Kandelaber, das achteckige Gewölbe, das in einer Tropfsteinkuppel mündet – alles bedeutet Abschied nehmen; denn bald werden rohe Stiefel fremder Eroberer durch diese Pracht stapfen. Fremdlinge werden hier wohnen, die Schönheit bewundern, aber die Seele dieses Bauwerks nicht erkennen und nicht begreifen.

Abu Abdallah Muhammad vernimmt Gesänge seiner Krieger, die von draußen in den Gesandtensaal dringen. Es ist at-Tartuschis Abschiedslied an eine für immer verlorene Welt:

„Das Leben ist unwiderruflich geliehenes Gut.
Und es sich aneignen zu wollen ist Torenmut.
Hier ist vergangen und verborgen, was du erstrebst,
und dein ist nichts als diese Stunde, in der du lebst."*

„Dein ist nichts als diese Stunde ..." – Boabdil weiß um diese Stunde, daß ein weiterer Kampf gegen das mächtige Aufgebot Kastiliens den Tod bedeuten kann und muß. Da aber die bereits ausgefertigte und unterschriftsreife Urkunde der Unterhändler nicht vom Tod spricht, wischt er die Erinnerung an Vergangenes und die Koranworte des Imams aus seinen Gedanken und entscheidet sich für das Leben.

Wie sich dort auf dem seidenen Diwan als Konsequenz dieser Überlegungen die Gesichtszüge Boabdils beim Vortrag der Parlamentäre erleichtert aufhellen, so verhärten sich die Mienen des alten, ergrauten Truppenkommandeurs Musa. Zu dem, was da gefordert und vom Herrscher bis zum jüngsten Offizier gebilligt zu werden scheint, kann der in zahlreichen Gefechten verdiente Kämpe nicht schweigen. Seine maßlose Enttäuschung und nicht zu bremsende Wut schreit er dem Emir und den sich an Leben und Überleben klammernden Wesiren und Offizieren ins Gesicht: „Fürwahr, da oben an der Wand steht geschrieben: ‚Allah ist groß!' Ihr aber, hier unten, seid kleine, elende Feiglinge! In euren Harim habt ihr euch mit den Weibern vergnügt und keinen Finger gerührt, als Stadt um Stadt unseres Landes von den Christenhunden wie im Handstreich eingenommen wurde. Ihr seid geradezu frohlockend bereit, euch dem Feind zu ergeben und gnadenlos auszuliefern. Wißt ihr denn nicht, daß jeder Tod süßer als Schande und Schmerz des Sklavendaseins ist? Glaubt ihr wirklich, daß auch nur ein Kastilianer sein Versprechen halten wird? Ich sage euch: Die Christenhunde werden unsere Häuser plündern, unsere Frauen und Töchter schänden, unsere Moscheen, in denen wir das Wort Gottes gehört haben, entweihen, zerstören oder in ihre Kirchen des Unglaubens verwandeln, wie sie es in Cordoba und anderen Orten schon getan haben! Riecht ihr denn nicht das verbrannte Fleisch der Gläubigen und Juden von Sevilla, Valencia und Malaga, dessen Geruch bis in diese Räume dringen müßte? Ich schwöre euch beim Propheten – sein Name sei gepriesen –, bereits jetzt lodern die Flammen der nächsten Scheiterhaufen, die uns alle lebendigen Leibes verschmoren und verkohlen werden. Und wisset, lieber in ehrlichem Kampfe getötet als unter dem Jubelgeschrei der Kastilianer im Feuer geröstet zu werden."

Ungerührt schweigt Emir Boabdil. Die Minister schweigen, und die

* Nach der Übersetzung von Friedrich Rückert

Offiziere schweigen, als wäre kein Wort ihres Kommandeurs zu ihren Ohren gedrungen. Angewidert bestätigt sich Musa sein schon nicht mehr neues Wissen, daß sie keinen Tropfen des kämpferischen Blutes ihrer arabischen und afrikanischen Ahnen geerbt haben. Ihr Dasein in Gezänke um Macht und Vorteile, ihr Schwelgen in Verschwendung, Annehmlichkeiten, Haremsfreuden, Luxus und Intrigen hat ihnen alles geraubt, was einst als beduinische Ehre und Tradition geschätzt war. In Hinterhältigkeiten, Begierden und Gift erstickten die wenigen der den Vätern heiligen Tugenden. Stolzes Selbstbewußtsein und uneingeschränkte Freiheitsliebe wurden noch dem Fabulieren der vielen in al-Andalus schreibenden Dichter überlassen. Ein kurzer Blick Musas, auf dessen Befehl Tausende tapferer muslimischer Krieger in die Schlacht oder gar in den Tod gestürmt waren, bestätigt ihm das Ende: Mit der Gier nach Leben und nur nach Leben, gleich wie es sich gestalten würde, umspielt zynische Verachtung die Mundwinkel seiner Zuhörer, von denen er sich nicht sicher ist, ob sie ihm und seinen Worten überhaupt zugehört haben. Ihre Reaktion soll den unbequemen und der Realität fernen, kämpferischen Ethos beschwörenden Militär wissen lassen, daß er in dieser Versammlung keine Mitsprache und kein Kommando mehr habe, und es angebracht sei zu gehen.

Und Musa geht.

Er schnallt sich den Harnisch fest und gürtet sich sein saif, sein Schwert, um. Noch einmal wirft er einen Blick auf die für ihn verächtliche Runde, schlägt gegen den Krummdolch im Gürtel und ruft: „Ihr habt das Wort unserer Vorfahren in der Wüste vergessen oder nie vernommen: Mag die Welt untergehen, wenn ich vorher nur meinen Dolch in die Brust des Feindes bohre!"

Grußlos verläßt er den Gesandtensaal. Er braucht von einem untätigen Emir und dessen feigem Stab keinen Abschied zu nehmen. Er ist Soldat und nicht Schmarotzer an einem luxuriösen Hof. Am üppigen Glanz der Räume, an den Arabesken, Spruchbändern, Stalaktiten, dem Myrtenhof, dem Brunnen mit den Löwen und den Wasserspielen in den Gärten hat er sich nie berauscht. So prunkvoll dies alles war und in diesem Augenblick noch ist, sein Herz und seine Augen weiteten sich erst an der Spitze seiner Truppen, beim Angriffsschall der Hörner und beim Lärm des Kampfes. Ein Musa ibn Nusair war der Oberbefehlshaber jener Heere gewesen, die den Goten dieses große Land entrissen. Ein Kommandeur Musa wird siebenhundert Jahre später mit seinem Schwert und Blut die letzte Seite des ruhmreichen Buches al-Andalus schreiben und abschließen.

Am Palasttor der Alhambra besteigt er sein Pferd, reitet durch den Schnee dieses Wintertages in die Stadt hinunter und läßt sich von der

Wache das Stadttor öffnen. Der Befehlshaber muß ein Verrückter oder ein Selbstmörder sein, denken die Soldaten, denn vor der Stadt wimmelt es von christlichen Truppen der Belagerungsstadt Santa Fé. Was führt der Kommandeur ohne eine Truppe im Schilde? Will er gar mit den Christen verhandeln? Die Wachsoldaten können nicht wissen, daß ein Musa nicht verhandelt.

Für ein paar Minuten trabt der Kommandeur am Ufer des Flusses Genil entlang. Er fordert das Schicksal heraus, und es nimmt seine Herausforderung an. Christliche Reiter tauchen auf. Der alte Haudegen hat erreicht, was er suchte: den Kampf, den Tod, lieber als Gefangenschaft oder gar den Scheiterhaufen. Mit seinem Schlachtruf „Allahu akhbar" stürmt er auf die Gegner ein. Noch wilder als in vergangenen Gefechten haut er um sich, schleudert zwei, drei Kastilianer tödlich getroffen aus den Sätteln, stöhnt aber selbst in einem rasenden Schmerz auf: Ein Hieb trennt ihm einen Unterschenkel ab, und eine Lanze stößt ihn vom Pferd. Die Gegner bieten ihm Pardon und ehrenvolle Gefangenschaft an. Sein blitzendes Schwert ist seine Antwort. Auf dem noch heilen Knie und dem blutenden Stumpf des anderen Beines kauernd, wehrt er die erneuten Angriffe ab. Doch schon spürt er, daß ihn Kräfte und Bewußtsein verlassen werden. Um nicht von den Feinden hinweggeschleppt zu werden, stürzt er sich mit letzter Anstrengung in den Fluß; seine eiserne Rüstung zieht ihn hinab auf den Grund. Musa wird nicht die Schande der Gefangenschaft und ein Dasein als bettelnder Krüppel erleben.

„Allah hat es so beschlossen"

Während das Blut aus dem abgeschlagenen Bein das Wasser rot färbte, und Musa, der letzte todesmutige Draufgänger und Kommandeur von Granada, im Genil ertrank, unterschreibt am 28. November 1491 oben im Gesandtensaal der Alhambra Boabdil die ihm von den Parlamentären vorgelegte Urkunde der endgültigen Kapitulation, da ihm auch die Zustimmung seiner Wesire und seines Offizierskorps sicher ist. Granada, kleine, aber glanzvolle Bastion der islamischen Mauren auf dem Boden der Iberischen Halbinsel und „Schale dieses Granatapfels", können Isabella und Ferdinand ohne Blutvergießen ihrem Reiche einverleiben.

Die vom Königspaar gestellten Bedingungen der Übergabe erweisen sich als durchaus erträglich. Boabdil und den Menschen, die ihm folgen wollen, werden freier Abzug und das bescheidene Exil, jenes Lehen eines Bergfürstentums, gewährt, wo sie nach ihrem Glauben, ihren Sitten,

Gebräuchen und eigenen Gesetzen leben dürfen. Den in der Stadt verbleibenden Bewohnern islamischen Glaubens werden Eigentum, Sprache und Ritual garantiert und sogar die Steuern für drei Jahre ausgesetzt. Der Emir ist zufrieden, daß diese von ihm gestellten Bedingungen akzeptiert wurden. Sie entsprangen nicht dem Großmut der Sieger, sondern dem Wunsch, das Leben ihrer Soldaten zu schonen. So war ihnen nach zehnjährigem Krieg Granada als eine reife Frucht in den Schoß gefallen. Daß Isabella und Ferdinand doch nicht mit sauberen Hintergedanken spielten, beweist ein Schreiben vom 8. Januar 1492 an den Erzbischof von León, in dem es heißt: »Dieses Abkommen ist eindeutig zugunsten der Mauren abgefaßt, doch wenn man eine Sache mit Würde abschließen möchte, ist es so richtig. Die Majestäten haben jetzt Granada in der Hand. Bei der Veranlagung der Mauren wird man sie letztlich doch davonjagen, ohne die Bedingungen des Vertrags zu verletzen." So sollte es auch kommen. Schließlich war das Abkommen weniger wert als das Pergament, auf dem es niedergeschrieben worden war.

Jenem toten Haudegen Musa bleibt fünf Wochen nach der Vertragsunterzeichnung durch seinen Emir der Anblick eines Finales erspart, das vor der einzigartigen Kulisse arabisch-maurischer Kunst zum Triumph der Belagerer und zum Schmerz und zur Schmach der Nachfahren eines fast acht Jahrhunderte zuvor bei Algeziras gelandeten Invasionheeres werden soll. Sieg und Macht Kastiliens Boabdil und der maurischen Bevölkerung von Granada zu beweisen, haben Isabella und Ferdinand alles aufgeboten, um diesen Schlußakt zu einem imposanten Schauspiel werden zu lassen.

Der 2. Januar 1492

Fahnen, Trompeten, Trommeln des Heeres begleiten den Zug der von Granden und Rittern eskortierten Majestäten. Auf einem schneeweißen Zelter reitet Königin Isabella, umrauscht von einem Wald der Banner ihres kastilischen Reiches, neben ihr der königliche Gemahl, Ferdinand von Aragón, in scharlachfarbenem Atlasgewand, die goldene Kette seiner Würde vor der Brust. Zu Seiten des Königspaares der Feldherr Don Gonzales de Cordoba, der Befehlshaber der Artillerie Don Ramirez und im Karmesinornat Seine Eminenz Kardinal Don Pedro Gonzalez. Schier unübersehbar der Wall von Lanzen über blinkenden Harnischen und die fast rhythmisch gleitenden Wogen geschorener Häupter der unzähligen Mönche, die Gott in ihren Gebeten und Gesängen für das Ende der Heidenherrschaft auf spanischem Boden danken. Viele unter ihnen sind Dominikaner. Sie scharen sich um Erzbischof Don Francisco Jiménez de

Cisneros von Toledo, den späteren Großinquisitor, und den schon vorweg mit dem Amt des Erzbischofs von Granada bestallten Don Fernando de Talavera. Der noch amtierende Großinquisitor Tomás de Torquemada wird sich nach einem scheinbar exemplarischen Fall seines Aufgabenbereichs noch bei Isabella melden. Großinquisitor – Wolken verbrannter Andersgläubiger scheinen bereits aufzuziehen und ein schauriges Fanal anzukündigen. Scheiterhaufen werden lodern, wie sie Musa mit dem Wissen um das Schicksal der Gläubigen Allahs und der mit den Muslimen zusammenarbeitenden Juden beschworen hatte.

Granada und das zauberhafte Festungsschloß wechseln den Besitzer. Vom Berg herab bewegt sich ein nicht minder glanzvoller Zug. Inmitten seiner Minister und Offiziere, auf reichgeschmücktem Roß und von seinen Kriegern in blinkenden Schuppenpanzern gefolgt, hat Abu Abd Allah Muhammad, Boabdil, „el Chico", „der Junge", wie er auch genannt wird, seine Prunkresidenz Alhambra verlassen. Wie er gewünscht hatte, wurde das Tor, durch das er letztmals geschritten war, für immer und bis zum heutigen Tag zugemauert.

Die Zeremonie der Übergabe war genau vorbereitet worden. Am 1. Januar hatte sich ein kleiner Trupp unter Leitung des Oberbefehlshabers von León, Gutierre de Cárdenas, zur Alhambra begeben und die wichtigen Punkte besetzt. Im Morgengrauen des 2. Januars geben drei Kanonenschüsse das Signal von der erfüllten Aufgabe. Mehrere Stunden dauert die Parade der Sieger von Santa Fé. Ferdinand und Isabella führen den Zug an. Ihre Kinder, Kardinal Mendoza, der Adel, die Geistlichkeit, die Cortes, das Heer und Lobpreisung Gottes singende Mönche folgen. Würdevoll und nicht wie ein auf Gnade und Barmherzigkeit geschlagener Regent hält der letzte Nasride vor den christlichen Majestäten. Weil Isabella nicht darauf bestanden hatte, küßt er dem Herrscherpaar nicht die Hände. Ferdinand hält ihn zurück, als er vom Pferd steigen will. „Allah hat es so beschlossen", wendet er sich an Ferdinand, „mache, o König, von Deinem Glück einen maßvollen Gebrauch!" Boabdil übergibt die Schlüssel der Alhambra und der Stadt. Noch einmal fragt der Nasride: „Den Schutz der Alhambra vertraut Ihr dem Grafen von Tendilla an. Kann ich ihn sehen?" Der Graf tritt vor. Boabdil zieht einen Ring vom Finger, auf dessen Türkis die Worte stehen: „Gott allein ist der wahre Gott; hier ist das Siegel von Aben Abi Adilehi." Dem Grafen den Ring an den Finger steckend, sagt er: „Alle, die seit der maurischen Eroberung Granadas regiert haben, trugen diesen Ring. Tragt Ihr ihn nun, und Gott möge Euch mehr Glück schenken als mir!"

Wortlos dreht sich der letzte maurische Herrscher Granadas um und setzt sich an die Spitze seines Vertriebenen-Trecks. Vom „Hügel der Tränen – La Cuesta de las Lagrimas" wirft er noch einmal einen Blick zurück auf den „Garten der Schönheit". Er weint über das verlorene Paradies. Aischa, seine Mutter, schleudert ihm den Satz ins Gesicht, den noch in der Gegenwart jedes Kind in Granada hersagen kann: „Weine wie ein Weib um das, was du nicht wie ein Mann verteidigen konntest!" Auch diese Stelle erhielt ihren Namen: „El ultimo suspiro del moro – Der letzte Seufzer des Mauren". Über die schneebedeckten Hänge und Berge zieht die Karawane ihren Weg in die Verbannung, aus der es kein Zurück mehr geben wird.

Um die gleiche Stunde zelebriert Erzbischof Fernando de Talavera ein Pontifikal-Dankhochamt für die Königin, den König, die Granden und Ritter des Reiches. Auf der Alhambra verkündete das Kreuz den Sieg über die Mauren.

Die Geschichte notiert den 2. Januar 1492 als Datum jenes Tages, da sich das Mittelalter der Iberischen Halbinsel vollendete und ein neues Zeitalter begann: Mit Isabellas kastilischem Reich und Ferdinands Aragón gab dieser Tag den Anstoß zum nicht mehr fernen Königreich Spanien als katholischem Nationalstaat mit dem späteren Aufstieg zur Großmacht. Granada war nicht nur Abschluß der Reconquista. Es wurde zu einem großen Augenblick der Weltgeschichte, etwa wie jenes Philippi in Mazedonien, wo die römische Republik im Reich der Caesaren unterging, und ein Jahrhundert später ein Paulus mit dem von ihm geformten Geist die erste christliche Gemeinde auf europäischem Boden gründete.

In der Belagerungsstadt Santa Fé vor den Toren Granadas schlug dreieinhalb Monate nach der Übergabe des Emirats, am 17. April 1492, eine weitere Stunde der Weltgeschichte, die kein Feldherr und kein Religionsgründer, sondern eine Frau, Isabella von Kastilien, eingeleitet hatte.

Christoph Columbus: Von Santa Fé nach San Salvador

Ein „Phantast" wird Admiral der Königin – kaum jemand in Kastilien und noch weniger er selbst konnten daran glauben. Zehntausend Maravedis im Lederbeutel, kleinste Kupfermünze mit einer Kaufkraft von etwa neun Pfennigen nach moderner Währung, höfische Kleidung und ein Maultier als gnädiges Geschenk für einen ungewöhnlichen Bittsteller, mit dem man sieben verlorene Jahre nicht ersetzen, aber die Kosten für eine Reise nach Frankreich bestreiten konnte. Enttäuscht, verbittert über die steten, auch gerade die letzten Absagen, aber mit der verbrieften Zusicherung einer Realisierung seiner Pläne, hatte ein Mann, der im Spanischen Cristobal Colón hieß, die Belagerungsstadt Santa Fé verlassen. Fontainebleaus, des französischen Königssitzes Rivalität zur kastilischen Krone, war ihm ein Garant für die Verwirklichung seines nur in den Gutachten der Gelehrten und Kirchenmänner phantastischen und ketzerischen Vorhabens, über das Westmeer das begehrte Indien zu erreichen. Johann II. von Portugal, schon Herr über Niederlassungen in Westafrika, hatte Christoval Colom, wie man ihn im Portugiesischen nannte, hingehalten und ihn dann unter Strafandrohung des Landes verwiesen. Andere Seefahrernationen zeigten ihm die kalte Schulter. Aus Holland kam keine Resonanz, England war nicht interessiert, und von Isabella mit einem Almosen entlassen, war der Genuese entschlossen, dem allem Anschein nach nicht endenwollenden Trubel um den Fall von Granada und den in Regierungsgeschäften verstrickten Majestäten den Rücken zu kehren. Frankreich und die mächtige Anne de Beaujeu, so war er überzeugt, werden ihm, bereits mit dem Blankoscheck in der Tasche, gewähren und ermöglichen, was Kurzsichtigkeit und religiöse Verbohrtheit versagt hatten.

Cristobal Colón ist schon den zweiten Tag unterwegs in Richtung Norden. Auch die Fehlschläge entmutigen ihn nicht. Er ist kein Abenteurer und nur in der Meinung engstirniger Kirchengelehrter ein Phantast, der Gottes Wort in der Bibel ketzerisch ablehnt. Aber wie er seines Weges zieht, sind ihm nicht die theologischen Interpretationen der Bibel, sondern andere, ihm wichtigere Aussagen gegenwärtig. Die „Historia rerum ubique gestarum" von Plinius, die Weltgeographie von Pierre d'Ailly und vor allem Marco Polos Reisebericht, Schriften, die er in ihren wichtigsten Kapiteln auswendig gelernt hat, sind ihm Weggefährten in seinen wie immer grübelnden, nun aber zuversichtlichen Gedanken. Was ihm sein wieder nach Deutschland heimgekehrter Freund, Martin Behaim, der im gleichen Jahr seinen berühmten Globus konstruierte, mehrfach angeraten hatte, die Fahrt nach Westen anzugehen, ist nun in greifbare Nähe gerückt.

Aber er wird nicht mehr weit, schon gar nicht nach Frankreich kommen; denn in Isabellas Salon hat sich die entscheidende Wende angebahnt. Bei der Königin haben sich die Marquise von Moya und Luis de Santangel, Schatzmeister der königlichen Privatschatulle, eingefunden. Sie kennen das Problem, und damit drehen sich um Colón ihre Gespräche und Überlegungen. „Sein Stolz gefiel mir", sagt die Marquise, „Genova la Superba! Anne de Beaujeu wird ihn mit offenen Armen aufnehmen."

„Colón befindet sich auf dem Weg nach Frankreich", bestätigt Santangel, „die Marquise hat recht, man wird ihm in Fontainebleau gebührende Ehre erweisen und seine Vorstellung realisieren."

„Ihr seid nicht der Meinung", wirft Isabella ein, „daß Colón die Maßlosigkeit selber war?"

„Die Maßlosigkeit, Majestät? Drei Schiffe, ein Titel als Admiral, ein Zehntel des Gewinns – ist das viel, zu viel für die halbe Welt?", meint der Schatzmeister.

Isabella hebt beschwörend Arme und Hände: „Für eine Welt, die es vielleicht nur in den recht kühnen Träumen und Phantasien eines Mannes gibt ..."

„Glaubt Ihr das, Majestät?"

Sekunden verstreichen. Die direkte Frage steht noch im Raum. „Nein", sagt da die Königin betroffen, aber auch entschlossen, weil ihr klar geworden ist, daß sie eigentlich immer von den Argumenten des Genuesers überzeugt war.

Vom hörbaren Wandel der Königin erleichtert, aber noch beschwörend spricht Santangel auf Isabella ein: „Ihr habt viel Mut bewiesen, Majestät, Mut für Unternehmungen, bei denen es nicht sicher war, ob der Erfolg auf Eurer Seite sein würde, und Ihr habt viel Geld in diese Unternehmungen gesteckt. Und nun Colón: Drei Schiffe, ein Titel, der Euch nichts kostet, auf der anderen Seite, auf eben der anderen, das gebe ich zu, vielleicht ein Zuwachs an Macht, wie Ihr ihn nicht einmal zu erträumen wagt! Ein Zuwachs an Macht für Euch, für die Kirche und damit ein Zuwachs zur Ehre Gottes! Denkt auch daran, wie Kastiliens Feinde triumphieren werden, wenn diese halbe Welt Frankreich in den Schoß fiele ..."

Für Augenblicke zögert Isabella mit einer Antwort. Gedanken gehen ihr durch den Kopf, Gedanken an die Ehre Gottes, an die Ehre des Namens Kastilien oder gar an den Ruhm Ferdinands, dem die Anerkennung für ein geglücktes Unternehmen zufallen könnte, für die, ihres Gemahls Glorie, sie ihre Privatschatulle öffnen solle? Nein, denkt sie und flüstert, fast wie zu sich selbst: „Zu Kastiliens Ruhm!" Und weiter mit einem Befehl: „Santangel, veranlaßt, daß sofort ein Bote hinter Colón hergeschickt wird und ihn zurückbringen muß!"

Fünf Tage später.

Juan de Coloma, Erster Sekretär der königlichen Majestäten, verliest vor dem zurückgeholten Colón mit offizieller, aber unbewegter Stimme, was Fernando Colombo, Sohn des Genuesen, dann festgehalten und dem „Bordbuch" seines Vaters hinzugefügt hat:

„Cristobal Colón, geboren zu Genua, erhält für sich auf Lebenszeit und für seine Nachfolger sowie seine Erben den Rang eines Admirals in jenen Ländern, die er entdecken und erobern wird. Seine Rechte werden die gleichen sein, wie sie der Großadmiral von Kastilien in seinem Bereich besitzt.

Cristobal Colón erhält das Recht, von allen Perlen, Edelsteinen, Gold, Silber, Spezereien sowie allen anderen Kauf- und Handelswaren, die in seinem Bereich gefunden, gebrochen, gehandelt oder gewonnen werden, nach Abzug der Kosten ein Zehntel für sich zu behalten.

Cristobal Colón oder sein Stellvertreter wird der einzige Richter in allen Prozessen sein, die aus dem Verkehr zwischen jenen Gegenden und Kastilien erwachsen.

Cristobal Colón beteiligt sich jetzt und in Zukunft am achten Teil der Kosten für die Ausrüstung von Schiffen zu dieser Entdeckung und erhält dafür den achten Teil des Gewinns."

Coloma, dies war wohl bekannt, besaß eine tiefe Abneigung gegen Cristobal Colón und machte daraus auch keinen Hehl. Mehrfach hatte er sich geäußert, daß dieser Glücksritter, Emporkömmling, Abenteurer und bettelnder Phantast sogar die Königin beschwatzen und betrügen konnte.

„Und hier Euer Paß", sagt er spöttisch, „ich verlese ihn:

‚Wir haben den Edelmann Cristobal Colón mit drei ausgerüsteten Schiffen nach Indien gesandt, aus gewissen Gründen und für bestimmte Ziele. Dies bestätigen Wir hierdurch.'"

„Ich habe es immer gewußt", murmelt der Genuese mit Tränen in den Augen und keines weiteren Wortes mehr fähig. Mit zitternden Händen hält er die Schriftstücke und blickt auf die Unterschrift: „Yo la reyna – Ich, die Königin."

Noch wie trunken von dieser Stunde, vom alles erfüllenden Auftrag, für den er Jahre gearbeitet und gekämpft hatte, verläßt Cristobal Colón an den sich verneigenden Höflingen vorbei den Raum. Ihm ist, als würde er durch eine Nebelwand schreiten. Und in deren Schleier gleiten für Augenblicke sein hartnäckiges Ringen um Anerkennung seiner Pläne vorüber, aber auch deren Zurückweisung und seiner Niederlagen durch seine Gedanken. Hinter dem ihm von Coloma eröffneten Beschluß glaubt er, noch einmal ein vielstimmiges Hohngelächter von Lissabon bis Sevilla zu hören, mit dem seine Vorträge ins Reich der Fabeln verwiesen wurden.

Über ein halbes Jahrzehnt zuvor, 1486, konnte er erstmals Isabella und Ferdinand sein Vorhaben erläutern. Man hörte ihn an und versprach ihm eine eingehende Prüfung durch die Gelehrten. Drei Schiffe wollte der Herzog von Medina Sidonia, der ihn in seinem gastlichen Hause aufgenommen hatte, für ihn ausrüsten lassen. Weil es bei diesem Versprechen geblieben und vom königlichen Hofe nichts zu vernehmen war, wechselte er ins Kloster Rabida von Sevilla über, wo er verständnisvolle Freunde besaß, Diego de Deza, Fray Juan und vor allem Fray Marchena, der als Astronom den Vorstellungen Colóns zustimmte. Dennoch rieten ihm alle, mit einer erneuten Vorsprache am königlichen Hof zu warten, bis Granada gefallen sei.

Ausharren, hoffen, denken, grübeln und Tag für Tag, gar Jahr für Jahr auf den Beschluß des Talavera-Ausschusses in Sevilla und dessen Gutachten zu warten. Sieben Jahre lang befaßten sich Gelehrte und Kirchenmänner mit Colón und dem von ihm ausgearbeiteten Plan, über das Westmeer das begehrte Indien zu erreichen. Die Gelehrten mußten noch tief in den von ihnen interpretierten Stellen der Bibel, im engen Geist und in den nicht mehr gültigen Schriften des Mittelalters befangen sein, einen Ptolemäus nicht kennen und als Ketzerei verwerfen, was Martin Behaim am portugiesischen Hofe über seine, dort anerkannte, Erkenntnis von der Kugelgestalt der Erde vorgetragen hatte, die er, nach Nürnberg zurückgekehrt, mit dem ersten Globus verwirklichte.

Auf solche Gedanken gar nicht eingehend, aber die weitverbreitete, schaurige Geschichte, daß es über das Westmeer kein Zurückkommen mehr geben könnte, aus der Resolution der Gelehrten wiedergebend, hatte Hernando de Talavera ihm, Colón, als Resultat der Ausschußberatungen mitzuteilen. „Sieben Jahre", sagte der Kirchenmann und spätere Erzbischof von Granada, „haben wir zur gründlichen Prüfung Eures Planes benötigt. Er ist nicht durchführbar. Nehmt diese Entscheidung wie ein Mann!"

Colón brauste auf und brachte noch einmal seine Argumente vor. Aber Talavera schnitt ihm das Wort ab: „Es ist mir aufgetragen, den Befehl der Königin zu übermitteln und Euch die Gründe der Ablehnung zu nennen ..." Was hatte ihm Talavera zu eröffnen? Die Gelehrten hätten festgestellt, daß der westliche Ozean kein Schiff tragen könne, daß es dort kein Land gebe, daß es die Königin nicht verantworten könne, Leben ihrer Untertanen durch ein unverantwortliches Vorhaben aufs Spiel zu setzen.

„Ich werde nach Frankreich gehen", lautet die Antwort Colóns. Dort werde man den Triumph und die Schmach über Kastilien auszukosten wissen. Aber noch einmal läßt sich der Genuese von seinen Freunden und Befürwortern, besonders Fray Juan und Marchena, überreden, ein paar Tage zu warten und nach Santa Fé zu reisen, um dort mit Isabella zu sprechen. Aber auch dieser Vorstoß führt zu keinem positiven Ergebnis.

„Ich werde nach Frankreich gehen!" Die Königin hatte ihn abgespeist. Also Anne de Beaujeu ... Colón macht sich auf den Weg, nicht ahnend, daß gerade dieses Wort, in Fontainebleau Unterstützung zu finden, für den Gesinnungswandel Isabellas ausschlaggebend sein würde.

Mit der ihm von Coloma ausgehändigten Urkunde wischt Cristobal Colón die Erinnerungen hinweg. Jetzt kann er seinen Plan verwirklichen. Er hat nicht nur drei Karavellen, sondern auch die Legitimation, als Admiral der Königin die fernen Länder Indiens, an die er bis zu seinem Lebensabend glauben wird, zu finden und in Besitz nehmen zu können. Er wird nicht, wie man soeben in Portugal gefeiert hat, den langwierigen Weg um Afrika herum einschlagen, sondern die kürzere, gerade Route nach Westen wählen.

Nach einem Gottesdienst in der Kirche des heiligen Georg von Palos de Moguer geht Colón am frühen Morgen zum Hafen, wo drei Schiffe, die „Santa Maria", die „Pinta" und die „Niña", abfahrtsbereit liegen. Es ist der 3. April 1492, als Colón an Deck des Flaggschiffes „Santa Maria" den Befehl erteilt: „Lichtet die Anker!"

Im Herbst, am 12. Oktober, steht er mit seinen Mannschaften auf dem Boden einer Insel, die er als Indien vorgelagert annimmt. Als San Salvador wird sie später als Bestandteil eines neuen Kontinents erkannt werden. Von Santa Fé, dem „heiligen Glauben", bis San Salvador, dem „heiligen Heiland", hat Colón das Abenteuer Atlantik bestanden.

Amerika, wie der Kontinent genannt wird, ist entdeckt und hat der Geschichte eine andere Richtung gegeben. Und wenn Colón dort als erste Handlung das Banner Kastiliens errichtet, so ist es die Flagge der Königin Isabella. Nach jahrelangem Ringen um seinen Plan ist es ihr Entschluß gewesen, den „Phantasten" über das westliche Meer zu schicken. Die paradiesische Landschaft einer Insel nahe Kuba erhält von ihm den Namen „Jardin de la Reine – Garten der Königin". Seine dortige Anlaufstelle bezeichnet er als „Puerto del Principe – Hafen des Fürsten". Ein bereits 1493 angefertigter Holzschnitt von Colóns Landung enthält Inseldarstellungen mit dem Namen „Ysabella" und „Fernando". Indien glaubt der Admiral entdeckt zu haben, und die „Indianer" sind somit Untertanen des Königreiches Kastilien und dessen Herrscherin. Aber er kann nicht wissen, welchen, beinahe einen Krieg auslösenden Streit zwischen den alten Rivalen Portugal und Kastilien seine Entdeckung ausgelöst hat.

Alexander VI. teilt die Welt

Nicht der nach Westen, von Schauermärchen gespickte, sich erstreckende Atlantik hatte die Portugiesen gelockt. Die Küsten Afrikas lagen doch vor ihren Haustüren und waren weniger gefahrlos anzufahren und auszubeuten. Seit dem Prinzen Heinrich, dem Seefahrer, der aber nie zur See gefahren war, vielmehr die Seefahrt seines Landes aufgebaut und systematisch nach neuesten Erkenntnissen ausgerichtet hatte, war der Westen des schwarzen Kontinents von den Portugiesen erkundet und als Ausbeutungs- und Handelsobjekt erschlossen worden. Negersklaven, Gold und Elfenbein, dies nur drei der zahlreichen „Produkte", brachte man in Lissabon an Land, während weiterhin mit Elan versucht wurde, die Küsten des riesigen Erdteils zu erforschen und an ihnen entlang den Seeweg nach Indien zu finden.

Schon sechs Jahre vor Columbus, 1486, hatte sich Batholomeu Diaz bis zur Südspitze Afrikas durchgekämpft und begeistert melden können, daß dort sein Schiff auf Nordostkurs einschwenkte. König Juan II. (1482–1495) nannte diese Stelle „Kap der guten Hoffnung". Der Hoffnung nämlich, von da aus Indien erreichen zu können. Unter seinem Nachfolger Manuel I. (1495–1521) warf nach zehn Monaten Fahrt Vasco da Gama am 20. Mai 1498 in Calicut im Süden Indiens, viereinhalb Jahre nach der ersten Reise des Genuesen Columbus, den Anker.

Wie Johann II. den ihn für seine Westfahrt gewinnen wollenden Columbus abgefertigt und ihn unter Strafandrohung des Landes verwiesen hatte, so interessierte ihn und seine Nachfolger die Westroute nicht, war man doch drauf und dran, Indien auf dem schon bekannten Weg um Afrika herum zu erreichen. Zudem glaubte man sich in Lissabon höchster Autorität sicher; denn bereits 1481 hatte Papst Innozenz VIII. in seiner Bulle „Aeterni Regis" der portugiesischen Krone die Herrschaft über „die Länder unterhalb des Breitengrades der Kanarischen Inseln" zugesprochen.

Weil aber die von Colón entdeckten neuen Länder außerhalb dieser Demarkationslinie lagen, erkennen Isabella und Ferdinand sofort die Gefahr eines Konflikts. Johann II. erhebt, sich auf jene Bulle berufend, Einspruch und verlangt die von dem Genuesen entdeckten Länder für sich. Dies erklärt er Columbus gleich nach einem pompösen Empfang in Lissabon, als er den Entdecker beglückwünscht, aber, wie Columbus selbst in seinem Tagebuch festhält, „was in ihm wirklich vorging, kam erst am Ende der Unterredung zutage. Er meinte lächelnd, es gebühre mir seine ganze Dankbarkeit, da die Früchte meiner Entdeckung Portugal zufallen würden ...". Um seiner Forderung Nachdruck zu verleihen, läßt er seine Flotte an den Azoren zusammenziehen, um mit ihr das entdeckte „Indien" in Besitz zu nehmen. Er war es paradoxerweise gewesen, der als erster vom Erfolg Colóns erfahren hatte. Mochte er zunächst dem Bericht keinen Glauben geschenkt haben, so veranlaßten ihn weitere Bestätigungen zur Behauptung, diese Länder im Westen stünden Portugal zu.

Isabella und Ferdinand, die Gefahr einer Auseinandersetzung befürchtend und sich auf „ihren" Entdecker berufend, wenden sich sofort an den Papst, der noch immer als Autorität in internationalen Streitfragen gilt. Sie haben Glück; denn soeben hat ihr Freund als der Borgia-Papst Alexander VI. den Stuhl Petri bestiegen. Daß sie sich auf ihn verlassen können, beweist sein Schiedsspruch ex cathedra vom 4. Mai 1493, mit dem er Isabella die Entdeckungen „unter Voraussetzung, daß Kastilien verständige und gelehrte Männer dorthin entsendet, um die Eingeborenen im christlichen Glauben zu unterweisen", verspricht. Isabella genügt diese Version nicht. Sie fordert, mit Einverständnis ihres Gemahls, von Alexander eine klare Definition der kastilischen Ansprüche auf die Erwerbungen im Westen. Der Borgia-Papst kommt Isabella entgegen und erläßt die Bulle „Inter Coetera". Danach teilt er die Welt in zwei Hälften auf und zwar entlang einer Linie von Pol zu Pol (wenn auch die Lage der Pole längst noch nicht erforscht ist). Diese Linie westlich der Azoren und der Kapverdischen Inseln soll festlegen, daß alle Länder im Westen Kastilien und im Osten Portugal gehören.

Während man in Kastilien diesen Spruch mit Befriedigung zur Kenntnis nimmt, braust Johann II. von Portugal auf. Er ignoriert diese, Isabella wohlgefällige Bulle und argumentiert, daß man zur Stunde das ganze Ausmaß der neuen Länder nicht kenne, die jenseits der Demarkationslinie Kastilien zugesprochen würden. Was der Papst entschieden habe, sei für ihn nicht verbindlich. Im Gegensatz zu seiner friedlichen Haltung im Erbfolgekrieg bereitet er vielmehr unter Francisco de Almeida Flotte und Heer vor, die den Auftrag erhalten sollen, die Länder, die Colón den Portugiesen gestohlen habe, zu erobern. Ein Krieg wie zweieinhalb Jahrzehnte zuvor kann bei dieser Entwicklung nicht ausgeschlossen werden. Isabella, zwar auf der Höhe ihrer Macht, will einer militärischen Auseinandersetzung aus dem Wege gehen, die nach Granada erneute Opfer ihres Volkes fordern würde. Sie sendet eine Delegation nach Rom, die eine Änderung der päpstlichen Bulle erwirken soll. Alexander kommt dem Ersuchen nach und erläßt einen neuen Spruch, der Kastilien „Länder und Inseln, die es (Kastilien) auf Seefahrten oder Reisen nach Westen oder Süden entdeckt, gleichgültig, ob sie sich in den westlichen, südlichen oder östlichen Regionen befinden", zubilligt. Die Gunst des Papstes für Kastilien ist offensichtlich.

Der Vertrag von Tordesillas (1494)

Dies aber bringt Johann erneut in Harnisch. Er pocht auf Colóns Diebstahl und droht mit dem Eingreifen seiner Flotte, von der er weiß, daß sie den Kastilianern – noch – überlegen ist. Wieder scheint das Gespenst eines blutigen Waffenganges beide Länder heimsuchen zu wollen. Zum Glück siegt die Vernunft, und der Portugiese zeigt sich bereit, in Verhandlungen eine gütliche Lösung anzustreben. Am 7. Juni 1494 kommt somit der Vertrag von Tordesillas zustande, der den Zuständigkeitsbereich Portugals auf 370 Meilen westlich der Azoren und der Kapverdischen Inseln festlegt. Scheint sich an den bisherigen Abmachungen wenig geändert zu haben, so muß Kastilien hinnehmen, daß Portugal sechs Jahre danach das gewaltige Gebiet von Brasilien entdeckt und in Beschlag nimmt. Seitdem spricht man Portugiesisch in diesem größten Land des südamerikanischen Kontinents.

Rückkehr des Columbus

Von Lissabon, wo er nicht an Land gehen wollte, wohin ihn aber bei seiner Rückkehr die Stürme getrieben hatten, richtete Colón gleich einen ausführlichen Bericht an Isabella und Ferdinand. „An Cristobal Colón, Unseren Admiral des Ozeans, Vizekönig und Gouverneur der in Indien entdeckten Eilande", erging postwendend die Einladung, sich am königlichen Hofe einzufinden. Die Bitternis, die ihn ein Jahr zuvor von Santa Fé in Richtung Frankreich begleitet hatte, war vergessen. Nach der „Stadt des Glaubens" hatte er seinen festen Glauben verwirklicht. Seine Reise über Sevilla, Murcia, Valencia, Tarragona und Barcelona ist ein einziger Triumphzug. Die Menschen an seinem Weg ahnen oder wissen es schon, daß nicht nur eine neue Welt erschlossen, sondern auch ein anderes Zeitalter angebrochen ist.

Am 16. April 1493 öffnen sich die Türen für seinen Empfang vor den Majestäten. Columbus beschreibt diesen Augenblick selbst: „Der König und die Königin hatten ihren Thron in einem großen Saal des Alcazar öffentlich aufstellen lassen. Sie standen auf, als ich auf sie zuschritt, als wäre ich eine Person von höchstem Range. Nur die Königin erlaubte es, daß ich ihre Hand küßte. Dann wurde mir eine weitere Ehrung zuteil. Die Königin wies mir einen Platz neben dem königlichen Prinzen (Juan – d. A.) zu. Ich mußte noch einmal erzählen, was ich schon brieflich berichtet hatte ... Als ich meine Erzählung beendet hatte, kniete das Königspaar nieder, um Gott zu danken. Die Menge stimmte das Te Deum an. Ich sah, daß die Königin Tränen in den Augen hatte ..."

Colón kümmerte sich nicht um die zu der Zeit noch bestehenden Rangeleien zwischen Kastilien, Portugal und Rom. Noch bevor man sich in Tordesillas an den Tisch setzt, hat ihm Isabella eine zweite Fahrt mit diesmal einer großen Flotte von siebzehn Schiffen genehmigt. Nach dieser Fahrt segelt er noch zweimal über den Atlantik und erkundet bei Panama auch das Festland. Neid, Intrigen, falsche Anschuldigungen verwehren ihm eine fünfte Fahrt, werfen ihn sogar in Ketten. Er hat neue Länder zum Lobpreis Kastiliens entdeckt, aber er hat der Krone nicht das erwartete Gold Indiens bringen können. Er hat in der im Sterben liegenden Isabella keine Fürsprecherin mehr. Noch einmal will er Ferdinand überzeugen, daß seine fünfte Fahrt den gewünschten Erfolg und neue Länder einbringen würde. Aber der König, nun nach dem Tod Isabellas alleiniger Herrscher und in Süditalien gegen Frankreich sehr beschäftigt, hört Colón nur gelangweilt zu. Keine drei Jahrhunderte später wird Schiller in der „Verschwörung des Fiesko" schreiben, was schon auf diese letzte Audienz zutrifft: „Der Mohr hat seine Arbeit getan, der Mohr kann gehen." In menschenverachtender Brutalität werden sich andere die Schätze holen, die Colón den Majestäten nicht zu Füßen legen konnte.

Von der Gicht geplagt, auf einem Maultier durchgerüttelt, war der „Vizekönig" dem königlichen Hof nachgereist, nach Segovia, Salamanca und schließlich Valladolid. Veragua will er der Krone sichern und Geld will er, wie ihm Isabella im Vertrag zugesichert hatte. In bezug auf Geld hat Ferdinand taube Ohren, aber die ihm versprochenen und verliehenen Titel kann ihm der König mit Unterschrift gerne bestätigen; denn sie kosten ja nichts. Was gehen Ferdinand noch Isabellas Verträge an? Gerade die neapolitanische Frage durch das Abkommen von Blois geregelt, hat der König andere Sorgen: Seine Tochter Juana – Johanna, die Wahnsinnige –, seit 1496 mit Erzherzog Philipp dem Schönen verheiratet, ist in La Coruña gelandet. Sie wird, so ihr Vater keinen legitimen Nachkommen mehr vorweisen kann, mit ihrem Habsburger den kastilischen und aragonesischen Thron besteigen. Was also stört dieser quengelnde Colón die quälenden Gedanken des Königs? Huldvoll, auch das kostet nichts, wird der Bittsteller entlassen. Soll er ruhig weitere Briefe schreiben! Man wird sie wie seine bisherigen Eingaben zur Kenntnis nehmen.

Colón wird nicht schreiben. Draußen erfährt er, daß Johanna eingetroffen ist. Ein Wink des Himmels! Sie ist zwar Ferdinands, aber in erster Linie Isabellas Tochter. Ihm ist noch gegenwärtig, wie sie mit gespannter Aufmerksamkeit seinen Bericht von der ersten Entdeckungsfahrt verfolgt hat. Sie wird ihn nicht mit Floskeln abfertigen, sondern wie ihre

Mutter seine fünfte Fahrt ermöglichen. Sollte ihn sein Gesundheitszustand daran hindern, so müßte sein Bruder Bartolomé die Aufgabe übernehmen.

Aber schon die Reise nach La Coruña, auf der er Johanna treffen wollte, kann er nicht antreten. Die Krankheit hält ihn in Valladolid fest. Er beauftragt seinen Bruder für ihn vorzusprechen. Aber er wird nicht mehr erfahren, ob Bartolomé überhaupt mit Johanna zusammengekommen ist. Am 20. Mai 1506, eineinhalb Jahre nach Isabella, holt der Tod den berühmten Entdecker zur Fahrt in die Ewigkeit ab.

Santa Fé, Granada und San Salvador, drei Namen als Festpunkte kastilischer und spanischer Geschichte, aber auch drei Namen, die ohne Isabella nicht genannt werden können. Acht Jahre vor der Wende zum 16. Jahrhundert weiß man nicht nur zwischen den Pyrenäen und der Meerenge von Gibraltar, sondern auch im übrigen Europa, was diese Königin zuwege gebracht hat. Die Fürstenhöfe beeilen sich, ihre Aufwartung zu machen und sich durch Heiraten mit dieser Monarchin und ihrem Reich zu verbünden. Von Portugal bis Österreich und England reichen die Wünsche um die Erben Isabellas. Darüber wird noch zu sprechen sein.

Italien – europäisches Dauerproblem

War die Iberische Halbinsel bis in die zweite Hälfte des 15. Jahrhunderts neben ihrer geographischen Ferne auch politisch am Rande Europas gelegen, so sollte das letzte Jahrzehnt eine Entwicklung auslösen, die nicht nur vorübergehend, sondern auf Dauer zu einem kontinentalen Problem wurde. Der Blick Habsburgs in den Mittelmeerraum und in Richtung Kastilien und Aragón sollte in den nächsten Jahrhunderten Europa ein anderes, vielfach schmerzhaftes Profil aufprägen und zur Grundlage eines Staatensystems der Zukunft werden.

Den Anstoß dazu gab Frankreich. Dort war 1453 der Hundertjährige Krieg mit England zu Ende gegangen, aus dem sich nach der Anjou-Dynastie unter den Valois-Königen erstmals ein Nationalbewußtsein zu formen begann. Mit Kastilien hatte dieser nördliche Nachbar stets ein gutes Verhältnis, das kastilische Waffenhilfe im Krieg mit England und umgekehrt französischen Beistand bei kastilischen Notsituationen vorsah. Keineswegs freundschaftlich hingegen waren die Beziehungen Frankreichs zu Aragón. Streitpunkte bildeten das kleine Königreich Navarra zwischen dem Ebro und der Biskaya-Küste, das von den Pyrenäen zum Mittelmeer reichende Roussillon und die Cerdagne. Lag dieser beiderseits beanspruchte Grenzraum vor der Haustür der Kontrahenten, so sollte sich der Schwerpunkt der Auseinandersetzungen nach Italien verlagern.

Durch ihren Gemahl Ferdinand war Isabella auch Königin von Sizilien, also der süditalienischen Besitzungen und Ansprüche Aragóns, geworden. Nachdem sie mit Granada die letzte Barriere beseitigt hatten, erhob sich für Isabella und Ferdinand die Frage einer außerspanischen Politik, die, von den amerikanischen, soeben erst entdeckten Ländereien nicht beeinflußt, die aragonesischen Interessen im Mittelmeer vorantreiben sollte. Während Isabella mit der Innenpolitik ausreichend beschäftigt war, verfolgte Ferdinand ein gewiß großes Ziel: Beherrschung des westlichen Mittelmeerbeckens – der Osten mußte notgedrungen den Türken überlassen werden. In seinem Bestreben sah Ferdinand eine Rechtfertigung durch die schon genannte Adoption Johannas II., der letzten Königin von Neapel, für Alfons von Aragón, im nachhinein jedoch Ludwig aus dem erloschenen Hause Anjou. 1442 war damit das Königreich Neapel eine aragonesische Sekundogenitur geworden, die als päpstliches Lehen eine Renaissanceblüte durchmachte. Dies schien eine geruhsame Entwicklung innerhalb der stets rivalisierenden Stadtstaaten Italiens zu versprechen.

Kampf um Neapel

Da aber platzte der Störenfried hinein. Frankreich, genauer gesagt Karl VIII., meldete seine Ansprüche an. Hatte sich sein Vater Ludwig XI. noch mit Konsolidierungsaufgaben im eigenen Lande befaßt, so stürmten nun Karls Gedanken in Richtung Italien. Neapel war sein Ziel. Er motivierte dies mit Familienpolitik und griff als Valois-König das Anjou-Erbe auf. Er war gewiß nicht der staatlich nüchtern Denkende wie Ludwig XI., sondern ein Phantast, der von großen und fernen Träumen beseelt war, sich bereits König von Jerusalem nannte und das oströmische Imperium erneuern wollte. Zu Hause war von Ludwig Ordnung geschaffen worden; denn Frankreich grenzte mit der Provence und Marseille bereits ans Mittelmeer. Italien jedoch war ein Vakuum, das seine Eroberungsgelüste geradezu herausforderte.

Isabella und Ferdinand, als Sieger über Granada gefeiert, wurden zwei Jahre später, 1494, aufgeschreckt, als Karl VIII. die Spannungen mit Aragón militärisch zu lösen suchte. Er eröffnete, aus den Westalpen vorrükkend, den Kriegszug. Vorsorglich hatte er sich durch den Vertrag von Etaples (1492) mit Mailand den Rücken freigehalten, um ein Jahr danach in den Verträgen von Senlis das habsburgische Erbe über Burgund zu bestätigen und in Barcelona das Roussillon Aragón zuzusprechen. Seine italienische Invasion stützte sich auf das Bündnis mit Herzog Ludovico Sforza „il Moro“, so daß er 1494 ungestört durch die Halbinsel marschieren und Neapel einnehmen konnte, was zusätzlich den Zusammenbruch des italienischen Staatensystems zur Folge hatte. Als Karl VIII. die Medici aus Florenz vertrieben hatte, errichtete der dominikanische Buß- und Strafprediger Girolamo Savonarola in der Stadt eine Theokratie, um am 23. Mai 1498 nach der päpstlichen Interdikt-Drohung durch die Stadtbehörden als Schismatiker und Häretiker zum Tode verurteilt und gehenkt zu werden.

Karls Vorstellung, der Papst müsse als Lehensherr Neapels für ihn ein Machtwort sprechen und die Besitznahme der Stadt und des Reiches sanktionieren, erwies sich als Fehlspekulation. Alexander VI., ein Freund Isabellas und Ferdinands, dachte nicht daran, in seiner Nachbarschaft eine Großmacht wie Frankreich zu dulden. Statt Karl den erwünschten Segen zu geben, schloß er sich der „Interessengemeinschaft“ zwischen Habsburg, den spanischen Königreichen, England und den italienischen Staaten an, die sich als „Heilige Liga“ (offiziell 1511 so bezeichnet) zum Ziel gesetzt hatte, die Franzosen von der Halbinsel zu vertreiben. Diese Föderation war 1495 zustande gekommen. Als Hauptbetroffener der französischen Invasion mobilisierte Ferdinand eine Armee unter dem Kommando von Gonzalo Fernández de Cordoba. Obwohl es Karl im Juni 1495 in Seminara gelang, die kastilisch-aragonesischen Truppen zu besiegen, mußte er unter dem Eindruck der mächtigen Koalition Neapel räumen und auf seine italienischen Pläne verzichten.

Aber noch verzichtete Frankreich nicht auf das Vorhaben. Karls Nachfolger, Ludwig XII. (1498–1515), ließ nicht locker und erneuerte die Ansprüche auf Neapel. Wieder tauchte ein französisches Heer in Italien auf. Schon zog man in der Liga eine Teilung des neapolitanischen Reiches zwischen Frankreich und Aragón-Kastilien in Betracht, als es nach kleinen Plänkeleien zu zwei Schlachten, im April 1503 bei Cerignola und im Dezember am Garigliano, kam, in denen Gonzalo Fernández de Cordoba sein militärisches Talent bewies und die Franzosen entscheidend schlug. Die beiden Niederlagen zwangen Ludwig XII., 1504, im Todesjahr Isabellas, den Vertrag von Blois abzuschließen und die Herrschaft Aragóns über Neapel anzuerkennen.

Beide Schlachten, die Gonzalo Fernández den Ehrennamen Gran Capitán einbrachten, indem er leichte, bewegliche Waffen gegen die stark gepanzerten, aber somit schwerfälligen Franzosen eingesetzt hatte, begründeten die spanisch-habsburgische Herrschaft über Italien, schufen aber auch den habsburgisch-französischen Konflikt, der bis zum 18. Jahrhundert das zentrale Problem der mittel- und westeuropäischen Staaten war und zum politischen Grundprinzip des Gleichgewichts zwischen den Mächten wurde.

Noch war im Todesjahr Ferdinands (1516) im Vertrag von Noyon Frankreich der Besitz von Mailand garantiert worden, doch hielt sich der neue König Spaniens, der Habsburger Karl I., dann als Kaiser Karl V., nicht an diesen Vertrag. Mit dem nächsten König Frankreichs, Franz I. (1515–1547), wird er einen verbissenen Kampf um Mailand führen. Dieser Zusammenprall der nun führenden Großmacht Europas, des von den Habsburgern regierten Reiches, mit Frankreich wird das den Völkern blutige Opfer abfordernde Thema der Politik zwischen Paris und Wien bleiben. Selbst nachdem am 6. August 1806 Franz II. die Kaiserkrone des Heiligen Römischen Reiches deutscher Nation niedergelegt und sich nur noch für Österreich authorisiert hatte, war auch nach schmerzlichen Niederlagen der Glanz des Hauses Habsburg nicht erloschen, so daß der „kleine Korporal" Buonaparte und nun Kaiser der Franzosen sich um eine dynastische Legitimation bemühte, um außerdem durch die Heirat mit Marie-Luise zu einem Ausgleich mit Habsburg zu gelangen (1810). Diesem Bemühen war jedoch nur eine kurze Zeitspanne gegönnt. Das erwachende Nationalbewußtsein unter den Völkern leitete den Sturm der Befreiungskriege ein. Schon 1808 begann gerade in Spanien der Aufstand, wo die Cortes von Oviedo und Cartagena den nationalen Widerstand proklamierten, dem sich Asturien und Andalusien anschließen. Den sofort mit 300000 Mann angetretenen Spanienfeldzug muß Napoleon abbrechen, als ihn die Nachricht vom Aufstand in Österreich erreichte. Bis 1814 schwelte der Guerillakrieg spanischer Freiheitskämpfer gegen die französischen Besatzer. Die unmenschlichen Grausamkeiten jener Besatzungszeit hat Goya in seinen düsteren Bildern festgehalten.

Das durch die italienische Frage gegen Frankreich gerichtete Bündnis zwischen der spanischen Doppelmonarchie und Habsburg, das schließlich durch eine doppelte Eheverbindung – Juan, Sohn Ferdinands und Isabellas, heiratete 1496 Margarete, Tochter des Kaisers Maximilian, und dessen Sohn, Philipp der Schöne, ehelichte 1497 Johanna die Wahnsinnige (siehe unten) – auch dynastisch abgesichert wurde, beschränkte sich schon bald nicht mehr auf Neapel und Italien, sondern schuf in Europa Machtkombinationen und schloß mit einem europäischen Staatensystem die Jahrhunderte des christlichen Abendlandes ab.

Auch im Prozeß und in der Fortentwicklung kontinentaler Politik ist eine Rückkehr zur Zentralfigur, Isabella, erforderlich. Nach Granada, der

Stunde ihres größten Triumphes, verdunkelt ein Schatten das strahlende Bild der Königin, die sich einem Fanatismus unterwirft und tausendfachen Tod ihrer Landsleute billigt und ohne Mitleid in Kauf nimmt.

Torquemadas Scheiterhaufen

Dramatik des Antisemitismus

Aus dem Eingangskapitel „Panorama des Geistes" sind jene drei Religionen, Christentum, Judentum und Islam, bekannt, die im ganzen Mittelalter das kulturelle Bild der spanischen Halbinsel prägten. Die Reconquista gegen die muslimische Herrschaft war vornehmlich vom Willen geleitet, jene Gebiete, die seit dem achten Jahrhundert an die arabischen Invasoren verloren gegangen waren, wiederzugewinnen. Religiöse Motive spielten dabei nur eine sekundäre Rolle. Im erstarkten und auch innenpolitisch geeinten Kastilien der zweiten Hälfte des fünfzehnten Jahrhunderts galt das Reich Isabellas immer noch als eine Oase der Toleranz, in der die Angehörigen der drei Religionen wie schon seit Jahrhunderten friedlich und respektiert neben- und miteinander arbeiten, aber auch mit ihren rituellen Gebräuchen leben konnten, selbst wenn es zu örtlichen Gewalttaten kam. Schließlich brauchten Staat und Wirtschaft alle zum Auf- und Bebauen des Landes. Sie mußten nur gute und zuverlässige Untertanen der Krone sein.

Erinnert man sich der fast großzügigen Zugeständnisse an die islamischen Bewohner Granadas und das Boabdil zugesicherte Lehen, in dem man den Muslimen ihren Glauben und sogar eigene Gesetzgebung garantierte, so schockiert die gleichzeitig einsetzende Verfolgung der Juden, vor allem der konvertierten, in der Wiedereinsetzung der bald zum landesweiten Schrecken werdenden Inquisition, die dann auch die Zwangsbekehrung oder Ausweisung der islamischen Bevölkerung zur Folge hat. Widerstrebte es Isabella und Ferdinand zunächst, den brutalen Forderungen gegen die Juden zuzustimmen, so lag schließlich der Unnachgiebigkeit und Verfolgung das Ziel zugrunde, dem Staat auch die Glaubenseinheit zu schaffen. Der Antisemitismus nahm dramatische Formen an.

Wenn man auch erst seit 1879 das von W. Marr kreierte Wort Antisemitismus kennt – eigentlich eine Irreführung, da es sich nur auf die Juden und nicht auf die übrigen semitischen Völker bezieht – so war er im mittelalterlichen Europa in Judenverfolgungen praktiziert worden.

Warum haßten Juden und Christen einander?

Den Haß schürten zuerst die Christen. Die Hauptursachen waren eh und je wirtschaftlicher Art, die durch religiöse Unvereinbarkeit noch an Schärfe gewannen. Wie die Juden Mohammeds Koran ablehnten, so verneinten sie auch die fundamentalen Lehrsätze des Evangeliums, besonders in der Verweigerung, die Göttlichkeit Christi anzuerkennen. Andererseits bestritten die Christen die Behauptung der Juden, daß Jesus von Nazareth ein Angehöriger ihres Volkes gewesen sei. Ihren Gläubigen hämmerten die christlichen Priester stets ein, daß Leiden und Sterben des Gottessohnes eine bis ins letzte Glied zu tilgende jüdische Schuld verlangten. Bis ans Ende aller Zeiten habe der Jude dafür zu büßen. Die Abendmahlslehre, nach der vom Priester die Hostie in den Leib Christi verwandelt werde, bildete die Quelle für eine Vielzahl an Verfolgungen der Juden. Um die Glaubwürdigkeit der Heilslehre zu beweisen, entwickelte man die irrsinnige Behauptung, Juden hätten Hostien an sich genommen und sie mit Messern oder Nadeln durchbohrt, worauf Blut, natürlich das Blut Christi, ausgelaufen sei. Mystizismus, aber vor allem religiöser Wahn bildeten einen guten Nährboden für derartige Verdächtigungen der Juden. Die Hostien-Mär und ihre Konsequenzen zogen eine Blutspur durch die meisten Länder Europas. Nicht einmal das Eingeständnis eines Kanzlisten von Neuburg, der eine Hostie in Blut getaucht und sie in einer Kirche versteckt hatte, konnte die Fanatiker zur Vernunft bringen. Sogar aufgeklärte Kirchenmänner und Gelehrte, wie etwa der Bischof und Kardinal Nikolaus von Cues (1401–1464), schlossen sich dieser Haltung an, um Hostienentweihung als schändliche Grausamkeit zu brandmarken.

Vieles, ja alles, was die beiden Religionen und ihre Menschen unterschied, wurde zu krankhaftem Haß hochgepeitscht. Zusammen mit dem wirtschaftlichen Wettbewerb fanden die Christen das Jüdische und in verständlicher Reaktion die Juden das Christliche abscheulich. Die Juden feierten ihr Passahfest kurz vor dem Karfreitag und füllten Schüsseln und Teller voll Essen, wenn die Christen an strengstes Fastengebot gehalten waren. Der Samstag war seit alters jüdischer Sabbat, während die Muslimen am Freitag und die Christen am Sonntag ihren Ruhetag hatten. Nichts, was durch christliche Hände gegangen war, selbst Werkzeuge oder Geschirr, durfte von den Juden benutzt werden. Gleichermaßen war die Ehe mit Nichtjuden schon nach uraltem Gesetz untersagt. Umgekehrt verboten die verschiedenen Konzile im 14. und 15. Jahrhundert jeden Verkehr zwischen Christen und Juden. Alles Jüdische sei unrein, schmutzig und ungepflegt, was bereits die sonderbare Kleidung belege. Nicht nur Ritualmorde an Kindern, auch Brunnenvergiftung wurde den Juden unterstellt. Jüdische Frauen stünden als Hexen mit dem Teufel im Bunde. Mit gleichen Behauptungen konterten die Juden für die Christenfrauen, um zusätzlich Geburt und Leben Jesu zu diffamieren. Eine Eskalation des Hasses brachte der „Schwarze Tod" mit sich. Obwohl die Pest auch in semitischen Ländern wütete und dort niemandem als Verursacher angekreidet wurde, mußten die Juden aus christlicher Sicht als Träger und vorsätzliche Initiatoren dieser Epidemie herhalten.

Juden, denen es gelang, vor den von den Rheinlanden bis nach Böhmen, besonders zur Zeit der Kreuzzüge, wütenden Massenmorden zu entfliehen, fanden in Italien unter dem Schutz der Päpste, in Südfrankreich und in den Königreichen Spaniens Zuflucht und Integration, was Alfons VII. von Kastilien (1126–1157) stolz bestätigte, in dem er sich „Kaiser der drei Religionen" nennen ließ. Eine Charta hatte den Juden bereits religiöse und rechtliche Autonomie verliehen, die sie ermächtigte, sogar eine eigene Polizei aufzustellen. So ist es zu verstehen, daß die Sephardim – nach Seferad, wie die Juden die spanische Halbinsel nannten – im Gegensatz zu den askenasischen Ostjuden als die glücklichsten und als in jeder Beziehung Privilegierte beneidet wurden. Nach der Rückeroberung Sevillas erhielten die Juden von Ferdinand II. (1199–1252), als „der Weise" bekannt und 1671 von Papst Clemens (1670–1676) heiliggesprochen, ein ganzes Stadtviertel zugewiesen. Dieser König war es auch, der sich den auf dem Konzil von Catran (1215) gefaßten diskriminierenden Anordnungen gegen die Juden widersetzte und sie für Kastilien nicht zuließ.

Die Zuweisung eines Stadtviertels von Sevilla darf jedoch nicht Anlaß zu falschen Schlüssen geben; denn der geschichtlichen Wahrheit zuliebe kann die einmal erdachte und weitergereichte Legende nicht aufrecht erhalten werden. Bis ins 14. Jahrhundert kennt man, von der geschilderten Ausnahme abgesehen, in den Königreichen der Halbinsel keine exklusive jüdische Stadtbevölkerung, die sich gar in typischen Berufsständen äußern würde. Eine Vielzahl von Juden arbeitete in der Landwirtschaft, betrieb Weinbau, Viehzucht und zog wie die Urvorfahren mit Schafen und Ziegen von Weiden zu Weiden. Ihr Leben war ebensowenig luxuriös wie das ihrer Glaubensgenossen, die als Handwerker ihren Unterhalt bestritten, aber selbst in diesen Berufen gegenüber ihren christlichen Kollegen eine Minderheit darstellten. So muß die oft zu lesende Behauptung, gerade die Medizin sei ausschließlich ein Vorrecht der Juden gewesen, korrigiert werden. Gewiß, es gab jüdische Ärzte, die auch an den Königshöfen tätig waren. Aber in gleichem Maße und in größerem Umfang für die Allgemeinheit praktizierten christliche Ärzte. Alle hatten von der hervorragenden medizinischen Wissenschaft profitiert, die von den Arabern schon frühzeitig entwickelt und weitergegeben worden war.

Dergestalt in die soziale Schichtung integriert, blieben die Juden unangetastet und stellten keinen Fremdkörper dar. Den Nährboden für Feindseligkeiten förderten jedoch das Finanzgebaren und die Protektion einer Gruppe, die sich auf den Handel und die den Christen untersagte Geldwirtschaft spezialisiert hatte. Als Geldverleiher halfen sie den Königen, dem Adel, kirchlichen Institutionen und Lehensherren aus finanziellen Engpässen, um dabei durch nicht bescheidene Zinssätze ihr Vermögen weiter aufzustocken. Von ihren prominenten Gläubigern zusätzlich als Steuereinnehmer und Eintreiber von Abgaben eingesetzt, zogen sie sich erst recht den Haß des Volkes zu. Sie und ihre Auftraggeber erschienen als Ausbeuter und Nutznießer ihres Ansehens, das sie in den höchsten Gesellschaftskreisen genossen. Weniger die Leute im Hintergrund, vielmehr die unmittelbar Geld und Naturalabgaben einziehenden Juden wurden damit zu Volksfeinden.

Der in den meisten Ländern Europas schon seit langem grassierende Antisemitismus überschritt schließlich auch die Pyrenäen. Ganz natürlich, ist man geneigt zu sagen, mußte die überall verbreitete Horrorgeschichte vom Ritualverbrechen das Ventil öffnen, und 1214 wurde in Saragossa die erste Anklage erhoben. Die Folge waren einschneidende Maßnahmen: Die Juden wurden aus den öffentlichen Ämtern entfernt, die Kirche begann, eine antijüdische Haltung einzunehmen, versuchte es aber mit Diskussionen und Bekehrungen, ohne jedoch nachhaltige Erfolge zu erzielen; denn noch erfreuten sich die Juden, gerade ihre reichen und privilegierten Glaubensbrüder, des Schutzes der Könige und des Adels. Man konnte nicht auf die ausgezeichneten Steuerzahler und Darlehensgeber verzichten.

Gleich einer Epidemie greift die Judenfeindlichkeit im 14. Jahrhundert um sich. In Estella kommt es 1328 zum ersten Pogrom, nachdem ein fanatischer Mönch die Massen gegen die „Gottesmörder" aufgewiegelt hatte. Alle Juden, deren man habhaft wurde, werden niedergemacht. Zwei Jahrzehnte später werden ihnen deren durch den Tod erfolgte wirtschaftliche Auswirkungen zur Last gelegt. Brunnenvergiftungen, Bereicherung auf Kosten des Volkes bilden die Argumente für Massaker und Plünderungen in zahlreichen Orten. Durch die ganze Halbinsel tobt ein antisemitischer Rausch, aufgestachelt auch durch Predigten des Archidiakons von Ecija, Fernando Martinez, bischöflicher Vikariatsrichter von Sevilla, den weder sein Erzbischof noch König Johann I. (1358–1390) bremsen können, da beide kurz darauf sterben, und auch Heinrich III. (1379–1406) ist, im Kindesalter die Thronfolge antretend, unfähig, diesen Fanatiker zu zügeln. Fernando Martinez, weder durch kirchliche noch weltliche Autorität gehemmt, kann sein schauriges Werk in ungestörter eigener Regie betreiben. Seine gedungenen Mörder machen Orte und Straßen unsicher. Die breite Masse der Armen wird durch seine Agenten gegen die reichen Juden aufgeputscht. Überall kommt es zu Massenmorden. Wirtschaftliche verdrängen religiöse Motive; das ganze Land steht am Vorabend eines Vernichtungskrieges gegen jeden Mitbürger jüdischen Glaubens. In panischer Angst fliehen die Bedrohten nach Nordafrika oder unterwerfen sich der sie schützenden Taufe. So wird das Jahr 1391 zur Geburtsstunde der Conversos.

Die Conversos

Da keine Zahlen vorliegen, ist man auf Mutmaßungen angewiesen. Mindestens die Hälfte der Juden soll sich mit der Übernahme des christlichen Bekenntnisses vor der Ausrottung gerettet haben. Schon bald begegnet man dieser neuen Christengruppe in hohen und höchsten Ämtern. Durch Einheirat in alteingesessene christliche Familien gehören sie schließlich gehobenen Ständen und auch dem Adel an, bringen ihr eigenes Vermögen ein und können, nun in beherrschenden und hochangesehenen Positionen, unangefochten ihren lukrativen Geschäften nachgehen. Der Klerus registriert die Konversionen mit Genugtuung und preist sie als Erfolg seiner Bekehrungstätigkeit. So wird der ehemalige Rabbiner von Burgos als Converso nicht nur mit besonderer Wertschätzung aufgenommen, sondern bald darauf sogar als Bischof dieser Diözese installiert.

Die ihrem mosaischen Glauben treu gebliebenen und den Pogromen entgangenen Juden werden harten Verordnungen unterworfen. Sie müssen sich in Ghettos zurückziehen, deren Tore von Sonnenuntergang bis Sonnenaufgang geschlossen bleiben. Sie haben lange Haare, Bärte und einfache Kleidung zu tragen, dazu eine rote Scheibe als Erkennungszeichen. Eine Reihe von Berufen, so in der Medizin oder in Verwaltungen, dürfen sie nicht ausüben. Aber drei Jahrzehnte später bessert sich ihre Lage, und die Verbote werden weitgehend aufgehoben oder zumindest nicht mehr beachtet. So wechseln die meisten Juden aus der Landwirtschaft, wo sie bis dahin kaum behelligt wurden, in die Städte über, in denen sich neben einem wirtschaftlichen auch ein jüdisch geistiges Leben entwickelt, das sich in zahlreichen Bibelausgaben und -kommentaren niederschlägt.

Man möchte glauben, daß Ruhe eingekehrt sei. Aber die Flammen des Antisemitismus waren nicht erloschen. Sie glimmten vorerst nur unter der Asche, um bald wieder neu entfacht zu werden. Diesmal aber ging es nicht um die Juden, sondern um die Conversos. Vielfach unterstellte man ihnen, erzwungenermaßen und nicht aus Überzeugung den Katholizismus angenommen zu haben. Daß eine nicht geringe Zahl in der Öffentlichkeit als Christen auftrat, in den eigenen vier Wänden aber dem jüdischen Glauben mit allen Gebräuchen anhing, war allgemein bekannt.

In zahlreichen Conversos-Familien wurde weiterhin die Bibel gelesen, natürlich in Hebräisch, der Sabbat eingehalten, kein Schweinefleisch gegessen. Eines der eklatantesten Beispiele liefert Pater Garcia Zapata, Prior des Hieronymiten-Klosters von Sisla bei Toledo. Jedes Jahr im September feierte er das Laubhüttenfest und die Zelebration der Eucharistie am Altar mischte er mit jüdischen Sentenzen. Im Prozeß, den ihm später die Inquisition machte, rühmte er sich dieser „Gotteslästerung". Er wurde auf den Scheiterhaufen geschickt. Solche und ähnliche Vorfälle bildeten das religiös bedingte Motiv eines sich nun auch auf die Conversos angewandten Antisemitismus.

Nicht minder schwerwiegend waren wirtschaftliche und soziale Beweggründe. In Krisenzeiten entlud sich aus Neid, Mißgunst und Darben der ganze Haß des Volkes gegen die Neuchristen, wobei man bisweilen keinen Unterschied zwischen gläubigen und falschen Bekehrten machte. Die Geschehnisse in Toledo des Jahres 1449 sind ein typisches Beispiel für das Chaos der Zeit, da neben wenigen Schuldigen viele Unschuldige leiden mußten. Pérez schildert den Ablauf der Heimsuchung in dieser Stadt: „Den Vorwand liefert eine Zwangsanleihe von einer Million Maravedis, die Alvaro de Luna bei der Stadt machte. Der Demagoge Pero Sarmiento nutzt die Unzufriedenheit der kleinen Leute, die von Steuern erdrückt werden, und richtet sie gegen die lokale Regierung, gegen Alvaro de Luna und seine jüdischen ‚Verbündeten' und die Conversos. Er hat die Stadt mehrere Monate in der Hand und plündert systematisch die Häuser seiner Gegner, ob sie nun Conversos sind oder nicht. Pero Sarmiento muß im Dezember 1449 die Stadt verlassen, doch er darf die Beute aus seinen Plünderungen mitnehmen, die von zwanzig Tragtieren transportiert wird: Gold, Silber, Tapisserien, Brokat, Tuchwaren aus Holland und der Bretagne. Diese Schätze belaufen sich auf insgesamt 30 Millionen Maravedis. Wenn er ein Haus plündert, schreibt ein Chronist, leert er es ganz. Die entrüsteten Proteste der Opfer blieben wirkungslos."

Eine der während Pero Sarmientos Herrschaft über Toledo ergriffenen Maßnahmen sollte jedoch heftige Diskussionen auslösen, an denen sich sogar Papst Nikolaus V. (1447–1455) beteiligte; es war die erstmalige Verordnung, die Conversos von öffentlichen Ämtern auszuschließen. Ungeachtet wann sie Christen geworden seien, erklärte der Heilige Vater, hätten alle als eine Gruppe das Anrecht auf Ämter und Vorteile der bürgerlichen und wirtschaftlichen Gesellschaft. Nach einer Ruhepause gärte es 1467 erneut in Toledo, als zusätzliche Steuern eingehoben werden sollten. Es kam zu regelrechten Straßenschlachten, bei denen tödliche Treibjagden auf Conversos veranstaltet, ihre Häuser geplündert und niedergebrannt wurden. Andere Städte übernahmen das Rezept: Demagogische Aufwiegler nutzten den Haß und den Widerstand der Bevölkerung gegen überhöhte Steuern und leiteten Pogrome ein, bei denen Juden und Conversos niedergemetzelt wurden. Mehrfach bemühten sich Edelleute, aber hilflos, Conversos aus den Händen der blutrünstigen Meute zu befreien. Bis zum Jahre 1474, den letzten Gewalttaten in Segovia, hielten diese Verfolgungen an.

In eben diesem Jahr besteigt Isabella den Thron von Kastilien. Sie beginnt ihre Herrschaft, wie schon geschildert, inmitten eines innenpolitischen Chaos, wozu auch der Antisemitismus gehört. Neben ihren anderen Bemühungen, einer drohenden Erschütterung des Reiches vorzubeugen, ordnet sie ein Sondergericht an, dem sie den Auftrag erteilt, klare Unterscheidungen zwischen jenen neuen Christen, die ihrem katholischen Glauben treu blieben, und jenen, die den jüdischen Riten auch weiterhin anhängen, zu treffen. Um Ruhe in ihrem Staat besorgt, konnte sie jedoch nicht ahnen, daß mit dieser Verfügung letztlich eine Tragödie ins Rollen kam, der sie selbst zustimmen mußte.

Exodus in den Tod

Noch einmal Santa Fé und Granada, Symbole der vollendeten Reconquista als Folge militärischer Überlegenheit und dynastischen Streits des muslimischen Gegners, aber auch gerne als Zeichen des christlichen Sieges über den Islam gedeutet.

Mit dem Kreuz auf der Alhambra sollte dieser Erfolg sein Wahrzeichen erhalten. Von Rom bis Paris läuten die Glocken. Zittern die Menschen auch vor den im Südosten Europas immer bedrohlicher werdenden Heeren der Türken, so danken sie dennoch dem Himmel für den Sieg der Christenheit über die letzte muslimische Herrschaft auf spanischem Boden. In der Hauptstadt des gestürzten Emirats feiern Isabella und Ferdinand ihren ohne Blutvergießen abgeschlossenen Endkampf, mit dessen Ertrag an Beute man allen materiellen Aufwand eines zehnjährigen Krieges auszugleichen hoffte.

Neben dem gleißenden Licht der Freude ist es, wie immer, am dunkelsten, und in den frohlockenden Chor des Te Deum drängen sich ungöttliche Dissonanzen eines streitbaren besessenen Fanatikers, der den Hochaltar christlicher Anbetung von allen Befleckungen reinigen will, und sei es mit der gnadenlosen Ausrottung der Häretiker, der Ketzer und der rückfällig gewordenen Conversos. Bei den beiden erfolgreichen und hochgestimmten Majestäten, die ihre Belagerungsstadt Santa Fé mit Granada vertauscht hatten, meldet sich Tomás de Torquemada, seines Zeichens Großinquisitor von Kastilien – nicht mit dem Kardinal Juan de Torquemada zu verwechseln. Er bittet nicht, wie es die höfische Etikette verlangt, um Audienz, sondern fordert Gehör für seine Berichterstattung eines in sein Konzept und sein weiteres Vorhaben passenden Geschehens.

Was Torquemada der Königin und dem König in flammender Rede erzählt, muß dem Menschen der Gegenwart unfaßbar erscheinen. Und doch ist es nur eines der vielen Beispiele, welcher Geist und welche Atmosphäre das sogenannte finstere Mittelalter beherrschte, um Abtrünnige und Andersgläubige zu verfolgen und auszulöschen; die Neuzeit wendet dazu nur moderne Methoden an. Juden, so fordert der Großinquisitor, mit der von ihren Vorfahren befürworteten und von der damaligen römischen Besatzungsmacht geforderten Kreuzigung des Gottessohnes Jesus Christus, verdienten selbst nach vielen Generationen nur eine kollektive Strafe, für die durch den Staat die entsprechenden Voraussetzungen zu schaffen wären.

Weil er alles an gewohnter Gemeinsamkeit des Zusammenlebens, an wirtschaftlicher Prosperität und geistigem Befruchten ignoriert, trägt Torquemada diese Geschichte vor, wie sie dem Zweck entsprechend aufgearbeitet und von ihm abgeschlossen worden war.

Noch bevor die beeindruckende Heerschau vor Granada und zu Füßen der Alhambra Boabdil zum endgültigen Einlenken bewogen hatte, war es in dem von Ferdinand regierten Aragonien zu einem ungeheuren, aber recht überzeugenden Zwischenfall gekommen. Man hatte den Juni 1490 geschrieben. In dem Dorf Astorga, wo zweieinhalb Jahrhunderte zuvor der heilige Franz von Assisi auf seiner Pilgerfahrt nach Santiago de Compostela von einer Krankheit wieder genesen war, hatte ein durchreisender Wollweber – andere Überlieferungen bezeichnen ihn als Fuhrmann – mit Namen Benito Garcia eine Bleibe für die Nacht gefunden. Als er sich in seine Schlafkammer zurückgezogen, aber seinen Reisesack in der Wirtsstube vergessen und liegengelassen hatte, machten sich andere, von

Neugierde geplagte Gäste über das Gepäck her, suchten wohl nach Wertsachen oder anderen interessanten Habseligkeiten, entdeckten aber in der durchwühlten Habe Garcias eine Hostie oder das, was sie, in religiösem Fanatismus und Judenhaß erregt, in ihrem Wahn als Hostie halten wollten.

Schändung, Sakrileg, Gotteslästerung und Rückkehr zum verderbenbringenden jüdischen Ritual – der Beweis eines Verbrechens war erbracht. Bereits am frühen Morgen des nächsten Tages zerrte die aufgebrachte, nach Blut dürstende Menge den noch schlaftrunkenen Benito Garcia vor Pedro de Villega, den für die Region und den Ort zuständigen Vertreter der Inquisition. Mit dem ganzen Repertoire seiner Umgangssprache wies der Angeschuldigte alle ihm zur Last gelegten Vorwürfe zurück. Erwartungsgemäß fanden seine Beteuerungen nur taube Ohren: Er war ein Hostienschänder und hatte sich zu diesem Frevel zu bekennen.

Da ein solches Eingeständnis nicht freiwillig geschah, erreichten zweihundert Stockhiebe die gewünschte Aussage. Unter den brutalen Schlägen bekannte sich Benito Garcia als ehemaliger, aber zum christlichen Glauben konvertierter Jude, der seinen mosaischen Ritualen in seiner häuslichen Abgeschiedenheit immer noch anhänge. Dem Inquisitor reichte ein solches Geständnis nicht. Er brauchte mehr, nicht nur das Bekenntnis dieses einfachen, im Grunde ungefährlichen Mannes, der wohl kaum aus sich selbst zu handeln in der Lage gewesen sein konnte. Da mußte es ein weit verbrecherischeres Umfeld geben, das aufzudecken inquisitorische Christenpflicht forderte. Also ist Pedro de Villega auf Namen und Daten von Hintermännern begierig, um in Erfahrung zu bringen, welche Verbrechen da gegen Gott, den wahren Glauben und die christliche Regentschaft des Staates verübt worden waren und wohl noch verübt werden. Nur so könne das Übel an der Wurzel gefaßt und ausgemerzt werden. Diese Angaben herauszufinden, befahl er für Garcia die grausame, unmenschliche Wassertortur, in der jedes Opfer bereit war, dem Gewünschten noch eigene, erfundene Vergehen hinzuzufügen und Namen von Freunden, sogar Familienangehörigen hinauszuschreien, selbst wenn sie in keinerlei Zusammenhang mit den ihm zur Last gelegten Anschuldigungen standen, nur um den bestialischen Quälereien ein Ende zu bereiten, ja, lieber den Tod in Kauf zu nehmen, als weiteren Foltern ausgesetzt zu werden.

Benito Garcia keuchte Pedro de Villega ins lüstern wartende Gesicht, daß er „aus Verachtung für den Leib Christi vor dem Viatikum (der letzten Kommunion, d. A.) auszuspucken bereit" sei und bei seinem Freunde Ça Franco, ebenfalls einem Converso, auch weiterhin die jüdischen Rituale beachtet und praktiziert habe.

Dies waren genau die Verbrechen, die man den konvertierten Juden anzukreiden wünschte. War es auch längst noch nicht alles, so ergab sich doch zunächst ein Name, mit dem man die weiteren Ermittlungen anstellen und den Nachweis erbringen konnte, daß die Mehrzahl der Conversos nur die Vorteile der katholischen Religion in Anspruch nahm, um die Privilegien im Staat zu genießen, in Wirklichkeit aber dem verdammenswerten Glauben ihrer für den Tod Christi verantwortlichen Väter mit all dessen äußeren Erscheinungsbildern, aber auch geheimen und an Verbrechen reichen Riten anhänge. Benito Garcias Schmerzensaufschrei brachte den Stein ins Rollen. Ça Franco und seine beiden Söhne Moses und Yucé wurden sofort abgeholt und in das Gefängnis von Segovia eingeliefert. Yucé wurde nur wenig später krank und beging den Fehler, um einen jüdischen Arzt zu bitten. Statt eines solchen, wie im Verfahrensprogramm gebräuchlich, betrat als Rabbi Abraham genannt und verkleidet, der Dominikanermönch Alonso Hendriquez, auch ein Converso, die Kerkerzelle, um sich sogleich Yucés Vertrauen zu erschleichen. In den Gesprächen mit dem angeblichen Arzt soll im Hebräischen mehrfach der Name Christus gefallen sein. Den Quellen konnte hingegen nur ein undefinierbares hebräisches Wort entnommen werden, das man zum Erreichen des erforderlichen Zieles als Christus auslegte.

War dieser „Arztbesuch" auch keine Offenbarung, so genügten Gespräch und Aussagen bereits, um einen „Fall Yucé" zu konstruieren. Schon aufgrund der daraufhin ihm zugegangenen Information schien dieser Fall Torquemada so bedeutungsvoll zu sein, daß er Isabella und Ferdinand nicht zum Kriegszug nach Granada begleitete, wie es eigentlich seiner Position entsprochen hätte, sondern sich in Avila niederließ, um mit aller Härte den bereits vorliegenden Geständnissen noch weitere, im Sinne seiner Konzeption erforderliche Aussagen zu entlocken. Und durch nichts ließ er sich von diesem Vorhaben abbringen. Von Benito Garcia, dessen Brüdern Franco und Alonso, Getreidehändlern aus La Guardia, ebenfalls Conversos, bis Yucé wurden ihm die Angeklagten vorgeführt. Beweise, so man sich überhaupt darum bemüht hätte, waren Nebensache, Geständnisse, ob wahr oder in peinlicher Befragung erpreßt und zur Erlösung von Qualen erfunden, erlangten hingegen den Stellenwert, der Torquemada das Mittel an die Hand gab, nun im Sinne seines Verfolgungsrausches auf breiter Basis aktiv zu werden. Die Folter war das unumgängliche Hilfsmittel, den Delinquenten die haarsträubendsten Horrorgeschichten zu entreißen, auch wenn sie nur einen harmlosen Kern besaßen. In der Tortur hatten diese Methoden auch bei Yucé den erwarteten Erfolg. Vor Jahren, so gestand der Gepeinigte, habe ihm der Converso Alonso Garcia erzählt, daß ihn sein Übertritt vom jüdischen zum katholischen

Glauben nicht mehr in Ruhe lasse. Gleichsam zur eigenen Rehabilitierung habe er sich damals im Zusammenhang mit einem Osterfest an der Kreuzigung eines Christenkindes beteiligt.

Damit waren die Voraussetzungen, den Vorschriften der Inquisition entsprechend, für ein ordentliches Gerichtsverfahren gegeben. In ihm widerrief Yucé seine unter der Folter gemachten Aussagen. Eine solche Kehrtwendung konnte das sorgfältig vorbereitete Anklagegebäude des Großinquisitors ins Wanken bringen. So mußte eine andere, oft sehr erfolgreiche Methode angewandt werden. Yucé und Alonso Garcia kamen in zwei benachbarte Gefängniszellen, die nicht nur eine gegenseitige Verständigung zuließen, sondern auch eine Abhörmöglichkeit boten. Die erlauschten Gespräche ergaben indes keine erhofften Aufschlüsse, so daß man erneut die schmerzhaftesten Foltermaßnahmen ergriff. In seinen psychischen Qualen erklärte sich Alonso zu jedem und, wie er hoffte, endgültigen Geständnis bereit, wenn man dafür seinen Vater verschonen würde. Selbstverständlich wurde ihm diese Zusage gegeben, auch wenn sie für die Inquisitoren keine Verpflichtung zur Einhaltung bedeutete. Ein teuflisches Gehirn hätte keine grausamere Geschichte erfinden können, wie sie die Prozeßakten festhielten.

Alonso ließ also protokollieren, daß sich drei Jahre zuvor in La Guardia die Familie Franco, ein Bettler und der inzwischen verstorbene Arzt Tazarté getroffen hätten. Er selbst, Alonso, habe ein Kinderherz in einer Schachtel besessen, in der er schon eine profanierte Hostie aufbewahrt hätte. Mit dieser Schachtel könnte er, so habe der Arzt gemeint, alle Inquisitoren von der Tollwut befallen und eines erbärmliches Todes sterben lassen, wenn sie die Juden- und Conversos-Verfolgungen nicht einstellen würden. Die Zaubersprüche Tazartés, so hätten die Versammelten damals übereinstimmend gemeint, dürften wohl nicht wirksam genug sein, weshalb Benito Garcia mit Schachtel und Inhalt auf die Reise geschickt worden sei, um in Zamora einen besseren Magier aufzusuchen. Bei diesem Vorhaben sei Benito schließlich in Astorga ertappt und entlarvt worden.

Man sollte annehmen, daß den peinlichen Verhören damit Genüge getan worden sei. Jedoch weit gefehlt. Die Richter und vor allem Torquemada brauchten den absoluten Höhepunkt der Schandtat des Conversos-Ensembles, nämlich das Finale mit der mysteriösen Kreuzigungsszene jenes Christenkindes. In neuen Folterqualen reimte sich also Alonso die Spukgeschichte zurecht: Das einem Faßbinder entführte Kind, auf einem Esel reitend gleich Christi Einzug in Jerusalem, habe man in eine Höhle getrieben. Dort sei es gemäß der Überlieferung des Evangeliums zunächst gegeißelt worden, wobei das Kind geweint habe, nicht vor Schmerzen, sondern aus Kummer, weniger Hiebe als Jesus erhalten zu haben. Mit der Dornenkrone auf dem Haupte mußte es endlich alle Leiden des Gottessohnes bis zum Tode am Kreuz durchstehen.

Eindrucksvoller konnte das Protokoll einer verbrecherischen Gotteslästerung den Ablauf eines jüdischen Ritualmordes, wie er schon seit langer Zeit durch die Hirne geisterte, gar nicht enthalten. Nun besaß Torquemada mit dem schriftlichen Beweis die Handhabe, Isabella und Ferdinand zu überzeugen und von ihnen mit einem Freibrief sein weiteres Vorgehen gegen abtrünnige Conversos legitimiert zu bekommen. Da diese Bekehrten aber stets der Versuchung ausgesetzt waren, durch die Juden wieder zum mosaischen Glauben zurückgeführt zu werden, gab es für ihn nur die Alternative, die Königreiche wie den sagenhaften Augiasstall zu säubern. Nach dem Gesetz konnte er den praktizierenden Juden keinen inquisitorischen Prozeß machen. Also blieb ihm nur der Vorschlag, sie mit Anordnung der Majestäten des Landes zu verweisen.

Für jene Gerichtsverhandlung waren keine Zeugen benötigt und daher auch nicht geladen worden. Die Geständnisse waren so klar gewesen, daß man ohne weiteren Zeitaufwand das schon längst feststehende Urteil sprechen und vollstrecken konnte. Am 16. November 1491 wurden die Conversos in Avila öffentlich verbrannt, während jenes geheimnisvolle und nie identifizierte Kind schon kurz darauf von dem sich in religiöser Verblendung befindlichen Volk verehrt und in ihm errichteten Kirchen und Kapellen wie eine heilige Märtyrergestalt angerufen wurde.

Zum Ausgangspunkt, zu jener Vorsprache des Großinquisitors in Granada zurück: Nicht nur den Abschluß des Verfahrens von Avila weiß Torquemada mit feurigen Worten zu schildern. Vielmehr fühlt er sich zu entsprechender Dialektik verpflichtet, auf den Besitz von Unterlagen zu verweisen, aus denen zweifellos hervorgehe, daß seit Jahrhunderten unzählige Märtyrerkinder von Conversos und Juden geopfert worden seien. In Avila hätten ihm Bewohner von einer Lynchjustiz an einem eines solchen Verbrechens überführten Juden berichtet, was ihn nur in seiner Überzeugung bekräftige, daß dieses Ungeziefer am Leib der einzig wahren Kirche beseitigt werden müsse, da dies ja auch das christliche Volk verlange. Dem Inquisitor darf man wohl einräumen, daß es ihm nicht um einen Massenmord, sondern um die Bekehrung zum katholischen Glauben ging. Dies zu erreichen, dürfte die Androhung der Ausweisung erleichtern. Mit einer solchen Maßnahme stünden die Könige nicht allein; hinter ihnen warte, wie es längst bekannt sei, die Bevölkerung nur auf einen entscheidenden Beschluß, mit dem die jüdische Frage gelöst werden könnte.

Die flammende Rede des Tomás de Torquemada, der doch einmal Isabella als Beichtvater nahegestanden und, diese Funktion nutzend, sein ganzes Repertoire ausgeschöpft hatte, war zwar beeindruckend und sogar schockierend gewesen, konnte aber die beiden Herrscher noch nicht zu einer überstürzten Tat bewegen. Sicher würde eine einzige Religion den Einheitsstaat fördern, doch mußten sich Isabella und Ferdinand die unbestreitbare Bedeutung der Juden auf kulturellem, finanziellem und wirtschaftlichem Gebiet des Staates und der Allgemeinheit vor Augen halten, verdankten doch beide gerade jüdischen Finanziers die Überwindung kritischer Situationen und die Absicherung ihres Thrones durch die stete Bereitschaft einer Kreditgewährung und andere Zuwendungen.

Daß ihre Lage immer prekärer wurde, und Torquemadas Einfluß am königlichen Hofe nicht zu unterschätzen war, blieb den Juden natürlich nicht verborgen. Indem sie aber den guten Kontakten ihrer prominenten Vertreter zu den Majestäten vertrauten, wurden die Mitglieder einer Delegation unter Führung des königlichen Steuereinnehmers Isaak Abrabanel beauftragt, mit den beiden Regenten eine gütliche und akzeptable Lösung der die Juden beunruhigenden Entwicklung auszuhandeln. So erschien also die Abordnung am 30. März 1492 in der Alhambra, wo nun das Herrscherpaar residierte. Abrabanel und seine Begleiter verwiesen zunächst auf die doch stets gewährte Hilfe in wirtschaftlich schwierigen Situationen des Königspaares und des Staates und boten mit dreißigtausend Golddukaten erneut ihre Solidarität an, natürlich mit der Erwartung, daß ihre Glaubensbrüder von Verfolgungen verschont blieben. Sollten neue Gesetze erlassen werden, so würden sich die Juden verpflichten, diese Anordnungen nicht nur genauestens zu befolgen, sondern auch zur Nachtzeit ihre Ghettosiedlungen, die Juderias, wie auch Einzelhäuser nicht zu verlassen.

Diese Angebote und Zusicherungen blieben auf Isabella und Ferdinand nicht ohne positive Wirkung. Während die Königin mit sichtbarer Rührung die Aufrichtigkeit dieses Gesprächs zur Kenntnis nahm, versprach sich ihr Gemahl von der nicht bescheidenen Dukatensumme einen wichtigen Beitrag für die Staatskasse, die gerade nach dem abgeschlossenen, kostspieligen Feldzug gegen Granada einer Auffrischung bedurfte. Doch in dem Augenblick, als die Majestäten erkennen ließen, den Vorschlägen zuzustimmen, brach die Katastrophe in Gestalt Torquemadas über die

Besprechung herein. Einem von Furien Gehetzten gleich stürmte der Großinquisitor in den Saal und schrie: „Judas Ischariot verriet Christus für dreißig Silberlinge; Eure Hoheiten sind gerade dabei, ihn für dreißigtausend zu verraten!" Mit theatralischer Geste riß er ein Kruzifix aus seinem Gewand, schleuderte es vor den Herrschern auf den Tisch, machte eine Kehrtwendung und verließ in wütender Empörung die Zusammenkunft.

Für eine unmittelbare Reaktion auf diese Szene war die Bestürzung zu groß. Es schien nicht mehr um Menschen, sondern um Prinzipien der Religion zu gehen. Während Isabella, betroffen über diesen Auftritt Torquemadas, in ihre Gemächer eilte, stellte Ferdinand bereits eiskalte Überlegungen und Rechnungen an. Dreißigtausend Dukaten waren gewiß eine nicht zu verachtende Summe, aber nur eine Kleinigkeit gegen die Zahlen, die er sich in seinen sofortigen Kalkulationen zusammenaddierte: Eine Vertreibung der Juden und die Beschlagnahme ihrer allgemein bekannten Vermögen und Besitztümer würden ihm und dem Staat wahrscheinlich das Tausendfache jenes angebotenen Betrages einbringen. Die Mathematik siegte über die Humanität.

Nicht einmal wahrscheinlich, erst recht nicht das Tausendfache mußte der König dann enttäuscht feststellen. Unter dem Strich sah die Bilanz der Staatskasse nach der Ausweisung der Juden nicht günstiger aus. Die „Abrechnung" strafte die überzogenen finanziellen Erwartungen Lüge, was allerdings von zahlreichen Historikern übersehen wurde. Gerne werden nämlich die aus der Neuen Welt weggeschleppten Goldschätze als Äquivalent des wirtschaftlichen Verlustes angeführt. Die Realität erwies sich als weit nüchterner. Die meisten reichen Juden fürchteten um den Besitz ihres Vermögens, ließen sich taufen oder, im internationalen Geldverkehr bewandert, Wechsel auf die Banken in Italien, besonders bei ihren Genueser Finanzpartnern, ausstellen, die ihnen nach der Vertreibung zwar nicht in vollem Umfang eingelöst wurden, aber zum Neuaufbau einer Existenz ausreichten. Die Mehrheit der Juden gehörte jedoch dem allgemeinen Bürgertum an, dem der Sprung in die Klasse der Begüterten nur durch einen Glücksfall möglich gewesen wäre. Ferdinands hochfliegende Pläne mußten demnach eines Tages wie ein Kinderluftballon platzen.

Das Verbannungsedikt (31. 3. 1492)

Nicht das Schicksal, auch nicht Gottes Ratschluß, sondern ein unbeugsamer Torquemada und das Rechenexempel des Aragoniers hatten entschieden, hatten abertausendfachen Tod heraufbeschworen, der in der jüdischen Geschichte des Diasporalebens bis in die vierziger Jahre des zwanzigsten Jahrhunderts ohne Beispiel bleiben sollte. Bereits am Tag nach der Vorsprache der jüdischen Abordnung und Torquemadas Dazwischentreten, am 31. März 1492, unterzeichneten Isabella und Ferdinand das Verbannungsedikt, das Richelieu als das barbarischste der Geschichte bezeichnete.

Drei Monate waren den Juden auf kastilischem Boden noch gegönnt; denn in dem Gesetz hieß es: „Alle Juden, Männer, Frauen und Kinder, abgesehen von denen, die sich taufen lassen, haben die Königreiche bis zum 1. Juli 1492 zu verlassen." Sollten sie zurückkommen, würden sie zum Tode verurteilt, hieß es weiter, und Christen, die ihnen in irgendeiner Weise Hilfe gewährten, würden als Ketzer vor Gericht gestellt. In der „Erläuterung" des Gesetzes wurde jener Ton angeschlagen, der ein halbes Jahrtausend später in ähnlicher und, besonders nach rassischen Gesichtspunkten, in noch verschärfterer Form zu vernehmen war: „Trotz der Einrichtung der Inquisition hat der Schaden angehalten, der den Christen durch die fortwährende Ausübung der jüdischen Glaubensvorschriften zugefügt wurde. Die Juden haben damit bewiesen, daß sie unnachgiebig ihre Zersetzungstätigkeit weiterhin zu praktizieren beabsichtigen, um die wahren Gläubigen vom Weg des Apostolischen Bekenntnisses abzubringen, zu verhetzen, zugrunde zu richten, ihr Urteil und ihre Meinung in Glaubensdingen zu verfälschen, indem sie ihre eigenen Rituale in die katholischen Feiern einfließen lassen, christliche Söhne beschneiden und christlichen Kindern Brot ohne Hefe und koscheres Fleisch zu essen geben."

Doch mit dieser Sprache und dem zweckdienlich konstruierten Argumenten noch nicht genug. Ferdinands Finanzspekulationen, denen Isabella, entgegen anderen Regierungspraktiken, keinen Widerstand leistete und die sie mit ihrer Unterschrift billigte, plünderten die Juden buchstäblich bis aufs Hemd aus. Wohl gestand man ihnen zu, ihr Eigentum zu verkaufen, doch wurde ihnen verboten, Geld, Gold oder andere Wertsachen mitzunehmen. Diese Klausel bedeutete nichts weiter als das Zugeständnis des nackten Lebens. Verzweifelt versuchten die Juden, ihr Hab und Gut zu veräußern. In der Gewißheit, daß den Verbannten nur noch kurze Zeit verblieb, warteten die Christen ab, bis sie die Häuser, ganze

Landgüter und Pretiosen aller Art zu Schleuderpreisen erwerben konnten, wozu entsprechende Geldsummen nicht mehr vonnöten waren. So wechselten ein prächtig eingerichtetes Haus gegen einen Esel, ein Stück Land oder mehrere Weinberge gegen einen Tuchfetzen den Besitzer. Die Judenviertel in den Städten wurden entvölkert zurückgelassen. In die mit allem Mobiliar ausgestatteten Häuser zogen die Christen ein, ohne sich finanziell verausgaben zu müssen, sich vielmehr ohne einen Handstreich und über Nacht bereichern zu können.

Taufe und Annahme des katholischen Glaubens waren wohl eine Möglichkeit gewesen, dieses Unglück zu umgehen. Aber nur wenige Juden, unter ihnen auch der Oberrabbiner und einige Vornehme, wählten, wenn auch nicht einmal mit halbem Herzen, den Ausweg, indem sie sich von Torquemada überreden ließen und konvertierten. Die große Masse ihrer Glaubensbrüder lehnte jedoch den Bekehrungsaufruf des Großinquisitors ab. Nicht allein ihr Festhalten am Glauben ihrer Väter, dem sie trotz Taufe im Herzen treu geblieben wären, war ausschlaggebend, sondern auch das nicht verborgen gebliebene Wissen um die oft bis zur Verfolgung reichenden Unsicherheiten und Schwierigkeiten, denen Conversos ausgesetzt waren. Schon über zwei Jahrzehnte zuvor hatte der Dominikaner Fray Alonso de Hojeda, Prior von Sevilla, Isabella einen Bericht erstattet, in dem er strengste Maßnahmen gegen konvertierte Juden forderte und sie bezichtigte, obwohl die von ihm Angegriffenen in hohen Ämtern vertreten waren, ihren Glaubensgrundsätzen treu geblieben zu sein. Conversos waren ja schließlich auch jene verbrecherischen Elemente gewesen, die man nach dem Urteil von Segovia auf die Scheiterhaufen geschleppt hatte.

Die Juden, für die ihr Diaspora-Leben auf der Pyrenäenhalbinsel jahrhundertelang, sowohl unter muslimischem als auch christlichem Regime, alle menschlichen Vorteile gebracht hatte, die den spanischen Boden als Heimat geliebt und hier ihre geistige und manuelle Kraft zur eigenen Existenz und zur Förderung der Allgemeinheit entfaltet hatten, mußten in das Buch ihres historischen Schicksals der Vertreibung und Verfolgung ein weiteres, an Einzel- und Gesamttragödien reiches Kapitel schreiben.

War Torquemada zwar der geistige Initiator der Judenvertreibung gewesen, so paßte die Auswanderung gar nicht in seine Vorstellungen. Im Prinzip wollte er keine Verfolgung und Vertreibung. Ihm ging es in erster Linie um Bekehrung, die er mit der Androhung des königlichen Edikts zu erreichen geglaubt hatte. Er begehrte den Ruhm, dem Volke Christi neue Seelen zuführen zu können. Indem dies aber mit wenigen Ausnahmen fehlzuschlagen schien, nahm er, zusammen mit den Majestäten, alle

Brutalität und allen Terror nicht nur in Kauf, sondern als wohltuende Befriedigung, dem wahren Glauben einen hehren Dienst erwiesen zu haben.

Das Drama, wie es unmenschlicher nicht sein konnte, begann im Mai 1492 mit dem jüdischen Exodus, einem Todesmarsch, nur vergleichbar dem Zug durch die Lagertore der Neuzeit. Die Zahl der zum Verlassen der Königreiche Gezwungenen hat die Historiker zwar beschäftigt, doch nicht zu einem eindeutigen Ergebnis führen können. Da keine konkreten Unterlagen vorliegen, kann man sich nur auf Schätzungen stützen. Sie schwanken zwischen 100 000 und 300 000. Die Mitte zwischen beiden Zahlen, also 200 000, dürfte der Flüchtlingsschar entsprechen, die dem Großinquisitor ein genußreiches, wenn auch nicht entsprechend seiner Bekehrungsabsicht gewünschtes Schauspiel bot, wie es seit dem Römer Titus und dessen Nachfolger dem jüdischen Volke nicht widerfahren war. Selbst der Marsch in die Babylonische Gefangenschaft war, von den Strapazen des Weges abgesehen und auch nur für einen Teil der Bevölkerung, letztlich in paradiesische Verhältnisse gemündet. Nun aber harrten Tod und ein Nichts auf die Flüchtlinge.

Endlose Kolonnen verzweifelter und hoffnungsloser Menschen quälten sich über die holprigen Straßen gen Süden, geächtet, mittellos und ohne die primitivsten Güter des täglichen Lebens. Selbst den wenigen, von Mitleid bewegten Christen war es bei Strafe verboten, den in der einsetzenden heißen Jahreszeit vom Durst Gequälten auch nur einen Schluck Wasser zu reichen. Die Mehrheit der einheimischen Bevölkerung, zu Vergeltung und Haß aufgestachelt, sah ungerührt den Tragödien zu, die sich vor ihren Augen abspielten. Am Wegesrand brachen die nicht mehr gehfähigen Alten zusammen und gaben ihren Geist auf, hochschwangere und gebärende Mütter starben mit ihren Neugeborenen im Sand der kastilischen Erde, Kinder, dem Verdursten nahe, schrien nach Wasser, Kranke blieben ohne Hilfe liegen, um ihre Schmerzen bis zum bitteren Ende ertragen zu müssen. An den Straßen der Mitleidlosigkeit und des Grauens war sogar der Tod überfordert.

Dennoch erreichte ein bescheidenes Kontingent das mit aller Hoffnung erstrebte Mittelmeer. Sich seeuntüchtigen Booten und kleinen Schiffen anvertrauend, hofften sie das rettende Ufer Nordafrikas zu erreichen. Doch Piraten kaperten die primitiven Seefahrzeuge, meuchelten die Vertriebenen nieder, nachdem sie ihnen keine Schätze hatten rauben können, oder schlitzten ihnen bei lebendigem Leib die Bäuche auf, um in den blutenden Därmen nach Gold zu suchen – wie der Chronist Bernaldez berichtet.

Ein paar Tausend konnten nach Portugal entkommen, um aber auch dort nach einiger Zeit von der Infantin Isabella, nicht der kastilischen Königin, ausgewiesen zu werden. Auch in Neapel gingen welche an Land, um sofort beschuldigt zu werden, die gerade ausgebrochene Pest eingeschleppt zu haben. Hingegen war das Schicksal jenen gewogen, die Griechenland und Kleinasien erreichten. Sultan Bajazit II. (auch Bajesid) von Konstantinopel (1481–1512), ein Verehrer Ferdinands, hieß die Juden mit offenen Armen willkommen, rief aber bei ihrem erbärmlichen Anblick aus: „Wie? Ihr nennt Fernando einen weisen König, der sein Land arm gemacht und unser Land bereichert?" Ein Genueser Chronist berichtet: „Man hätte sie für Gespenster halten können, so abgemagert waren sie, so leichenhaft sahen sie aus, und mit ihren eingefallenen Augen waren sie von Toten nur dadurch zu unterscheiden, daß sie sich bewegten." Eine nicht geringe Zahl wurde von Stürmen wieder an die spanische Küste zurückgeworfen. Weil ihnen die Todesstrafe drohte, ließen sie sich taufen – ein fragwürdiger Bekehrungserfolg Torquemadas.

Nicht wenig, aber auch nicht das von vielen Historikern gepriesene Übermaß hatten die Juden für Kultur und Wirtschaft Spaniens geleistet. Ihre Ausweisung hatte, von einzelnen lokal bedingten Schwierigkeiten abgesehen, keine geistige und ökonomische Katastrophe für die Königreiche zur Folge. Auch Joseph Pérez kommt zu der Schlußfolgerung: „... war die Rolle der Juden im Steuerwesen der Monarchie weitaus unbedeutender als vermutet. Auch ihr Einfluß im Bereich des Großhandels wurde hochgespielt. Die meisten Juden Spaniens waren einfache Handwerker, Straßenverkäufer, kleine Geldverleiher." Diese Feststellungen sprechen in der Tat einen anderen Ton als die zahlreichen Publikationen, die den Juden gerne eine wirtschaftliche und finanzielle Großmachtstellung einräumen wollen. Wer im internationalen Waren- und Geldverkehr, besonders in dem den Welthandel beherrschenden Wollexport führende Positionen innehatte, war längst schon zum Katholizismus konvertiert und somit dem Vertreibungsbeschluß nicht unterworfen. „Das Schicksal Spaniens", behauptet Pérez angesichts der historischen Wirklichkeit, und wir können uns getrost seinen Worten anschließen, „war durch die Ausweisung der Juden nicht erschüttert worden." Daß der Exodus jedoch, wie gesehen, eine Vielzahl menschlicher Tragödien zur Folge hatte, bleibt eine moralische Schuld, mit der die weitere Entwicklung Spaniens nicht kaschiert werden kann.

Freispruch für Isabella?

Eingangs dieses Kapitels wurde der Versuch unternommen, Charakteristika und Auswirkungen der schon längere Zeit zuvor außerhalb Spaniens vielerorts erfolgten Judenverfolgungen mit dem erst in der Neuzeit kreierten Schlagwort Antisemitismus zu umschreiben. Die Kampagne, die zu jenem berüchtigten königlichen Edikt vom 31. März 1492 und dessen Maßnahmen führte, wirft die Frage auf: Ging es in einer offensichtlich antisemitischen Einstellung nur um eine Vertreibung oder um eine Ausrottung jüdischer Menschen? In der Beantwortung halten sich die Stellungnahmen der Historiker die Waage. Einer programmierten Ausrottung, also der physischen Vernichtung, können wir nicht das Wort reden. Grundtendenz, wie von Torquemada angestrebt, war die Bekehrung der Juden zum christlichen Glauben, ein Ziel, das auch von Isabella gebilligt worden war, und in dem Ferdinand eine millionenfache Anreicherung der Staatskasse erhoffte. Für Juden, die sich einer Konversion widersetzten, mußte die Vertreibung wirksam werden – durch die Klauseln der Verordnung mit ihren schwerwiegenden Folgen zweifellos ein Akt psychischer und physischer Gewaltanwendung. Gemäß der Forderung zur Bekehrung mußte die Ausweisung auch zu einem Politikum werden, indem die Königreiche von einem Fremdkörper befreit werden sollten. Wenn auch autoritär angeordnet, so konnten sich die Monarchen der Zustimmung des größten Teils der Bevölkerung sicher sein. Die Grundsätze der Inquisition ließen Prozesse und Verurteilung der Juden, ebenso wie der Muslimen, nicht zu. Eine im Entstehen begriffene neue Religionspolitik erlaubte weder Häresie noch andere Glaubensgemeinschaften, was später auch die noch verbliebenen islamischen Bevölkerungsteile betraf. Der Staat, wie er sich aus der vor allem von der die Innenpolitik dirigierenden Königin geschaffenen Grundlage entwickelt hatte, mußte durch einen gemeinsamen Glauben stabilisiert werden. Die nationale und politische Einheit zu erreichen, konnte nach Überzeugung der beiden Regenten allein durch ein einziges religiöses Bekenntnis bewerkstelligt werden. Unter solchem Gesichtspunkt mußte das Fortbestehen jüdischer Gemeinden ein Anachronismus sein.

Ohne einige sich aufdrängende Gedanken und Wertungen kann dieses Kapitel nicht abgeschlossen werden. Noch einmal sei festgehalten, daß sich Isabella Kastiliens Innenpolitik gesichert und bis zur Stunde vorbehalten hatte. Der Befehl zum Exodus trug ihre Handschrift und ihre Zustimmung. Er wäre zu vermeiden gewesen, hätte sie sich den bekannten Bereicherungsabsichten Ferdinands widersetzt. Auch die behutsamsten Pinselstriche der meisten Historiker und Biographen, mit denen das Denkmal der Königin nur in Pastell und wohlgefälliger Patina gezeichnet wird, wollen die verunzierende Roststelle ihrer maßgeblichen Beteiligung am jüdischen Schicksal geflissentlich übermalen oder, um den Mythos nicht anzukratzen, auf nur vorsichtige Weise andeuten.

Der Gerechtigkeit halber kann man angesichts der überzeugenden Fakten die Augen nicht verschließen.

Tomás de Torquemada war der bekehrungssüchtige Geist gewesen. Dennoch hätte seine Position als für Häresie und rückfällig gewordene Conversos zuständiger Großinquisitor nicht ausgereicht, um aus eigener Machtfülle die Vertreibung der Juden zu initiieren und in der bekannten Skrupellosigkeit zu Ende zu führen. Dazu bedurfte es der Legitimation durch Isabella und Ferdinand. Daß sich die Königin durch seine Überredungskunst und seinen bühnenreifen Auftritt bewegen ließ, innerhalb von vierundzwanzig Stunden das Edikt abzuzeichnen, ebenso wie sie schon den Vorschriften der Inquisition und deren verschärfter Durchführung zugestimmt hatte, läßt sich nicht nur aus ihrem Mystizismus mittelalterlicher Prägung erklären. Ihre Handlungsweise zu entschuldigen, fällt schwer. Auch ihr Bestreben als strenggläubige Katholikin, die durch ihr Einverständnis und Handeln Gott ein wohlgefälliges Werk erwiesen haben wollte, konnte sie nicht daran hindern, entgegen dem christlichen Gebot der Nächstenliebe, das ihr nach ihrer religiösen Erziehung nicht unbekannt sein durfte, die letzte Konsequenz anzuordnen. Ihr konnte nicht verborgen geblieben sein, welches Leid über Tausende hereinbrechen mußte, die sie in Elend und Tod zu schicken bereit war.

Auch der Hinweis, daß ihre Unterschrift durch die ihres Gemahls ergänzt worden war, wird der Wirklichkeit nicht gerecht. Isabella hat – wir haben darauf schon mehrmals hingewiesen – es stets verstanden und zuwege gebracht, ihre Vorstellungen und Anordnungen ohne und wenn nötig gegen Ferdinand durchzusetzen. Wäre die Schärfe des Edikts mit ihrer Einsicht und ihrem Gewissen nicht vereinbar gewesen, so hätte sie den von anderen Motiven geleiteten König als für ihre Innenpolitik nicht kompetent in seine Schranken verwiesen. Zeitgenössische Chronisten und Biographen bescheinigen der Königin einen scharfen Verstand. Im Falle der Judenvertreibung scheint dieser Verstand in einen anderen Denkkanal ausgewichen zu sein.

Keinen Freispruch, im besten Falle modern: „mit Bewährung", kann man Isabella zugestehen, wenn sie sich bereits vor der jüdischen Tragödie eines anderen Vergehens schuldig gemacht hatte, das mit dem Begriff der Inquisition schon mehrfach angesprochen wurde. Diese Institution und ihre Praktiken, die gerade in Kastilien und dann in Spanien diesem Wort einen schaurigen Klang verliehen, müssen, als von ihr in die Wege geleitet, der Königin ebenfalls angelastet werden. Eine Betrachtung im Schnellverfahren sollte ausreichen, die wichtigsten Momente sichtbar zu machen.

„... ihn unerbittlich bestrafen"

Eine Vielzahl von Publikationen – sie ist bereits auf über viertausend angewachsen – hat sich nicht nur der Geschichte und Verfahrensweise der Inquisition angenommen, sondern auch die Hintergründe, die geistigen Voraussetzungen und das Wesen dieser Einrichtung des Sanctum Officium zu deuten versucht. Da hier nur die wesentlichen Merkmale der Inquisition, wie sie unter und von Isabella ins Leben gerufen wurde, aufgezeigt werden sollen, sei dem interessierten Leser empfohlen, sich mit einigen Titeln des Literaturverzeichnisses näher zu informieren. Nachdem an dieser Stelle keine Wertung vorzunehmen ist, mögen einige Daten und Fakten zum Verständnis genügen.

Verfolgung, psychische und physische Ausrottung von Abweichlern ist keine „Erfindung" der christlichen Kirche. Der große Sokrates mußte den Schierlingsbecher nehmen, da man ihn bezichtigt hatte, neue Götter einführen und die Jugend mit seinen Ideen verderben zu wollen. Als staatsgefährdende Sektierer wurden die frühen Christen von den römischen Kaisern verfolgt, nicht anders als ihr Jesus von Nazareth von der jüdischen Priesterschaft der Gotteslästerung angeklagt worden war.

Aufspüren oder Untersuchung lautet die Übersetzung des lateinischen Wortes der Inquisition. Aufspüren, untersuchen und beseitigen ketzerischer Tendenzen setzten schon sehr früh ein. Nur geistliche Bußmittel und Aufhebung der Kirchengemeinschaft waren vor Konstantin dem Großen die Maßnahmen gegen Häretiker gewesen. Eine offizielle Behörde hatte es nicht gegeben, auch zunächst nicht, nachdem das Christentum Staatsreligion geworden war. Erst im Hohen Mittelalter wurde mit der zunehmenden Gefährdung der Kirche durch um sich greifende Ketzereien die Inquisition ausgebildet, indem Abweichung von der Religion auch eine Zerstörung der staatlichen Ordnung und des Lebensinhalts bedeutete. Aus diesem Grundsatz erwuchs in der Kirche und im Staat eine Intoleranz, die jede andere Religionsgemeinschaft, ja bereits Zweifel an den fundamentalen Glaubensgrundsätzen als gottlos brandmarkte. Schon von Kindheit an wurde der Mensch des Mittelalters zur Vorstellung erzogen, daß die Bibel von Gott selbst diktiert worden sei, wie es auch der Islam vom Koran lehrt, und Christus die Kirche gegründet habe, daß sich also alle Völker zu dieser Kirche zu bekennen hätten.

Reinheit des Glaubens und Ordnung im Staat als gemeinsames Interesse führten im 4. Laterankonzil von 1215 zur Forderung, daß das Ketzertum auszurotten sei. Durch bischöfliche Institutionen Verurteilte seien an die weltliche Gewalt auszuliefern. Gregor IX. (1227–1241), Gegner des Stauferkaisers Friedrich II. (1210–1250), nahm die Inquisition den Bischöfen aus der Hand und richtete 1231/32 die päpstliche Inquisition ein, mit der er vorzugsweise Dominikaner, später auch Franziskaner beauftragte. Innocenz VI. (1352–1362) genehmigte 1352, gleich nach Antritt seines Pontifikats, die Anwendung der Folter.

In den spanischen Königreichen wurde die Inquisition seit 1478 eine staatliche Einrichtung unter einem Großinquisitor. Bereits Heinrich IV., Isabellas Halbbruder und Vorgänger, hatte sich an Papst Pius II. gewandt, um sich die Erlaubnis einzuholen, vier Inquisitoren ernennen zu dürfen, die aber nur der Kirche unterstellt sein sollten. Dabei blieb es auch. Heinrich beschäftigten genügend andere Probleme. Die Idee wurde jedoch von kastilischen Theologen, besonders konvertierten, ehemaligen Juden aufgegriffen und weiter ausgebaut, so daß mehrere Historiker, auch der führende Sanchez-Albornoz, die Hypothese wagen, die Inquisition Spaniens sei eine jüdische Entwicklung gewesen. Schriften aus den Federn von Conversos scheinen diese Annahme zu erhärten. So schreibt der Converso Alonso de Cartagena in seinem „Defensorium unitatis christianae": „Wenn sich ein neuer Christ ungebührlich benimmt, muß man ihn unerbittlich bestrafen, und ich würde als erster den Scheiterhaufen errichten und ihn eigenhändig anzünden. Wenn der Schuldige ein ehemaliger Jude ist, muß man ihn noch härter bestrafen, da er ganz bewußt sündigt."

Isabella hatte sich gerade zur Königin gekrönt, als sie erstmals mit dem Problem eines harten Vorgehens gegen die Conversos konfrontiert wurde. Der Dominikaner-Prior von Sevilla, Fray Alonso de Hojeda, forderte von ihr in einem Schreiben ein sofortiges, unnachgiebiges Einschreiten gegen die untragbaren Zustände, hervorgerufen durch die Conversos, die sich in immer zunehmenderer Zahl zwar Christen nennen würden, aber in Wirklichkeit weder solche noch Juden seien und trotzdem insgeheim ihren mosaischen Ritualen anhängen würden. Dennoch sei es ihnen gelungen, in hohe Ämter vorzudringen. Sie würden sogar in aller Öffentlichkeit ihre jüdischen Feste feiern und ihre Toten nach jüdischen Riten beerdigen. In Stadt und Land seien die wahren Christen empört.

Noch hat die Königin andere, weit größere Sorgen um ihren Thron und um das Schicksal des Landes. Der Krieg um Juana und die Ratschläge ihrer besonnenen Mitarbeiter, ihres Beichtvaters Hernando de Talavera, selbst ein Converso, und des Kardinals Mendoza, zur damaligen Zeit Erzbischof von Sevilla, mahnen sie, abzuwarten und die Dinge nicht zu überstürzen. Vier Jahre lang holt sie genaue Informationen über die Lage im Süden ein. Im Jahr nach Beendigung des Erbfolgekrieges, 1477, reist sie mit Ferdinand und ihrem Hofstaat nach Estremadura, um sich dann bis zum darauffolgenden Jahr mehrere Monate in Sevilla aufzuhalten und sich an Ort und Stelle über die Situation zu unterrichten. Dieser Besuch und dessen Ergebnis scheinen den meisten Historikern so ausschlaggebend zu sein, daß sie mit dem Jahr 1478 die Geburtsstunde der Inquisition in Spanien ansetzen. Denn nach ihren Eindrücken und ihrem Verweilen in Andalusien richten Isabella und Ferdinand das Gesuch an den Papst, ihnen ein Inquisitionsgericht zu genehmigen. Sixtus IV. erläßt daraufhin am 1. November 1478 die Bulle „Exigit sincerae devotionis", in der dem Herrscherpaar zugestanden wird, Inquisitoren zu ernennen.

Als sei der Gedanke, welch vielleicht unberechenbares Instrument ihnen ausgehändigt worden war, ihnen selbst unheimlich gewesen, lassen Isabella und Ferdinand zwei Jahre verstreichen, ohne den von ihnen erwirkten päpstlichen Erlaß durchzuführen. Sicher nicht ohne Einfluß mag auch der harte Widerstand ihrer Berater gewesen sein. Noch bevor eine Katastrophe über die Menschen hereinbräche, versuchen Talavera und Mendoza, vornehmlich in Sevilla und Umgebung, durch Predigten, Schriften und Aufrufe an die Geistlichkeit, die Gläubigen intensiv zu unterweisen, hatte man sich doch gerade mit den Conversos außer der Taufe religiös nicht befaßt. Von nicht ins Gewicht fallenden spärlichen Ausnahmen abgesehen, zeigten die Conversos nicht das geringste Interesse an den Bemühungen der beiden Kirchenmänner und hingen, obwohl sie auf schwerwiegende Konsequenzen hingewiesen worden waren, weiterhin unverblümt ihren alten jüdischen Ritualen an. So mußten schließlich der Stadtrichter von Sevilla und der Bischof von Cadiz Isabella und Ferdinand mitteilen, daß die Katechesen-Einsätze Talaveras und Mendozas auf unfruchtbaren Boden gefallen seien. Die beiden Majestäten sehen sich daraufhin gezwungen zu handeln. Am 27. September 1480 benennen sie die ersten Inquisitoren. Wenn schon von einer Geburtsstunde der Inquisition die Rede war, so ist dieses Datum die zweite und die zweifellos entscheidende.

Jähes Entsetzen breitet sich in Sevilla aus, als diese Dominikaner knapp einen Monat später, im November, in der Stadt eintreffen und sofort entschlossen und mit allen Befugnissen ausgestattet an ihre Aufgabe gehen. Eine panische Massenflucht setzt ein. Die meisten suchen bei den Lehensherren Zuflucht auf dem Land, sind aber ihres Lebens nicht sicher, da am Neujahrstag 1481 dem Adel vom Königshof eine Warnung zugeht, die Conversos nicht dem Gericht zu entziehen, widrigenfalls die Krone selbst eingreifen würde. Schon in den ersten Wochen des Jahres überschwemmt eine Welle von Prozessen die Stadt, und das Wort „auto de fé", mit der portugiesischen Bezeichnung Autodafé in die Geschichte eingegangen, wird zum Schreckensruf. Von 1481 bis 1488 werden in Sevilla siebenhundert Conversos auf die Scheiterhaufen geschickt und fünftausend weitere zu Strafen verschiedener Härtegrade verurteilt. Die Reaktion bleibt nicht aus. Eine Verschwörung will dem Treiben der Inquisitoren ein Ende bereiten. Das Vorhaben wird jedoch verraten, wie es heißt, ausgerechnet von der Tochter des Rädelsführers, der „schönen Frau" Susanne. Alle Aufrührer werden hingerichtet.

Von Sevilla aus wird die Inquisition systematisch auf ganz Kastilien und Aragonien ausgedehnt, wobei sich Ferdinand in seinem Reich mit besonderer Härte durchsetzt und den schon hinreichend bekannten Tomás de Torquemada als Großinquisitor ernennt, der dann auch für Kastilien zuständig wird. Im Zusammenhang mit jener „Garcia-Affäre" sind auch Praktiken der Inquisitionsgerichte bekannt, die, so glaubt eine Reihe von Historikern, entgegen landläufiger Meinung nicht brutaler und sadistischer als die weltlichen Gerichte waren. Eine Klausel der Inquisition ermöglichte es Beschuldigten, sich an die höchste Instanz, die Kurie in Rom, zu wenden. Solchem Ansinnen schob Ferdinand einen Riegel vor. Jeder Versuch, dort eine Entscheidung und Rehabilitierung einzuholen, wurde aufgrund seiner Anordnung mit dem Tode bestraft.

Auf die verständliche Frage, wieviele Opfer die Inquisition gefordert habe, kann mit exakten Zahlen keine Antwort gegeben werden; denn 31 912 vollstreckte Todesurteile, wie sie 1817 von dem spanischen Priester Juan Antonio Llorente, einem Beamten des Heiligen Offiziums, in einem Buch für Joseph Bonaparte in Paris veröffentlicht wurden, erscheinen allgemein als zu hoch gegriffen. Hernando de Pulgar, Chronist Isabellas, nennt zweitausend Verbrennungen bis zum Jahre 1490, als die anfängliche Hochflut schon im Verebben war. Denn nach dem stürmischen Auftakt von 1481 flauten die Gerichtsurteile zu Beginn des 16. Jahrhunderts merklich ab. In vielen Fällen, es sollen an die 200 000 gewesen sein, wurden leichte Strafen oder Konfiskationen des Vermögens ausgesprochen. Mehrfach wurde der Forderung Ferdinands entsprochen und Verurteilte auf die Galeeren geschickt, was dem König sinnvoll und für den Staat nützlich erschien.

Das letzte Autodafé fand 1815 im spanischen Mexiko statt. Neunzehn Jahre später, 1834, wurde die Inquisition in Spanien aufgehoben. Als Institution bestand sie am Heiligen Stuhl in Rom weiter fort. Erst 1965 wurde im 2. Vatikanischen Konzil das Sanctum Officium, die aus sechs Kardinälen bestehende oberste Instanz für alle Glaubensgerichte, die „Congregatio Romanae et universalis inquisitionis", aufgelöst und in die „Glaubenskongregation" umgewandelt. Ihr steht zur Stunde Kardinal Joseph Ratzinger vor.

Die nicht unberechtigte Überlegung, Spaniens späterer Niedergang sei der Inquisition und dem Herrscherpaar Isabella und Ferdinand zur Last zu legen, trifft nur ganz am Rande der politischen Entwicklung zu. Die ins Übermaß gesteigerte Religiosität war eine natürliche Folge des jahrhundertelangen Ringens mit den Muslimen und um die staatliche und nationale Einheit. Im Vergleich mit den Religionskriegen in den Ländern des übrigen Europas, mit den Verfolgungen der Albigenser, Hugenotten oder Hussiten und den Hexenprozessen, nimmt die spanische Inquisition nur eine untergeordnete Rolle ein. Sie bewirkte lediglich einen ausschließlichen, als fanatisch zu bezeichnenden Katholizismus. Zum Niedergang Spaniens haben weit mehr die Kriege Karls V. und Philipps II., eine verfehlte Handelspolitik und der Aufstieg Englands als führende Weltmacht beigetragen.

Mit der Inquisition muß man auch Isabella als Mitverantwortliche aus den Erscheinungen des Zeitgeistes zu verstehen suchen, selbst wenn man die verbrecherischen Praktiken nicht verzeihen kann. Einen Freispruch vermag man der Königin trotzdem nicht zuzugestehen, hätte sie nach Einsetzen der Inquisitoren doch alles versuchen müssen, deren Befugnisse nicht ins Maßlose ausufern zu lassen. Statt dessen – man denke an die Zeit bis 1492 – mußte sie für den zehnjährigen Krieg um Granada andere Gedanken und Energien aufwenden. Daß sie „nebenbei" auch noch Schicksalsschläge als Mutter meistern mußte, wird zu leicht in den Hintergrund gerückt.

Abenddämmerung eines großen Lebens

Dynastisches bewegt die Politik

Heirat wider allen höfischen Gesetzen, Flüchtlingsdasein im eigenen Land, Usurpation des Thrones entgegen einer als legitimiert erklärten Anwärterin Juana, mit Glück entschiedener Erbfolgekrieg, Reglementierung des aufsässigen Adels, zähes Ringen mit dem Heiligen Stuhl um Klärung der Zuständigkeit der Krone für den Klerus, zehn Jahre aktiver Einsatz im Kampf um Granada, Ausweisung der Juden und mitverantwortlich für die Inquisition – Überforderung für eine junge Frau, die zudem noch als Monarchin mit ehelichen Pflichten für den Erhalt der Dynastie zuständig war. Zehnmal, zum Teil unter strapaziösen Umständen, entband sie, um dabei die Enttäuschung von fünf Totgeburten oder vorzeitigem Tod überwinden zu müssen.

Im Jahr nach ihrer Vermählung mit Ferdinand bringt Isabella 1470 ein Mädchen zur Welt, das als Infantin den Namen der Mutter, Isabella, erhält. War dieses Kind schon ein wertvoller Schatz, so steigerten sich Glück und Hoffnung, als 1478 mit Juan der männliche Nachkomme geboren wurde. Wenn auch nicht von robuster Natur, so schien der Junge doch Garant für die notwendige Thronfolge zu sein. Schon ein Jahr nach Juan wurde eine weitere Tochter, Johanna (Juana), geboren. Der Kindersegen hielt an. 1482 erblickten Maria und 1485 Katharina (Catalina) das Licht der Welt.

Wenn sich auch schon in ihren Mädchenjahren fremde Potentaten um ihre Hand beworben hatten, so war Isabella als international anerkannte Herrscherin und Mutter einer Nachkommenschaft interessant, zumal sich auch von Ferdinand her mögliche aragonesische Perspektiven eröffneten. Ein Brautbett mit Bündnissen, lukrativen Hochzeitsgaben und vielleicht sogar einer Erbfolge geschmückt, war einer Vorsprache wert.

Die erste Offerte kam aus Österreich. Dort bewarb sich der Habsburger Maximilian, seit 1486 König, später Kaiser (1493–1519), um die Hand der Infantin Isabella, dazu ein weiteres Heiratsbegehren, das eine spätere Verbindung seines Sohnes Philipp mit der noch kindlichen Infantin Johanna vorsah. Für Königin Isabella gab es zwei Gründe, auf das Ansinnen nicht einzugehen. Zum einen genoß der damals politisch recht sprunghafte Bewerber nicht den besten Ruf, hatte er es doch dauernd mit Händeln und peinlichen Versuchen zu tun, sich aus labyrinthischen Verstrickungen in Deutschland, Frankreich, Burgund und den Niederlanden zu befreien, zum anderen galt für Königinmutter Isabella immer noch das Naheliegende, nämlich eine eheliche Verbindung mit Portugal als zusätzliche Stabilisierung friedlicher Nachbarschaft. So kam es im November 1490 zur Hochzeit der Infantin mit dem portugiesischen Thronfolger Prinz Alfons, dem Enkel König Alfons V., der sich mit der Beltraneja verlobt hatte und im Erbfolgekrieg gescheitert war. Festliche Tage und frohgestimmte Majestäten umrahmten diese Liaison Kastilien-Portugal. Doch schon acht Monate danach war die einundzwanzigjährige Isabella Witwe geworden, nachdem ihr Gemahl bei einem Sturz vom Pferd tödliche Verletzungen erlitten hatte. Damit war in Lissabon die unmittelbare Thronfolge ausgestorben. Aber Vetter Manuel übernahm nicht nur die Krone, sondern auch die Witwe Isabella, die allerdings erst nach längerem Zögern ihr Jawort gab (1497).

Das Dynastische ist noch immer die stärkste Kraft, mit der die Politik bewegt, aber auch durchkreuzt wird. Ein Europa auf Jahrhunderte hinaus zum Guten und zum Schlechten bestimmende Politik trägt dieses Dynastische in den letzten Jahren des 15. Jahrhunderts die Handschrift von Königin Isabella und dem ungekrönten, aber vom Papst anerkannten Kaiser des Heiligen Römischen Reiches, Maximilian I. aus dem Hause Habsburg. Nun aber bewegt die Politik das Dynastische. Die Infantin Isabella ist nach Portugal „abgegeben" worden. Maximilian, „der letzte Ritter", auch „Vater der Landsknechte" und am 19. Januar 1493 bei Salins Sieger über Karl VIII. von Frankreich (1483–1498), hatte noch im gleichen Jahr Bianca Maria Sforza geheiratet und sich dadurch verstärkt in Italien engagiert. Weil aber diesem phantasievollen Karl und seinen phantastischen Ambitionen in Italien, wo er zwangsläufig auch mit Ferdinands Herrschaft kollidieren mußte, nicht zu trauen war, streckte der Habsburger seine Fühler erneut nach Spanien aus. Neben dem Bündnis der „Heiligen Liga" mit Aragonien, den italienischen Staaten und England war ihm sehr an einer dynastischen Verbindung mit Kastilien gelegen. Nun hatte dieses zweite Begehren des Habsburgers einen weit gefälligeren Anstrich: der Kaiser des Abendlandes als Schwiegervater Isabellas Kinder! So kam der Vertrag gleich zweifach zustande: Maximilians Tochter Margarethe (1480–1530) hatte den Infanten Don Juan zu heiraten, während Sohn Philipp („der Schöne") die Infantin Johanna („die Wahnsinnige") zum Altar führen mußte.

So oder so – das dynastische Spiel hatte schon zu dieser Zeit die berühmt gewordene Feststellung zu bestätigen „Tu felix Austria nube!" Die Perspektiven waren nicht schlecht: Zumindest Kastilien, vielleicht auch Aragón konnten eines Tages in die bereits bis Flandern reichenden Besitzungen Habsburgs vereinnahmt werden.

Trauung mitten auf der Straße

Europa sollte ein eindrucksvolles Bild erleben, und Königin Isabella, nach Granada und mit den Erwerbungen in der Neuen Welt auf glanzvoller Höhe ihrer Macht, sparte nicht mit Farben, dieses Bild großartig auszumalen. Auch ohne die Anwesenheit Margarethes und Philipps knauserte sie nicht und ließ zu den Hochzeitsfeierlichkeiten im November 1495 und Februar 1496 in Valladolid allen königlichen Prunk auffahren. Diese Feiern trugen indes nur innerkastilischen Charakter. Mit der Zusammenführung der Brautleute mußte der Welt die Größe Kastiliens vor Augen geführt werden.

Johanna die Wahnsinnige und Philipp der Schöne

Noch nie hatte eine Flotte derartigen Ausmaßes den Atlantik befahren, mit der Johanna ihrem Gemahl in Flandern zugeführt wurde. Auf der Rückfahrt sollte das Geschwader Margarethe nach Kastilien bringen. Philippe Erlanger zählt auf: „Hundertdreißig Schiffe nahmen zwanzigtausend Mann Besatzung, Hunderte von Kammerherren, Ehrendamen und Höflingen, Schildknappen, Schatzmeistern, Kaplanen und dienstbaren Geistern an Bord, die dem Haushalt der Prinzessin zugeordnet waren. Unmengen von Vorräten (fünfundachtzig Pfund Räucherfleisch, fünfzigtausend Heringe, tausend Hühner, zehntausend Eier, vierhundert Fässer Wein) wurden geladen. Der Kommandant des Geschwaders, Federico Enriquez, besaß für sich allein ein Gefolge von vierhundertfünfzig Personen."

Die Organisation dieser Armada nahm so viel Zeit in Anspruch, daß die Schiffe erst am 20. Juli 1496 im Hafen von Laredo an der Biskayaküste die Anker lichten konnten. Zwei Tage lang hatte Isabella bei Johanna an Bord verbracht, die erst in den Abschiedsminuten in heftige Tränen ausbrach. Unwetter suchten die Flotte heim, so daß drei Schiffe sanken, darunter auch die Karavelle mit der königlichen Aussteuer. Völlig erschöpft ging Johanna in Middelburg an Land, ohne von ihrem Gemahl begrüßt zu werden. Erzherzog Philipp befand sich mit Vater Maximilian in Tirol auf der Jagd, und der Kurier, der ihn über die Ankunft Johannas hätte unterrichten sollen, war nicht vorausgeeilt, sondern auf einem Schiff mitgefahren. Philipp machte sich sofort auf den Weg zu seiner jungen Gemahlin.

Ein Sturm des Jubels und der Begeisterung schlugen Johanna in den geschmückten Städten Flanderns entgegen, dem sie aber nur mit gezwungenem Lächeln dankte. Von der dunkelhaarigen Schönheit ihrer künftigen Regentin waren die Niederländer verzaubert. Für den Rest ihres Lebens aber war Johanna verzaubert, als ihr Philipp am 20. Oktober 1496 erstmals am vereinbarten Ort der Trauung in Lier zwischen Antwerpen und Mechelen gegenüberstand. Dem Erzherzog erging es nicht anders: Liebe auf den ersten Blick, eine Rarität bei dynastischen Ehen. Der Habsburger konnte kein Wort Spanisch, Johanna kein Wort Deutsch. Sie nahmen sich beide an der Hand. Die Höflinge waren starr vor dem ungewöhnlichen, unzeremoniellen Geschehen: Don Diego Villanesca, der als erster neben den Brautleuten erschien, wurde von Johanna aufgefordert, sie und Philipp auf der Stelle zu trauen. Mitten auf der Straße knieten die Prinzessin und der Erzherzog nieder und empfingen den Segen des Geistlichen. Ebenso unkonventionell verließen sie sofort den Schauplatz des Geschehens, eilten in den Palast und riegelten sich dort ein.

Von ihrer Mutter fast wie ein Aschenputtel in die Ecke verwiesen, hatte Johanna echte Liebe nicht erfahren. Überwältigt und betäubt wie in einem Rausch warf sie sich nun in eine Leidenschaft, die sie kaum mehr Grenzen kennen ließ. Ihre Auftritte, im Verein mit den Erbanlagen, brachten ihr das Wort von der „Wahnsinnigen" – „Juana la Loca" – ein. Warum „die Wahnsinnige"? Es berührte Johanna kaum, daß sie in Flandern von den Ministern ihres Gemahls so kurz gehalten wurde, daß ihr kaum kleine Münzen blieben, um ein paar Armen helfen zu können. Ihr ganzer Alltag war nur auf den „schönen" Gemahl, den blonden, blauäugigen Erzherzog ausgerichtet. Im Spätherbst 1498 brachte sie ihr erstes Kind, Eleonore, die später Franz I. von Frankreich heiratete, zur Welt. Etwas über ein Jahr danach, am 24. Februar 1500, wurde Karl geboren, nach dem Namen des letzten burgundischen Herzogs benannt. Mit Isabella (1501) und Ferdinand (1503), zu Ehren der Großeltern, schenkte sie zwei weiteren Kindern das Leben. Schließlich folgten 1505 noch Maria und vier Monate nach dem Tode Philipps die Tochter Katharina.

Dankbare, glückliche Eheleute? Ein Trugschluß; denn bereits nach der Geburt Eleonores konnte Johanna die fortwährenden Liebesabenteuer Philipps kaum mehr verkraften. Es kam zu skandalösen Auftritten mit ihrem Gemahl, die, versöhnlichen Szenen zum Trotz, beim nächsten

Seitensprung erneut und verstärkt ausbrachen. Immer deutlicher trat jener Zustand ein, der als Geisteskrankheit von vielen Autoren breit verarbeitet wurde. Johanna hatte im Gegensatz zu ihrer Mutter eine gute Ausbildung erfahren. Sie war hochintelligent, sprachgewandt und musikalisch, Eigenschaften, die jedoch bald nicht mehr zum Tragen kamen.

Seit 1498 galt Johanna als Erbin des Thrones von Kastilien. Ihr Bruder, Don Juan, auf den seine Mutter so große Hoffnungen gesetzt hatte, war am 4. Oktober 1497, acht Monate nach seiner Hochzeit mit der Habsburgerin Margarethe, im Jünglingsalter von neunzehn Jahren verstorben. Auch zwischen diesen beiden jungen Menschen war es Liebe auf den ersten Blick gewesen, und nicht nur böse Zungen waren überzeugt, daß sich Juan in geradezu maßloser Leidenschaft physisch verausgabt und zugrunde gerichtet habe. Seiner ältesten Schwester Isabella, der Königin von Portugal, wäre damit die Thronfolge zugefallen. Doch auch ihr war nur ein kurzes Erdendasein beschieden. Im Alter von achtundzwanzig Jahren raffte sie – kurz nach der Geburt ihres Sohnes Miguel – 1498 der Tod hinweg. Damit wurde Prinzessin und Erzherzogin Johanna Thronfolgerin in Kastilien. Von ihren besorgten Eltern und den engsten Beratern am königlichen Hof mehrfach aufgefordert, entschloß sie sich endlich, Flandern zu verlassen, um 1502 in Kastilien mit ihrem Gemahl Philipp einzutreffen und als Thronerbin anerkannt zu werden.

Schwer unter der geistigen Verfassung ihrer Tochter leidend und sich ihrer eigenen Mutter erinnernd, mußte Königin Isabella in ihrem Testament in der Sorge um die Zukunft ihres Landes entsprechende Vorkehrungen treffen. Sie bestimmte, daß Johanna die Krone erbe, ihr Gemahl Ferdinand aber nur noch König von Aragonien sei. Doch: „Für den Fall, daß die Prinzessin, meine Tochter, im Augenblick meines Todes nicht in Kastilien sein wird und für den Fall, daß sie Kastilien verlassen würde oder anwesend wäre und die Regierungsgeschäfte nicht übernehmen könnte oder wollte, bitte ich entsprechend der Bittschrift, die mir die Cortes vorgelegt haben, König Ferdinand, meinen Gemahl, das Königreich von Kastilien im Namen der Prinzessin, meine Tochter, zu regieren und zu verwalten ..."

Auf die widersprüchliche, von Sensationslust ausgeschmückte Geistesverfassung Johannas sei hier nur mit zwei Beispielen zu verweisen. Der venezianische Gesandte Quirini schreibt in seinem Bericht: „Durch ihre dauernden Verdächtigungen regt sie ihren Mann derart auf, daß sich der Unglückliche immer in einem Zustand höchster Reizbarkeit befindet. Sie richtet an kaum jemanden das Wort und macht sich allen verhaßt; sie schließt sich tagelang in ihren Gemächern ein und wird von Eifersucht verzehrt; sie gefällt sich in der Einsamkeit, meidet Geselligkeiten, Vergnügungen und Feste. Vor allem aber duldet sie keine Frauen um sich, weder flämische noch spanische, weder alte noch junge."

Keine Spur des ihr bereits angekreideten Wahnsinns läßt allerdings ein Brief erkennen, den sie an den habsburgischen Gesandten am spanischen Hof schrieb: „Wenn ich eine gewisse Leidenschaft zur Schau trug und wenn mein Benehmen möglicherweise nicht der Würde meines Ranges entsprach, so ist der einzige Grund dafür in der Eifersucht zu suchen; das ist allseits bekannt. Indessen bin ich nicht die einzige, die darunter leidet. Selbst die Königin, eine so ungewöhnliche Persönlichkeit, war eifersüchtig. Die Zeit heilte Ihre Hoheit, wie sie auch mich heilen wird."

Die Zeit heilte jedoch nichts. Johannas Zustand rechtfertigte mehr und mehr das Wort vom Wahnsinn. Sie beorderte maurische Sklavinnen an ihren Hof und ließ sie entstellen, damit Philipp an deren Äußerem keinen Gefallen mehr finden konnte. War es zuerst und über Jahre hinweg die Eifersucht gewesen, die Johanna fast zu Exzessen trieb, so bedeutete der Tod Philipps am 25. September 1506 ihren Sturz in einen geistigen Abgrund. Der Mann, für den sie alle Liebe und Leidenschaft aufgewendet hatte, war für immer von ihr gegangen. Sie schien sich selbst zu zerstören. Zweimal zumindest ließ sie den Sarg des Toten öffnen, veranstaltete nächtliche Fackelzüge durch Kastilien mit dem Leichnam in gespenstigem Trauerzug, verletzte sich selbst, um schließlich mit Tobsuchtsanfällen am Fallgatter ihres Gewahrsams, wo man sie eingesperrt hatte, dem Kanzler des Reiches, Kardinal Jiménez de Cisneros, allen Anlaß zu geben, sich von Ferdinand die Regierungsgeschäfte übertragen zu lassen. In Tordesillas, von der Außenwelt isoliert und von einem Beamten überwacht, verwahrlost und in geistiger Umnachtung, verstarb die Unglückliche 1555 im Alter von sechsundsiebzig Jahren, in den Ereignissen, die über ihr Königreich hinweggerollt waren, vergessen.

Rückkehr nach Granada

Königin und Mutter Isabella – die Eindrücke ihrer frühen Kindheitstage im Zusammenleben mit ihrer geistesgestörten Mutter waren in Isabellas Erinnerung durch die vielfältigen Aufgaben ihrer Regierung wahrscheinlich zurückgedrängt gewesen. Doch hatte sie nun weit mehr unter dem Bewußtsein beunruhigender, ähnlicher Zeichen bei Johanna gelitten. Ihr waren nur wenige Augenblicke gegönnt, sich mit ihren Kindern glücklich zu fühlen. Freude und Genugtuung durfte sie erfahren, als um ihre jüngste und Lieblingstochter Katharina geworben wurde. Aus England, wo man sich selbst schon einmal um Isabella bemüht hatte, war der Antrag gekommen. Der Begründer der Tudor-Dynastie, Heinrich VII., wollte die kastilische Infantin mit seinem Sohn Arthur, dem Prinzen von Wales, verheiraten. Katharina war fünfzehn Jahre alt, als im August 1501 eine weit bescheidenere Flotte von nur sechzehn Schiffen mit ihr und dem Hofstaat absegelte. Wieder tobten Unwetter, so daß man erst Anfang Oktober im Hafen von Plymouth Anker werfen konnte. Katharina, nach ihrer Trauung nun Prinzessin von Wales, war nur ein kurzes eheliches Glück beschieden; denn bereits im März 1502 verstarb Arthur an Tuberkulose. Damit war für dessen Bruder, den Herzog von York, der als Heinrich VIII. zu einem der bekanntesten und Ehefrauen verschleißenden englischen Herrscher wurde, der Weg zur Thronfolge frei. Nach langwierigen kirchlichen und juristischen Streitfragen nahm er Katharina 1509 zur Frau, um sich dann nach dem britischen Kirchenschisma 1533 wieder von ihr scheiden zu lassen. Katharina, die diese Annullierung ihrer Ehe nie anerkannte und um die Anerkennung der Thronfolge ihrer Tochter Maria kämpfte, wurde inhaftiert und starb vereinsamt 1536 im Alter von einundfünfzig Jahren in Kimbolton.

Königin Isabellas zweitjüngste Tochter, die 1482 geborene Maria, heiratete 1500 den 31jährigen Witwer ihrer Schwester Isabella, König Manuel von Portugal. Aber auch sie starb schon im Alter von 35 Jahren. Kein Wunder, daß in Europa die Rede kursierte, die Nachkommen der „Katholischen Könige" seien mit einem Fluch beladen.

Das Testament Isabellas von Kastilien

Vier Jahrzehnte hindurch hatte Isabella von Kastilien alle Energie für ihr Land aufgewendet, aber auch verbraucht, um in der letzte Phase ihrer Regentschaft noch die Schicksalsschläge mit ihren Kindern durchstehen zu müssen. Sie war müde geworden. Gedanken an die Zukunft ihres Reiches, das sie aufgebaut hatte, und über das ohne ihre starke Hand schwere Unruhen hereinzubrechen drohten, hatten sich doch ihr Gemahl Ferdinand und ihr Schwiegersohn Philipp um die künftigen Zuständigkeiten bereits zerstritten, trübten, ja verdunkelten den Abend ihres Lebens, für den sie sich Stunden der Ruhe und der Zufriedenheit verdient gehabt hätte.

Im letzten Viertel des Jahres 1504 wußte sie um das nahe Ende. Am 23. Oktober diktierte sie ihr Testament, aus dem die Klausel über Johanna und die weitere Regierung bereits bekannt ist. Neben den Sorgen um

Reich und Untertanen wünschte sie in der Stadt ihres größten Triumphes, Granada, ihre letzte Ruhe zu finden. Nicht einbalsamiert, in einem einfachen Holzsarg und ohne Zeremoniell, wollte sie beigesetzt werden. Sie bat außerdem, auch ihren Gemahl später nach Granada zu überführen, „... auf daß die Gemeinschaft, die uns hier verband, auch unter der Erde weiterbestehe und daß, so es Gottes Wille sei, sich unsere Seelen im Himmel wiederfinden." Von allem äußeren Geschehen zog sie sich zurück. Im einfachen Habit der Franziskanerinnen versenkte sie sich in Gebet und Buße.

Ihren Seelenfrieden gefunden, schlief Isabella, Königin von Kastilien und León, am 26. November 1504 in Medina del Campo für immer ein.

Ein Romanautor könnte aus dem Vollen schöpfen und aus dem Toben der Elemente ein Ringen von Himmel und Hölle um die Seele der Toten gestalten. Den Überführungszug des Leichnams, den die geistlichen und weltlichen Großen des Reiches, die ranghöchsten Offiziere und die Mitglieder des Hofstaates begleiteten, umtosten drei Wochen lang nicht aussetzende Unwetter. Tag und Nacht rasten die Herbststürme über das Land hinweg und zwangen die Begleitmannschaften, die Wege von Wassermassen und Schlamm zu befreien. Erst Mitte Dezember traf man mit dem Leichnam der großen Königin in Granada ein. Die Skulptur der betenden Isabella in der königlichen Kapelle der Kathedrale, angesichts ihres ebenfalls dort beigesetzten Gemahls Ferdinand, kann auch noch nach einem halben Jahrtausend den Besucher einen Stundenschlag spanischer und europäischer Geschichte erfahren lassen.

„... diese unvergleichliche Frau"

Was sich vordem am Rande des die Politik Europas bewegenden Geschehens auf der Iberischen Halbinsel abgespielt und kaum beachtet worden war, trat plötzlich vielfältig und überraschend in den Umbruch vom Mittelalter zur Neuzeit ein. Dafür steht der Name Isabella. Der schon genannte Italiener Petrus Martyr meint in einem Brief an Kardinal Jiménez de Cisneros: „Ich kenne keinen ihres Geschlechts, weder in vergangenen Zeiten noch heute, der im gleichen Atemzug mit dieser unvergleichlichen Frau genannt werden könnte." Und ihre Taten, in rund zwei Jahrhunderten vollbracht, aber auch Verstrickungen in Tiefen, machen sie zu einer Herrscherin, deren Regentschaft Europa und die Welt bewegt hat.

Politisch und wirtschaftlich hatte sich die Gesellschaft stabilisiert. Aus den geordneten Verhältnissen empfing auch die Kunst neue Impulse, die sich in der zweiten Hälfte des 15. Jahrhunderts aus den traditionellen Formen des Spätmittelalters zu lösen begann. Was in dieser Epoche, für die in den meisten Ländern die aus Italien importierte Renaissance galt, in den Königreichen Kastilien und Aragón an künstlerischem Schaffen erwuchs, bezeichnen die Kunsthistoriker als isabellinischen Stil. Die Königin hatte ihn gewiß nicht kreiert, aber im Wachsen des Einheitsstaates und mit den Anzeichen einer sich entwickelnden Nation erwartete sie eine Wiedergeburt, vielleicht besser Neugeburt künstlerischer Auffassungen. Nicht die Übernahme der Renaissance durch kastilische Künstler, die in Italien gelernt hatten, strebte sie an, sondern das Eigentümliche spanischen Geistes, der sich wie der Staat von jahrhundertelangen maurischen Einflüssen lösen konnte. Wie im Volkscharakter war auch in der Kunst das maurisch-orientalische Erbgut nicht von heute auf morgen auszulöschen. Daraus und aus eigenen Ideen entstanden jene neuen Schöpfungen, zu deren Anregung Isabella beigetragen hat. Mit nicht unberechtigtem Vorbehalt mag das Wort kosmopolitisch seine Berechtigung haben.

Bereits 1427 hatte sich Jan van Eyck in Kastilien aufgehalten. Mit ihm ging der Blick nach Norden, und von ihm angeregt hielten Realismus und Präzision der Flamen Einzug. In ihre Dienste holte sich Isabella den Flamen Miguel Sithium, dessen „Ritter vom Calatrava-Orden" ein Meisterwerk niederländischer Schule hinterließ, das heute zu den bedeutendsten Exponaten der US-Nationalgalerie zu Washington zählt. Mit Künstlern aus Burgund, Flandern, Frankreich und Italien kamen zusätzliche Anregungen, zumal eine Reihe dieser „Gastarbeiter" in Kastilien ansässig wurde, sich in ihren Werken der neuen Richtung anschließend.

In der Baukunst herrschte immer noch die Gotik vor. Aber sie sollte ein typisches spanisches Element erhalten. Den Bauwerken wurden Renaissance-Elemente vorgesetzt, umgekehrt Renaissancegebäude mit gotischen Motiven verblendet. Die Antwort auf die Formen der Gotik kam schon bald mit dem spanisch-typischen „plateresken" Stil, der gegen Ende des 15. Jahrhunderts bestimmend wird, also in der glanzvollsten Zeit Isabellas. Sein Hauptmerkmal ist die Aufrüstung in kleinteilige Schmuckelemente mit gebrochenen Kurven, elliptischen Bögen, kannelierten Säulen, Medaillons und Wappen. Früheste Beispiele vermitteln das Colegio de Santa Cruz (1487–1491) und das Colegio de San Gregorio (1488–1496), beide in Valladolid. Besonders berühmt ist die nach Isabella entstandene Fassade der Universität von Salamanca. Dieses „plateresco", den Stein behandeln, als ob er schmiedbar wie Silber (plata) sei, ein dekoratives Element, wuchs aus dem Mudéjar-Stil der Mauren, um nun in eigenen Ausdrucksformen zu unverwechselbar spanischer Kunstschöpfung zu werden. Von der profanen Baukunst fand er rasch Eingang in die Kathedralen. In gleich üppiger Weise, wobei an Edelmetallen nicht gespart wurde, errichtete man zum Hochaltar eine oft bis zur Kirchendecke reichende Wand mit Schmuckwerk und religiösen Motiven. Den plateresken Stil exportierten die spanischen Eroberer in ihre Besitzungen der Neuen Welt, wo er besonders in Mexiko der Nachwelt kostbare Kunstwerke hinterließ.

Erfolgreiche Regierung Isabellas mit gesicherter Ordnung im Staat und wirtschaftliches Wachstum hatten im künstlerischen Schaffen der Baukunst einen „nationalen" Stil entwickelt. Anders hingegen in der Malerei. Hier fehlte es an maurischen Vorgaben, daraus eigene Formen schaffen zu können. Aus der arabischen Tradition waren keine bildlichen Anregungen zu erwarten, hatte doch der Koran jegliche Darstellung von Mensch und Tier verboten. Was an zeitgenössischen Gemälden, vornehmlich Porträts, vorhanden ist, gehört zum einen noch den spätmittelalterlichen Formen an, zum anderen zeigen sich flämische Einflüsse. Gleiches galt für die Bildhauerei. Auch sie erhielt erst im nachhinein zur Zeit Karls V., Isabellas Enkel, den Anstoß, der Monumentalität des unter dem Habsburger gewachsenen Weltreichs Ausdruck zu verleihen und eigene Zielsetzungen zu verwirklichen.

Dennoch verspürt man in der isabellinischen Epoche das Bemühen der bildenden Künstler, sich von den Stimuli aus Flandern und besonders Italien zu befreien oder sie mit eigenständigem Geist zu verschmelzen. Der Wachstumsprozeß mündet in die reifen Schöpfungen eines El Greco unter Philipp II. und in die Arbeiten der Velásquez und Murillo im 17. Jahrhundert.

Ritterballaden, Glaubens-, Mysterien- und Liebesdichtungen beherrschten bis Isabella die Literatur. Name und Sonetten des Marquis de Santillana sind oben schon erwähnt worden, ebenso das Jahrhundertwerk der „Biblia Polyglotta Compluti" unter Leitung von Jiménez de Cisneros. 1492, das Jahr, in dem Isabella ihren größten politischen Triumph feiern und, noch unbewußt, das Bild der Welt verändern konnte, brachte aber auch die Geburtsstunde des Dramas mit den Dialogen des Juan del Encinas. Der Converso Fernando de Rojas erneuerte 1499 mit dem Drama Celestina, „Comedia de Calisto y Melibea" in zweiundzwanzig Akten den Prosastil, in dem die Momente von Freude und Schmerz, Liebe und Tod in einem neuen Gefühl der Dichtung ausgesprochen werden: „Es ruhen in der Liebe große Kräfte, denen es verliehen ist, nicht allein die Erde, sondern auch die Meere zu durchschweifen. Sie beherrscht gleichmäßig alle Menschen und überwindet alle Hindernisse." Der schon zitierte, 1487 in Kastilien eingetroffene Italiener Petrus Martyr, Pietro Martire d'Anghiera, wurde von Isabella beauftragt, an ihrem Hof eine Schule für alte Sprachen und Literatur einzurichten, in der sich Prinzessin Johanna ihre Bildung und Gelehrsamkeit erwarb. Petrus Martyr schrieb 1504 die erste Chronik der Entdeckung Amerikas unter dem Titel „De rebus oceanis et novo orbe".

Bei der berechtigten Würdigung ihrer erfolgreichen Regierungszeit durch die Geschichtsschreibung werden Isabellas Verdienste um die Förderung der Kunst übersehen oder zumindest nur beiläufig gestreift. Wo sie nicht unmittelbar als Initiatorin eingriff, vermittelte doch ihre Epoche wichtige Impulse, aus Suchen und Ansätzen eigene Werke zu vollbringen. Ihre Unterstützung der Literatur trug indirekt dazu bei, daß aus dem kastilischen Dialekt das Spanische zur Nationalsprache wurde. Die Literatur des ausgehenden 15. und des 16. Jahrhunderts ist in dem Umfang, wie sie weiten Kreisen zugänglich wurde, ohne die Einwirkung Isabellas nicht denkbar. Hatte sie aus ihrer eigenen Bibliothek schon viele handgeschriebene Manuskripte den Gründern von Klöstern geschenkt, so holte sie deutsche Fachleute zur Errichtung von Druckereien ins Land. Von 1476 bis Jahrhundertende wurden in Sevilla, Valladolid und Medina del Campo die ersten Werke gedruckt. 1480 setzt sie in der Versammlung der Cortes den Erlaß durch, daß eingeführte ausländische Bücher, „aufgrund des Nutzens und der Ehre, die diese Einfuhr mit sich bringt und den kulturellen Stand des Landes anhebt", nicht mit Zollgebühren belegt werden.

Nur um den mittelbaren Beitrag Isabellas zur Kunst und Kultur ging es mit ein paar Namen, Daten und Begriffen. Der interessierte Leser wird sich über Gesamtdarstellungen und Details in Spezialarbeiten der Literatur- und Kulturgeschichte Spaniens ausreichend informieren können, dabei aber nicht selten auf die Mitwirkung Isabellas in der Entwicklung spanischen Geisteslebens stoßen.

„Um das Erbe"

Im Alter von 53 Jahren und sieben Monaten war die große Königin gestorben. Von Segovia machten sich Eilkuriere auf den Weg nach Flandern und überbrachten in Brüssel dem „schönen" Erzherzog und seiner Gemahlin Johanna die Todesnachricht. Isabellas sterbliche Reste waren noch unterwegs nach Granada, als sich Philipp sofort zum König von

Kastilien und León ausrief und dies seinen Schwiegervater Ferdinand in einem Brief wissen ließ. Von Trauer oder Beileidsbekundung war in diesem Schreiben keine Silbe zu finden. Vielmehr forderte er den Witwer auf, sich in sein eigenes Reich Aragón zurückzuziehen und der rechtmäßigen Erbin Johanna die Regentschaft zu überlassen. Das unliebsame und beinahe gefährlich ausartende Gezeter um das Erbe hatte begonnen.

Nicht schroff, wie wohl zu erwarten gewesen wäre, reagierte Ferdinand. Sachlich zeichnete er in seiner Antwort zunächst einen historischen Abriß. Er schilderte, welches Chaos er damals – 1469 – bei seiner Ankunft in Kastilien vorgefunden habe. Mit seiner Frau hätte er dann über Jahre hinweg wieder Ordnung hergestellt. Aus diesen Erkenntnissen heraus könne er Philipp, der doch zu wenig Erfahrung in der Regierung von Königreichen besitze, nur anraten, sein Vorhaben reiflich zu überdenken. Deshalb werde er – Ferdinand –, da er ja zugunsten seiner Tochter Johanna auf den Thron verzichtet habe, bis zum Eintreffen Philipps und Johannas die Regierungsgeschäfte wahrnehmen, ganz in Erfüllung des letzten Willens seiner Gemahlin Isabella.

Dies war versöhnlich geschrieben, aber nicht gedacht und, wie es sich sogleich herausstellte, auch nicht gehandelt. Ferdinand hatte nicht die geringste Absicht, sich edelmütig gegenüber seinem Schwiegersohn und seiner Tochter zu zeigen. Sein Sinnen stand nach Macht, wie ihn als „Il Principe" Macchiavelli dargestellt hat. Um sich die Herrschaft über Kastilien zu sichern, benötigte er eine Legitimation, an der es nichts zu deuteln gäbe. Kaum war Isabella in Granada beigesetzt, hielt er um die Hand Juanas, der Beltraneja, an, die als Heinrichs IV. Tochter in Kastilien immer noch Sympathisanten besaß und sich auch als Nonne hartnäckig Königin nannte. Aber die Klosterfrau erteilte ihm eine brüske Abfuhr. Ferdinand ließ nicht nach und schaute sich nach einer anderen Möglichkeit um. Von Portugal im Westen richtete sich sein Blick nach Norden. Dort hatte sich zur gleichen Zeit Frankreichs König Ludwig XII. mit Philipp überworfen. Ferdinand nutzte die Möglichkeit, mit dem schon zur Tradition gewordenen französischen Gegner ins reine zu kommen. Er hatte Erfolg und heiratete schnellstens Ludwigs Nichte Germaine de Foix, nicht aus Zuneigung, sondern in der Hoffnung auf einen männlichen Nachkommen, mit dem er jeden Anspruch Philipps vom Tisch wischen könnte. Seine Tochter Johanna durchschaute das hinterhältige Manöver und drängte ihren Mann auf sofortige Abreise nach Kastilien.

Nicht nur Ferdinands Anstrengungen, sich der Regierung zu bemächtigen, sondern auch das durch Isabellas Tod entstandene Vakuum veränderte die gesellschaftliche Landschaft Kastiliens. Die Königin hatte einen

Staat der Ordnung und, von ihrer Persönlichkeit getragen, des unbedingten Respekts vor ihrer Regierung und der Krone hinterlassen. Ihre Herrschaft schien doch nicht ausgereicht zu haben; denn alle Anzeichen sprachen dafür, daß ihr Lebenswerk zertrümmert wurde. So rasch wie Ferdinands Ambitionen bildeten sich Parteigänger für ihn, für Philipp und für die Beltraneja. Der einstige, nahezu schon vergessene Streit flammte erneut auf. Viele Angehörige des Adels sahen ihre Stunde gekommen, ihre früheren Privilegien ausspielen zu können. Wie zu Zeiten Heinrichs IV. war der Staat in Interessengruppen und feindliche Lager gespalten. Selbst die Conversos, die sich aus Furcht vor der Inquisition ruhig verhalten hatten, unterstützten die „Ferdinandisten".

Die Lage war gespannt. Den in La Coruña eintreffenden Johanna und Philipp wollte Ferdinand sogar einen heißen Empfang bereiten. Er ließ Truppen mit den schwersten Kanonen aufziehen. Doch hatte er die Rechnung ohne das Volk gemacht, das begeistert zu den Herrschern in spe überlief. Ferdinand mußte auf Gewaltanwendung verzichten und sich zu einem offiziellen Wiedersehen mit Tochter und Schwiegersohn entschließen. Das Treffen entbehrte selbst der geringsten Spur verwandtschaftlicher Zuneigung. Ein Fait accompli? Mitnichten, Ferdinand ließ von seinen Plänen nicht ab. Ein zweiter Erbfolgekrieg schien über das Land hereinbrechen zu wollen. Doch da geschah das Unerwartete, Unglaubliche: Ferdinand lenkte ein, erkannte Philipp als Regenten an und begab sich mit seiner jungen Gemahlin nach Neapel in seine süditalienischen Besitzungen, wo ein hohes Maß an Arbeit seiner harrte.

Unverdrossen versuchten jedoch die verschiedenen Parteigänger, das Blatt zu ihren Gunsten zu wenden. Die Unruhen erinnerten beinahe an die Zeit vor Isabella und schienen in eine Neuauflage der Bürgerkriege auszuarten. Kein halbes Jahr war das neue Königspaar in Kastilien, als das Unglück hereinbrach. Am 19. September 1506 hatte Philipp in Burgos bei sommerlicher Hitze ein, vom Bediensteten nicht vorgekostetes Glas Wasser getrunken. Am Morgen darauf erbrach er sich. Mit starkem Fieber zog sich die immer heftiger werdende Krankheit um knapp eine Woche hin. Am 25. September starb er in den Armen Johannas. Was nun eintrat, gab allen Anlaß zu Spekulationen. Die Ärzte diagnostizierten eine Überhitzung Philipps und eine Unterkühlung des Magens. In aller Eile entfernten sie die Gedärme und balsamierten die Leiche ein. War mit dieser Hektik etwas zu vertuschen? Wenn ja, dann erreichte man gerade das Gegenteil: Schnell breitete sich die Überzeugung aus, daß Philipp vergiftet worden sei. Nun schwankten die Ansichten über Täter und Betreiber zwischen Ferdinand und Johanna als Auftraggeber. Die Wahrheit kam nie ans Tageslicht. Der Tod ihres Gemahls versetzte Johanna in einen Zustand, der das Wort vom Wahnsinn heraufbeschwor. Ihre schockierenden Szenen veranlaßten schließlich ihren Vater, sie in Tordesillas einsperren zu lassen. War sie wirklich hochgradig geistesgestört? Immerhin unterzeichnete sie auch weiterhin als Königin die ihr vorgelegten Urkunden und Gesetze.

Was sollte aus einem Reich der Revolten, der Unsicherheit und eines in Isolationshaft handlungsunfähigen Staatsoberhauptes werden? In der Stunde drohender Zerrissenheit ergriff der Kanzler, Kardinal Cisneros, auf Geheiß Ferdinands das Ruder und leitete die Regierungsgeschäfte bis zu der schon geschilderten Ankunft Karls, des Enkels Isabellas und späteren Kaisers.

Es mangelte nicht an Querelen durch den Adel und an Aufständen gegen die ungehobelten Flamen, die, im Gefolge Philipps gekommen, von der kastilischen Bevölkerung verabscheut wurden. Aber Karl verstand es, wieder Ordnung in seiner neuen Heimat herzustellen, wenn ihm dann als Kaiser dies in Europa nicht gelingen sollte. Wahrscheinlich wäre Isabella, seine Großmutter, mit ihm zufrieden gewesen. Auf dem von ihr gelegten Grundstock baute der Habsburger ein Weltreich auf, während dann Philipp II. die Eigenständigkeiten Kastiliens und Aragóns außer Kraft setzte und beide Reiche in den Einheitsstaat Spanien führte.

Bilanz einer Regierung

Das unbestreitbar eindrucksvolle Erscheinungsbild Isabellas und ihre Anstrengungen in der Schaffung eines Nationalstaates, das langfristig zu einem Gesamtspanien werden konnte, wird von herben Kritiken gerne heruntergespielt, indem die Königin keine Neuerungen auf nahezu allen Gebieten gebracht habe. Die meisten Reformen, mit denen sie aus einem in sich zerrütteten Reich einen autoritären Staat formte, könnten ihr nicht gutgeschrieben werden. Von der Hermandad über Granada bis zur Inquisition habe sie lediglich auf Ansätze ihrer Vorgänger zurückgegriffen. Ansätze gewiß, sie waren vorhanden, aber sie kamen über die Konzeption nicht hinaus und wurden aus schon bekannten Gründen von den jeweiligen Herrschern nicht verfolgt. Umwälzende Neuerungen also nicht, aber die Umwälzung in die Tat. Das war, wovor etwa ein Heinrich IV. zurückgeschreckt war. Die Notwendigkeit der Tat hieß für Isabella: Durchführung und Vollendung.

Trotz mancher Kritik, nichts oder nur wenig Neues zuwege gebracht zu haben, muß der Königin bescheinigt werden, daß sie es, bekanntermaßen mit Hilfe ihrer engsten Mitarbeiter, schaffte, daß jenes, vom Feudalismus erschütterte Reich als Staat Formen annahm, nachdem der Konflikt zwischen Adel und Monarchie beigelegt worden war, indem die Lehensherren darauf verzichteten, weiterhin eine dominierende Rolle in der Politik zu spielen. Auch die Beseitigung der maurischen Herrschaft in Granada sei, so argumentieren Kritiker, doch nur die Fortsetzung der schon über ein halbes Jahrtausend anhaltenden Reconquista gewesen. Anhaltend, das mag ein treffendes Wort sein; denn nach Navas de Tolosa und Salado war die Reconquista „angehalten" worden. Verbale Aufrufe, wie etwa durch Heinrich IV., waren ohne Echo geblieben. Zusammen mit Ferdinand löste Isabella das Problem, wobei gerade sie die alles entscheidenden Voraussetzungen der Logistik durch persönlichen Einsatz besorgte.

Auch in klerikalen Fragen hatte es bereits Überlegungen gegeben, eine Verbesserung des Verhältnisses von Staat und Kirche anzugehen. Doch hatten die Bedenken einer unliebsamen Konfrontation mit dem Oberhaupt in Rom, aber auch mit dem einheimischen Klerus jeden Gedanken bereits im Keime erstickt. Dort, am Heiligen Stuhl, die unantastbare Autorität, hier, die von aller weltlichen Macht unabhängigen geistlichen Würdenträger, auf deren Unterstützung als Territorialherren man nicht verzichten konnte. Isabella wagte und gewann den Kampf mit Rom. Als politische Notwendigkeit war dies eine revolutionierende Neuerung. Nicht minder bedeutungsvoll ist Isabellas persönliches Vorgehen zu werten, den Kronrat als Vollzugsorgan königlicher Erlasse umzugestalten und auf ihre Linie einzuschwören. Von ihrem Beitrag, der Kunst eigenständige Formen zu empfehlen, war gerade die Rede gewesen. Für Wirtschaft und Handel hatte sie kein unmittelbares Konzept. Aber in der von ihr gesicherten Ordnung im Staat, so auch durch die Hermandad, waren die Voraussetzungen geschaffen worden, ohne äußere Gefahren den Binnen- und internationalen Markt zu beleben. Zweifel an Isabellas Neuerungen können mit einem Wort bereinigt werden: Columbus. Die Königin besaß, aus Intuition oder aus welchen anderen Gründen auch immer, das richtige Gespür, für Kastilien auch die Meere zu öffnen. Ob ihr bewußt war, daß damit auch ein neues Zeitalter anbrechen könnte, sei dahingestellt.

Schillernde, politisch undurchsichtige Herrscher hat es in der Geschichte zur Genüge gegeben. Isabella gehört nicht zu ihnen. Sie war, von Historikern einhellig bestätigt, eine außergewöhnliche Monarchin, die vom Augenblick ihrer Thronbesteigung an ihr Konzept verfolgte. Sie brachte es zuwege, aus kläglichen und immer wieder gescheiterten Versuchen ihrer Vorgänger der Krone Ansehen und Autorität zu verleihen, dem Volk Ordnung und Sicherheit zu garantieren und, wenn auch mit nicht immer gut zu heißenden Maßnahmen, einen Einheitsstaat zu formen. Ging es ihr nur um ihr Land Kastilien, so legte sie doch den Grundstein, auf dem eine Weltmacht aufgebaut werden konnte.

Wenn der schon mehrfach zitierte Joseph Pérez diese Voraussetzung zur Weltmacht der Königin zugute hält, so muß man ihm zustimmen. Bedenken aber dürfen angemeldet werden, wenn er behauptet: „Isabellas Genie besteht darin, dies seit 1468 vorausgesehen zu haben, als sie den Titel der Thronerbin forderte; Ferdinands Genialität zeigt sich darin, daß er begriffen hatte, daß er durch die Heirat mit diesem jungen achtzehnjährigen Mädchen, das er kaum kannte, nicht nur ein dynastisches Bündnis knüpfen, sondern auch das moderne Spanien gründen würde."

Einem siebzehnjährigen Mädchen unterstellen zu wollen, Weltmacht vorauszusehen, ist ebenso absurd wie die das moderne Spanien gründende „Genialität" Ferdinands. Beide Partner waren zu jener Stunde nur Werkzeuge anderer Interessenten, Isabella in der Hand Carrillos und Ferdinand als Befehlsempfänger seines Vaters Juan. „Genialität" besaß Ferdinand weder mit siebzehn Jahren, als er Isabella heiratete, noch bewies er sie zu Lebzeiten und nach dem Tode seiner Gemahlin. Die Überlieferungen reden eine zu deutliche Sprache.

Weder Isabella noch Ferdinand hatten ein Gesamtspanien im Sinne. Dies zu schaffen und es zu einer Weltmacht zu führen, blieb den habsburgischen Nachfolgern vorbehalten.

Anhang

Zeittafel

Für diese chronologischen Angaben sind nur jene Daten und Ereignisse festgehalten, die in einem Zusammenhang mit Isabella von Bedeutung sind. Regierungszeiten anderer Herrscher und Pontifikate der Päpste sind dem jeweiligen Text zu entnehmen.

1405 Geburt Johanns II., König von Kastilien (1406–1454), verheiratet mit 1) Maria von Aragonien, 2) Isabella von Portugal
1425 Geburt Heinrichs IV., König von Kastilien (1454–1474), verheiratet 1) mit Bianca von Navarra, 2) Johanna von Portugal
1451 (22.4.) Isabella geboren, Königin von Kastilien und León (1474–1504), Geburtsort wahrscheinlich Madrigal de las Altas Torres; Christoph Columbus, wahrscheinlich in Genua geboren
1452 Ferdinand (II.) geboren, Gemahl Isabellas, König von Aragonien (1468–1516), von Sizilien (1468–1516), als Ferdinand III. König von Neapel (1503–1516)
1453 Türken erobern Konstantinopel
1458 (–1479) Juan II. von Aragonien
1461 (–1483) Ludwig XI. von Frankreich
1462 Juana („Beltraneja"), Tochter Heinrichs IV. in Segovia geboren
1464 (–1482) Abul Hassan, Emir von Granada
1465 Die „farsa" von Avila
1468 Vertrag von Toros de Guisando
1469 (18.10.) Heirat Isabellas und Ferdinands
1470 Geburt der ältesten Tochter Isabella
1474 (12.12.) Heinrich IV. stirbt; (14.12.) Isabella krönt sich zur Königin; Spaltung des Adels in „Isabellisten" und „Beltranejisten"
1476 Ende des Erbfolgekrieges mit Portugal; Erneuerung der Hermandad; Adel von der Politik ausgeschaltet; Beginn der Kirchenreform
1478 Geburt des Infanten und Thronfolgers Juan; Geburt Philipps des Schönen; Mulay Hassan verweigert Tributzahlung
1479 Geburt der Infantin Juana (der Wahnsinnigen); durch Papst Sixtus IV. Erlaubnis zur Einsetzung der Inquisition
1480 Tomás de Torquemada wird Inquisitor; erste Ketzergerichte in Segovia
1481 Beginn der Reconquista gegen Granada, nachdem die Mauren Zahara erobert hatten; Johann II. (bis 1495) König von Portugal
1482 Alhama erobert; Muhammad XII. Boabdil, Emir von Granada
1485 Eroberung des westlichen Teils von Granada
1486 Columbus zum ersten Empfang bei Isabella; Einsetzung eines Prüfungsgremiums
1487 Eroberung von Malaga

1489 Die Städte Baza, Guadiz und Almeria ergeben sich
1490 Infantin Isabella heiratet Alfons von Portugal
1491 Belagerung von Granada; Bau der Stadt Santa Fé
1492 (2. 1.) Boabdil übergibt Granada; 31. 3. Gesetz zur Ausweisung der Juden bis 31. 7.; 3. 8. Abreise von Columbus, 12. 10. Ankunft auf Guanahani-San Salvador; Rodrigo Borgia als Papst Alexander VI.
1493 (4. 5.) Bulle Alexanders VI. („Inter caetera divinae") zur Aufteilung der Welt in kastilische und portugiesische Besitzungen; Maximilian I. wird deutscher Kaiser
1494 (7. 5.) Vertrag von Tordesillas; Alexander VI. verleiht Isabella und Ferdinand den Titel „Katholische Könige"; Beginn der Italienkriege Karls VIII. zwischen Frankreich, Aragonien und Habsburg
1496 Heirat Johannas der Wahnsinnigen mit Philipp dem Schönen und des Infanten Don Juan mit Margarethe von Österreich
1497 Tod von Don Juan; Isabella, älteste Tochter des Königspaares, heiratet König Manuel von Portugal
1498 Tod Isabellas, Königin von Portugal, im Kindbett
1499 Kardinal Jiménez de Cisneros startet Bekehrungskampagne der Mauren; Aufstand in Granada, dann 1502 Zwangsbekehrungen; Columbus fällt in Ungnade
1500 (24. 2.) Karl von Gent, Sohn Johannas der Wahnsinnigen, der spätere Kaiser Karl V., geboren
1501 Infantin Katharina heiratet Arthur, Prince of Wales, später dessen Bruder Heinrich VIII. von England
1502 Philipp der Schöne und Johanna treffen in Kastilien ein; Columbus fährt zur letzten (vierten) Reise ab
1504 (26. 11.) Isabella stirbt und wird nach Überführung in Granada beigesetzt
1505 Heirat von Ferdinand und Germaine de Foix
1506 Tod Philipps des Schönen; Tod von Columbus
1516 (23. 1.) Tod Ferdinands des Katholischen; Karl I. König von Kastilien und Aragonien (–1556)
Tod Marias, Königin von Portugal
1519 Karl I. als Karl V. zum Kaiser gewählt
1530 Tod von Prinzessin Juana („Beltraneja")
1536 Tod Katharinas von Aragón
1555 Tod von Johanna der Wahnsinnigen
1556 Philipp II., Sohn Kaiser Karls V., König von Spanien
1558 Tod Karls V.

Literatur

Quellen

Bernaldez, Andrés: Memorias del reinado de los Reyes Católicos. Hrsg. M. Gomez-Moreno-J. de Mata Carriazo, Madrid 1962.

Don Juan Manuel: Milagros de Nuestra Señora. Classico castellanos, Bd. 44, Madrid 1944.

Hernando del Pulgar: Letras, hrsg. v. J. Domínguez Bordona, Marid 1929.

Mosén Diego de Valera: Crónica de los Reyes Católicos (Ausgabe Carriazo), Madrid 1927.

Alonso de Santa Cruz: Crónica de los Reyes Católicos, hrsg. v. J. de Mata Carriazo, 2 Bde., Sevilla 1951.

Stefano Infessura: Römisches Tagebuch, Düsseldorf u. Köln 1979.

Sekundärliteratur

Die historische Bedeutung Isabellas fand entsprechenden Niederschlag in einer Fülle, besonders spanischer, Publikationen. Aus der Vielzahl, vor allem wissenschaftlicher Arbeiten, mag dem interessierten Leser ein Hinweis an die Hand gegeben werden, wie er sich weitere Detailinformationen beschaffen kann. Allein bei Pérez (siehe unten) findet er 169 Titel (jedoch vornehmlich in spanischer Sprache). Pérez räumt allerdings Ferdinand einen zu hohen und historisch nicht berechtigten Stellenwert ein.

Arco, R. del: Fernando el Católico, Madrid 1939.

Arie Rachel: L'Espagne musulmane aus temps des Nasrides 1292–1492, Paris 1979.

Azona, T. de.: Isabel la Católica, Madrid 1964.

Ballesteros Gaibrois, M.: Isabel de Castilla. Reina Católica de España, Madrid 1970.

ders.: La obra de Isabel la Católica, Segovia 1953.

Baron, J. W.: Social and Religious History of the Jews, Columbia University Press 3 vls., 1937.

Bennassar, B. L.: L'Inquisition espanagnola, Paris 1979.

Brandi, K.: Kaiser Karl V., München 1973.

Brouwer, J.: Johanna de Waanzinnige. Een tragisch leven in een bewagen tijd, Amsterdam 1949.

Cepeda Adan, J.: En torno al concepto des estado an los Reyes Católicos, Madrid 1956.

Christoph Columbus, Das Bordbuch 1492, hrsg. v. Robert Grün, Tübingen und Basel 1970.

Clemencin, D.: Elogio de la reine católica Doña Isabel. (Memorias de la Real Academia de la Historia VI), Madrid 1921.

Dedieu, J.-P.: L'Inquisition, Paris 1987.

Dominquez Ortiz, A.: El Antiguo Régimen: los Reyes Católicos y los Austrias. Alíanca éd-Alfguara (Historia de Espana Alfaguarra III), Madrid 1973.

Durant, W.: Das Zeitalter der Reformation, Bern u. München 1962.

Ebergard, H.: Die spanische Trilogie. Isabella von Kastilien, Johanna die Wahnsinnige und Teresa von Avila, Bergisch Gladbach 1991.

Erlanger, Ph.: Isabella die Katholische, Gernsbach 1990.

Fischer-Fabian, S.: Um Gott und Gold, Bergisch Gladbach 1991.

Garcia Oro, J.: Cisneros y la reforma del clero español en tiempo de los Reyes Católicos, Madrid 1971.

Hillgarth, J. N.: The Spanish Kingdoms 1250–1516, London 1978.

Kamen H.: The Spanish Inquisition, London 1965.

Ladero Quesada, M. H.: España en 1492, Madrid 1978.

Leicht, H.: Ibn Battuta. Reisen ans Ende der Welt, Tübingen, München u. Zürich 1974.
ders.: Sturmwind über dem Abendland. Europa und der Islam im Mittelalter, Regensburg 1993.
Llorente, I. A.: Memoria histórica sobra la inquisición, Paris 1977.
Mariejol, J. H.: L'Espagne sous Ferdinand et Isabella, Paris 1892.
Näf, W.: Die Epochen der neueren Geschichte, Bd. 1., München 1970.
Palm, R.: Die Sarazenen, Wien u. Düsseldorf 1978.
Pérez, J.: Ferdinand und Isabella. Spanien zur Zeit der katholischen Könige, München 1989.
Pfandl, L.: Johanna die Wahnsinnige. Ihr Leben, ihre Zeit, ihre Schuld, Madrid 1945.
Prescott, W. H.: Spaniens Aufstieg zur Weltmacht. Aus der Regierungszeit Ferdinands und Isabellas von Spanien, Wien 1938.
Schalk, F.: Spanische Geisteswelt. Vom maurischen bis zum modernen Spanien, Baden-Baden 1957.
Schreiber, H.: Halbmond über Granada, Bergisch Gladbach 1980.
Suarez Fernandez, L.: Los Trastámara y los Reyes Católicos, Madrid 1985.
ders.: Politica internacional de Isabel La Católica. Estudio y documentos, 5 Bde., Valladolid 1963–73.
ders. u. Mata Carriazo Arroquia, J. de: La España de los Reyes Católicos (1474–1516), 2 Bde., Historia de España, hrsg. v. R. Menendez Pidal, Madrid 1969.
Torre, A. de la: Los Reyes Católicos y Granada, Madrid 1946.
Valloton, H.: Maria Theresia. Herrscherin und Mutter, Hamburg 1968.
Vekene, E. van der: Bibliographie der Inquisition. Ein Versuch, Hildesheim 1963.
Vicens Vive, J.: Fernando el católico, principe de Aragón, rey de Sicilia 1458–1478, Madrid 1952.
Wertheimer, O. von: Christine von Schweden. Abschied vom Thron, Wien 1951.

Für die Wiedergabe des Auftrags Isabellas an Christoph Columbus (S. 210/211) danken Verlag und Verfasser © by Edition Erdmann in K. Thienemanns Verlag, Stuttgart.

Register

Personen

Abkürzungen: B. = Bischof, Eb. = Erzbischof, Dom. = Dominikaner, Fra. = Franziskaner, frz. = französisch, Gem. = Gemahl/in, Ges. = Gesandter, Gf. = Graf, Hg. = Herzog, Kom. = Kommandeur, K. = Kaiser, Kg(n). = König/in.

Orte

Bildnachweis

Archiv für Kunst und Geschichte, Berlin: S. 133, 134, 135, 136, 137 oben, 138, 139, Umschlag (Vorder- und Rückseite). – Bildarchiv Foto Marburg: S. 142, 143. – Historia-Photo, Hamburg: S. 131, 132, 137 unten, 140. – Interfoto, München: S. 129, 130. – Ullstein Bilderdienst, Berlin: S. 144. – Weigand, Harry und Jürgen, Rückersdorf: S. 141. – Die restlichen Abbildungen stammen aus Privatbesitz.

KÖNIGE VON KASTILIEN-ARAGÓN
(13.–16. Jahrhundert)

Ferdinand IV.
Kg. v. Kastilien
1295–1312

Maria v. Portugal
† 1357
ꝏ 1.
Alfons XI.
Kg. v. Kastilien
1312–1350
ꝏ Eleonore Guzmán
(Konkubine)
† 1351

Peter I. d. Grausame
Kg. v. Kastilien
1350–1369

Heinrich II. (von Trastamara)
Kg. v. Kastilien 1369–1379
ꝏ Johanna Emanuel, † 1381

Juan I
Kg. v. Kastilien 1379–1390
ꝏ Eleonore v. Aragón, † 1382

Heinrich III.
Kg. v. Kastilien 1390–1406
ꝏ Katharina v. Lancaster,
† 1418

Ferdinand I.
Kg. v. Aragón und
Sizilien 1412–1416
ꝏ Eleonore v. Kastilien

Juan II.
Kg. v. Kastilien
1406–1454
ꝏ 1) Maria v. Aragón
ꝏ 2) Isabella v. Portugal,
† 1496

Maria v. Kastilien

Maria v. Aragón
ꝏ Juan II. v. Kastilien

Juan II.
Kg. v. Aragón und
Sizilien 1458–1479
ꝏ 1) Blanca v. Navar
† 1441
2) Joana Enriquez,
† 1468

Heinrich IV.
Kg. v. Kastilien 1454–1474
ꝏ 1) Blanca v. Navarra
2) Juana v. Portugal

Alfonso
† 1468

ISABELLA D.
KATHOLISCHE
1451–1504
Kgn. v. Kastilien
1474

ꝏ 1469

FERDINAND II. D.
KATHOLISCHE
1452–1516
Kg. v. Aragón
1479

Carlos
Pr. v. Vian
† 1461

Juana la Beltraneja
† 1530

1479 Vereinigung der Kronen
Aragonien und Kastilien

Isabella
1470–1498
ꝏ 1) Alfons, Pr. v. Portugal
2) Emanuel v. Portugal

Don Juan
1478–1497
ꝏ Margarethe
v. Österreich

Johanna d.
Wahnsinnige
1479–1555
ꝏ **Philipp d. Schöne**
1478–1506

Maria
1482–15
ꝏ Emanu
Portuga

Eleonore
1498–1558
ꝏ 1) Emanuel v.
Portugal
2) Franz I. v.
Frankreich

Karl V.
1500–1558
Kg. v. Aragón und
Kastilien 1516
Kaiser 1519
ꝏ Isabella v.
Portugal

Isabella
1501–1525
ꝏ Christian v.
Dänemark

Ferdinand I.
1503–1564
Kg. v. Böhmen 1527
dt. König 1531
Kaiser 1556
ꝏ Anna v. Böhmen

M
1505
ꝏ Lu
v. U